北京市社会科学理论著作出版基金资助项目

萧洛霍夫的传奇人生

李毓榛　著

图书在版编目(CIP)数据

萧洛霍夫的传奇人生/李毓榛著. —北京：北京大学出版社,2009.6
(北大欧美文学研究丛书)
ISBN 978-7-301-15236-2

Ⅰ. 萧… Ⅱ. 李… Ⅲ. 萧洛霍夫,M.(1905～1984)—传记
Ⅳ. K835.125.6

中国版本图书馆 CIP 数据核字(2009)第 075457 号

书　　名：萧洛霍夫的传奇人生
著作责任者：李毓榛　著
责 任 编 辑：王帅　张冰
标 准 书 号：ISBN 978-7-301-15236-2/I·2111
出 版 发 行：北京大学出版社
地　　　址：北京市海淀区成府路 205 号　100871
网　　　址：http://www.pup.cn　电子信箱：zbing@pup.pku.edu.cn
电　　　话：邮购部 62752015　发行部 62750672　编辑部 62755217
　　　　　　出版部 62754962
印 　刷 　者：北京宏伟双华印刷有限公司
经 　销 　者：新华书店
　　　　　　650 毫米×980 毫米　16 开本　19.25 印张　358 千字
　　　　　　2009 年 6 月第 1 版　2009 年 6 月第 1 次印刷
定　　　价：38.00 元

未经许可,不得以任何方式复制或抄袭本书之部分或全部内容。
版权所有,侵权必究
举报电话：(010)62752024　电子信箱：fd@pup.pku.edu.cn

《北大欧美文学研究丛书》编委会名单

主编：申　丹

委员：(以姓氏笔画为序)

区　鉷　　王守仁　　王　建　　任光宣　　许　钧
刘文飞　　刘象愚　　刘意青　　陈众议　　郭宏安
陆建德　　罗　芃　　张中载　　胡家峦　　赵振江
秦海鹰　　盛　宁　　章国锋　　程朝翔

总　　序

　　北京大学的欧美文学研究经历了不同的历史发展时期,具有十分优秀的传统和鲜明的特色,尤其是经过1952年的全国院系调整,教学和科研力量得到了空前的充实与加强,汇集了冯至、朱光潜、曹靖华、杨业治、罗大冈、田德望、吴达元、杨周翰、李赋宁、赵萝蕤等一大批著名学者,素以基础深厚、学风严谨、敬业求实著称。改革开放以来,北大的欧美文学研究得到了长足的发展,各语种均有成绩卓著的学术带头人,并已形成梯队,具有可持续发展的基础。已陆续出版了一批水平高、影响广泛的专著,其中不少获得了省部级以上的科研奖或教材奖。目前北京大学的欧美文学研究人员承担着国际合作和国内省部级以上的多项科研课题,积极参与学术交流,经常与国际国内同行直接对话,是我国欧美文学研究的一支重要力量。2000年春,北京大学组建了欧美文学研究中心,欧美文学研究的实力得到进一步加强。

　　世纪之交,为了弘扬北大欧美文学研究的优秀传统,促进欧美文学研究的深入发展,我们组织撰写了这套《北大欧美文学研究丛书》。该丛书主要涉及三个领域:(1)欧美经典作家作品研究;(2)欧美文学与宗教;(3)欧美文论研究。这是一套开放性的丛书,重积累、求创新、促发展。我们希望通过这套丛书来系统展示在多元文化的背景下北京大学欧美文学研究的优秀成果和独特视角,加强与国际国内同行的交流,为拓展和深化当代欧美文学研究作出自己的贡献。通过这套丛书,我们希望广大文学研究者和爱好者对北大欧美文学研究的方向、方法和热点有所了解。同时,北大的学者们也能通过这项工作,对自己的研究进行总结、回顾、审视、反思,在历史和现实的坐标中研究自己的位置。此外,研究与教学是相互促进、互为补充的,我们也希望通过这套丛书来促进教学和人才的培养。

　　这套丛书的出版得到了北京大学外国语学院的鼎力相助和北京大学出版社的大力支持。若没有他们的支持和帮助,这套丛书是难以面世的。

　　北大欧美文学研究者的工作,只是国际国内欧美文学研究工作的一部分,相信它能激起感奋人心的浪花,在世界文学研究的大海中,促进一道亮丽的风景线。

北京大学欧美文学研究中心

目 录

代　序 …………………………………………… 张　捷（1）
前　言 ………………………………………………（1）

第一章　顿河哥萨克 …………………………………（1）
第二章　来自扎拉伊斯克的外乡人 …………………（12）
第三章　"野种" ………………………………………（24）
第四章　战火中的青春 ………………………………（35）
第五章　银灰色的羽毛草 ……………………………（52）
第六章　顿河草原上的鲜花 …………………………（67）
第七章　叶尔马科夫的命运 …………………………（78）
第八章　顿河的百里香 ………………………………（94）
第九章　为《静静的顿河》而斗争 …………………（107）
第十章　赞誉和诋毁 …………………………………（122）
第十一章　良友 ………………………………………（138）
第十二章　"饱含着汗水和血污" ……………………（153）
第十三章　"我以脑袋担保……" ……………………（170）
第十四章　险遭不测 …………………………………（184）
第十五章　红军上校 …………………………………（199）
第十六章　人的命运 …………………………………（217）
第十七章　诺贝尔文学奖 ……………………………（229）
第十八章　造福乡里 …………………………………（243）
第十九章　焚稿的悲愤 ………………………………（255）
第二十章　维约申斯克囚徒 …………………………（268）

附录 …………………………………………………（276）
参考资料 ……………………………………………（289）

代 序

张 捷

李毓榛同志写了一本题为《萧洛霍夫的传奇人生》的专著，嘱我写一篇序言。说句老实话，我虽然十分尊敬这位作家，也写过一点东西，但是对他缺乏全面的了解和深入的研究，恐怕话说不到点子上，再说我从来没有给别人的书写过序言，不知如何下笔，因而感到有些为难。本想婉言推辞，但是转念一想，我们都是老朋友了，这样做未免有些不近人情。于是决定写一篇类似读后感的东西充数，就把它叫做"代序"吧。

读过李毓榛同志的这本书，第一个感觉是：它内容新，材料丰富。应该说，他在写这本书时，与过去的研究者相比，有一个特别有利的条件，这就是苏联解体后许多有关的档案材料，其中包括斯大林和其他领导人的档案材料解密了，出版了萧洛霍夫本人的大量信件以及与他有过交往的人的记载和回忆，发表了俄罗斯学者不少新的研究著作。李毓榛同志充分利用这个有利条件，通过各种渠道收集了大量新材料，花大力气进行整理和分析，最后把研究结果写进自己的书里。从他的新著里我们可以了解许多过去不知道的新的事实和新的情况，从而增加对萧洛霍夫的了解和认识。

《萧洛霍夫的传奇人生》一书紧扣它的主题，主要写这位伟大作家的生活经历和各种遭遇以及他的作品的创作情况和引起的反响。首先它详细地叙述了萧洛霍夫的确实带有浓厚传奇色彩的身世，可以说，这几乎就是一部情节曲折、哀婉动人的家庭纪事小说的现成情节。接着作者描述了他那崎岖不平的生活道路，既讲了他取得的巨大成功，讲他如何"大红大紫过，头顶上闪烁着许多耀眼的荣誉光环"的情况,又讲了他经历的坎坷和艰险,讲如何遭到妒忌、诬陷和打击,甚至险遭不测。在写这些事情的同时,展示了萧洛霍夫的思想观点和立场以及他独特的个性。而这一切都有大量事实和文献资料作为依据,显得既具体生动而又真实可信。读了这本书,可以感觉到对萧洛霍夫了解得更多了,思想感情上与他靠得更近了。同时对他的作品的理解也有所加深。

读这本书还有这样一个感觉,觉得李毓榛同志所写的萧洛霍夫的传奇人生这个主题不是信手拈来的,而是在了解萧洛霍夫研究的历史和现状后经过认真考虑最后选定的。我们知道,当萧洛霍夫在创作上初露天才的锋芒、发表了《静静的顿河》第一、二部时,就有人出于妒忌或其他原因,开始在他的经历上做文章,借口他年轻、没有受过多少教育以及缺乏丰富的经历和亲身的体验,断定他不可能写出这样的杰作,于是他们散布谣言,说什么这是他抄袭来的。萧洛霍夫只好带着手稿到莫斯科去说明事实真相,有关部门经过认真检查,确定抄袭之说毫无根据,决定以"拉普"领导人联名写信的方式进行辟谣,这才使某些人否定萧洛霍夫的企图暂时没有得逞。

可是事情并未就此了结。几十年后,大概由于萧洛霍夫对持不同政见者持严厉的批判态度从而得罪了他们,他们便重新提出《静静的顿河》的著作权问题进行报复。上世纪70年代在西方出版了索尔仁尼琴一手策划的署名D.的《〈静静的顿河〉的激流》和罗依·梅德维杰夫的《米哈伊尔·萧洛霍夫的创作经历之谜》这两本书,其中宣称《静静的顿河》的真正作者是白军军官克留科夫。这两本书曾在西方广泛流传。到"改革"年代以及在苏联解体后,如同著名学者、俄罗斯科学院世界文学研究所前所长库兹涅佐夫所说的那样,又有人向萧洛霍夫发起了一场"新的猛烈进攻",其主攻方向仍然是《静静的顿河》的著作权问题。这些所谓的"反萧洛霍夫研究者"(库兹涅佐夫语)充分发挥想象力,他们制造的谣言愈来愈离奇,他们提出的《静静的顿河》的作者名单愈来愈长,共有七八人之多,其中甚至包括诗人古米廖夫和小说家绥拉菲莫维奇。而更为离奇的是,有人觉得否定萧洛霍夫是《静静的顿河》的作者还不够,应该进一步否定萧洛霍夫其人的存在。一个叫斯米尔诺夫的人断定,萧洛霍夫的生身父亲是亚谢诺夫卡的地主德米特里·波波夫,这个地主还有一个名叫亚历山大的儿子,就是他顶替了据说已在国内战争时期牺牲或失踪了的萧洛霍夫,说他比萧洛霍夫年长,受过良好教育,经历丰富,《静静的顿河》就是他写的等等。此人在胡诌这些时,没有提出任何根据。总而言之,在当时全盘否定苏联社会主义革命和建设以及苏联文学的成就的大气候下,这些

"研究者"不仅要败坏萧洛霍夫的名誉,而且要把这位苏联文学的杰出代表的名字从文学史上完全抹掉。他们的种种臆断和谎言通过他们的著作和文章以及新闻媒体广泛传播开来,有的也传到了我国。可以设想,如果不澄清事实,还萧洛霍夫以本来面目,那么对萧洛霍夫的创作的研究就无从谈起;同时,也只有弄清他的身世,了解他的生活经历和生活积累以及他的创作思想和具体作品的创作过程,才能对他的作品的思想艺术价值以及整个创作的意义作出正确的判断。也就是说,这是对萧洛霍夫的创作进行进一步深入研究的必要条件和前提。李毓榛同志抓住了当前萧洛霍夫研究中的关键问题,他为自己的专著选定的题目具有很强的针对性和现实意义。

值得庆幸的是,苏联解体后解密的大量档案材料以及整理出版的其他文献资料,使得许多谎言不攻自破。《静静的顿河》第一、二部的手稿的被找到,使"反萧洛霍夫研究者"失去了手中的一张重要的王牌。同时,不少正直的俄罗斯学者进行了大量深入细致的研究和考证工作,为恢复历史真相做出了重大贡献。尽管他们对萧洛霍夫的思想和创作的理解不尽相同,但是他们在尊重事实、反对诬蔑和否定萧洛霍夫以及高度评价他的创作这一点上是一致的。现在看来,"反萧洛霍夫研究者"不可能从此善罢甘休,他们还会制造各种谣言,而且他们确实还在这样做,例如有人又在说什么《他们为祖国而战》是普拉东诺夫"代笔"的,不过他们的谎言已不会再有多大的市场了。这样就为开展对萧洛霍夫的正常研究创造了必要的前提。

李毓榛同志在掌握大量新材料和了解俄罗斯学者的研究成果的基础上进行认真的思考和深入细致的分析,不仅讲清了问题,而且提出了自己的一些独特的看法,写出了一本内容扎实、观点鲜明的好书,相信它不仅会引起我国学术界的重视,而且会受到关心萧洛霍夫创作的各界人士的欢迎。

前　言

　　米哈伊尔·亚历山大罗维奇·萧洛霍夫（1905—1984）完全是在苏维埃政权下成长起来的作家。在20世纪的俄罗斯文学史上，在苏联的文学史上，他是个才华出众的、具有独特地位的作家，这不仅因为他的创作具有独树一帜的风格，取得了令人瞩目的杰出成就，而且还因为他的作品像俄罗斯古代的《编年史》似的，反映了十月革命后苏联几十年来的社会发展历程，更因为他继承并发展了19世纪俄罗斯文学的艺术传统，把苏联文学推向了世界。

　　在20世纪之初，在俄罗斯社会动荡的风浪中，萧洛霍夫诞生在偏远的顿河岸边；伴随着苏维埃政权和苏联文学的建立和成长度过了他不平凡的、具有传奇意味的一生。他生长在哥萨克地区，却是被人侧目的"外乡人"。他的祖父是维约申斯克地区有名的富商，而他的父亲却是个家财耗尽、只能靠自食其力的穷苦职员。他在名义上曾是一个老哥萨克的儿子，并得到过哥萨克的一份土地，但实际上他是他的生身父亲亚历山大·萧洛霍夫和他母亲，一个农奴的女儿，炽热爱情的"私生子"，自幼受人歧视，被人骂作"野种"。他有出众的才华，虽然在正规的学校只上过四年学就因第一次世界大战而辍学，但是他却利用父亲和叔父丰富的藏书而博览群书，自学成才。19岁，他敢于到举目无亲的莫斯科去"闯江湖"，历尽千辛万苦，刻苦学习，刻苦写作，一篇篇浸透着哥萨克劳动者血泪的《顿河故事》，引领他走上新生的苏联文坛，他的这些洋溢着生活气息的作品被誉为"草原上的鲜花"。刚刚20出头，他就以初生牛犊不怕虎的勇气和胆识写出了不朽的长篇史诗《静静的顿河》，为苏联文学树立了一座世纪的高峰，也为自己赢得了举世闻名的荣誉。

他曾大红大紫过，头顶上闪烁着许多耀眼的荣誉光环：苏联最高苏维埃代表，社会主义劳动英雄，苏联科学院院士，斯大林奖金、列宁奖金获得者，诺贝尔奖金获得者等等，他曾受到历届苏联领导人的青睐：斯大林曾十几次接见他，为他排忧解难，赫鲁晓夫曾到他的家乡维约申斯克登门拜访，带着他出访美国、日本，勃列日涅夫表面上对他也是优礼有嘉。然而在这一切繁花似锦的表象下面，萧洛霍夫的一生却是历尽坎坷和艰险，充满了悲剧的酸辛。由于他的作品表现了俄罗斯农民在20世纪俄罗斯社会历史变革中的真实遭遇，揭示了苏联国内战争时期顿河哥萨克的暴动是由于布尔什维克党对哥萨克的错误政策和当地红军部队背信弃义、滥杀哥萨克劳动群众而引起的这一真实的历史事实，因而受到层出不穷的诬陷和诋毁，甚至生命险遭不测；为了写出顿河哥萨克劳动群众遭受迫害、蒙受不白之冤的真情，他不惜冒犯当时掌控苏联文坛的"拉普"们的权势，坚持真理，伸张正义，不屈不挠地进行斗争，直到向苏联最高领导人斯大林直接申诉，最后得到斯大林的支持，《静静的顿河》才得以完璧面世，顿河哥萨克劳动群众的旷世之冤才得以大白于天下。要知道，当时的萧洛霍夫还只是一个二十三四岁的小青年，一个来自偏远农村的初出茅庐的文学写作者，这需要多么坚定的信念、多大的胆识和勇气啊！然而萧洛霍夫也由此而得罪了苏维埃政权机构、特别是内务人民委员部的某些权势人物，因此他的创作活动屡屡受到干扰，行动受到监视，电话甚至被窃听，而作品的发表还要得到苏共中央最高领导的批准。他的最后一部长篇小说《他们为祖国而战》已经全部完成，但是由于勃列日涅夫没有签字同意便不能出版，一怒之下，萧洛霍夫将书稿投进壁炉，付之一炬，从此全世界的读者都无缘看到这部作品的全貌了。萧洛霍夫晚年，身体多病，心情悲愤，他最后焚稿、毁信，发出了"维约申斯克囚徒"的哀叹。

我国文学界、外国文学界，对萧洛霍夫的译介和研究，应该说是历史悠久的。这可以追溯到上个世纪二三十年代鲁迅先生对萧洛霍夫的译介和评论，鲁迅先生曾亲自翻译了萧洛霍夫的短篇小说《父亲》（现译《有家庭的人》），为《静静的顿河》汉译单行本的出版写了《后记》，对《静静的顿河》的艺术成就给予了高度的评价。近一个世纪以来，我国的外国文学工作者对萧洛霍夫创作的翻译和研究绵延不断，步步深入，取得了丰硕的成果。但是由于文献资料的欠缺和时代的局限，思想认识的局限，过去若干年来我们对萧洛霍夫家世和生平的了解都很不够；对他的主要作品《静静的顿河》中的主要人物葛利高里·麦列霍夫的理解也有许多深感困惑之处。萧洛霍夫去世之后，他的亲朋好友写了许多回忆和怀念的文章，披露了萧洛霍夫一生中许多鲜为人知的经历，特别是苏联解体后许多文献档案相继解密，尤其是斯大林档案的解密，使萧洛霍夫致斯大林的15封信得以公诸于众，使我们对萧洛霍夫的为人有了新的认识。2003年俄罗斯科学院世界文学研究所汇集、整理、出版了萧洛霍夫现存的363封书信，为萧洛霍夫的研究提供了珍贵的第一手材料。这些文献资料的发现、公布和出版，大大地开拓了我们的视野，使我们对萧洛霍夫有了一个全新的认识。更为重要的是苏联的解体使我们对十月革命以来苏联的社会发展历程有了一个重新回顾、重新认识、重新评价的机缘，应该说这是一次思想上的解放，使我们思想意识中积存多年的一些僵固的观念得以更新和清除。比如说，十月革命，建设社会主义，这样的事情那是绝对正确，至高无上的，根本不会想到在十月革命的过程中，领导革命的布尔什维克党也会犯政策性的错误，为保卫十月革命而战斗的红军也会背信弃义、滥杀无辜的哥萨克劳动群众。因此，总把错误的一方归到葛利高里身上，而对葛利高里不能坚定地站在苏维埃方面而感到困惑和遗憾，从来没有想到是布尔什维克的错误政策，是当地红军部队的背信弃义和滥杀无辜，把葛利高里推到了敌对方面。现在我们转换一个视角，重新再看葛利高里的悲剧，便一切都迎刃而解了。这不仅使我们真正理解了《静静的顿河》，更使我们真正认识了萧洛霍夫：一个20多岁的小青年，能够站在革命的立场上，从革命的利益出发，不畏权势，批评革命领导者的错误政策，这是多么了不起的胆识和勇气！更为可贵的是，在受到当权势力的迫害和压制的时候，他敢于坚持，永不放弃，不屈不挠地进行斗争，直到最后胜利，面对强权，他这种坚强的信念和顽强的精神，使我们不能不深感叹服。

笔者的意图就是要充分利用苏联解体后所得到的一些最新资料，重新认识萧洛霍夫，重新解读他的创作，希望从一个新的视角向中国读者展示一个全新的苏维埃作家——萧洛霍夫。虽然笔者尽了最大的努力，但是这个意图能在多大程度上得以实现，只能交付读者去评判了。北京大学俄语系的同志们利用出国进修的机会帮助我收集了许多最新的资料，在写作过程中，曾得到北京大学欧美文学中心的大力支持，在这里一并深表谢意。

第一章

顿河哥萨克

俄语中"哥萨克"一词,一般认为来自突厥语,意思是"勇敢的人","自由的人"。有的学者甚至更进一步地考证,认为是来自突厥语系的土耳其语和鞑靼语,意思是"不戴头盔、不穿铠甲的骑兵"[①]。这两种说法从两个侧面都指出了哥萨克的本质特征:爱好自由,勇武剽悍。哥萨克不是一个民族,他们大都是俄罗斯人,他们是俄罗斯人中一个特殊的群体。哥萨克分布的地区很广,在俄罗斯,有顿河哥萨克,乌拉尔哥萨克;在乌克兰,有扎布罗什哥萨克(他们大都是乌克兰人),还有高加索哥萨克,等等。

那么哥萨克是些什么人呢?

以顿河哥萨克来说,按一般的说法,大都是逃亡的农奴、士兵、仆役等,因为不甘忍受封建农奴主的奴役和压迫或者因为犯罪逃避惩罚,逃到当时统治者势力比较薄弱的荒僻边远的顿河流域地区,这里水草丰盛,草原辽阔,森林茂密,渔猎资源丰富,而且大都是荒无人烟的地方。那时从伏尔加河下游到整个顿河流域,直到第聂泊河畔,这一大片辽阔的地区都叫"蛮荒之地",这就给那些逃亡者提供了天然的栖身之所。所以顿河哥萨克大多以渔猎为生,除此之外,抢劫掠夺也是他们的重要生活来源。这样的生活方式要求他们必须采取集体行动,一块生活,一起渔猎,用一个口袋盛猎物。顿河地区的方言中"同事,战友"一词就是由"用一个口袋盛猎物"而来的。

[①] 参阅罗季奥诺夫:《顿河哥萨克史概论》,圣彼得堡,上流社会出版社,1914年,第29页。

顿河景色

  俄国以文字记载的历史文献中,最早提到顿河哥萨克的是在伊万雷帝时代,1549年伊万雷帝派遣使臣向诺盖大公①传达机密口谕:"我们听说,克里米亚沙皇对你们不怀好意,他给阿斯特拉罕沙皇送去大炮,并派人支援他们。因为你对我很友好,所以我命令我的普季夫利②哥萨克和顿河哥萨克去攻占克里米亚的兀鲁思③。"④

  根据这一记载,有的历史学家推断,顿河地区的哥萨克,其生存的历史要比有关他们的书面记载早几百年,可能在鞑靼人统治时期的金帐汗国就有了。还有一个传说,1380年库利科沃大战前夜,顿河哥萨克曾向顿斯科伊大公敬献两尊圣母像,现在这两尊圣母像还保存在莫斯科⑤。有位俄罗斯记者在一篇回忆萧洛霍夫的文章中谈到哥萨克的历史渊源:"按中学教科书的说法,顿河哥萨克是逃避农奴制的逃亡农民。实际上早在农奴制以前斯拉夫人的许多部族就居住在黑海、亚速海东岸和顿河流域。早在我们纪元之初许多文献记载中就已提到居住在北高加索的安迪斯拉夫人和罗斯斯拉夫人。"⑥由此可以看出,顿河哥萨克的历史是很久远的,俄罗斯其他地区的哥萨克有的就是从顿河地区迁移过去的。普希金在他所著的《普加乔夫暴动始末》中

---

① 诺盖人:今车臣境内的少数民族,14世纪是诺盖帐汗国的主要居民,由诺盖大公统治。
② 地名,在今乌克兰苏梅州境内。
③ 俄国卡尔梅克人,布里亚特人的行政区划单位,相当于俄国的乡。
④ 参阅罗季奥诺夫:《顿河哥萨克史概论》,第29页。
⑤ 同上。
⑥ 尼·普列瓦科:《在萧洛霍夫身边》,莫斯科,《我们的同时代人》杂志,2005年第5期。

就曾指出"乌拉尔哥萨克人起源于顿河哥萨克人"①。

作家莫洛扎文科是萧洛霍夫的同乡,他写了本书叫《奇尔河——哥萨克的河》,奇尔河是顿河的支流,萧洛霍夫曾在奇尔河畔的村镇渡过他的少年时代。莫洛扎文科在该书中说:"编年史的文献中最早出现'哥萨克'这个词,可以上溯到1400年以前。这个词最初是指鞑靼人的骑兵和亚速海的哥萨克。1471年土耳其人占领了亚速海,把哥萨克统统赶走了。在1530年和1548年又两次提到顿河哥萨克袭击土耳其和鞑靼商人。从1550年起,为数众多的顿河哥萨克开始为俄罗斯皇帝服役,但也常常给皇帝制造许多麻烦。按俄罗斯人的理解,哥萨克是国家边境地区的自由士兵。"②

传说在15—16世纪之交,自由城诺甫哥罗德被攻克之后,这个城市中最勇猛、最强悍的人都沿着伏尔加河或第聂伯河顺流而下,加入了哥萨克的队伍。现存古老的诺甫哥罗德风格的教堂和至今依然在当地通行的某些纯属诺甫哥罗德的语汇就可以作为证明:比如,哥萨克镇上的人,也和诺甫哥罗德人一样,把湖泊、池塘都叫"水泊"。

莫洛扎文科认为,顿河两岸是个多民族杂居的地区,他从顿河地区哥萨克姓氏的来源,推断顿河哥萨克是来自不同的民族。他在《奇尔河——哥萨克的河》一书中写道:顿河人很乐于接纳所有外来人,不管他是什么种族,只要他能够捍卫自由就行。因此,这里有鞑靼人,土耳其人,希腊人,德国人。从那时起格列科夫(源自"希腊人"),塔塔林诺夫(源自"鞑靼人"),图尔琴科夫(源自"土耳其人"),日德琴科夫(源自"犹太人"),格鲁济诺夫(源自"格鲁吉亚人"),卡尔梅科夫(源自"卡尔梅克人"),波利亚科夫(源自"波兰人")等就成了顿河地区最常见的姓氏了。这是自古以来的哥萨克姓氏。当然,也有其他情况。比如那些以抢劫为业的人,干脆就叫"强盗",他们的姓就是沃罗帕耶夫(源自"强盗"一词)。③ 经过世代相传之后,这些外来的人,无论是宗教信仰,还是生活习俗,都同当地的土著已经没有什么差别了,实际上已经融入俄罗斯民族了。

萧洛霍夫在《静静的顿河》第二卷第五章写到布尔什维克地下工作者施托克曼在调解哥萨克和道利人为磨面而发生的群殴时,特别讲到了哥萨克的历史来源,因为缺少文化知识的一般哥萨克也不清楚,他们是俄罗斯人。施托克曼问哥萨克阿丰卡·奥泽罗夫,你是什么人?阿丰卡回答说:

"我嘛,是哥萨克,你哪,是茨冈人吧!"

---

① 普希金:《普加乔夫暴动始末》,李玉君译,兰州大学出版社,2004年,第95页。
② 莫洛扎文科:《奇尔河——哥萨克的河》,莫斯科,青年近卫军出版社,1988年,第36—37页。
③ 参阅莫洛扎文科:《奇尔河——哥萨克的河》,第39页。

"不,我们都是俄罗斯人。"

"胡说八道!"阿丰卡一个字一个字地加重说道。

"哥萨克都是俄罗斯族出身的。你知道这段历史吗?"

"可是我要告诉你,哥萨克是哥萨克代代相传下来的。"

"古时候,农奴从地主那里逃了出来,到顿河沿岸落了户,人们就管他们叫哥萨克。"①

狩猎和抢掠养成了哥萨克勇武剽悍的性格,他们四处抢掠,不仅抢劫俄罗斯的商人,而且也抢劫沙皇政府的运输物资,有时甚至越过国境线到土耳其去抢掠,用历史学家布罗涅夫斯基的话来说:"他们的攻击不分敌友,靠抢劫的财物来生活和致富,所以只要是有东西可抢的人便是敌人,而没抢到东西便是损失。"②所以哥萨克常常给沙皇政府制造麻烦,使沙皇政府大伤脑筋。每当土耳其大使来告哥萨克状的时候,沙皇们总是尽力摆脱干系:"顿河人虽然也说俄语,并不是我们的人,你们对他们可以随便处置!"但是过后却又秘密地给顿河地区运送武器、火药、布匹、粮食,并谕令严密注视土耳其人和克里米亚鞑靼人的行动,及时通报"异教徒"的行动和意图。

顿河哥萨克

有一位记者在他的文章中写道:"我在顿河地区生活了许多年,读了不少关于哥萨克的历史、习俗、生活习惯方面的著作,看过不少壮士歌谣或好汉歌、迎春歌谣等各种民间文学作品,不止一次地研究过《顿河词典》,我没有看到任何一点说明顿河哥萨克是非俄罗斯族出身的记载,连一点暗示都没有。当地的方言中只是比俄罗斯人更多一些鞑靼和高加索的词汇,这是他们长期与俄国东南部的人民毗邻和交往而自然形成的。顿河地区流传着同俄罗斯一样的古老歌曲,讲述着同样的壮士歌谣,在婚礼仪式和词汇中保存着所有俄罗斯的东西。当然,生活习惯和风俗中也有许多特点,但那都是由于顿河地区、俄罗斯边区的地理状况和他们整个抢掠和暴动的历史所形成的。"③

彼得大帝曾极力想改变哥萨克的这种掠夺天性,培养他们从事农耕,利

---

① 《萧洛霍夫文集》(中文版)第 2 卷,176—177 页。
② 转引自普列瓦科:《在萧洛霍夫身边》,莫斯科,《我们的同时代人》杂志,2005 年第 5 期。
③ 普列瓦科:《在萧洛霍夫身边》,莫斯科,《我们的同时代人》杂志,2005 年第 5 期。

用顿河流域良好的自然条件，播种粮食，发展园艺，但是哥萨克依然改变不了四处劫掠的习惯。哥萨克四处抢掠一般是百十来人为一个团伙，群体而居，形成一个居民点，这就是哥萨克的"镇"，一个镇就是哥萨克的一彪人马。后来人口不断增长，围绕着镇又出现了许多村落，镇就成为这些村落的行政中心。维约申斯克是个很古老的哥萨克镇，最初这个地方是莫斯科通往高加索的大路上的一座路标，它就因路标而得名。也有人说，维约申斯克的名字不是由俄语"路标"一词而来，而是来自俄语"帐篷"一词，因为早在伊万雷帝时代，顿河流域就有俄国政府设的警卫岗哨的帐篷。据史书记载，维约申斯克镇建于1640年，由于顿河的泛滥和遭受火灾，维约申斯克镇几经毁灭又几次重建，所以它的位置也几经变迁。

　　平时在家，哥萨克们是自由的，虽然也有群众推选出来的村镇首脑，但是对哥萨克们的行动，并没有多大约束力。哥萨克一旦有什么军事行动，比如外出抢劫或抵抗外敌，那情况就完全不同了。哥萨克们推选一个富有经验，能征善战的哥萨克作为"首领"（即"阿塔曼"），当首领举起象征无限权力的短锤矛，跨上战马或踏上战船，他手下的每个哥萨克的生死，可以说都掌握在他的手中。平时自由自在的哥萨克，一旦出征，就要受到铁面无情的纪律的约束，稍有过错，就会受到严厉的处罚。比如说，行动中发现哪个哥萨克身上私带伏特加酒，那么带酒的人就会立即被枪毙；如果是在海上，就会被装进大麻袋中，扔到水里。正是因为哥萨克的队伍具有这样铁面无情的纪律，所以才具有很强的战斗力。

　　沙皇政府早已发现哥萨克军具有能征善战的卓越战斗力，便力图为其所用。据史书记载，从16世纪中叶哥萨克军就听命于莫斯科的沙皇调遣了。在俄国历史上几次扩张疆土的战争中，哥萨克都立下了汗马功劳。比如，16世纪80年代，哥萨克首领叶尔马克率领顿河哥萨克军越过乌拉尔山脉，向东扩张，占领了西伯利亚的大片土地。17世纪中叶，由哈巴罗夫、斯捷潘诺夫等率领的哥萨克军，先后入侵当时属于我国领土的黑龙江流域，大肆掳掠。在克里米亚战争和俄土战争中，哥萨克都是俄军的主力部队。

　　自由不羁的哥萨克虽然一方面担当沙皇政府对外扩展的主力，但是，另一方面，他们又不能忍受沙皇专制制度的管制、制约、甚至欺压，因此也常常给沙皇政府制造许多麻烦。俄国历史上几次大的农民起义，其领袖和主体都是哥萨克，如普加乔夫起义，斯捷潘·拉辛起义。这些起义虽然都被沙皇政府残酷地镇压下去，但是实际上沙皇政府对哥萨克是无能为力的。为了不使哥萨克给当局制造麻烦，沙皇政府便采取了类似我国历史上"招安"的收买政策。沙皇政府答应给每个哥萨克一份土地，让他们终身占有，免缴赋税，并且给他们许多特权，特别是对哥萨克上层人士，给他们封官进爵，授予贵族特权。但是每个哥萨克男子都必须为沙皇服兵役，自备战马军刀，入营当兵。

这样一来,哥萨克就成了一个特殊的群体,他们自耕自收,按时入营当兵,世代相传,为沙皇服役就被哥萨克视为天职。《静静的顿河》开头有一首卷首诗,名曰《顿河悲歌》,这是一首古老的哥萨克民歌,歌中唱的就是哥萨克被沙皇政府驱使的血泪史:

> 我们美好的土地不是用犁铧耕耘……
> 我们的土地是用马蹄耕耘,
> 美好的土地上种的是哥萨克的头颅,
> 我们静静的顿河上装点着年轻的寡妇。
> 遍地孤儿给我们父亲静静的顿河染上色彩,
> 爹娘的眼泪汇成了静静的顿河的波涛澎湃。

沙皇政府极力在哥萨克中间灌输"效忠沙皇"、崇拜等级荣誉、"哥萨克是高等部族"等思想,培育哥萨克的优越感,使哥萨克俯首帖耳地为其效劳。久而久之,"效忠沙皇"就成了哥萨克引以自豪的事情,而且以此藐视和歧视所有"外乡人",不管他们是商人,手艺人,还是庄稼人。其实,哥萨克也从事农耕,也是庄稼人,而且像所有的庄稼人一样,对土地,对家园,有极为深切的眷恋。所以绥拉菲莫维奇说,哥萨克是"身穿制服,被沙皇地主制度摧残得心胸狭窄而又畸形的庄稼人"[①]。

哥萨克独特的历史、生活、民风民俗、心理气质以及他们聚居和活动地区的自然环境,给俄罗斯文学提供了独具特色的文学素材。在19世纪俄国文学史上享有盛名的这样的作品有:普希金的《上尉的女儿》,果戈理的《塔拉斯·布尔巴》,还有托尔斯泰的《哥萨克》。

普希金的中篇小说《上尉的女儿》写的是普加乔夫起义时代的一段历史故事。小说通过一个虚构的贵族青年军官同普加乔夫的三次相遇,刻画了起义军领袖普加乔夫这位乌拉尔哥萨克的生动形象。贵族青年军官格里涅夫在普加乔夫起义的高潮时受命到起义的中心地区白山炮台任职,赴任途中,深夜遭遇暴风雪,危难之中,幸遇一个满脸大黑胡子,两只眼睛闪烁明亮的"流浪汉",机灵地将他带出困境。这是他和普加乔夫的第一次相遇。他并不知道这个哥萨克流浪汉就是普加乔夫,但是他在危难中的镇定自若和机智精明却给他留下了深刻的印象。格里涅夫第二次遇见普加乔夫时,他已成了普加乔夫起义大军的俘虏。普加乔夫认出格里涅夫后,便将他释放,表明他以恩报德,深明大义的气魄。格里涅夫第三次见普加乔夫是为了向普加乔夫请求帮助。白山炮台司令米隆诺夫上尉的女儿玛莎同格里涅夫相爱。普加乔

[①] 绥拉菲莫维奇:《静静的顿河》,载1928年4月19日《真理报》,转引自孙美玲编:《萧洛霍夫研究》,北京,外语教学与研究出版社,1982年,第15页,译文略有改动。

夫攻克炮台时,米隆诺夫战死。他手下的军官施瓦布林乘人之危,要强娶玛莎为妻。格里涅夫去向普加乔夫求助。普加乔夫得知施瓦布林欺凌孤女后,气得两眼"闪闪发亮",他怒斥施瓦布林,成全了格里涅夫和玛莎的爱情。普希金通过贵族青年军官格里涅夫同普加乔夫三次短暂的接触,生动地刻画了普加乔夫机智勇敢,感恩图报,刚直正义,疾恶如仇的坦荡性格。普加乔夫是乌拉尔的哥萨克,普希金笔下的普加乔夫形象中已经展示出许多哥萨克性格的基本特征,比如,自由豪爽,机智精明,刚直正义等。如果说普希金的《上尉的女儿》只是通过一个贵族军官的眼睛所描绘的一个哥萨克的侧影,那么果戈理的中篇小说《塔拉斯·布尔巴》却是描绘了一幅波澜壮阔的哥萨克生活图画。

《塔拉斯·布尔巴》是一部富有英雄传奇色彩的作品。小说的主人公是塔拉斯和他的两个儿子奥斯塔普,安德烈,他们都是扎布罗什的哥萨克。小说的主要情节是塔拉斯率领扎布罗什哥萨克队伍同波兰入侵者进行的英勇斗争。他们赶走了波兰入侵者,但是在战斗中小儿子安德烈经不住敌人的诱惑叛变投敌,被塔拉斯亲手处死,大儿子奥斯塔普也壮烈牺牲,最后塔拉斯也被敌人俘获,捆在一棵枯树上活活烧死。这是一个悲壮的英雄传奇,其中塔拉斯为了民族利益,大义灭亲,亲手处决小儿子安德烈,奥斯塔普在刑场上坚贞不屈,大义凛然的场景都是极为感人的情节。特别是最

哥萨克妇女

后描写塔拉斯的死,更是将感人的激情推向了高潮。他陷入敌人的重围,但他骑术精良,几乎已经突出包围,但忽然发现烟斗掉了。"我不愿意我的烟斗让邪教的波兰人拿去!"下马找烟斗时,被敌人捉住。波兰人把他绑在高岗上的一棵枯树上,放火烧死。他早已将个人的生死置之度外。他居高临下,借着风力,高声呐喊,为撤退的战友指示路径。当熊熊大火把他卷进去时,他看到战友们已安然离去。小说将哥萨克的那种英雄豪迈、威武不屈、团结合作、视死如归的精神气质表现得淋漓尽致。果戈理同时代的评论家舍维廖夫说这部作品"新颖别致,不落窠臼,充满了哥萨克的豪情壮举"[①]。

尽管果戈理激情满怀地赞美哥萨克的英雄豪情,但是他在小说中也没有

---

① 舍维廖夫:《密尔格拉得》,载袁晚禾、陈殿兴编:《果戈理评论集》,复旦大学出版社,1993年,第23页。

忽略哥萨克固有的那些特点,如好战,抢掠,狂暴而又粗野。小说中写到塔拉斯把两个儿子带到扎布罗什去进行军事训练,由于是在和平时期,没有真刀真枪的实战,他感到很不满足,便想制造事端,挑起同土耳其的战争。仅仅是为了给儿子创造一次实战的机会,老塔拉斯不惜挑起两国之间的战争。恰好这时传来波兰人入侵的消息,他便率领哥萨克去攻打波兰人了。哥萨克骑兵勇猛无比,所向披靡,"于是,一切有生命的东西统统遭殃。村庄被大火焚毁,没被军队赶走的家畜和马匹被就地宰杀。……提起扎布罗什人到处留下的未完全开化的年代里才会有的那种暴行的可怕痕迹,至今仍让人感到毛骨悚然"①。塔拉斯为了给大儿子报仇,"率领着自己的联队走遍了整个波兰,烧毁了18座城镇和近40座天主教堂,并且一直打到了克拉科夫。他杀掉的各种波兰贵族不计其数,许多最富有和最漂亮的城堡被他洗劫一空。哥萨克们将珍藏在老爷地窖里的陈年的美酒佳酿统统打开,泼洒在地上;从库房里搜寻到的所有贵重的呢料、服装和器皿全被砸烂和烧光了。……对于那些黑眉毛的妇女和白胸脯俏脸蛋的姑娘,哥萨克们也毫不顾惜。她们即使躲在祭坛边上也难逃厄运,因为塔拉斯一把火就让她们与祭坛同归于尽了"。残酷的哥萨克"在街上用长矛挑起她们的孩子,扔进了正焚烧着她们的火堆"②。在这部光彩照人的作品中,果戈理既写出了哥萨克的英豪大义,威武刚烈,也写出了哥萨克的放荡无羁,残酷无情,画出了一幅哥萨克的真实肖像。

托尔斯泰的中篇小说《哥萨克》写的又是另一番情景。在这里托尔斯泰把接近自然的淳朴的哥萨克生活同贵族上流社会的所谓"城市文明"做了鲜明的对照。贵族青年奥列宁厌倦了莫斯科上流社会的腐朽生活,来到高加索寻求一种自然清新的新生活。他住在一个哥萨克镇上。在这片肥沃的土地上,草木茂盛,物产丰富,自古以来就住着一群信奉旧教的俄罗斯族人,他们英俊勇敢,被人称作高地哥萨克。他们酷爱自由,民风淳朴,但是也同所有哥萨克一样,好战,靠打家劫舍夺取财富。高加索的自然景色,哥萨克们同大自然协调和谐的淳朴民风,使奥列宁感到,这里的确是同莫斯科的贵族上流社会迥然不同的一个新世界。面对雄伟壮丽的高加索自然景色,生活在民风淳朴的哥萨克中间,奥列宁心中似乎开始了一个灵魂净化的过程。但是奥列宁终归是个贵族,难以抛弃他那贵族的偏见和恶习。因此他最终不能为哥萨克群体所接受,在哥萨克的心目中,他始终是个"老爷"。在这里,哥萨克的生活,哥萨克的男男女女,同高加索的自然山川一样,是作为贵族社会的对立面出现的。哥萨克的独立不羁,纯朴自然,"耕者有其田",又摆脱了沙皇

---

① 《果戈理全集》第2卷,安徽文艺出版社,1999年,第95—96页。
② 同上书,第190—193页。

政府的重重徭役,托尔斯泰把他们看做是"新的社会形式的萌芽和原型。"①法国作家罗曼·罗兰对《哥萨克》特别赞赏:"在这一切作品之上,矗立着这第一期山脉的最高峰,托尔斯泰的最美的抒情小说之一,是他青春的歌曲,亦是高加索的颂诗:《哥萨克》。白雪连绵的群山,在光亮的天空映射着它们巍峨的线条,它们的诗意充满了全书。"②

托尔斯泰由于对封建贵族的上流社会尔虞我诈、虚伪腐化的生活十分厌弃,而对淳朴自然的哥萨克群体过分欣赏,因而在某种意义上将哥萨克社会的生活理想化了。实际上,随着历史的发展,带有公社性质的哥萨克群体也逐渐地产生了贫和富的两极分化。特别是到了19世纪末和20世纪初,哥萨克群体中的阶级分化已经相当严重。正如萧洛霍夫在《静静的顿河》中所描写的,既有利斯特尼茨基样占有大片土地的贵族地主,莫霍夫那样占有土地,雇工耕种,又开办工商企业的富农;也有像米哈伊尔·科舍沃伊那样连从军的军刀战马也备办不起的贫苦农民。这种阶级分化严重地影响到十月革命后哥萨克对苏维埃政权的态度。然而作为小生产者、小土地占有者,他们许多人都保留着自古沿袭下来的传统,他们那种哥萨克的优越感,私有者的占有欲,愚昧的习惯势力和忠于沙皇的正统思想,再加上苏维埃政权当局的政策有误,这一切都使得哥萨克群体对待苏维埃政权的态度变得极为复杂了。

送哥萨克入营

列宁当年曾对哥萨克作过一个论断:"至于谈到哥萨克,我们在这里是指俄国一个保留着特别多的中世纪生活、经济和风俗习惯的特点的地区的富有者,中小土地占有者(中等土地占有者约有土地 50 俄亩)阶层。从这里可

---

① 赫拉普钦科:《艺术家托尔斯泰》,刘逢祺、张捷译,上海,上海译文出版社,1987 年,第 64 页。
② 罗曼·罗兰:《托尔斯泰传》,傅雷译,北京,商务印书馆,1995 年,第 20—21 页。

以看到俄国万第的社会经济基础。"①十月革命后,苏维埃政权当局,根据沙皇政府屡次利用哥萨克军队镇压革命运动的历史情况,在国内战争中许多哥萨克投靠白军或支持白军的社会现实,而制定了一项不分青红皂白的"消灭哥萨克"的政策,使许多本应成为苏维埃政权支持者的哥萨克劳动群众无辜地遭到屠杀,激起了《静静的顿河》中所描写的顿河哥萨克暴动,酿成了成千上万人的悲剧。苏维埃政权当局的这一政策,没有估计到哥萨克社会中阶级分化的深刻程度和小土地占有者作为劳动者有反对沙皇专制制度,要求革命变革的一面。实际上,在这一政策执行的过程中,布尔什维克党中央已经发现了这一政策的问题,提出了要对哥萨克进行"区别对待",但是苏维埃政权某些地方机构却没有执行。几十年后,1968年出版的《苏联共产党历史》在总结历史经验的时候,公开承认了这一政策的严重错误:"……如果不是在处理哥萨克问题上犯了严重错误……也不会造成这样的后果","顿河地区的地方党组织,苏维埃政权和军队机构,首先是顿河革命委员会的成员没有抓紧落实中央委员会的指示。他们顽固地坚持'消灭哥萨克'的旧路线,这就给共和国带来严重的危害"。②

1970年,罗斯托夫大学副教授、历史学家安德里安诺夫致信萧洛霍夫说,1970年是沙皇伊万雷帝正式承认顿河哥萨克地位的400周年,他建议举办一次纪念活动,但是许多有纪念意义的古建筑和名人故居都已年久失修,破败不堪,已不能供人参观,仅靠罗斯托夫州,财力有限,无法修复。他请萧洛霍夫出面,请求苏联政府给予帮助。为此萧洛霍夫给当时的苏共中央总书记勃列日涅夫写了一封信:

亲爱的列昂尼特·伊利奇!

今年是沙皇伊万雷帝正式承认顿河哥萨克合法地位的400周年。众所周知,这在俄罗斯国家历史上是个不无重要意义的事件。我想,对于哥萨克的400周年,如果保持沉默——这种沉默会在我们国内和西方引起我们所不愿看到的反应——即便仅从这点考虑,保持沉默未必是合乎适宜的。

如果政治局能作出决定,责成中央报刊为纪念400周年发表一些不必太长但水平较高的文章,责成俄罗斯联邦部长会议来解决在斯塔罗切尔卡斯克建立历史建筑博物馆的问题,岂不更好?……③

---

① 载《列宁全集》(中文)1963年版,第26卷,第16页。"万第"——法国西部地名。1793年这里曾发生过反对法国革命的叛乱活动。
② 《苏联共产党历史》,莫斯科,政治图书出版社,1968年,第301—358页。
③ 《萧洛霍夫书信集》,莫斯科,俄罗斯科学院世界文学研究所,2003年,第406—407页。

苏共中央组织了一个专家班子,对萧洛霍夫的信件进行了研究,最后否决了萧洛霍夫关于顿河哥萨克 400 周年纪念活动的建议。他们认为,1570 年沙皇伊万雷帝的文件,其内容"并不能成为 1570 年是哥萨克在顿河定居的历史标志的根据",因为"1570 年并不是哥萨克定居顿河的最初日期",早在 1554 年"顿河哥萨克就根据俄国政府的提议,同俄国军队共同参加了进军阿斯特拉罕汗国的战争"。① 专家们认为,纪念活动会"削弱对哥萨克的阶级态度","给逃亡国外的白军提供造谣生事的口实",他们建议,应该"纪念哥萨克参加的反对沙皇专制制度的农民战争":1970—1971 年是斯捷潘·拉辛领导的农民战争 300 周年,1973—1975 年是普加乔夫领导的农民战争 200 周年。②

当时这些文件都是保密的,苏联解体,苏共中央的档案解密后,人们才知道,关于顿河哥萨克曾有过这样一次还没有开始便流产了的纪念活动。

---

① 转引自《萧洛霍夫新论》,莫斯科,俄罗斯科学院世界文学研究所,2003 年,第 560 页。
② 同上书,第 566 页。

第二章

来自扎拉伊斯克的外乡人

一部《静静的顿河》传遍了全世界,萧洛霍夫成了闻名遐迩的作家。当然,这样一位作家的生平、出身、经历,都是读者和研究者深感兴趣的话题。但是每当人们向萧洛霍夫问起他的出身经历时,他总是含糊其词,避而不谈,或者意味深长地说:"任何一位作家的传记都在他的作品之中。"[①]萧洛霍夫写过几个自传,都非常简略。他一生都生活在自己的家乡——顿河岸边的维约申斯克,远离国家的政治文化中心。尽管他在莫斯科也有自己的住宅,但是没有重要的事情或重要的活动,他从不在莫斯科闲住。因此,他的生活和经历都笼罩着一层神秘的烟雾。苏联解体之后,许多档案材料解密,萧洛霍夫家乡的有些知情人士写书著文,透露出许多鲜为人知的情况,使我们对萧洛霍夫的生平经历乃至创作,都有了新的认识。

萧洛霍夫在他的一份自传中说,他的父亲是"来自梁赞省的移民"[②]。其实,萧洛霍夫一家来到顿河是从作家的祖父一代开始的。萧洛霍夫的祖籍是扎拉伊斯克。这是俄罗斯的一座古城,始建于1140年,属于梁赞公国,到18世纪时,扎拉伊斯克是梁赞省的一个县,现在划归莫斯科州。

扎拉伊斯克市中心矗立着一座克里姆林城堡,有一条小河穿城而过,周围是茂密的森林。在古代,扎拉伊斯克是个繁华的城市,这里商店林立,街上车水马龙,人群熙熙攘攘。当时扎拉伊斯克是以商人和编织花边的女工而遐迩闻名的。

[①] 格·西沃沃洛夫:《萧洛霍夫生平片断》,顿河罗斯托夫,罗斯托夫书籍出版社,1995年,第8页。

[②] 转引自孙美玲编:《萧洛霍夫研究》,第456页。

市中心的城堡中有军队驻守,他们分枪兵和炮兵。他们的家属也住在这里,称作"枪兵村"和"炮兵村"。炮兵村中就住着一家姓萧洛霍夫的炮兵。据查当地档案文件,最早提到萧洛霍夫这个姓氏的记载,是在 1715 年。① 应该说,这就是萧洛霍夫家族谱系的根。

炮兵村里共有 12 户人家,炮兵村最边上的一家就是萧洛霍夫兄弟:谢尔盖·费尔索维奇·萧洛霍夫和瓦西里·费尔索维奇·萧洛霍夫,他们就是作家萧洛霍夫的先祖。萧洛霍夫家对过有一片树林,树林边上有一座教堂,旁边就是萧洛霍夫家族的墓地。炮兵萧洛霍夫的后人,有的成了商人,有的当了牲口贩子,有的成了贫穷的市民,也有的成了小业主。在扎拉伊斯克,萧洛霍夫是个大姓,姓萧洛霍夫的人很多。到作家萧洛霍夫的祖父这一代,他们是如何来到顿河地区的,就我所看到的资料,有两种说法:

费济在《萧洛霍夫家史新资料》一文中说:"作家的曾祖父米哈伊尔·伊万诺维奇,身体一般,也没有突出的成就。他的独生儿子米哈伊尔·米哈伊洛维奇,为找一个挣钱糊口的工作,到处奔走。于是他就来到了顿河,不久就同妻子和两个儿子尼古拉、亚历山大迁居此地。作家的祖父在克鲁日林村落户,开了一家小商店,他的儿子就当商店的店员。1890 年维约申斯克的档案文件第一次提到萧洛霍夫家族。"② 按费济文中的说法,作家萧洛霍夫的祖父是在扎拉伊斯克成家并有了两个孩子之后,才举家迁往顿河的,而且不是在维约申斯克落户,而是落户于克鲁日林村。

西沃沃洛夫在《萧洛霍夫生平片断》中却是另一种说法:"据我们所知,米哈伊尔·亚历山大罗维奇·萧洛霍夫的祖父,三级商人米哈伊尔·米哈伊洛维奇·萧洛霍夫,是在 19 世纪同扎拉伊斯克的许多商人(赫连尼科夫,奥博伊马科夫,奥泽罗夫,莫霍夫,热列布佐夫等)一道来到这个陌生的哥萨克之乡维约申斯克镇的,那时候他还是梁赞省扎拉伊斯克市一个商人的年轻的儿子。

顿河地区的档案文件第一次提到他是在 1852 年,那时他已经开了自己的商店,经销日用百货和布匹。"③

西沃沃洛夫说,扎拉伊斯克的商人中最早来到维约申斯克开商店的是米隆·莫霍夫和他的儿子尼古拉。大概是米哈伊尔·米哈伊洛维奇·萧洛霍夫或者是米哈伊尔的父亲由于商贸关系认识莫霍夫,大概就是莫霍夫来顿河经商的时候,叫上了年轻的米哈伊尔,米哈伊尔当然也乐于离开商人密集、商店林立的扎拉伊斯克,到顿河的维约申斯克求得发展。

---

① 参阅费济:《萧洛霍夫家史新资料》,载《各民族文学史》,莫斯科,遗产出版社,1995 年,第 136 页。
② 同上。
③ 西沃沃洛夫:《萧洛霍夫生平片断》,第 34 页。

萧洛霍夫家的亲戚廖沃奇金娜

刚到维约申斯克时,米哈伊尔·米哈伊洛维奇·萧洛霍夫单身一人,尚无家口之累,便租房居住。他像所有外来的商人一样,他在开展经商事业上历尽千辛万苦。当时在顿河地区经商的"外乡人"无权在哥萨克的土地上建造自己的住宅。那时候,顿河地区的商业已经很发达,在顿河地区经商的"外乡人"已经很多,他们纷纷上书,要求允许他们建造自己的住宅,直到1868年5月才在军事部长米莫京准将签署的一份文件中得到批准。从此维约申斯克从外乡来的商人才有了在哥萨克村镇合法居住的权利,可以建造住宅,开办商店。

作家萧洛霍夫的祖父米哈伊尔·萧洛霍夫,没有文化,但是却非常精明干练,谙熟经商之道。开始,他在一个小店铺中经销布匹衣料,本小利微的日用小商品,靠着薄利多销,逐渐积累资本。他没有文化,不会记账,就记在心里,时间久了,恐怕忘记,就采用最古老的办法——用刀在木头上砍刀痕记账。当时,乌留平斯克是个大集市,商品丰富,价格低廉,他不怕路途遥远,常到那里办货,除此之外,他还常到沃罗涅什、博古恰尔等大城镇办货,有时还回自己的故乡扎拉伊斯克去办货。经过几年的艰苦奋斗,他的资本有了较大的积累,他经营的商店也已初具规模,虽然还不能同米隆·莫霍夫那样的巨商相比,但在维约申斯克外来的商人中也可以说是屈指可数的人物了。根据当地的文献记载,到1852年10月,在维约申斯克经商的外来的商户有十几家,其中有两家姓萧洛霍夫。按资金的多少排列,占第一位的是米隆·莫霍夫,其资金是1万银卢布,占第九位的是伊万·库兹米奇·萧洛霍夫,资金是1500银卢布。作家萧洛霍夫的祖父米哈伊尔·米哈伊洛维奇占第十位,但没有注明资金数目。可以设想,当时其资金必定是少于1500卢布的了。

商人是社会中一个专门从事商贸活动的社会阶层。早在1775年俄罗斯就成立了按级划分享受优待的商会组织,当时顿河地区还没有这样的商会,只有一个不分级别的顿河哥萨克商会。米哈伊尔·米哈伊洛维奇·萧洛霍夫来自扎拉伊斯克,在那里他是出身于享受优待的商会,因为他的商贸活动刚刚开始,所以他是最低一级的商人——三级商人。

维约申斯克镇商人的生活,同顿河上游地区所有的外乡人一样。哥萨克同他们没有什么交往,外乡人只同外乡人来往。所以商人们也只在商人的圈子中活动,而且大多是有钱人和有钱人来往。但是扎拉伊斯克的商人和伙

第二章 来自扎拉伊斯克的外乡人

计,虽然地位不同,但都互相来往。米哈伊尔·米哈伊洛维奇·萧洛霍夫为人豁达圆通,他既结交富有的商人,也同哥萨克保持良好友谊。

维约申斯克镇的商人中,除来自扎拉伊斯克的米隆·莫霍夫之外,还有一家姓莫霍夫的商人,这就是来自博古恰尔的瓦西里·季莫费耶维奇·莫霍夫一家。米哈伊尔·米哈伊洛维奇·萧洛霍夫爱上了瓦西里·莫霍夫的女儿玛丽亚,后来同她结了婚。米哈伊尔得到了一份丰厚的嫁妆。岳丈在维约申斯克镇教堂对面的广场上给女儿和女婿盖了一栋有四个房间带地下室的住宅,那铁皮的房顶引来无数路人羡慕的目光。几年后,米哈伊尔·萧洛霍夫在岳丈的支持下自己也开设了一家百货商店。

关于作家萧洛霍夫其祖父的经历,西沃沃洛夫的说法同费济有很大不同。费济的文章中说米哈伊尔·米哈伊洛维奇·萧洛霍夫在来顿河经商之前已经娶妻生子。虽然他的文章中没有提到米哈伊尔·萧洛霍夫的妻子是谁,但可以断言,多半是扎拉伊斯克人,而绝不会是顿河人。米哈伊尔是只身一人先到顿河,然后才将妻儿接来,安家落户。而西沃沃洛夫的说法则是年轻的米哈伊尔只身一人跟随同乡莫霍夫来顿河创业,事业有了一定基础,才在维约申斯克镇娶妻成家。从萧洛霍夫家族后来在顿河地区的经历和生活状况来看,西沃沃洛夫的说法可能更符合实际,因为他是顿河人,他的祖辈同米哈伊尔·米哈伊洛维奇·萧洛霍夫是要好的朋友,两家常有来往,因此他了解的情况更为直接,更为可靠。费济的文章中可能发生了一个误会,将博古恰尔的莫霍夫和扎拉伊斯克的莫霍夫混为一谈了。

米哈伊尔和玛丽亚生了八个孩子:四男四女。长子尼古拉,次子亚历山大,三子彼得,四子米哈伊尔;长女普拉斯科维亚,次女卡皮托利娜,三女奥丽加,四女安娜。次子亚历山大便是作家萧洛霍夫的父亲。

作家萧洛霍夫的爷爷是个了不起的人,他在经商中屡经挫折,他都能从艰难困苦中挺立起来。据记载,顿河岸边的维约申斯克镇曾屡遭火灾,俄罗斯式的木屋在烈火中被烧得一片灰烬,他爷爷的商店自然不能幸免,但是他每次都能从灾难中挺立起来,重新创业。作家萧洛霍夫的堂兄,即其伯父彼得·米哈伊洛维奇之子,尼古拉·彼得罗维奇,曾对人说,萧洛霍夫在《静静的顿河》中将其祖父米哈伊

卡尔金镇的乡亲们

尔·米哈伊洛维奇·萧洛霍夫的某些经历写进了鞑靼村的首富,商人莫霍夫的形象中。他也是几经挫折,又几次腾飞。火灾曾使他一贫如洗,但是他却能一次次挺立起来,使他的经商活动不断发展。他不仅在维约申斯克开办商店,而且在维约申斯克镇附近的杜达列夫村,克鲁日林村,卡尔金村(后改为镇)分别为儿子们开了商店。按照维约申斯克镇当地档案的记载,到1873年,按他的资金积累,他已经成为二级商人了,这在当地商人中已是最高级别,因为在顿河上游地区从来没有一级商人。

米哈伊尔·萧洛霍夫虽然自己是个文盲,但对儿女的教育却很重视,他的儿女都受过初级的教育,在文盲占绝大多数的顿河哥萨克地区,上过两年的初级小学,便可以算文化人了。早在1802年俄罗斯便成立了国民教育部。俄罗斯帝国划为六个教学区,维约申斯克及其周围的村庄都属于哈尔科夫教学区。每个教学区都辖有若干个教区学校(又译堂区学校),教区学校,无论男校还是女校,都由国民教育部提供经费,因而称为部属学校。这些学校的学制起初是一年,后来改为二年,教学工作全部按国民教育部制定的教学大纲进行。有些村庄教民很多,便自行开办慈善性质的教堂辖区学校,这些学校的经费全靠有钱的地主、富有的哥萨克、大商人、教会等捐资赞助。米哈伊尔·米哈伊洛维奇·萧洛霍夫,作为维约申斯克镇的二级商人,就曾为杜达列夫村的教区学校捐资助学。维约申斯克镇的教区学校创办于1861年,米哈伊尔·萧洛霍夫的四个儿子都上了部属教区学校,他的女儿也都在世俗的教区女校上过学,虽然只学了一两年,但是都成了有文化的人。

但是当地有钱的哥萨克、贵族、地主、军官、教会人士、富商,大都把自己的子女送到哈尔科夫、基辅、彼得堡等大城市的士官学校、私立中学、高等学校去受教育。

在哥萨克地区"外乡人"是受歧视的,即使是有钱的商人也不例外。因此这些外来的商人,只是在他们彼此之间娶妻嫁女,所以老萧洛霍夫的四个女儿都嫁给了当地有钱的商人,除作家萧洛霍夫的父亲亚历山大之外,其余几个儿子也都娶了商人的女儿为妻。这样,孤身一人来到顿河的米哈伊尔·萧洛霍夫,通过儿女的姻亲,已形成一个规模可观的家族和相当强大的关系网,儿女亲家,互相照顾,对商业的经营极为有利。

比米哈伊尔·萧洛霍夫晚几年,另一个扎拉伊斯克商人的儿子伊万·安德烈耶维奇·奥泽罗夫,也来到顿河地区经商。原来在扎拉伊斯克的时候,奥泽罗夫同米哈伊尔·萧洛霍夫就很熟悉,所以他一到顿河,就直接投奔萧洛霍夫。米哈伊尔·萧洛霍夫热心地帮助他。奥泽罗夫从萧洛霍夫的商店进货,到四乡流动出售,几年下来,奥泽罗夫也建立起一份家业。奥泽罗夫在经商的活动中同在卡尔金村经商的谢尔盖·廖沃奇金一家结下了深厚的友谊。谢尔盖·廖沃奇金的儿子伊万·廖沃奇金很有经商的才干,他继承父

第二章　来自扎拉伊斯克的外乡人

业,在卡尔金村开了一家很大的百货商店。他娶了米哈伊尔·萧洛霍夫的大女儿普拉斯科维亚为妻。奥泽罗夫晚年身患瘫痪,卧病在床,便把自己的资金和全部不动产都转到了廖沃奇金的名下,并在他家里养老送终。萧洛霍夫家同奥泽罗夫和廖沃奇金的关系一直没有间断。米哈伊尔·萧洛霍夫的二女儿卡皮托利娜嫁给了在廖沃奇金家的商店中当店员的邦达连科。米哈伊尔·萧洛霍夫的二儿子亚历山大和小儿子米哈伊尔也都在廖沃奇金家的商店中当过店员。

老萧洛霍夫一辈子不识字,但是他在漫长的一生中不仅积累了相当数量的资金,而且掌握了赚取利润的经商本领,具有丰富的商贸经验。他很想把自己多年积累的本领传授给儿子们,让他们继承自己的衣钵,成为顿河地区的大商人。他在杜达列夫村给长子尼古拉开了一家百货商店,但是他的大儿子却宁肯把自己的商店委托给别人经营,自己仍在维约申斯克父亲的商店里当店员。老萧洛霍夫也给二儿子亚历山大在克鲁日林村开了一家百货商店,但是二儿子也不善独立经营,不几年便破产了,跑到卡尔金村廖沃奇金的商店里当店员去了。

老萧洛霍夫的四个儿子中,三儿子彼得是比较精明能干的。他在乌留平斯克镇三年制的学校毕业后,曾从军去当兵。在一个步兵团里,他几乎是唯一会写会读的文化人,所以便当上了团的书记官,常常为团里书写命令,替士兵写家信。服役期满后,他回到维约申斯克,娶了富商奥博伊马科夫的女儿安娜为妻。奥博伊马科夫也是外乡人。他来到维约申斯克经商的年代大体同米哈伊尔·萧洛霍夫差不多。奥博伊马科夫的妻子叶卡捷林娜非常精明,夫妻二人经商,不几年发了大财,几乎是维约申斯克一带的头号富商。

彼得和安娜结婚后,搬到克鲁日林村居住。他们从一个哥萨克手中买了一栋房子,开了一家小商店,经销烟酒,日用百货等针头线脑之类的小商品,但是不久便因为利润太少而关张了。商店关张之后,他们离开克鲁日林村,迁到普列沙科夫村,后来又从普列沙科夫村迁到卡尔金村,在廖沃奇金家旁边租了一个哥萨克的两间房居住。廖沃奇金请彼得在他的商店中当掌柜的。这样,萧洛霍夫三兄弟就都在廖沃奇金的商店里工作了。彼得的确能干,他在廖沃奇金的商业经营中发挥了很好的作用,被廖沃奇金视为自己的左膀右臂。也就是在这个时期,廖沃奇金的商店挂出了绿漆铁皮的招牌:"廖沃奇金商场及股份公司"。这一细节被作家萧洛霍夫写进了他的《静静的顿河》,不过招牌的名字改成了:"莫霍夫和阿捷平商场"。

彼得离开克鲁日林村的时候,便把自己的房子廉价卖给了二哥亚历山大。后来亚历山大不愿长期地在廖沃奇金的商店中当伙计,便在克鲁日林村开了一家小商店。在廖沃奇金商店工作的几年里,他经常为商店的事务四处奔波,经常到博古恰尔、莫斯科和尼日尼等地去,他认识了许多商人,也积累

维约申斯克镇的街道

了丰富的经商经验,因此才决定离开廖沃奇金的商店,自己独立经营了。

这个克鲁日林村是顿河上游一个比较古老的村庄。据当地史料记载,1797年维约申斯克镇的哥萨克中尉葛利高里·克鲁日林向军屯公署提交一份申请书,请求允许他在黑河和谢苗诺夫卡河口建立一个村庄,并划出一块土地,发展农耕,养殖牲畜。拿到准许开发的文件之后,葛利高里·克鲁日林便开工建设。最初的名字叫做"卡尔金—克鲁日林"村,到1838年,克鲁日林村已有36户人家。在1915年克鲁日林村进行人口登记的时候,全村共有126户人家,其中109户哥萨克,17户外乡人,共计623人。①

离克鲁日林村12俄里有一个村落,叫雅谢诺夫卡,那里是地主波波夫家的庄园。老地主波波夫死后,他的寡妻安娜·扎哈罗夫娜当家主事。波波夫有两个女儿一个儿子,两个女儿都已出嫁,儿子德米特里尚未成年。波波夫家在俄国农奴制改革之前有25户农奴,农奴制废除之后,农奴有了人身自由,但是有些农奴并没有离开地主的庄园,而是改为租种地主的土地,以向地主交纳地租的方式,继续留在地主的土地上劳动。波波夫庄园的雇工中有一家姓切尔尼科夫的,他们是以前的半农奴出身,一家五口,丈夫丹尼拉,在地主波波夫家当花匠,他的妻子阿库利娜做佣人,做饭,洗衣,侍候老爷。他们生有两儿一女。丹尼拉死后,两个已经成家的儿子分家另过,家中只有女儿阿纳斯塔西娅和母亲了。家中无以为生,12岁的阿纳斯塔西娅便到地主波波夫家中去当佣人。她后来就是作家萧洛霍夫的母亲。萧洛霍夫成为著名作家之后,在给乌克兰剧作家瓦西里·明科的一封信中谈到他母亲的一些情况:"至于说到母亲,已不可能确定她的祖父在切尔尼戈夫地区的住址了,因为她的祖父是带着年轻的妻子被迁送到顿河来的,现在(老人们都去世之

---

① 参阅西沃沃洛夫:《萧洛霍夫生平片断》,第80页。

后),什么都无法确认了。当时地主波波夫买了我的外祖父(高祖),就我现在所能记得的是,母亲曾讲过,同他们一块离开切尔尼戈夫地区的,还有14—16户人家。同他们一起,这个地主还从波尔塔瓦买了2—3户农奴,从沃罗涅什省也买了几户人家。我再说一遍,准确地确认这个问题现在是绝对办不到了,因为既没有任何文件,也没有活着的证人。"①萧洛霍夫还在他的一份自传中写道:"母亲是农奴的女儿。外祖父在农奴'解放'后,因家庭人口多,负担重,仍旧给地主做工。母亲从12岁起离家去帮人,到出嫁一直在一个老地主寡妇家当女仆。"②这里说的就是阿纳斯塔西娅在地主波波夫家当佣人的情况。

顿河地区的哥萨克青年男女都是能歌善舞的。雅谢诺夫卡的年轻人每到晚上就聚在一起,唱歌跳舞。在地主家工作了几年,阿纳斯塔西娅长成了一个漂亮的大姑娘,身材修长,舞姿优美,歌喉嘹亮,在一大群哥萨克少女中,她显得特别出众。对于这样一个能歌善舞的美丽少女,围着她追求献媚的人不少,但是没有一个真正要来求婚的:谁会要一个没有嫁妆、没有文化的穷姑娘呢?然而地主的少爷德米特里却爱上了她。女地主波波娃当然不会同意她的儿子娶一个穷佣人为妻的。安娜·波波娃本来是可以将阿纳斯塔西娅解雇了事的,但是阿纳斯塔西娅聪明勤快,家务整理得井井有条,不仅地主家的老老少少对她非常满意,而且也颇受来访的客人的赞赏。当安娜·波波娃还没有最后拿定主意时,事情却起了急骤的变化。有一天,阿纳斯塔西娅告诉主人,她怀了孕,孩子是少东家德米特里的。安娜·波波娃听了,惊得目瞪口呆,而且不知所措。按照她的观念,她的儿子娶一个农奴的女儿、一个使女为妻,那是非常丢人现眼的事,所以她必须采取果断措施,把阿纳斯塔西娅远远地嫁出去。她派人在很远的叶兰斯克镇找了一个上岁数的哥萨克,姓库兹涅佐夫,曾当过哥萨克首领,家资殷实富裕,妻子死后,已独身好几年了,找一个虽无嫁妆,但却年轻美貌的妻子,他还是满心欢喜的。在地主家的压力和说服之下,阿纳斯塔西娅的母亲也不得不同意女儿远嫁。于是怀着地主少爷的孩子的阿纳斯塔西娅嫁到了叶兰斯克镇。

库兹涅佐夫的族人认为,阿纳斯塔西娅是为贪图库兹涅佐夫的财产才嫁到这里来的,便挑唆库兹涅佐夫将她赶走。库兹涅佐夫没有将阿纳斯塔西娅赶走,但是对她的态度却发生了变化。他开始虐待阿纳斯塔西娅,经常对她拳打脚踢。不久,阿纳斯塔西娅生了个女儿,显然是别人的孩子,库兹涅佐夫对她更恶劣了。女儿没有活多久,半年后便夭折了。女儿死后,阿纳斯塔西

---

① 《萧洛霍夫书信集》,第313页。
② 转引自孙美玲编:《萧洛霍夫研究》,第457页。

娅由于不堪忍受丈夫的虐待,收拾起自己的东西,离开库兹涅佐夫,回到雅谢诺夫卡母亲的家。这在当时的哥萨克妇女来说,是个非常大胆无畏的决定,因为逃跑的女人,一旦被丈夫追回,将受到非常严厉的惩罚:在全村公众面前遭受鞭笞,甚至被处死。然而库兹涅佐夫不知为什么并没有到雅谢诺夫卡来将妻子追回去。不过,阿纳斯塔西娅也知道,只要库兹涅佐夫活在世上,她就不能再同别人结婚了。

逃回雅谢诺夫卡后,阿纳斯塔西娅无以为生,只好又回到波波夫家当佣人。地主老爷让她管粮食仓库,负责地主一家的日常伙食。大约就是这个时候,亚历山大·萧洛霍夫认识了阿纳斯塔西娅。这时,亚历山大已离开卡尔金村廖沃奇金家的商店,买了他的弟弟彼得在克鲁日林村的房子,自己开始独立经营。在廖沃奇金的商店工作时,他经常到外地联系买卖活动,认识了许多商人和商号,比较熟悉经商的途径,所以他常常做些贩卖牲畜和粮食的买卖。为此他时常到地主波波夫家去。此时,安娜·波波娃已不在雅谢诺夫卡居住,她跟随出嫁的女儿住到城里去了。德米特里早已成婚,成了一家之主,对阿纳斯塔西娅早已失去兴趣。亚历山大·萧洛霍夫和阿纳斯塔西娅是否一见倾心,他们是如何相爱的,现在已无从查考,似乎并没有受到地主家的阻挠,但是亚历山大的兄弟姐妹们听说他在追求雅谢诺夫卡地主家的一个使女,在大为惊奇之余,纷纷表示反对,认为他失去了理智,他完全可以找到更好的未婚妻。

虽然亲人都纷纷表示反对,但是亚历山大·萧洛霍夫和阿纳斯塔西娅的爱情却日益热烈。克鲁日林村距雅谢诺夫卡14俄里①,亚历山大为了便于同阿纳斯塔西娅见面,特意在雅谢诺夫卡附近的丘卡林村租了一间房子,两个倾心相爱的人便在这里幽会。这样过了很长时间,有一天,阿纳斯塔西娅告诉亚历山大,她怀孕了。这时,亚历山大采取了一个惊世骇俗的步骤:当即决定带哥萨克的有夫之妇阿纳斯塔西娅回克鲁日林村,公开同居。按照哥萨克的传统习俗,哥萨克女人是不能与外乡人通婚的,即便男方是有钱的商人,更何况阿纳斯塔西娅的合法丈夫还活着,两人也没有办理离婚手续。因此他们的相爱相处,不仅受到周围哥萨克群众的冷嘲热讽和公然谴责,而且也遭到家人的反对和责难。但是亚历山大·萧洛霍夫和阿纳斯塔西娅两人热烈地相爱着,对于周围的这一切,全然置之度外。

不久,阿纳斯塔西娅生了个儿子,他就是未来的俄罗斯大作家萧洛霍夫。亚历山大给他的儿子进行"洗礼"的时候,人数众多的萧洛霍夫家族及其亲友,竟没有一个人来为这个新生的婴儿,将使萧洛霍夫的姓氏传遍全世界的

---

① 一俄里等于1.06公里。

未来天才,表示祝贺。

按萧洛霍夫的同乡,传记作家西沃沃洛夫的说法,作家萧洛霍夫确切的出生日期,到现在为止,并没有找到文献记载。在苏维埃政权的年代,克鲁日林村的教堂关闭了,后来就拆毁当作建筑材料了。教会的许多文献资料都付之一炬烧毁了,1905年记载儿童出生的登记簿至今没有找到。革命前,有关婚姻、生育的证明材料,教堂都不准复制,因此只能按照他的名字米哈伊尔来进行推断。

萧洛霍夫的父母及其他家人在卡尔金镇的墓地

按照俄罗斯国教东正教的规定,新生的婴儿必须在出生后的第八天,在教堂中由神父按照宗教日历上的顺序挑选一个圣徒的名字为新生的婴儿命名。名字叫米哈伊尔,那就是说,是在米哈伊尔日那一天命名的。未婚生子的父名可听从母亲的意愿而定,所以未来作家萧洛霍夫的名字和父名就是:米哈伊尔·亚历山大罗维奇,但是当时他还不能姓萧洛霍夫,因为他的父亲和母亲还没有举行婚礼,还没有成为合法夫妻,他当时只能姓阿纳斯塔西娅的合法丈夫的姓:库兹涅佐夫。按照这样一个日期推断,萧洛霍夫的出生日期是:1905年5月24日(俄历11日)。①

这里的叙述主要依据萧洛霍夫的同乡西沃沃洛夫在他的著作中所提供的事实。西沃沃洛夫不仅查看了许多档案资料,而且访问了还健在的当年萧洛霍夫家的邻居或亲友。他们回忆的情况应该是最直接的,也应是可信的。

萧洛霍夫对于自己的家庭情况和出生经历,历来在他的自传中都写得非常简略,甚至含糊其词。苏联时期的许多研究家大都根据作者的自传来简述作家的生平,然而也有研究家所介绍的情况与实际情况出入较大。有一位研

---

① 参阅西沃沃洛夫:《萧洛霍夫生平片断》,第82—83页。

究家这样写道:"米哈伊尔·亚历山大罗维奇·萧洛霍夫1905年5月24日生于顿河畔的克鲁日林村。老人们现在还能指出萧洛霍夫的父亲——亚历山大·米哈伊洛维奇所住的房子。一百多年前,作家的爷爷,原籍梁赞州的米哈伊尔·米哈伊洛维奇·萧洛霍夫来到维约申斯克镇,供职于当地的一位商人。他一直干到升为商店掌柜,后来娶了东家的女儿玛丽亚·瓦西里耶夫娜为妻,开始经营自己的商店。但是他始终没有成为一个富商,因为他家人口太多——他有8个子女。作家的父亲亚历山大·米哈伊洛维奇没受过真正的教育,只在部属教区小学上过学,但是他毕生都坚持自学,在他那个圈子里算得上是个有文化修养的人了。作家的母亲,阿纳斯塔西娅·丹尼洛夫娜,早年丧父,在地主波波夫家当佣人,后来又迁到维约申斯克镇,在萧洛霍夫家当佣人。就是在这里,东家的少爷和使女彼此相爱了。但是父母亲对这桩不相称的婚事听都不愿听。他们把阿纳斯塔西娅·丹尼洛夫娜嫁给了一个上年岁的哥萨克首领,而给儿子另找新娘。但是亚历山大·米哈伊洛维奇态度坚决,主意坚定,非娶阿纳斯塔西娅·丹尼洛夫娜不可。他同父亲分了家,他就将阿纳斯塔西娅作为使女接到自己的家中。"①

  这一段的叙述中有几点是与实际情况有出入的。第一,作家萧洛霍夫的祖父,米哈伊尔·米哈伊洛维奇,虽然有8个子女,并没有因为孩子多而成为致富的拖累,他是维约申斯克镇按资金数量排列的二级商人(当地没有一级商人),而且给他的大儿子和二儿子都单独开了独立经营的商店。实际上是作家萧洛霍夫的外祖父,农奴出身的丹尼拉·切尔尼科夫,因为家庭人口多而一直处于贫困之中。第二,作家萧洛霍夫的母亲,阿纳斯塔西娅·丹尼洛夫娜,在同亚历山大·萧洛霍夫相识相爱之前,一直在雅谢诺夫卡地主波波夫的庄园里,同她的母亲住在一起。她同亚历山大·萧洛霍夫的相识和相爱也都是在这里,从没去过维约申斯克,更没有在萧洛霍夫家当过使女。第三,阿纳斯塔西娅·丹尼洛夫娜的被迫远嫁是在地主波波夫家发生的,同萧洛霍夫家没有关系。况且,当时阿纳斯塔西娅的母亲还活着,按照哥萨克的风俗,没有母亲的同意,外人(对于阿纳斯塔西娅来说,萧洛霍夫一家当然是"外人",更何况他们还是"外乡人")是没有权利将阿纳斯塔西娅出嫁的。第四,萧洛霍夫家族对亚历山大和阿纳斯塔西娅的相爱表示反对和责备,这是事实,但是这里并没有发生因这件事而使萧洛霍夫父子分家的事。早在亚历山大·萧洛霍夫认识阿纳斯塔西娅之前,老萧洛霍夫就给大儿子和二儿子分别开设了独立经营的商店,一个在杜达列夫村,一个在克鲁日林村。而且,亚历山大和阿纳斯塔西娅在克鲁日林村公开同居,也不是将阿纳斯塔西娅"作为使女接到家中"。

---

① 彼捷林:《米哈伊尔·萧洛霍夫》,莫斯科,苏联国防部军事出版社,1974年,第7页。

从 19 世纪 40 年代,年轻的米哈伊尔·米哈伊洛维奇·萧洛霍夫跟随他的朋友莫霍夫来到顿河上游"创世界",到 20 世纪初,几十年的时间里,他从单身一人发展成一个大家族,他娶了富商莫霍夫的女儿,又同当地的两家巨商廖沃奇金和奥博伊尼科夫结成儿女亲家,这样,他虽然不是哥萨克,没有土地,没有特权,但是在经济上,在社会关系上都有了相当坚实的基础,而且他的儿女都受过良好的教育,这在绝大多数人都是文盲的哥萨克地区无形中又具有了文化的优势。扎拉伊斯克来的"外乡人"在顿河上游牢牢地站稳了脚跟。

第三章
"野种"

　　阿纳斯塔西娅没有同丈夫离婚,也没有同亚历山大·萧洛霍夫正式结婚,生了个儿子,村子里出现许多流言蜚语。村里的人大多不知道亚历山大·萧洛霍夫和阿纳斯塔西娅相爱的经历,有的人看到阿纳斯塔西娅来到克鲁日林村不久就生了儿子,便说:"阿纳斯塔西娅这么早就生了？生的是谁的孩子？""阿纳斯塔西娅该不会给亚历山大带来个别人的孩子吧？""阿纳斯塔西娅会不会是在外面浪荡,生的个私孩子吧？"种种流言,不一而足。等孩子长得稍大一点,村里人还给他起了个外号:"野种"。耳听这样一些流言蜚语,心里虽然难受,但却毫无办法,只能默默地忍受。只盼着阿纳斯塔西娅的丈夫老库兹涅佐夫早一点死去,他们好正式举行婚礼。

　　更为严重的是亚历山大和阿纳斯塔西娅还要面对家里兄弟姐妹以及亲友的冷眼和责难。阿纳斯塔西娅生了儿子之后,他们依然没有改变对阿纳斯塔西娅的态度。据作家萧洛霍夫的姑母奥丽加的孙子,伊万·谢列金回忆当年的情景时说,当阿纳斯塔西娅实在忍无可忍的时候,虽然不无冒失地,但却非常坚决地对萧洛霍夫的家人说,如果到现在还不把她当自家人看待,她就带着孩子离开这个家。从此以后萧洛霍夫家的人对阿纳斯塔西娅的关系才逐渐缓和下来。

　　不久,亚历山大的三妹奥丽加因丈夫谢列金去世,在丈夫家生活困难,便带着孩子来到克鲁日林村,同二哥亚历山大住在一起。奥丽加同阿纳斯塔西娅的关系非常好,帮着她带孩子。亚历山大也非常喜欢他的两个外甥伊万和弗拉季米尔。阿纳斯塔西娅的母亲,住在雅谢诺夫卡的姥姥也常来看望外孙。一家人过的很和睦。

第三章 "野种"

萧洛霍夫传记的作者,他的同乡西沃沃洛夫,曾听他的爷爷讲过,他和亚历山大常有来往,而且两人还常在一起喝酒。有一次他到亚历山大·萧洛霍夫家去,看到夫妻二人正在忙着给孩子洗澡,便开玩笑地说,忙什么呢,还指望他给你们养老送终吗?亚历山大笑着说,正是呢,他就是将来给我们养老的人啦。他们哪里知道,这个小娃娃将是让萧洛霍夫这个姓氏名扬天下的人呢。①

孩子一天天长大,小米沙②长成一个健壮、顽皮、淘气的小男孩。在家里他和两个表兄在一块玩,也跑到外面和村里哥萨克的孩子们一块玩耍。小孩们一块玩耍免不了吵嘴打架,村里的孩子们就骂他"野种",他虽然不明白这个词的具体含义,但他知道这是骂人的话,便委屈地跑回家去,扑在母亲的怀里痛哭流涕。童年所受的这种屈辱,在幼小的萧洛霍夫的心灵里留下了非常深刻的印象。成年之后,当他开始进行文学创作的时候,曾写过一个短篇小说,主人公叫米什卡,是牧民福马的儿子。因为是穷人的孩子,在村里经

一年级小学生萧洛霍夫(右)

常受有钱人的孩子的欺侮。革命了,福马参加了红军,赶走了白军,成了村苏维埃执委会主席。米什卡从父亲的口中,知道了列宁,明白了穷人为什么去打仗。后来征粮队来征集粮食,米什卡当面揭穿了牧师的谎言,帮助征粮队找到了藏粮食的地窖。白军来了,父亲在同白军的战斗中牺牲了,爷爷把米什卡绑在马上,让他去给红军报信,来消灭白军,他完成了任务。通篇以米什卡为叙述中心,通过孩子的视角表现十月革命后哥萨克农村中尖锐的阶级对立。小说中关于米什卡的身世有这样一段描写:

> 父亲叫他米卡,母亲叫他米纽什卡。祖父呢,高兴的时候叫他小淘气,不高兴的时候就竖起两条灰色的大眉毛,说:"喂,米什卡先生,过来,让我撕撕你的耳朵!"
>
> 所有别的人:多嘴的邻居也好,小朋友也好,大家都叫他米什卡和"野小鬼"。
>
> 母亲生他的时候还是个姑娘。虽然过了一个月她就跟牧人福马结了婚,孩子也是他的,可是"野小鬼"这绰号,就像溃疡那样,一辈子留在

---

① 参阅西沃沃洛夫:《萧洛霍夫生平片断》,第85页。
② 米沙是米哈伊尔的昵称和爱称。

米什卡身上。①

这是萧洛霍夫创作中不多见的一篇儿童文学作品,小说以儿童的心理和目光来观察和理解社会生活中的尖锐斗争,别有一种风采。其中小主人公米什卡在村里受人欺侮的情景,就饱含着作家童年时代的亲身体会。小说俄文原文的标题叫《Нахалёнок》,这个词在俄语中是个骂人的词,中文译作"野小鬼",含义比较委婉,在这里译作"野种"则更为恰如其分。

孩子渐渐长大,亚历山大为了不让心爱的儿子在村中遭受委屈,而且他在这里的商店营业状况也很不景气,所以他就索性关闭商店,带着妻儿搬家到卡尔金村。他在村中心的市场广场上租了间房子,广场对过就是廖沃奇金家的商店。他的弟弟彼得的住宅以及廖沃奇金家的住宅也都相距不远,只隔一条街。另一个弟弟米哈伊尔和妹夫邦达连科的住处也相距不远。廖沃奇金在自己的商店中为亚历山大安排了工作。兄弟、亲友住在同一个村里,又在一处工作,应该是彼此互相照应,和睦相处的,但是对亚历山大和阿纳斯塔西娅来说,事情却不是那样简单。对萧洛霍夫的家族来说,他们仍旧不太情愿地接受阿纳斯塔西娅作为家族的成员,对他们来说,小米哈伊尔仍旧是个"野种"。这种状况直到亚历山大和阿纳斯塔西娅正式举行了婚礼才逐渐改变。

萧洛霍夫的父亲和母亲

作家萧洛霍夫的姑妈奥丽加,她的儿子亚历山大·谢列金应该是萧洛霍夫的表兄,经历过国内战争,他活了80多岁,直到老年,他还常常同人谈起,小时候同表弟米哈伊尔一块玩耍的情景:"那时,正是日俄战争和英勇的旅顺口保卫战之后,村里的孩子们,那些小哥萨克们,最爱玩的游戏是'旅顺口城下的战斗'。我们常常聚在光沟里,这是一条很宽的沟,沟底有一条小溪。

---

① 《萧洛霍夫文集》(中文版)第1卷,第135页。

我们分成两队,各占光沟的一边,一队 18 人,我打头,一队 25 人,我弟弟领头。人人都骑着一根树枝,就如同骑在烈马上。'俄国近卫军'同'日本军''拼死'搏杀。石块、石子便成了射击的子弹。……小米沙就在我的队里,我让他守战壕,他从战壕里扔石子一点不比别人差,而且还带有某种武士的劲头,战斗的凶劲!"①他们一群孩子,除米哈伊尔之外,还有萧洛霍夫的叔叔彼得的儿子尼古拉以及一些商人、店员的孩子(都是外乡人)常聚集在村中广场上一块玩耍,当哥萨克们骑着马在广场上列队操练的时候,他们就兴高采烈地站在一边看热闹。

亚历山大·萧洛霍夫一家刚从克鲁日林村搬到卡尔金村的时候,米哈伊尔的"野种"绰号一时间似乎被人忘记了,但是过了些时候又叫了起来。过了几年,孩子该上学了,但是亚历山大似乎并不急于送孩子到学校去上学。他的弟弟彼得就提醒他说,孩子到了上学的年龄了,应送孩子去上学。但是亚历山大却有自己的考虑:他和阿纳斯塔西娅没有正式结婚,按照哥萨克的传统,阿纳斯塔西娅生的孩子还要姓她的合法丈夫库兹涅佐夫的姓,自己的儿子从小就背着个"野种"的外号,这样到学校中难免不受屈辱。但是老库兹涅佐夫还没有死,他和阿纳斯塔西娅不知何时才能举行婚礼。然而孩子的学业的确不能再耽误了,于是他就决定把教区学校的老师请到家里给孩子上课。穆雷欣老师在几个月的时间里教会了米哈伊尔阅读、书写和算数运算。这位穆雷欣老师毕生从事教育工作,后来他在维约申斯克十年制中学当教师,由于多年在教育界辛勤工作,成绩卓著,他曾荣获"劳动红旗勋章"。当萧洛霍夫成了著名作家之后,他曾写文章回忆当年教小米沙学习的情景:

> 对米哈伊尔·亚历山大罗维奇小时候的印象,我现在仍旧记得很清楚。我在他家教了他 6—7 个月。这段时间里他学完了一年级课程。他是个很活泼的孩子,接受得很快,掌握得很好。他唯一感到困难的是书写。他当时很瘦小,身体很弱,特别爱钓鱼。
>
> 父亲非常宠爱他,儿子的爱好使他很不安:
>
> "怎么才能叫米沙不再去钓鱼呢,整天跑得不见人影,找都找不到。我担心他别掉到河里。"
>
> 我和亚历山大·米哈伊洛维奇的关系很好。他是个博览群书的人,是个很有趣的聊天对象。我是课后到萧洛霍夫家去给米沙上课的。父亲一般都让我坐下,招待我喝茶,吸各种牌号的香烟;我们经常谈论,将来儿子会成为什么样的人。米沙本人始终坚持一点:
>
> "我要当军官。"

---

① 转引自列日涅夫:《萧洛霍夫之路》,莫斯科,苏联作家出版社,1958 年,第 21 页。

我一向对穷兵黩武持反对态度。我看够了自古以来哥萨克军官的生活：打牌，酗酒，决斗。我就尽我之所能劝说米沙；与此相反，我期望过学者的生活，就给他讲一些科学家的丰功伟绩，讲他们对人类的贡献。看来我的教诲没有白费，它渗透到孩子敏感的心里了。他想了想，想了想，有一次他说：

"也就是说，我应当成为一个大学生。"

结果呢，现在米哈伊尔·亚历山大罗维奇既是具有世界声誉的作家，又是科学院院士，伟大卫国战争中又当上苏军上校。①

1912年米哈伊尔上了卡尔金部属教区学校的二年级班，当时学校中只有一个班，两个年级混班上课，到1915年后才有了两个班，开始分班上课。当时给他们上课的老师是米哈伊尔·科佩洛夫。这位老师给自己的学生留下了深刻的印象，所以十多年之后，当萧洛霍夫创作《静静的顿河》时，真名实姓地将他写进了小说中。他成了小说中葛利高里·麦列霍夫暴动师的参谋长。小说中是这样描写他的：

科佩洛夫从前曾经在一个教区小学里当过教员，星期日就到镇上的商人家里去串门，跟女主人玩玩牌，跟商人们赌赌输赢不大的纸牌；他吉他弹得很好，是个风流而又随和的年轻人，后来和一个青年女教师结了婚，本来可以太太平平地在镇上生活，一直干到能领一份养老金，但是在世界大战时他应征入伍。士官学校毕业后，被派到西方战线的一个哥萨克团里。战争并没有改变科佩洛夫的性格和外表。在他那矮胖的身躯里、和蔼的脸上、佩带马刀的风度和对待下级的态度，都有一种与人为善、文质彬彬的气质。他说话的音调没有那种生硬的命令感，谈话使用的语言没有军人特有的那种干巴巴的味道儿，军官制服穿在他身上显得那么肥大，像口袋似的。他在前线混了三年，一点也没有学到军人的飒爽英姿；身上的一切都暴露出他像个偶然在战场混过的人。他不像个真正的军官，却像一个穿着军官制服的、肥胖的小市民，但是尽管如此，哥萨克们都很尊敬他，在司令部的会议上都很听他的话，叛军的指挥人员也都非常器重他，认为他头脑清醒、谦虚、随和，平时不外露，但在战斗中却勇敢异常。

在科佩洛夫以前，葛利高里的参谋长是不识字的、而且很笨的少尉克鲁日林。在奇尔河沿岸的一次战斗中阵亡了，于是科佩洛夫来继任参谋长；他很能干，处理问题有条理，有章法。他就像以前改学生的练习本一样，勤勤恳恳地坐在司令部里制定作战计划，可是在必要时，只要葛利

---

① 转引自列日涅夫：《萧洛霍夫之路》，第23—24页。

高里说一句话,他就扔下司令部的工作,飞身上马,去指挥一个团,率领他们去进行战斗。①

少年时代的印象融入了艺术形象,依然可以看出学生对老师的钦佩和尊敬。

在米哈伊尔上学的那几年,为学校提供经费赞助的主要是卡尔金的两个最有钱的人:一个是富商廖沃奇金,另一个是富有的哥萨克,蒸气磨房的老板季莫费·安德烈耶维奇·卡尔金。当时入学的登记名册没有保存下来,不能确切地断定米哈伊尔在登记名册上的姓是库兹涅佐夫还是萧洛霍夫。根据时间推断,当时多半是以库兹涅佐夫登记的。

自己的孩子,不能姓自己的姓,无论对亚历山大·萧洛霍夫,还是对儿子米哈伊尔都不是令人愉快的事,但是这个问题却又不是容易解决的。然而终于有一天传来了阿纳斯塔西娅的合法丈夫库兹涅佐夫死去的消息。她亲自跑到叶兰斯克,在尼古拉教堂中拿到了丈夫已死的证明。她成了自由的人。现在她和亚历山大·萧洛霍夫举行合法的婚礼已经没有什么障碍了,于是,1913年,俄罗斯庆祝罗曼诺夫王朝300周年之际,他们举行了婚礼。现在卡尔金镇的地方档案中还保存着1913年的结婚登记簿,7月29日那天有这样的记载:

  1913年7月29日。新郎:梁赞省扎拉伊斯克市的市民亚历山大·米哈伊洛维奇·萧洛霍夫,东正教徒,初婚,现年48岁;
  新娘:叶兰斯克镇(卡尔金村)哥萨克寡妇阿纳斯塔西娅·丹尼洛夫娜·库兹涅佐娃,东正教徒,二婚,现年42岁。
  男方证婚人:市民伊万·谢尔盖耶维奇·廖沃奇金和彼得·米哈伊洛维奇·萧洛霍夫。
  女方证婚人:坦波夫省沙茨基县阿基耶夫乡农民库兹玛·康特拉纠夫和沃罗涅什省奥斯特罗高什斯克市市民弗拉季米尔·尼古拉耶维奇·舍尔斯秋科夫。
  婚礼仪式由叶美里扬·鲍里索夫神父和雅可夫·普罗托尔琴诵经二主持。②

男方的证婚人,一个是萧洛霍夫家的亲戚,一个是亚历山大的弟弟,而女方的证婚人中舍尔斯秋科夫是亚历山大的弟弟彼得·萧洛霍夫的连襟,他们都娶了富商奥博伊马科夫家的女儿为妻。这个舍尔斯秋科夫同萧洛霍夫家

---

① 《萧洛霍夫文集》(中文版)第5卷,第1524—1525页。
② 转引自西沃沃洛夫:《萧洛霍夫生平片断》,第94页。

不仅是亲戚,他同亚历山大和彼得都是很要好的朋友。19世纪80年代末舍尔斯秋科夫当时还是个年轻小伙子,他来到维约申斯克,在莫霍夫家的商店里当店员,旁边就是萧洛霍夫家的商店,这样他同亚历山大和彼得就认识了,后来成了要好的朋友。另一位康特拉绍夫,不知是什么关系,可能是从坦波夫省来波波夫庄园做工的农民,阿纳斯塔西娅在雅谢诺夫卡的邻居。

现在亚历山大·萧洛霍夫和阿纳斯塔西娅成了合法的夫妻,他们亲生的儿子米哈伊尔也不必再姓别人的姓了。但是事实上却并不那么简单,还要例行一系列宗教的和法律的手续。1931年萧洛霍夫写的一份自传中曾提到父亲为他"正名"的事:"母亲算是半个哥萨克妇女,半个农民。父亲送我上学之后,她自己学会了认字写字,为的是可以不求助于父亲就能独自给我写信。在1912年之前她和我都有一份土地,因为她是哥萨克的寡妻,我是哥萨克的儿子。但是1912年我的父亲萧洛霍夫给我办了认子手续(在这之前他同母亲没有举行婚礼),于是我就算作'小市民的儿子'了。"①

萧洛霍夫在自传中说他父亲在1912年给他"正名",办了认子手续,这可能是作家的笔误。因为据地方志学家西沃沃洛夫的考证,亚历山大·萧洛霍夫和阿纳斯塔西娅的婚礼是在1913年7月29日,这是有据可查的。在这个日子之前,按照宗教和法律的规定是不能办理认子手续的。萧洛霍夫家族的档案中没有这方面的记载,作家的叔叔彼得·米哈伊洛维奇·萧洛霍夫多年来一直记日记,如果他的日记还在的话,大概可以找到确切的记载,可惜这本日记在一场火灾中焚毁了,他本人也在1947年去世了。现在能够找到的确切证据是1915年米哈伊尔在博古恰尔市男子中学上学时的学生名册,上面登记的名字是:"米哈伊尔·亚历山大罗维奇·萧洛霍夫"。由此可见,"正名"的时间应该在1913年的7月之后,1915年之前。可叹未来的天才作家,由于父母的婚姻波折,多年来顶着"野种"的骂名,连姓亲生父亲的姓都这样一波三折!

1965年萧洛霍夫访问瑞典时,曾同瑞典乌普萨拉大学斯拉夫学系的学生会见,有个学生问到他的身世时,他是这样回答的:

"……我母亲(她是乌克兰人)嫁的是一个哥萨克,但很早就守寡了。后来她和我父亲一起生活,是常言所说的那种没有举行婚礼的自由同居。我已经出世,而她呢,可以说是个寡妇,于是履历表上的我便是一个哥萨克了,有一份土地,还享有哥萨克的一切特权。后来父亲和母亲在教堂举行了婚礼,父亲收我做了义子,这样一来,我在身份证上便成了一个俄罗斯人。这就是我的身世……"②

---

① 《萧洛霍夫文集》(俄文版)第8卷,莫斯科,文学艺术出版业,1986年,第32页。
② 《萧洛霍夫同大学生们谈创作》,周舟译,《俄苏文学》(武汉大学),1986年第1期。

第三章 "野种"

我们发现萧洛霍夫在谈话中,在自传中,对自己的身世,有不同的说法。这也许是作家对个人复杂的身世针对不同场合采取的变通说法,但是有一点我们确信,阿纳斯塔西娅是在丈夫还活着的时候,就离家出走,同亚历山大·萧洛霍夫相爱而同居的。米哈伊尔·亚历山大罗维奇·萧洛霍夫,未来的伟大作家萧洛霍夫,是他们亲生的儿子,既不是义子,也不是养子。米哈伊尔之所以迟迟未能姓萧洛霍夫,是因为阿纳斯塔西娅的丈夫还活着,未能同亚历山大·萧洛霍夫履行合法的婚姻手续。

幼年萧洛霍夫和母亲

现在米哈伊尔终于可以名正言顺地姓萧洛霍夫了,名正言顺地在部属教区学校上学了,但是他的眼睛又出了毛病,而且病情越来越厉害。父亲不得不让他中断学业,带他到莫斯科去治眼睛。这些年来亚历山大·萧洛霍夫经商贩卖牲畜和粮食,跑过许多地方,认识、结交了不少人。1914年,他带刚9岁的米哈伊尔到莫斯科治眼睛,就是住在莫斯科的一个朋友家里。莫斯科有一家非常著名的眼科医院,这就是以它的主治医师、眼科专家斯涅吉廖夫的名字命名的斯涅吉廖夫眼科医院。米哈伊尔在这里治疗了一年。为了不耽误儿子的学业,亚历山大·萧洛霍夫安排米哈伊尔在一所私立学校就读。当时卡尔金镇神父叶梅里扬的长子弗拉季斯拉夫·鲍里索夫也在莫斯科的一所中学上学,他是萧洛霍夫童年时代在卡尔金镇的同伴和朋友。著名的萧洛霍夫研究家列日涅夫在他的《萧洛霍夫之路》一书中曾写到小米哈伊尔在莫斯科治疗和学习的情况:

……1914年夏末,第一次世界大战爆发不久,父亲带他到莫斯科眼科医院治眼。他在这里戴着墨绿色的眼镜住了几个月的医院。第二年,1915年,他又来到莫斯科,这次他已经穿上学生校服,成为一所中学的学生了。米沙①上的一所私立中学,住在一处兼供膳食的公寓里。……②

可能就是因为萧洛霍夫有了这次在莫斯科治眼睛和上学的经历,才有了《静静的顿河》中葛利高里·麦列霍夫在斯涅吉廖夫眼科医院治眼伤的生动情节。小说中是这样描写这所著名的医院的:

---

① 米沙是米哈伊尔的爱称。
② 列日涅夫:《萧洛霍夫之路》,第24—25页。

夜间到了莫斯科。重伤号都用担架抬下去;那些不用别人搀扶就能走的伤病号,登记以后就下到月台上来。随车的军医官按名册把葛利高里叫过来,指着他向一个女护士说:

"送到斯涅吉廖夫医生的眼科医院去!帽子胡同。"

他们坐上一辆马车,在莫斯科夜晚昏暗的街道上走了很久,终于来到了医院的门口。

看门人开了门。他们顺着有金色栏杆的漂亮楼梯走上二楼;护士又揿了一下铃。一个穿白大褂的妇人把他们让了进去。葛利高里在一张小圆桌子旁边坐下,护士小姐和那个穿白大褂的妇人小声说了些什么,妇人记录下来。

楼道不宽,但是很长,两旁是病房,有许多戴着各色眼镜的脑袋从病房门里探出来。①

米沙在莫斯科上学的期间,经常收到家里的来信和寄来的邮包。他母亲正是为了和儿子通信才学会了阅读和书写。但是萧洛霍夫在莫斯科学习的时间并不长,后来就转学到沃罗涅什省的博古恰尔市一所八年制男子中学。因为莫斯科的生活费用太贵,离家又远,博古恰尔离家要近得多,照顾比较方便。也就是在这一年,米沙的四叔,米哈伊尔·米哈伊洛维奇·萧洛霍夫,把他的长子阿纳托利也安排到这所学校来上学,这样,萧洛霍夫就和他的堂弟在同一所学校上学了。因为离家近了,亚历山大·萧洛霍夫经常到学校来看他们。

在博古恰尔市萧洛霍夫家也有一家亲戚。这就是彼得·萧洛霍夫的连襟舍尔斯秋科夫一家。舍尔斯秋科夫的孩子们长大了,到了该上学的年龄,舍尔斯秋科夫便辞去在廖沃奇金商店的工作,全家搬到了博古恰尔市。他们家因为人口多,住房比较挤,不能安排萧洛霍夫兄弟来家居住,但是,舍尔斯秋科夫的妻子对小兄弟俩都非常照顾。直到萧洛霍夫后来成为著名的作家,每到卡尔金镇去,总要去看望舍尔斯秋科夫一家,对舍尔斯秋科夫的妻子充满无限感激之情。说起来,舍尔斯秋科夫一家的遭遇是很悲惨的。1919年,国内战争最激烈的时候,在白军和红军争夺博古恰尔的战斗中,两个儿子都被哥萨克白军打死了,一个被绞死,一个被枪杀。遭此不幸的变故,舍尔斯秋科夫精神上受到很大打击,不久生了一场重病,便离开了人世。他的妻子不愿孤身一人待在这个令人伤心的城市,便带着孩子又回到卡尔金镇。

萧洛霍夫在博古恰尔市也只上了三年学,到1918年国内战争爆发,战火

---

① 《萧洛霍夫文集》(中文版)第9卷,第457—459页。

克鲁日林村萧洛霍夫诞生的宅院

蔓延到顿河地区,学校停办,他只好辍学回家了。萧洛霍夫成名之后,博古恰尔市以这位20世纪的俄罗斯伟大作家曾在该市上学而深感自豪。市地方志博物馆中专门辟出一个展览厅,展示作家的生平和创作。在萧洛霍夫上学的学校中陈列着作家的照片、书信、回忆录等许多展品。萧洛霍夫上过课的教室中,他用过的课桌上刻着萧洛霍夫的名字。萧洛霍夫是博古恰尔市的荣誉市民。

  战争使萧洛霍夫中断了学业,但是并没有使他中断学习。他利用父亲和叔叔的藏书,读了许多书。亚历山大·萧洛霍夫是个酷爱书籍的人,他的藏书非常丰富,从农业书籍、哲学著作到俄国和外国的文学作品,十分广泛。米哈伊尔充分利用父亲的藏书,阅读了大量俄国的和外国的经典著作。他读书的兴趣十分广泛,从哲学著作到农业书籍,他都能读得津津有味,对俄国和西欧的文学名著更是爱不释手,小小年纪,他居然常和父亲进行哲学辩论。后来,未来的作家已经不满足于父亲的藏书,便常常到彼得叔叔家去借书;他叔叔彼得·萧洛霍夫也是个酷爱书籍的人,他的藏书比哥哥亚历山大的藏书更加丰富,据说,其藏书量,即使在莫斯科也可以算得上一个可观的图书室了。战争使学校关闭,使少年萧洛霍夫中断了正常的学校教育,但是却不能扼杀少年萧洛霍夫的求知欲望,阻止未来作家在书海中畅游。在某种意义上来说,萧洛霍夫是自学成材的,像他的前辈罗蒙诺索夫一样,通过刻苦的自学,获得了丰富的知识和文化修养。

萧洛霍夫诞生的时候,他的父母尚未正式举行婚礼。他是作为"野种"来到这个世界的;当他需要学习、需要受教育的时候,俄国的社会发生了激烈的动荡,爆发了国内战争,正常的学校教育中断了,他不得不通过自学的方式获取知识,也可以说,他像个"野种",自己闯进了知识的海洋;以后,他还要以独特的题材,独树一帜的艺术风格,像个"野种"似的,闯入新兴的苏联文学。

第四章

战火中的青春

　　1918年6月,德国军队逼近博古恰尔,学校停课,米沙只得回家。父亲又把他送到维约申斯克的学校去上学,但是也只学了几个月,终于因国内战争爆发,战火烧到顿河地区而彻底失学了。

　　早在1917年初,亚历山大·萧洛霍夫就离开了廖沃奇金的公司,并且离开卡尔金村,带着家眷搬迁到叶兰斯克镇的普列沙科夫村去了。普列沙科夫村有个著名的商人,叫西蒙诺夫,他开了家蒸汽磨房,经人介绍,亚历山大·萧洛霍夫到他的磨房里当了管理员。到这年年底,一心想经营自己的产业的亚历山大·萧洛霍夫花7万金卢布买下了这座蒸汽磨房。这样一来亚历山大·萧洛霍夫就从一个不占有资产的职员变成磨房主了。那时候已经发生了十月革命,首都彼得格勒已建立苏维埃政权,但在偏远的顿河地区生活还保持着往日的平静。他甚至已开始动工在磨房旁边修建一栋住宅,准备在这里大干一番事业。不久,国内战争的爆发使他的设想成了泡影。磨房无法开业,资金用尽而没有收入,住房也没有建成,只得租房居住,经济上陷入困境。

　　1919年初,红军进入顿河地区,维约申斯克镇成立了区革命委员会,维约申斯克镇所属的村庄也相继建立了苏维埃政权。但是为时不长,1919年3月,就发生了顿河上游哥萨克的大暴动,历史上称之为维约申斯克暴动。

　　十月革命后,布尔什维克中央鉴于哥萨克在沙皇军队中所起的作用,鉴于哥萨克军人曾充当沙皇政权镇压革命运动的工具,而制定了一项叫做"消灭哥萨克"的政策。据有关档案记载,推动制定这项政策最积极的是托洛茨基和斯维尔德洛夫。当时南方战线的军事首长是托洛茨基,他积极地在顿河地区推行了这一政策。著名作家,《铁流》的作者,绥拉菲莫维奇出身于顿河哥萨克,他原姓波波夫,他的儿子阿纳托利·波波夫,1919年初在南方战线当团政委。在托洛茨基召开的一次政治委员会议上,当托洛茨基宣布推行"消灭哥萨克"政策时,波波夫提出异议,他说,我是共产党员,但也是哥萨克。托洛茨基说,你是哥萨克你就滚蛋!为此阿纳托利曾给列宁写信,但是没有结果,不久,阿纳托利·波波夫就销声匿迹了,绥拉菲莫维奇再也没有找到他的儿子。绥拉菲莫维奇是无产阶级作家,列宁哥哥亚历山大·乌里扬诺夫的同学,曾为抗议沙皇政府杀害乌里扬诺夫发表宣言书而遭流放;在第一次世界大战期间曾和列宁的妹妹玛丽雅·乌里扬诺娃同在一列医疗列车上服役。而他的儿子就因为是哥萨克而销声匿迹了。由此可以看出托洛茨基是怎样推行"消灭哥萨克"政策的了。

按照"消灭哥萨克"的政策,不仅要取消哥萨克的称号,不准穿哥萨克的传统服装,不准唱哥萨克歌曲,而且要将哥萨克群众迁散到其他州去,有的地方甚至大肆屠杀,施行肉体消灭。顿河地区的哥萨克,许多人是参加了第一次世界大战的,大多数人都厌倦战争,渴望和平,对布尔什维克的和平主张是拥护的,所以国内战争之初,哥萨克对红军并不抱敌视态度。因此当红军逼近顿河上游时,哥萨克同红军达成"你不犯我,我不犯你"的口头协议,向红军放开战线,让红军去进攻沙皇的残余军队,即所谓"白军"。但是当红军在顿河地区站稳脚跟之后,却背信弃义地开始施行"消灭哥萨克"的政策,对哥萨克群

萧洛霍夫和妻子

众滥肆屠杀。"在米古林斯克镇不经审判就枪毙了62个哥萨克老人,而在喀山镇和舒米林斯克镇6天之中枪毙哥萨克的数目十分可观,竟达400余人之多。"①这样大规模的屠杀群众,引起了哥萨克的激烈反抗,从而引发了维约申斯克暴动。

当红军渡过顿河时,少年萧洛霍夫正住在普列沙科夫村家中。他是红军进入顿河地区的目击者。渡过顿河的红军部队曾在普列沙科夫村宿营。当维约申斯克暴动爆发时,少年萧洛霍夫也正在普列沙科夫村,他家的房东巴维尔·德罗兹多夫是个哥萨克少尉,参加了暴动,是普列沙科夫哥萨克暴动

---

① 《萧洛霍夫书信集》,第68页。

军的连长。在暴动初期的战斗中他就战死了,少年萧洛霍夫亲眼看到他的尸体运回家的惨状。同样,他也亲眼目睹了被俘的红军战士和叶兰斯克镇革命委员会的工作人员惨遭屠杀的情景。普列沙科夫村是哥萨克暴动军和红军交战的一个重要地点,街上曾多次发生肉搏战。亚历山大·萧洛霍夫觉得住在这里太不安全,便搬到距普列沙科夫村7俄里的鲁别日内村,这是顿河岸边的一个小村庄,暂时这里还比较平静,哥萨克暴动军和红军都不曾到这里。

5月底,谣传红军将要大举进攻,围剿哥萨克暴动军,顿河右岸各村的哥萨克纷纷向维约申斯克撤退。亚历山大·萧洛霍夫一家没有离开鲁别日内村,但是他的三弟彼得·萧洛霍夫却听信了谣传,一家人都从卡尔金跑到了维约申斯克。他们住在亲戚、商人莫霍夫的家里。那时维约申斯克已经人满为患了,到处是哥萨克的暴动军和逃难的老百姓。一时间物资短缺,物价飞涨,钱币和黄金都失去了价值。哥萨克暴动军为了迎击红军的进攻,在镇外挖满了野战工事和交通壕。维约申斯克一派临战的紧张气氛。就在这时少年萧洛霍夫却独自一人来到莫霍夫家中,他的到来使莫霍夫家的人都感到意外,但是却使未来的作家萧洛霍夫成为当时发生在维约申斯克镇的许多事件的目击者,为他未来的杰作《静静的顿河》增添了许多精彩的篇章。据他的堂弟尼古拉·彼得罗维奇·萧洛霍夫(他彼得叔叔的儿子)回忆,6月2日,红军第33库班师的炮兵开始轰击维约申斯克,这天他同堂兄米哈伊尔正在镇中的广场上,突然遭到炮击,便跟着镇里的难民向镇外逃奔。他们看到在镇外大路两边躺着许多被打死的红军战士的尸体,还看到哥萨克骑兵押解着一队被俘的红军士兵。他们看到被俘的红军士兵的队伍里,有个红军战士发了疯,高声唱歌,忽而仰天大笑,忽而痛哭流涕,他跑出了队列,押解的哥萨克就用鞭子猛抽,将他赶回队列。这个场面给少年萧洛霍夫留下极为深刻的印象。后来他在《静静的顿河》中写下了这个场面。①

白军将军谢克列捷夫曾住在维约申斯克镇富商莫霍夫家中。作家萧洛霍夫的堂兄弟尼古拉·彼得罗维奇·萧洛霍夫曾回忆当时的情景:"谢克列捷夫将军带着他的传令兵就住在广场边商人莫霍夫,我们姥姥的家中。将军的战马拴在宽敞的马厩中。我们和莫霍夫兄弟都被赶到院里的厨房里。为了伺候将军和他的随从莫霍夫兄弟不得不到顿河去拉水,有一次普拉东·莫霍夫差一点儿掉到河里淹死。"②

这个时期少年萧洛霍夫亲眼目睹了顿河地区发生的许多重要历史事件。他在维约申斯克看见过哥萨克暴动军的司令库季诺夫,看见过红军围攻维约申斯克,白军从诺沃切尔卡斯克派飞机轰炸红军阵地,他也看到维约申斯克

---

① 参阅西沃沃洛夫:《萧洛霍夫生平片断》,第116页。
② 转引自西沃沃洛夫:《萧洛霍夫生平片断》,第117页。

在博古恰尔市上学时的萧洛霍夫
（前排左起第一人）

镇的哥萨克民众欢迎白军将军谢克列捷夫的情景：两座教堂钟声齐鸣，民众欢呼雀跃，敬献面包和盐。商人莫霍夫的家中还举行了盛大的欢迎宴会。他还在普列沙科夫村看到了顿河军司令西多林将军和一伙军人给暴动之初就被打死的巴维尔·德罗兹多夫的妻子授奖的场面。他的这些经历和见闻后来都成了长篇小说《静静的顿河》中的重要情节。特别是他家的房东巴维尔·德罗兹多夫和他的妻子的经历被他写进《静静的顿河》中，成了麦列霍夫家彼得罗和他的妻子达丽亚的原型，而谢克列捷夫、库季诺夫和西多林等白军将领则以真名实姓写进了小说中。

整个国内战争年代萧洛霍夫都是在顿河地区渡过的，他不仅是许多重要事件的目击者，而且亲身体验了社会动荡和战乱带来的痛苦和灾难。萧洛霍夫的儿子米哈伊尔·萧洛霍夫曾回忆，萧洛霍夫晚年对儿女们回忆起当年的往事，依然禁不住流露出沉痛的心情："你想象一下当时那个时代吧。就像常言说的，以鸟瞰的高度俯视全局……革命。国内战争。国内战争，孩子们，是非常糟糕的，且不说别的，仅就这场战争中既没有胜利，也没有胜利者来说，就很糟糕……我的姑姑，也就是你的老姑奶奶，奥丽加·米哈伊洛夫娜，有四个儿子：伊万，瓦连京，亚历山大和弗拉季米尔。三个是顿河军①，而瓦连京是红军……红军把白军从村子里打跑了，瓦连京骑着马跑回家，连衣服也不脱，急急忙忙喝口水，对母亲说：'妈妈，没什么，别难过，我们很快就会把这帮反革命收拾掉，我们就会过上新生活！'跳上马就走了！母亲呢，早已泪流满面，揪着头发痛哭流涕了……过了一天，伊万又是这样急急忙忙地跑进家门。'瓦尔卡②这个混蛋回来过吗？他可别叫我碰上！没关系，妈妈，等不了多久，我们就把这伙败类赶出我们的顿河，到那时候我们就能像以前那样过日子了！'母亲除了痛苦已走

---

① 即通常所谓的"白军"。
② 瓦连京的小名。

投无路了……这种情况可不是一次两次。"①对萧洛霍夫家族来说,不只奥丽加一家遭受了战乱的灾难。萧洛霍夫的叔叔米哈伊尔·米哈伊洛维奇·萧洛霍夫(亚历山大的四弟)一家在这场战乱中几乎家破人亡。当暴动发生时,住在卡尔金镇的米哈伊尔没有随三哥彼得一家逃奔维约申斯克镇去避难:他的妻子死了。他的神经受到很大刺激,神智时而清楚,时而糊涂。常常呼唤着妻子的名字,离家外出去寻找妻子。两年后他又遭受了一次灾难的打击:他的大儿子阿纳托利被库罗奇金匪帮的匪徒杀死了。过了几年他也离开了人世。当萧洛霍夫后来走上文学道路,拿起笔进行创作的时候,这些经历,这些感受和体验,都成了他源源不断的创作源泉,像涓涓细流融入《顿河故事》和《静静的顿河》之中了。

不久,暴动被镇压下去,沙皇将军指挥的顿河军失去了暴动哥萨克的支持也节节败退,最后跑到黑海岸边的诺沃罗西斯克,坐上英国军舰,逃亡到国外去了。维约申斯克镇成立了区革命委员会,它所属的附近各村庄也都相继建立了苏维埃政权。但是战乱并没有完全平息,土匪四起,到处偷袭骚扰,杀人抢劫。当时在顿河地区活动的有很多股土匪,但是比较大的,比较著名的匪帮有两个:马赫诺匪帮和福明匪帮,这在长篇小说《静静的顿河》中都有反映。

雅可夫·叶费莫维奇·福明(1885—1922)是叶兰斯克镇鲁别日内村的哥萨克,参加过1914年的对德战争,十月革命后参加红军,并成为一支红军部队的指挥员。但是后来他背叛苏维埃政权,成了一伙土匪的首领。关于福明匪帮的活动情况,《顿河故事》和《静静的顿河》中都有许多精彩的描述,这里不多赘述。1922年春天,福明在同红军的激战中被击毙。

马赫诺的本名叫涅斯托尔·伊万诺维奇·米赫年科(1889—1934),马赫诺是他的绰号。他生在乌克兰的一个小村庄里。20岁的时候参加了一个共产无政府主义者的恐怖组织,他们喊着"为人民的自由","打倒所有富人"的口号,以进行恐怖活动为己任。1910年马赫诺被敖德萨军事当局逮捕,沙皇政府判处他终生苦役。1917年二月革命推翻了沙皇,也把马赫诺解救了。

马赫诺出狱后,立即回到故乡,拉起一支队伍,赶走地方当局,成了"草头王"。马赫诺按照他的想法开始"大干革命"了:没收地主的土地,财产充公,分给农民,斗争剥削者,劳动者掌握一切政权,但是他否认国家权力,不承认苏维埃政权,反对布尔什维克施行的暴力措施,不要法律,"凭良心"断案,不要监狱,"自由的人民无需监狱",人人各尽所能,无须报酬,全部免费供给。在乌克兰,马赫诺名声大振,1918年,马赫诺来到莫斯科,会见了列宁和斯维

---

① 转引自瓦连京·奥西波夫:《萧洛霍夫不为人知的经历》,莫斯科,瑰宝出版社,1995年,第364页。

尔德洛夫。据说,列宁曾"指示"他回乡"闹革命",他在家乡虽然也拉起队伍,袭击地主庄园,没收地主的财产,牲畜,粮食,分给贫苦农民,但是他并不按布尔什维克和苏维埃政权的方针办事。他的枪口不仅对准沙皇的残余势力,也对准苏维埃政权和红军。杀人如麻,许多红军战士和苏维埃干部都死在马赫诺匪帮的刀下。少年萧洛霍夫曾在苏维埃政权机关中工作过,许多研究萧洛霍夫的著作中都提到少年萧洛霍夫曾落入马赫诺匪帮的手中,又奇迹般地逃脱出来。

彼捷林在《米哈伊尔·萧洛霍夫》一书中是这样写的:

  在康科沃村附近的战斗中,年轻的粮食工作队员(萧洛霍夫)被马赫诺匪帮擒获。马赫诺亲自审问他。假如不是房东女主人出面说话,很难说这场审讯会有什么结局:女主人非常大胆地为落难的小伙子辩护:
  "你何必把个孩子毁了?他家还有母亲哪,你也有母亲嘛……"
  马赫诺便把小伙子放了,但是警告说,再落入他的手中,一定把他吊死。①

著名的萧洛霍夫研究家普里玛在1984年出版的《特种部队战士·作家·共产党员》一书中关于这件事是这样说的:

  卡尔金镇革命委员会粮食工作队员米哈伊尔·萧洛霍夫押运着一车粮食。马赫诺的侦察队把他抓住了,带到了首领面前。带着双拐的首领坐在轻便马车上。就在这里,少年萧洛霍夫,当着众多村民的面,大胆而坚定的回答匪徒的审问。他的羞怯早已忘到脑后了!……据传说,对马赫诺的提问:"收藏燕麦种子的哥萨克粮仓在哪里?"萧洛霍夫是这样回答的:"燕麦在哪里?……你,怎么,要在顿河这里不撒种就收获?你可知道,常言说得好:想去剪羊毛,当心,让人家把你头发给剪掉了。……"马赫诺勃然大怒,但是村里的哥萨克群众,女人们,赶车的哥萨克们(他们都是向马赫诺交了小麦的)都为这个小淘气鬼说情。马赫诺最后还是饶了他,但是警告他,再次逢见定要绞死他!②

这个故事还有第三种说法。

评论家费济在1995年发表的《萧洛霍夫家史新资料》一文中也讲到这个故事:

  ……1920年初秋,马赫诺匪军在卡尔金镇俘获一队特种部队战士,

---

① 彼捷林:《米哈伊尔·萧洛霍夫》,第11页。
② 转引自西沃沃洛夫:《萧洛霍夫生平片断》,第172页。

在被俘的战士中有一个15岁的小学教师,叫米哈伊尔·萧洛霍夫。在通往瓦西里耶夫卡村的路边上,被俘者起初是一个个的被枪杀,后来他们又决定把所有剩下的人通通活埋到一条不深的壕沟里。这时候马赫诺的轻便马车飞驰而至。

萧洛霍夫(中间者)和卡尔金镇的乡亲们

"这是些什么人?"马赫诺厉声喝问:"你是干什么的?谁家的孩子?哪个村的?几岁啦?"

"我是教师。年龄嘛,15岁。"萧洛霍夫回答。

"那么说,你是个知识分子了?年轻的同行?"首领冷笑着说。"车夫!上马,把这位教师公民送到他妈妈那里去,要活的!让他好好地记住马赫诺老爷子!"

传令兵把"年轻的同行"一直送到家。命不该死。

前两种说法,作者没有指出材料的来源,但评论家费济的文章却特别注明,材料来源是《萧洛霍夫档案》。有意思的是三种说法虽然各不相同,但最后那句恐赫的话却基本一样:再次逢见定不饶恕。这三种说法,除费济的文章是在萧洛霍夫死后发表的之外,前两种说法都是萧洛霍夫在世时发表的,对于其情节的差异,并未见萧洛霍夫或其他知情者出面澄清。不过萧洛霍夫自己写的几个自传中都没有提到这件事。只在1931年的自传中含糊其词地提到:"……1920年参加工作,并在顿河土地上奔波。在粮食部门工作了很长时间。1922年之前顿河地区土匪肆虐,我曾驱赶土匪,土匪也追逐我们。一切都很正常。"①萧洛霍夫说曾参与同匪徒的战斗,互有胜败,"一切都很正常"。如果有被俘之事,大概就不能说"一切都很正常"了吧?

---

① 《萧洛霍夫文集》(俄文版)第8卷,第32页。

1995年出版的《萧洛霍夫生平片断》中,作者西沃沃洛夫的论断却是迥然不同的。他说根本没有这回事。他说:"我们可以直截了当地说:到今天为止,还没有一个人站出来宣布或声明,他是萧洛霍夫被俘和受马赫诺审问的目击证人。"①此外,他从逻辑上也对上述几种说法提出了质疑:"马赫诺从不对他的思想敌人实施绞刑和以实施绞刑相威胁,这件事只需一颗子弹就足够了。马赫诺统率六千之众的部队,未必会亲自审问一个偶然抓住的少年。"②他说少年萧洛霍夫也不是特种部队的战士,执行征粮并保护粮食任务的特种部队都是由共产党员和共青团员组成的,当时萧洛霍夫既不是共青团员,更不是共产党员。在苏维埃政权建立的初期,商人,富有的哥萨克,神职人员和经常雇人劳动的人,都被认为是劳动人民的剥削者,他们的子女就是剥削阶级出身的人。受雇于商人在商店中当店员的人也被列入剥削者。萧洛霍夫的爷爷是当地有名的商人,当然是剥削阶级,他的父亲虽然一直在别人的商店里当店员,也属于剥削阶级,而且他在十月革命前夕还用多年的积蓄和母亲的遗产买了一座蒸汽磨房,成了磨房主,更是不折不扣的剥削阶级了。按当时的文件规定,共青团只吸收工人、贫农和无产者的子女,萧洛霍夫这样的家庭出身是根本不可能被接受入党入团的。萧洛霍夫毫无疑问是知道这种情况的,所以,萧洛霍夫尽管同许多共青团员都保持着很好的友谊,而且也常常参加共青团组织的一些活动,但是他从来没有提出加入共青团的申请。萧洛霍夫在世时,从来不愿谈自己的家世,也不愿谈自己的经历,我想,这同他自知其非无产者出身的自卑感不无关系。

西沃沃洛夫的书中也讲到少年萧洛霍夫有一次险些落入土匪手中的事。那时萧洛霍夫已是苏维埃政府粮食部门的工作人员,不知因为什么事,他赶着一辆马车从卡尔金镇来到一个村庄,他不知道村里住着土匪。村里的妇女们正在村口的打谷场上晒粮食,其中有西沃沃洛夫的姐姐阿库林娜·西沃沃洛娃。她看到山包上下来一辆马车,赶车的是萧洛霍夫,大吃一惊,连忙向他喊:"米沙,村里有土匪!"萧洛霍夫一听,立即掉转车头,急忙逃走了。当时匪徒们正在懒洋洋地休息,没人注意这辆逃走的马车。这件事是阿库林娜亲口告诉西沃沃洛夫的。

当时,苏维埃政府粮食部门的工作人员,特种部队战士,他们同土匪遭遇,发生战斗,正如萧洛霍夫在自传中所说,那是"很正常"的事,《顿河故事》有许多篇作品都写到这样的情节,那都是作家的所见所闻和亲身经历。但是许多研究萧洛霍夫的著作中,关于萧洛霍夫这个时期在粮食部门工作的情况,写了许多传闻,有的甚至是以讹传讹,达到神乎其神的地步了。比如说他

---

① 西沃沃洛夫:《萧洛霍夫生平片断》,第173页。
② 同上。

是一支270人的征粮队的指挥员。萧洛霍夫的同乡,传记作家西沃沃洛夫认为,这是根本没有的事。粮食委员会系统的确建立了一支执行特种任务的武装小分队,那是以各镇为单位组建的,人数不过十来个人,最多十几个人,其任务是守卫采购站,护送运粮车辆,在各个收购站之间巡逻。这些小分队都是以各村各镇为单位各自活动,不可能出现270人的庞大队伍。况且,以当时的情况而言,区委书记不过是这样一支小分队的政治指导员,区领导怎么可能把这么多人的一支队伍交给一个毫无名气和突出表现的16岁的非党少年呢。

马赫诺匪帮最后被布琼尼和卡托夫斯基的骑兵部队彻底粉碎,马赫诺带着他的妻子和少数亲信逃亡国外,几经转折,最后流落到法国巴黎。他在法国生活了11年,于1934年病死于巴黎。

战乱逐渐平息,苏维埃政权一天天稳固了。苏维埃政府的各级组织都迫切需要有文化的工作人员,而绝大多数的哥萨克,特别是贫苦的哥萨克,都是没有上过学,不识字的。因此,萧洛霍夫的父亲亚历山大·萧洛霍夫和叔叔彼得·萧洛霍夫,虽然不是工农出身,但是因为受过正规的教育,有一定的文化知识素养,都被地方苏维埃政府机构录用,成为具体办事机构的工作人员。亚历山大·萧洛霍夫曾从事贩卖粮食的活动,他便被派到卡尔金镇粮食收购站工作。少年萧洛霍夫虽然年龄不大,但也是个文化人,也跟着父亲来到卡尔金镇在收购站当办事员。也正是在卡尔金镇苏维埃工作的这个时期发生了少年萧洛霍夫的初恋。

哥萨克的青年男女每到晚上,都聚在一起,或在村中的广场上,或在某人家宽敞的客厅里,唱歌跳舞,谈情说爱,即使在战乱中也没有中断。卡尔金镇是个大镇,青年人很多,有许多漂亮姑娘,少年萧洛霍夫也常参加年轻人聚会。在这里他第一次爱上了一个姑娘。她叫卡佳,是卡尔金镇执行委员会主席丘卡林的女儿。她并不是那种漂亮活泼、人见人爱的女孩,她身材瘦小,不爱讲话,也不太常来聚会,偶尔来参加聚会也大多是坐在板凳上看别人跳舞,不知为什么,少年萧洛霍夫偏偏会爱上她。卡佳的女伴们都对她说,米沙性格活泼,和她不是一对,然而卡佳虽然寡言少语,但却非常执着,两人的爱情很快发展到谈婚论嫁的地步,少年萧洛霍夫竟大胆地向卡佳的父亲提出求婚。作为哥萨克首领,丘卡林心目中,他的女儿应嫁个有钱的人家,而萧洛霍夫,在他看来,是个穷光蛋。所以他听到萧洛霍夫提出求婚,不禁勃然大怒,他威胁女儿,如果不断绝同萧洛霍夫的关系,就要把她杀死。卡佳不敢违抗父亲的意愿,然而又不能一刀两断地斩断同萧洛霍夫的情缘,于是公开的相爱变成了秘密的地下活动。据西沃沃洛夫的姐姐说,卡佳同她很要好,有一阵子,卡佳跟她一块到维约申斯克镇一个亲戚家住了一个时期,卡佳和她同住一室。西沃沃洛夫的姐姐发现,少年萧洛霍夫经常来到她们窗下,等待同卡佳幽会。萧洛霍夫的表姐曾对西沃沃洛夫说,当时萧洛霍夫曾想出了一个孤注一掷的计划:他要卡佳抛弃一切,同他私奔,到库班去。当然,不敢违抗父母意愿的卡佳没有听从萧洛霍夫的建议,没有跟他私奔,这段情缘也就逐渐淡漠下去。然而少年萧洛霍夫没有实现的为爱情而私奔的设想,后来却成了《静静的顿河》中葛利高里和阿克西妮亚爱情波折中的生动情节。

不怪丘卡林说萧洛霍夫是个穷光蛋,不愿把女儿嫁给他,这时期萧洛霍夫家的经济状况的确很不景气。父亲亚历山大·萧洛霍夫以多年的积蓄和从母亲那里得到的遗产,花七万卢布在普列沙科夫村买的蒸汽磨房,在战乱的年代根本无法开工,可以说没有得到任何收入,苏维埃政权成立后又被没收充公,他把全家的财产都投入进去,除落了个剥削者磨房主的罪名,没有得到任何实际的好处,弄得全家几乎一贫如洗。幸而他是个"文化人",苏维埃政权起用他参加工作,才不至于衣食无着。不幸的是,他在粮食采购站工作期间,有一次福明匪帮洗劫了采购站,将苏维埃政权征集的粮食抢劫一空,采购站的领导为此而被撤职查办,而亚历山大·萧洛霍夫也因此而受到责备,说他工作不利,把他调到其他地方当仓库管理员。他感到十分懊丧,便借口年迈体弱,不能胜任工作,打了个报告,退职回家了。

博科夫镇上的克里沃什雷科夫纪念像

这时,未来的作家萧洛霍夫,虽然只是一个十五六岁的少年,却已经开始工作,挣钱糊口了。他在卡尔金镇苏维埃当过办事员,当过扫盲教员,当一位小学教师到外地去进修时,曾在小学里代过课,然而给人留下比较深刻印象的却是他在文化教育小组的活动。

苏维埃政权建立初期,面对广大不了解苏维埃政权性质的哥萨克群众,需要进行广泛的宣传教育活动,因此专门成立了文化教育小组,领导这个小组的不是别人,恰恰是萧洛霍夫的启蒙老师穆雷欣。后来,穆雷欣回忆起少年萧洛霍夫在这个小组活动的情况:

> 1920年,命运又把我同早年的学生聚在一起了,仍旧是在卡尔金镇。征收粮食的时候,我们承担了一项在群众中进行文化教育的工作。我被任命为镇俱乐部戏剧演出的导演。我们组织了一个业余的演员剧团。这个集体的主心骨就是米沙。他是个很会出主意的人。萧洛霍夫总是演喜剧角色。每次演出他都要耍点花招。他在提词者的授意下,念着他应说的台词,可是突然间他会抛出几句杜撰的话,而且总是非常机智逗趣,引得观众哈哈大笑。米沙在观众中享有盛誉。他的无穷无尽的建议和发明常使"剧团"感到惊奇。不知他从什么地方神秘地弄来一些剧本,让我们在舞台上演出。
>
> 我记得,有个剧本名字叫《他们的风俗习惯》。剧中描写国内战争的种种事情,白军如何烧杀劫掠,剧的结尾是红军来了。还有个剧本叫《不平常的一天》,是根据冯维辛①的《纨绔少年》改编的。少年萧洛霍夫扮演米特罗凡,他抹了一脸果酱就上场了……
>
> 排练到第三场了。我们手头只有剧本的前几页。排练了一天又一天,可是萧洛霍夫总不把后面的剧本拿来,于是我就催问他:
>
> "快把后面的剧本拿来!要耽误演出了!"
>
> 他尴尬地回答说:
>
> "完了。我筋疲力尽了。灵感没有了……"
>
> 他就这样无意中泄露了自己的秘密:原来剧本并不是他"搞来的",而是他自己写的。
>
> 过了许多年以后,萧洛霍夫已经成为著名的作家了,一伙老朋友在他家里聚会,又回忆起在卡尔金镇的演出。
>
> "现在已经时过境迁,你要坦白承认,那些剧本是不是都是你写的?"
>
> 萧洛霍夫既不否认,也不承认,只是笑。②

---

① 冯维辛(1744—1792),18世纪俄国剧作家,《纨绔少年》(1782)是他的代表作,米特罗凡是剧中的一个人物。

② 转引自列日涅夫:《萧洛霍夫之路》,第28—29页。

这个业余剧团的成员之一,玛丽亚·莉玛列娃,也在回忆录中记述了当年的往事:"1920年,我们卡尔金中学的学生参加了穆雷欣老师组织的一个戏剧小组。米哈伊尔·亚历山大罗维奇(即萧洛霍夫——引者)是这个小组最活跃的成员之一。当时每个星期都排演新戏,但是剧本不够用。米哈伊尔·亚历山大罗维奇就开始给组里拿剧本。他从哪里弄来的,我们也不清楚。这些剧本深受哥萨克的欢迎。我记得,其中有个剧本就是描写国内战争时期哥萨克的生活的。后来才知道,原来这些剧本都是米哈伊尔·亚历山大罗维奇自己写的。"①

另外,据萧洛霍夫研究家赫瓦托夫的书中记载,1934年,在清党时的一次会议上,萧洛霍夫在回答一个同乡的当面提问时,也曾承认自己写过剧本。当时一个同乡问萧洛霍夫:

请问,卡尔金镇上演的剧本《常胜将军》是不是您写的?

是的,是我写的。那时候我不好意思承认我在练习写作,便假托是别人写的。②

这些文艺演出的活动可以说是萧洛霍夫的文艺天才的最初展示,可惜的是,这些剧本都没有保存下来,现在已无法判断其艺术水平了。萧洛霍夫的同乡西沃沃洛夫在他的《萧洛霍夫生平片断》一书中说:"如果哪个爱寻根究底的读者要问萧洛霍夫这些剧本的艺术水平如何,可以告诉他,这些剧本的写作距《顿河故事》中最初的几篇作品只不过两三年的时间。"③

萧洛霍夫的父亲,亚历山大·米哈伊洛维奇,退职之后,家里经济更加拮据,十六岁的米沙便给卡尔金镇执委会递了份要求到采办处工作的申请书。

卡尔金镇公民米·萧洛霍夫致第32采办处主任

申 请 书

兹请在您属下采办处的办事机构中给我安排一个职位。

米·萧洛霍夫
1921年12月2日
于卡尔金镇④

采办处主任瓦西里·梅尼科夫对萧洛霍夫的申请当即做了决定:"同意

---

① 转引自列日涅夫:《萧洛霍夫之路》,第29页。
② 赫瓦托夫:《萧洛霍夫的艺术世界》,莫斯科,苏维埃俄罗斯出版社,1970年,第11页。
③ 西沃沃洛夫:《萧洛霍夫生平片断》,第156页。
④ 转引自西沃沃洛夫:《萧洛霍夫生平片断》,第254页。

录用:做助理会计。第 48 号令。1921 年 12 月 2 日。"①

几年后,萧洛霍夫创作短篇小说《阿廖沙的心》时,将第 32 采办处写进了小说。小说的主人公阿廖沙是个穷孩子,在饥荒中频于饿死,为了挣一口活命的面包,他忍受着东家的虐待和屈辱。而第 32 采办处政委西尼岑却给他饭吃,给他治伤,使他感到了人的温暖。东家勾结土匪,阿廖沙冒险去通风报信,逮捕了东家,消灭了土匪。这是一篇受压迫者走向革命的故事。阿廖沙在政委和东家的比较中,倾向了政委,投入了革命。小说中政委的原型就是卡尔金镇第 32 采办处主任瓦西里·梅尼科夫。

萧洛霍夫到 32 采办处任助理会计,工作时间不长,情况又发生了变化。1922 年初国内战争基本结束后,苏维埃政府的粮食政策从实行"余粮征集制"改为征收粮食税。为此顿河州粮食委员会决定在罗斯托夫举办一个粮食工作培训班。萧洛霍夫作为采办处的工作人员被选派去参加培训班。

在罗斯托夫学习几个月之后,萧洛霍夫于 1922 年 5 月 4 日在培训班毕业,在离开罗斯托夫之前,顿河州粮食委员会授予萧洛霍夫一张委任状:

> 委任状:兹委派米·亚·萧洛霍夫同志赴维约申斯克镇在区粮食委员属下担任税务督察员。所有部门,无论民政机关,还是军事机构,都要全力协助萧洛霍夫同志履行他所担负的职责。凡不执行他的合法要求者,将承担法律责任。
>
> 顿河州粮食委员会
> 顿河州粮食委员
> 基里罗夫②

萧洛霍夫拿着委任状来到维约申斯克镇。区粮食委员沙波瓦洛夫派他以税务督察员的身份到布康诺夫镇去做粮食工作。区粮食委员沙波瓦洛夫为什么没有派萧洛霍夫去卡尔金镇,而是派去了他在罗斯托夫培训班的一个同学,这已经无从查考,但是萧洛霍夫在布康诺夫镇的工作使他又经历了一段爱情波折,最后也促成了他终生的姻缘。

在布康诺夫镇工作期间,萧洛霍夫很少回卡尔金去看望父母,倒是常常在去维约申斯克镇时顺道去雅谢诺夫卡看望姥姥。在这里他认识了地主波波夫家的两姐妹阿纳斯塔西娅和奥丽加。她们是当年曾同萧洛霍夫的母亲有过一段爱情关系的德米特里的两个女儿。不知怎的,萧洛霍夫竟看上了年龄比他大的姐姐阿纳斯塔西娅,也许因为她是令人羡慕的乌斯季梅特维茨卡

---

① 转引自西沃沃洛夫:《萧洛霍夫生平片断》,第 254 页。
② 原件存顿河罗斯托夫国家档案馆。转引自西沃沃洛夫:《萧洛霍夫生平片断》,第 258 页。

中学的学生,也许因为她美貌端庄,很有文化修养？据妹妹奥丽加讲,萧洛霍夫给阿纳斯塔西娅写了许多情意缠绵的情书,萧洛霍夫甚至两次向她提出求婚,两次都遭到了拒绝。阿纳斯塔西娅说,我比你大。萧洛霍夫说,我就爱比我大的。然而终究没有成功。不久,阿纳斯塔西娅嫁给了维约申斯克镇的一个农艺师。当萧洛霍夫成了作家,出版了第一个小说集《顿河故事》后,还签上名字,送给已经出嫁住在维约申斯克的阿纳斯塔西娅,但是阿纳斯塔西娅并不珍重这份礼物,他随丈夫从维约申斯克搬迁到别的城市时,这本书也同其他旧物一道被丢弃了。妹妹奥丽加后来曾问过她,她没有嫁给萧洛霍夫是否后悔？她说,她不后悔。

税务督察员在苏维埃政权机构中是个很重要的职位,有很大的权力,这从颁发给萧洛霍夫的委任状上也可以看出来：所有军政机关都要全力以赴地协助他工作。在萧洛霍夫到布康诺夫镇上任之前,他的父亲曾叮嘱他要珍惜这份工作,自己已经年迈,不会有什么大的作为,而他今后在苏维埃政权下的路还很长,希望他谨慎从事,好自为之。少年萧洛霍夫在这个时期的工作中基本上是遵循着父亲的教诲的。他到布康诺夫镇上任之后,兢兢业业地展开了工作。

以统一粮食税代替余粮征集制之后,农民是按照每户的播种面积来纳税的,因此必须准确地掌握每家每户的播种面积,才能确定该户应交纳的粮食数量。所以他挨门逐户调查了解播种面积,登记造册,但是他很快发现,他所了解的播种面积同上级下达的计划差距很大。几经调查,他才了解到,原来不管穷户还是富户,都隐瞒了播种面积。粮食税代替余粮征集制之后,农民的负担并没有减轻,所以农民便以隐瞒播种面积的办法来减轻纳税负担。萧洛霍夫看到这种情况之后,感到十分为难。因为他亲眼看到,有些贫困户的农民真正是一贫如洗,家徒四壁,对于上面下达的粮食税,实在不堪重负。有一户贫苦农民,家里孩子多,如果按照真实的播种面积纳税,即使把粮仓打扫干净,也交纳不上。在这种情况下,少年萧洛霍夫竟然以同情心代替了政府的政策,擅自削减了贫困户的纳税额度。他严厉地责成富裕户必须如实呈报播种面积,而对贫困户则默许其隐瞒播种面积,这样一来他就犯了个莫大的错误。他的这种擅自行动直接影响到全村的纳税指标,很快就被报告到区粮食委员沙波瓦洛夫那里。

萧洛霍夫擅自给贫苦农民削减税额,这在当时被认为是一种经济犯罪行为,所以顿河上游区粮食委员会于1922年8月31日下令解除了萧洛霍夫税务督察员的职务,并送交法庭审处。因为没有发现其他问题,法庭判处一年管制。苏联卫国战争时期,萧洛霍夫成为红军上校之后,在填写履历表时,有这样一句话:"1922年当粮食委员时曾因越权而被判处管制一年。"①

奥勃利夫镇上的国内战争纪念碑

萧洛霍夫被免去税务督察员的职务,便离开布康诺夫镇又回到卡尔金镇父母的家里,然而他的心却依然留在布康诺夫镇:他不能忘怀一位心爱的姑娘。他当税务督察员的时候,镇执委会曾给他配备一个助手,协助他工作。这是个稳重温柔的姑娘,名叫玛丽亚·格罗莫斯拉夫斯卡娅,是镇执委会委员格罗莫斯拉夫斯基的女儿。她当过小学教师,很有文化修养。两人在一起工作,情投意和,特别是玛丽亚比萧洛霍夫年长几岁,在生活上像大姐姐似的关怀照顾,这期间萧洛霍夫病了一场,全凭玛丽亚的悉心照料才得以迅速痊愈。俩人心中都埋下了爱情的种子,但是这颗种子尚未发芽,萧洛霍夫就发生了"越权事件",被撤职查办,离开了布康诺夫镇。两人后来是如何表白爱情的,外人不得而知,我们只知道,1924年初,萧洛霍夫独自在莫斯科闯荡一年多后回到卡尔金镇,不久便径直去布康诺夫镇求婚了。据说,玛丽亚的父亲老格罗莫斯拉夫斯基也不愿把女儿嫁给这个"穷光蛋",但是玛丽亚就像《静静的顿河》中娜塔莉亚执意要嫁给葛利高里一样,非萧洛霍夫不嫁,老格

---

① 原件存罗斯托夫州萧洛霍夫区军委档案。转引自西沃沃洛夫:《萧洛霍夫生平片断》,第260页。

罗莫斯拉夫斯基才勉强表示同意。

2003年俄罗斯作家安德烈·沃隆佐夫出版了一本题名叫《萧洛霍夫传》的传记小说,书中将萧洛霍夫青年时代对未来妻子的爱情表白,做了小说化的描写,成为书中动人的一幕。书中写到,萧洛霍夫要到莫斯科去闯世界,来到维约申斯克镇开介绍信。玛丽亚·格罗莫斯拉夫斯卡娅为学校的事来维约申斯克镇区执委会教育处办事,两人在街头相遇。小说中这样描写:

  一下台阶,米哈伊尔脸对脸地碰上了玛露霞·格罗莫斯拉夫斯卡娅。向来腼腆的玛露霞①一看见米哈伊尔也掩饰不住内心的高兴。
  "米哈伊尔·亚历山大罗维奇!您好!您自由了,我们多高兴啊!我们以全镇的名义给肃反委员会写了信!您怎么出来后一次也没到我们那里去啊?"
  "你怎么还叫我米哈伊尔·亚历山大罗维奇呀?"米哈伊尔笑着说。"直接叫米哈伊尔好了。我现在不是督察员了,被撤职了……你好吗,玛露霞?什么风把你吹到维约申斯克来了?"
  "过得马马虎虎。"玛露霞腾地脸红了。"我是来区执委会教育处办事的。您……"她停顿了一下,飞快地瞟了米哈伊尔一眼,笑着改口说:"你怎么样?"
  "我要到莫斯科去学习。这不来办介绍信嘛。"
  "到莫斯科去?……"虽然玛露霞尽力保持内心的平静,但是脸上的笑容立即消失了。
  这没有逃过米哈伊尔的眼睛。
  "我会给你写信的。你愿意吗?"
  "收到远方友人的来信总是让人高兴的,"玛露霞羞怯地说。
  "你回信吗?"
  "哪能不回信呢……"
  "我回来后就打发媒人到你家去求亲!你能等着我吗?"
  玛露霞脸红红的,眼里饱含着泪水,她扭过脸去。
  "我是认真的,玛露霞,我特喜欢你。"
  "你们不是都喜欢莉达吗,"玛露霞没有转过脸来,几乎是耳语般地说。
  "你怎么会这样以为?因为我看过她几眼吗?她和你一样,是个漂亮姑娘,怎么能不看你们呢?要么我不是哥萨克?我看了,比较了,也就决定了:你对我更合适。现在请你回答我,玛露霞,你喜欢我吗?"
  她转过脸来,看着他的眼睛。
  "你以为呢?"
  "我像所有的哥萨克一样,总以为所有的姑娘都喜欢自己,可到头来,没有一个姑娘喜欢你!"

---

① 玛丽亚的爱称。

"我喜欢你,"玛露霞说着,低下头去。
"你等着我吗?"
她笑容满面地点了点头,随后立即说道:
"要等很久吗?"
"你要能等我,我一有休假机会立即回来!"①

---

① 安德烈·沃隆佐夫:《萧洛霍夫传》,莫斯科,伊特尔克出版社,2003年,第137—138页。

第 五 章

银灰色的羽毛草

在布康诺夫镇执委会当税务督察员的工作被撤职之后，萧洛霍夫于1922年9月回到卡尔金镇。他现在没有任何工作，他不会务农，也不会经商（当时也不允许进行商贸活动），他迷上了读书、写作和钓鱼。萧洛霍夫终生都喜欢钓鱼，而且很精于此道。也许，正是坐在顿河的支流——奇尔河边安然垂钓的时候，萧洛霍夫萌发了进行文学创作的愿望。

萧洛霍夫在顿河岸边度过童年和少年时代的时候，正是俄罗斯发生天翻地覆的社会大变革的历史时期。顿河哥萨克世世代代形成的传统习惯和生活方式，都受到剧烈的冲击。他亲眼目睹了这场历史巨变，亲身感受到这场巨变对人们的生活、命运和心理意识所产生的巨大影响。他当时虽然只是个十五六岁的少年，但是他的生活经历，他对各色人等的了解，却远远超过了他的年龄。1920年，萧洛霍夫曾在拉特舍夫村当扫盲教师，因为原来的扫盲教师瓦西里·科津到罗斯托夫进修去了，萧洛霍夫临时代替他工作。每天晚上在一个哥萨克家里上课，因为他家里有个很大的房间，可以当作教室。上课的都是成年人，彼此也都熟悉，因此上课之前，大家聚在一起，总要热热闹闹地聊会儿天。他们古往今来无所不谈，常常回忆哥萨克的光荣历史，参加战争乃至参加暴动的经历，年轻的萧洛霍夫总是津津有味地听他们聊天。

萧洛霍夫在卡尔金镇执委会工作了将近一年。当时的执委会主席就是萧洛霍夫曾爱过的哥萨克姑娘卡佳的父亲费多尔·丘卡林。丘卡林给他安排的职务是执委会的"通讯员"。所谓执委会的"通讯员"，就是到卡尔金镇所属各村去了解情况，然后向执委会汇报，所以萧洛霍夫对有钱的哥萨克家中的情景，贫苦哥萨克家里的状况，都了如指掌。他有时在镇执委会办公室值班,经常接触到方方面面的人士,这些对他后来的文学创作都是有利的因素。萧洛霍夫成了著名作家之后,曾多次对初学写作的作家介绍经验,作家要扎根生活,才有写作素材,他说他从来没有为无东西可写而发愁。这是因为从少年时代他就积累了丰厚的生活基础,给他的文学创作提供了源源不断的素材。

"青年近卫军"文学小组成员萧洛霍夫,
阿菲诺根诺夫,莫尔恰诺夫

萧洛霍夫记忆力非常好,他同哥萨克们聊天时从不带笔记本,从不当面做记录,他总是回到家里,追记下来。他对许多老哥萨克的经历,包括许多哥萨克军官、首领的经历,特别感兴趣。卡尔金镇有个老哥萨克,叫雅可夫·杜达列夫,他是卡尔金镇有钱的哥萨克之一,甚至在建立了苏维埃政权之后,他还经营着巨大的产业,雇佣许多工人。他对工人非常苛刻,受欺侮的工人曾放火烧了他家的房子,但是他很快又盖起新房。只因他的两个儿子都是红军,才没有把他划为富农。萧洛霍夫在镇执委会工作时,常到他家里去,对他家的情况十分了解。当他后来创作中篇小说《雇农们》时,这个杜达列夫就成了小说中地主扎哈尔的原型。

萧洛霍夫从布康诺夫镇回到卡尔金镇之后,便开始酝酿文学创作。他闷在屋里写了些东西,甚至还投寄出去,但是都没有什么结果。他的父亲亚历山大·米哈伊罗维奇是个博览群书、很有文化修养的人,发现儿子有进行文学创作的志趣,就对儿子说,要写作,要写得好,就必须有广博的知识,因此要多多地学习。萧洛霍夫听了父亲的话,为了更好地学习,他决定到苏维埃社会的文化中心莫斯科去学习。

1922年10月,萧洛霍夫先坐马车到米列罗沃,再从那里乘火车去莫斯科。这个17岁的少年怀着学习的愿望,抱着进行文学创作的理想,独自到苏维埃的首都莫斯科去闯世界了。

八年前,九岁的萧洛霍夫曾第一次来莫斯科,那次是为了治眼睛,当时住在父亲的朋友,中学教师亚历山大·叶尔莫洛夫家中。萧洛霍夫在莫斯科举目无亲,所以这次他仍然投奔叶尔莫洛夫。他本来想到一些学校为工人举办的短期文化培训班去学习,但是他没有莫斯科的正式户口,不是在编的工人,也没有工龄,培训班不收他。万般无奈,他只好先找个临时的工作,挣钱糊口吧。然而当临时工又谈何容易!20世纪20年代的苏维埃俄罗斯,经历了第一次世界大战,二月革命、十月革命,接着又是四年的国内战争,经济破坏十分严重,再加上外国帝国主义的经济封锁,真是困难重重。仅莫斯科的失业者当时就有十万之众。17岁的少年萧洛霍夫不得不在瑟瑟的寒风中到职业介绍所去排队等候介绍工作。好不容易排到他了,人家问他有什么专长,他说在农村当过税务督察员,也就是在农村收缴粮食税。人家说现在没有这个工种,你只能去干粗活了。为了生活,萧洛霍夫曾在莫斯科雅罗斯拉夫斯基火车站当过搬运工,当过石匠,在修建莫斯科街道的工地上铺设石子。当莫斯科的居民和游人走在莫斯科古色古香的石板路上时,他们是否想到,他们脚下的石头也许是当年尚未成名的未来的俄罗斯大作家萧洛霍夫铺设的呢。若干年后,萧洛霍夫曾在一次会议上讲到他初来莫斯科时的困境:"我刚到莫斯科时的处境就像韦肖雷[①]小说里的主人公似的,国内战争结束之后,他到劳动介绍所去登记,人家问他:'你有什么专长?'他回答说:'我是机枪射手。'可是那时候机枪射手就不像国内战争时那样需要了……由于没有工作,有好几个月生活非常贫困,只能靠临时干粗活挣点钱过日子。"(见1934年7月31日《真理报》的报道)[②]尽管生活非常艰苦,但是萧洛霍夫并没有忘记他来莫斯科的目的,所以在一天的劳累之后,他还刻苦地坚持自学。直到1923年8月,也就是在莫斯科闯荡了近一年之后,萧洛霍夫终于通过劳动介绍所找到了一份固定的工作:红色普列斯尼亚第803房管局会计。

这期间萧洛霍夫认识了他的朋友瓦西里·库达绍夫。库达绍夫比萧洛霍夫大三岁,是梁赞省人,说起来与萧洛霍夫还有点同乡的关系。库达绍夫也和萧洛霍夫一样,是从农村来到莫斯科的。1919年,17岁的库达绍夫来到莫斯科,没有任何专业和文凭,只能靠干粗活维持生计。他在车站上烧锅炉,

---

① 韦肖雷(1899—1939),原名尼古拉·伊万诺维奇·科奇库罗夫,苏联俄罗斯作家。
② 转引自列夫·科洛德内:《我是怎样找到〈静静的顿河〉的》,莫斯科,呼声出版社,2000年,第25页。

工作出色,加入了共青团,并且成了团支部书记。后来他拿着共青团的介绍信,参加了培训班的学习。培训班毕业之后,库达绍夫便在《农村青年》杂志当了编辑。也许因为都是来自农村,也许因为有某些共同的经历,库达绍夫对萧洛霍夫的处境非常同情,并尽全力给他以兄长般的帮助。

萧洛霍夫来到莫斯科后,叶尔莫洛夫见他求学未被录取,求职又遇到重重困难,就问他的志趣是什么,萧洛霍夫向他讲述了在家乡演戏、编剧和试着写作的经历,并说到莫斯科来就是要学习文学创作的。叶尔莫洛夫听了之后,就建议萧洛霍夫不妨在文学领域试一试,因为苏维埃文学正在兴起,莫斯科有许多文学团体和小组,他可以设法参加去学习,边学习边创作,也许可以成功。萧洛霍夫听从他的建议,就去找库达绍夫,请他帮助加入刚刚成立的"青年近卫军"文学小组。

国内战争结束之后,许多有文学才华的青年放下枪杆,拿起笔杆,走上文坛。莫斯科是苏维埃共和国的首都,也是文化活动的中心。许多文学青年都云集莫斯科,在这里学习和创作。如富尔曼诺夫、法捷耶夫、吉洪诺夫、卡达耶夫、阿谢耶夫、利别金斯基、别济敏斯基、斯维特洛夫、科洛索夫,等等。一时间,莫斯科的文坛熙熙攘攘,非常热闹。

1922年3月,苏联共产党(布)第十一次代表大会通过决议,要求加强出版宣传工作。苏联共青团中央响应号召,组织创办了面向青年的《青年近卫军》杂志,为杂志撰稿的也大多是青年作家或共青团作家。这些青年人都有饱满的热情,丰富的生活体验,但缺乏文学修养,迫切需要学习。1922年10月间,共青团中央属下的一伙共青团作家发起组织了一个"青年近卫军"文学小组,参加者有诗人,也有小说家,如诗人热罗夫、别济敏斯

青年时代的萧洛霍夫

基、斯维特洛夫、乌特金等;小说家有:科洛索夫、库达绍夫、舒宾等。他们以《青年近卫军》杂志编辑部的宿舍波卡罗夫卡3号作为集中学习的地点:十月革命前,这里原是一家旅馆,《青年近卫军》杂志通过莫斯科市苏维埃要了这个旅馆的第二层作为共青团作家的宿舍,"青年近卫军"小组的学习活动也在这里进行。当时开了两个讲座,主持者都是鼎鼎大名的人物:著名诗人阿谢耶夫主持诗歌创作讲座,文艺理论家什克洛夫斯基和评论家勃里克轮流主持小说创作讲座。

萧洛霍夫通过库达绍夫的介绍,参加了"青年近卫军"小组,虽然他白天必须去干活,挣钱糊口,但他还是尽可能地抽出时间去听两位著名文艺理论家的讲课。在传记小说《萧洛霍夫传》中,俄罗斯作家安德烈·沃隆佐夫对两

位理论家的讲课作了艺术的再现,虽然小说家以调侃的笔调把两位理论家的形象漫画化了,但也可以帮助我们想象萧洛霍夫当年听课时的情景。现译述几段如下:

"让我们认识一下,"勃里克伸手扶了扶眼镜,慢吞吞地说道:"奥西普·马克西莫维奇·勃里克,文学家,现代革命艺术理论家。"他在问过学生的姓名之后,便开始讲课了。"在正式讲课之前,我要先说几句引入正题的话。艺术,对于人民来说,就是鸦片,是同宗教一样有害的臆想。每天都应该对着艺术圣坛唾骂。在革命的国家里,除了未来派之外,所有的艺术都有成为反革命的倾向。任何一种非未来主义的艺术都是一个悄无声息的悲观主义泥潭。我们要肯定乐观主义,就要同艺术斗争到底,直到把它作为一个独立科目完全消灭掉。在像展示文学手法般地体现革命思想的时候,未来主义不仅展现了大众化的手法,而且把它变成了使每个人都能享用的妓女。"这个比喻真是语惊四座,听众哗然。勃里克接着往下讲:"今天我们讲情节。效果相反的原则是情节不可或缺的特征。这就是说,你们的主人公想的是一回事,而最后的实际结果又是另一回事,作者所追求的目标就是表现这个另一回事。这样,相反的效果就完成了两个任务:思想任务和结构任务……现在我要以我正在撰写的一部中篇小说为例加以说明。小说的题目叫《并非同路人》。主人公是个耐普曼[①]的老婆,叫维利亚尔斯卡娅。有个共产党员,苏维埃某机关的领导,桑特拉罗夫同志爱上了她。他的妻子兼秘书巴乌艾尔同志,倒也不抱成见,但她生气的是,桑特拉罗夫同志不喜欢她倒也罢了,却反倒去喜欢一个资产阶级的代表。她甚至在心里对他说:'同一个资产阶级破鞋去瓜分桑特拉罗夫同志,我很不情愿。'这时,桑特拉罗夫同志的这位美丽情妇的丈夫却设想了一个圈套。他想借助妻子来利用桑特拉罗夫同志达到他资产阶级的私利目的。维利亚尔斯卡娅实际上并不知道丈夫的计划。结果她和丈夫都得到了巴乌艾尔同志想从桑特拉罗夫同志那里得到的东西。

'怎么回事呢?'听众莫名其妙了。

桑特拉罗夫同志战胜了内心的敌人,对维利亚尔斯卡娅说:'出路是这样的:要么我变成资本家,要么你成为共产党员。'自然,桑特拉罗夫同志不能成为资本家,而漂亮的维利亚尔斯卡娅同他分手之后,回到家里,让她的不走运的阴谋家丈夫给她找一本布哈林同志的《共产主义ABC》。你们都注意到情节的发展了吧?它的基础就是耐普曼的圈套引起了相反的效果。维利亚尔斯卡娅没有能把桑特拉罗夫同志变成资产

[①] 20世纪初,苏联实行新经济政策时期出现的资产阶级分子。

阶级的工具,而自己却走上了共产主义道路。

'那么,巴乌艾尔同志呢?'有听者问。

巴乌艾尔同志本来就不要求桑特拉罗夫同志有所谓的夫妇间的忠实。巴乌艾尔同志认为共产党员没有妻子,只有同居者。她的愤怒是因为桑特拉罗夫新同居者的阶级面貌而引起的。如果《共产主义 ABC》对改造她的思想发挥了作用,她会同意桑特拉罗夫同志和她的爱情关系的,这是生活需要嘛……"①

轮到什克洛夫斯基讲课了。他比勃里克年轻,也是犹太人。他曾是社会党人,但是他一听说社会党人要闹事,就跑到柏林躲起来了,事过境迁之后,他向全俄执行委员会递交了一份悔过书,便又回到俄国。

勃里克讲的是情节的相反效果,什克洛夫斯基讲的是他的陌生化法则。

什克洛夫斯基讲:"为了理解现实,就要把它陌生化。'陌生化'一词是由'奇异'一词而来的。小说、诗歌都是陌生化的艺术。艺术的目的不是使形象的含义接近于我们的理解,而是创造一个特殊的接受物,给它制造一个'幻影',而不是'标志'。在童话、壮士歌谣、民歌中我们就经常碰上陌生化,特别是在描绘色情对象时。比如把性器官描绘成锁和钥匙,编织的用具,弓和箭,投钉游戏中的钉和环……阿法纳西耶夫②的许多民间故事都是以'不认识'为基础的,这些故事在俄罗斯始终没有出版,甚至在革命以后,"什克洛夫斯基拿起一本书,"这是在日内瓦用俄文出版。这里有一则故事,叫《害羞的贵夫人》,其基础就是不用事物的实名,而是玩弄'陌生化'的游戏。一个年轻的贵夫人带着她的年轻仆人外出,贵夫人特别叮嘱仆人不许说不雅的词。他们到农村去,一路走着,看到路旁有各种不同的动物在交配,如猪呀,马呀,鸡呀,等等。每次贵夫人都问,这是怎么回事。小伙子这样回答:'公马在了望它的马群,公牛在推撞着母牛去吃新鲜的青草,公鸡在给母鸡挡雨……'他们来到一条小河边,贵夫人想要下河洗澡,便叫仆人与她同洗。小伙子脱光衣服,贵夫人问:

'你身上吊着的是个什么东西?'

小伙子回答说:'这叫马。'

'怎么,它在你身上喝水吗?'

'它正在喝水呢,太太,能不能让它到您的井里喝点水啊?'

---

① 参阅安德烈·沃隆佐夫:《萧洛霍夫传》,第 159—160 页。
② 阿法纳西耶夫(1826—1871),俄国历史学家,文艺学家,民俗学家,著有《俄罗斯民间故事集》。

'好吧,让它进来吧……'

于是,小伙子就尽情地玩乐起来,两人好不容易才从水里爬出来"。①

萧洛霍夫怀着求学的热切愿望来到莫斯科,能够在"青年近卫军"小组中听到鼎鼎大名的两位文学理论家的讲课,当然是要用心学习的。这从他最初的几篇习作中可以看得出来。1923年他在《少年真理报》上发表的三篇小品文《考验》、《三个》、《钦差》,都有明显的受到听课影响的痕迹。当时任"青年近卫军"小组书记的作家马克·科洛索夫曾在一篇回忆文章中讲到萧洛霍夫在小组学习的情形。他说,在《莫普》②的一次文学晚会上,库达绍夫向他介绍了萧洛霍夫,"……库达绍夫向我介绍萧洛霍夫,说他想参加我们'青年近卫军'小组。……不久,萧洛霍夫就以小组成员的身份来听我们的讲座了。第一次来听讲座是在1923年11月,就在我们宿舍我的房间里,讲的是情节结构,分析了契诃夫的名作《过火》,给我们每个人布置的作业是以实验的形式写一篇短篇小说,运用契诃夫的情节手法来描写苏维埃现实生活中的形象和典型。"萧洛霍夫比别人更努力,他完成的作业也更接近于这种手法。他写的这篇小说的大致内容是这样的:

每逢5月1日,国际青年节等节日的时候,边区中心的宣传鼓动员都要到镇的共青团委员会来做报告。他们大都是年轻人,大部分都是过去的中学生。他们想的,与其说是进行宣传鼓动,不如说是来表现表现自己,向哥萨克姑娘们献献殷勤。有一次来了一个年轻人,他的外貌就令人怀疑。漂亮,魁梧,梳着大背头,穿着打扮非常时髦:夹克衫,马裤,"绣着话语"的衬衫,加铬皮靴——全部都是为他量体定做的。他举止傲慢地拿出一张其长无比的委任状。当地的共青团员们决定"考验考验他的坚定性"。事情交给了一个忠于苏维埃政权,说话尖刻的贫农哥萨克老头。这个形象似乎就是狗鱼老爹的雏形。老头是镇委员会的车把式,他要拉着这位宣传鼓动员到各村去。

为了在中午之前赶到最远的村庄,他们头天晚上就出发了。下雨,泥泞,路很难走。车轮上没有油,车轴咯吱咯吱地响。老爷子抱怨起来:"我们干吗非要连夜赶路呢!我有个亲家,正好顺路,我们到她那里喝一杯,暖和一下再赶路,不然非冻僵不可。"小伙子坐在那里,低着头一声不响。他们往前走着,老爷子又说话了:"干吗我们要连夜赶路!我妹妹就住在前面那片树林后面,她女儿前不久刚出嫁,女婿当红军去了。小

---

① 参阅安德烈·沃隆佐夫:《萧洛霍夫传》,第168—169页。
② "拉普"的前身,莫斯科无产阶级作家协会的简称。

娘们刚刚尝到滋味……我们最好在那里住上一夜,明天早晨天一亮,我们再继续赶路。"小伙子仍旧一言不发。老爷子使出了最后的"绝招":"我们干吗要连夜赶路!……这是什么政权,让人夜里走路!要是有个好领导,这段路用不了三小时!车轴干了,没法修理……当局连点焦油都不能保障供给,还奢谈什么世界革命呢。"听到这些话,宣传员再也忍不住了,他跳起来,掏出手枪,对着车把式说:"原来你是这样的人!你是反革命!用欺骗手段钻进了镇委员会!你一路上胡扯什么喝酒、娘们,我没有出声。可是你扯上我们的苏维埃政权,那就只有一个结果,让你脑袋吃颗子弹!"老爷子看到,"太过火了",吓得不得了,赶紧对小伙子解释,他只不过想考验考验他……①

从这篇习作可以看出,萧洛霍夫是严格按照"相反效果"的结构理论来构思这篇作品的。后来这篇习作经过修改,题名《考验》,以小品文的形式发表在1923年9月19日的《少年真理报》上,署名"米·萧洛赫"。这是萧洛霍夫正式发表的第一篇作品。第二篇小品文也发表在《少年真理报》上(1923年10月30日),标题是《三个》,不看全文

萧洛霍夫的妻子帮助他打印文稿

谁也不知道是三个什么,看了文章才知道写的是三个纽扣,通过三个纽扣的对话,表现三个纽扣的主人的不同经历。这显然是按照"陌生化"的理论构思出来的。后来萧洛霍夫又写了第三篇小品文,题目叫《钦差》,是模仿果戈理的名剧《钦差大臣》而构思的一个幽默小品,发表在1924年4月12日的《青年列宁主义者》报上。

听了几次讲课,写了几篇习作之后,萧洛霍夫心中深感困惑。他感到按照理论家讲的那一套来构思作品,十分困难,写他不熟悉的城市生活,更加不易,写作一时陷入困境。况且莫斯科的生活又是那样艰难,苦恼之中思念起家乡,恳念起布康诺夫镇的那个姑娘,于是在1923年底,萧洛霍夫返回了顿河家乡,回到卡尔金镇。

回到家乡后,萧洛霍夫严守对玛丽亚的承诺,立即按照哥萨克的风俗,由父母带领到布康诺夫镇格罗莫斯拉夫斯基家求婚去了。玛丽亚的父亲以前

---

① 转引自列日涅夫:《萧洛霍夫之路》,第43—44页。

当过镇的首领,也颇有些家资。关于格罗莫斯拉夫斯基家的情况,萧洛霍夫在 1937 年写的一份自传中曾作过详细的说明,由于这份自传是存于军事档案中的,鲜为人知,而且写得比较详尽,很有史料价值,现将全文引录如下:

自 传

1905 年 5 月 11 日(旧历)生于前顿河州维约申斯克镇克鲁日林村,上完了小学四年级。十月革命前父亲从事商业工作,1917 年因为在蒸汽磨房当管理员,住在普列沙科夫村。1925 年死于卡尔金镇。母亲至今同我一起住在维约申斯克镇,没有兄弟姐妹。

岳父,格罗莫斯拉夫斯基,十月革命前曾当过霍别尔斯克分区布康诺夫镇的镇首领,后来又当过邮车押运员。1919 年顿河上游发生反苏维埃政权的暴动时,他带着大儿子自愿加入了斯拉晓夫斯克—库梅尔任斯克的红色志愿军,是年夏天被白军俘虏,送交野战军事法庭,被判处八年苦役,随后到诺沃切尔卡斯克监狱去服刑,直到 1920 年初红军攻占了该地。从 1920 年到 1924 年他担任镇农业处的主任,后来好像又当了二年的诵经士。因为没有完成农业税而被审判,判了三年的劳动管制,但又提前释放,并恢复了选举权。现住维约申斯克镇,由我扶养。

妻兄瓦西里·格罗莫斯拉夫斯基,十月革命前当过诵经士,现在国营农场工作。

妻弟,1917 年之前上学,从 1920 年起就是苏维埃政权的工作人员,现在维约申斯克区切尔诺夫斯克村当教员。

妻妹们,1917 年之前都上学,1917 年之后都教书,现在两个妹妹都成了家庭妇女,最小的三妹在顿河罗斯托夫革命博物馆工作。

我没有参加十月革命,既没当过白军,也没当过红军。

1930 年入党,是预备党员,1932 年 10 月转正。没有参加过其他党派。

米哈伊尔·亚历山大罗维奇·萧洛霍夫
1937 年 3 月 4 日①

彼得·格罗莫斯拉夫斯基虽然当过布康诺夫镇的哥萨克首领,但他不是带领哥萨克骑兵冲锋陷阵的人物,他们家其实是个文化人的家庭。玛丽亚是他的大女儿,也受过很好的教育,在农村的小学中当过教师。然而,当萧洛霍夫的父母带着儿子前来求婚时,据说,彼得·格罗莫斯拉夫斯基最初也不愿把女儿嫁给一个无家无业,又无一技之长的穷光蛋。但是女儿玛丽亚态度坚

---

① 转引自雷奇涅夫:《一份不为人知的自传》,载《文学俄斯》1990 年 5 月 23 日,纪念萧洛霍夫诞辰 85 周年专号。

决,非米哈伊尔不嫁,一口咬定,毫不动摇,无奈之下彼得·格罗莫斯拉夫斯基只得同意这门亲事,同时他立即声明,一不给嫁妆,二不准女儿女婿婚后在他家中居住。因此玛丽亚只是带着一个随身衣物的包袱就跟着萧洛霍夫出了门。

萧洛霍夫求婚的故事很像《静静的顿河》中葛利高里·麦列霍夫到富农科尔舒诺夫家求婚的情节,娜塔莉亚非葛利高里不嫁的坚定态度几乎就是当年玛丽亚的写照。我们毫不怀疑,萧洛霍夫在构思葛利高里求婚这个情节的时候,也把自己的故事写进了小说。

1924年1月,19岁的米哈伊尔·萧洛霍夫同玛丽亚·彼得罗夫娜结了婚。婚后不久,夫妻双双又去了莫斯科,继续为萧洛霍夫的文学事业而奋斗。关于他们去莫斯科的时间,许多作者的说法并不一致。有的说在1924年1月(列日涅夫),有的说是1924年2月(赫瓦托夫,古拉),有的说是1924年5月(西沃沃洛夫)。1924年5月的说法显然是不确切的,因为5月份他们已经从莫斯科回来了,这可由萧洛霍夫1924年5月24日从家乡卡尔金镇给文学编辑科洛索夫的信为证。1924年底萧洛霍夫又一人去了莫斯科。这个时期萧洛霍夫频繁地来往于顿河和莫斯科之间,为他的作品得到发表而奔波。

萧洛霍夫同妻子来到莫斯科后,在盖奥尔基耶夫巷租了一间房子,依旧过着贫困的生活。萧洛霍夫的妻子玛丽亚·彼得罗夫娜曾对采访她的记者回忆当时的生活,她说:"我们在盖奥尔基耶夫巷租了一间房子。那是用隔板隔出的一个小房间。隔墙能听到车间工人敲打铁锤的声音。但是我们却像孩子般地高兴。日子过得很艰难。有时连一小块面包都没有。米沙一拿到稿费——不过就是几个卢布,我们就去买鱼,买土豆,我们就是过节了。米沙每天夜里写作,白天就在各个编辑部奔波……刚结婚后的头一年,米哈伊尔·亚历山大罗维奇在莫斯科什么活都干,当过鞋匠,铺过马路,夜里才能写作……"[①]这次他们在莫斯科住的时间不长,大概也就是几个月吧,就又回到了顿河家乡。为了有个清静的写作环境,他们租了人家的一间地下室,萧洛霍夫在这里专心致志地从事文学创作。然而,地下室的上面是个铁匠作坊,白天铁锤敲打的声音仍然不绝于耳,萧洛霍夫却能埋头创作,《顿河故事》中的许多作品都是在这里写出来的。

1922年底,当萧洛霍夫来到莫斯科学习文学创作的时候,一种不同于以往的俄罗斯文学的,一种新生的文学已经初具规模,这就是后来所通称的苏联文学。20世纪的20年代是俄罗斯新旧历史交替的大转折时期,社会生活急剧地动荡变化。十月革命后,原来活跃在俄罗斯文坛的许多作家和诗人,由于不能接受十月革命和苏维埃政权的现实而离开俄国,流亡国外,如布宁,

---

[①] 转引自科洛德内:《我是怎样找到〈静静的顿河〉的》,第33页。

萧洛霍夫在书房中

梅列日科夫斯基,吉比乌斯,巴尔蒙特等。也有些作家是十月革命后在国外流亡了一个时期,后来又重新回到祖国,如阿·托尔斯泰,库普林,茨维塔耶娃。许多在旧俄时代反对沙皇专制制度的作家和诗人,在十月革命后,怀着对新生活的渴望,积极投入建设新文化、新文学的活动,如高尔基,马雅可夫斯基,绥拉菲莫维奇,别德内依,勃留索夫,勃洛克等。有的作家和诗人虽然对十月革命和苏维埃政权不能理解和接受,但并没有离开俄罗斯。他们认为,不管俄罗斯发生什么变化,俄罗斯都是自己的祖国,作为俄罗斯人,都应该为祖国服务,因而留在国内。阿赫玛托娃,古米廖夫,曼德尔什塔姆等人就是怀着这样的心情留在国内和进行创作的。然而最积极、最活跃的却是经历过十月革命和国内战争洗礼的一辈年轻人,如"青年近卫军"小组中的那些年轻人。他们年轻,热情,朝气蓬勃,对建设新生活充满信心。他们虽然文化程度不高,也缺少足够的文学创作经验,但是他们用心、执着,勤奋学习,而且团结互助,成为当时俄罗斯文坛上一股非常活跃的力量。年轻的萧洛霍夫是他们中的一员。

当萧洛霍夫苦苦思索,构思自己的作品的时候,苏维埃俄罗斯的小说家们已经开始以巨大的热情用小说的形式表现俄罗斯这场天翻地覆的社会变革了,他们努力在自己的作品中表现苏维埃政权成立后俄罗斯的新生活。如涅维罗夫[①]的《女布尔什维克》(1921),《不走正路的安得伦》(1923),谢芙琳娜[②]的《肥料》(1923),《维丽涅娅》(1924)。刚刚结束的国内战争也是作家们的重要主题,而且涌现出许多著名作品,如符·伊万诺夫[③]的《游击队员》(1921),《铁甲列车》(1921),马雷什金[④]的《攻克达伊尔》(1921)等。在这些描写苏联国内战争的作品中,当时影响比较大而且艺术上更有特色的要数富尔曼诺夫[⑤]的《恰巴耶夫》(1923,又译《夏伯阳》)和绥拉菲莫维奇的《铁流》

[①] 涅维罗夫(1886—1923),苏联俄罗斯作家,原姓斯科别列夫,作品多描写十月革命后早期的农村生活。
[②] 谢芙琳娜(1889—1954),苏联俄罗斯女作家,早期作品多表现十月革命后的农村生活。
[③] 符·伊万诺夫(1895—1963),苏联俄罗斯作家。
[④] 马雷什金(1892—1938),苏联俄罗斯作家。
[⑤] 富尔曼诺夫(1891—1926),苏联俄罗斯作家。国内战争时期是红军著名的恰巴耶夫师政委。

(1924),虽然布尔加科夫的《白卫军》(1925),巴别尔的《骑兵军》(1926)和法捷耶夫的《毁灭》(1927)都是艺术成就较高,而且各有特色的作品,但是从时间上来说都晚一些了。这些作家和作品,各有不同的视角,各具不同的特色,但是都从不同的角度启发了正在学习创作的萧洛霍夫。他深切感到,对于他来说,顿河之外的生活,都是偶然遇到的、别人的生活,别人写起来可以游刃有余,而他,萧洛霍夫,却困难重重,很不顺手。然而他自幼在顿河所熟悉的生活,所看到、听到的人和事,别人却也未必听说过。因此他决定只写他熟悉的顿河哥萨克的生活。萧洛霍夫,在他的文学创作活动之初所作出的这个正确的决定,使他沿着一条正确的道路,一步步达到事业的顶峰。这个决定使他茅塞顿开,思想顿时豁然开朗。他想起国内战争时期听说的一个悲惨故事。有个哥萨克首领从第一次世界大战爆发就上了前线,多年没有看见儿子。父亲参加了哥萨克暴动,儿子是特种部队的战士。父子战场相遇,战斗中父亲将儿子砍死,在脱死者的靴子时,从腿上一块很大的胎记,才认出是自己的儿子。这个从不落泪的哥萨克首领抱着儿子嚎啕大哭,最后开枪自杀。

萧洛霍夫以这件事作为素材,经过一番布局、剪裁,写了个短篇小说。写完之后,自己看了一遍,也觉得这才像篇真正的东西。他把稿件寄给了曾发表过他的小品文的《少年真理报》。小说没有立即发表。1924年初,列宁去世之后,该报改名为《青年列宁主义者》。1924年3月15日,《青年列宁主义者》报的"信箱"栏目中发表了一封编者的信:"米·萧洛霍夫:你的短篇小说写得很精彩,语言很形象。题材很好。不要着急,再修改修改,这是值得的。多增加些情节,多写几个活生生的人物,但也不要形象过多。要让他们均衡分布,不要一个压过一个,而是让一个形象在其他形象的烘托下更加鲜明。沉住气,加把劲,好好改改吧。亚·扎。"[①]

这个"亚·扎"是当时很有名气的诗人亚历山大·扎罗夫。那时他是共青团报纸《青年列宁主义者》的领导人之一,后来他回忆起这件事时,说:"那时候——您别小看——我已经20岁了,萧洛霍夫才刚19岁。难道这个岁数还不够庇护一个'小兄弟'的充足理由吗?何况萧洛霍夫看起来完全是个小孩的样子:瘦瘦的,在人前怯生生的,很腼腆。我已经是报社的'主导诗人','青年近卫军'小组的书记。发现才华出众的青年是我的责任。我看到了萧洛霍夫的才华,但是我同样也看出,他还缺少经验,很想在他的文学事业刚刚起步的时候,帮他一把,把他吸引到我们的队伍中来。"[②]

1924年12月14日萧洛霍夫的短篇小说《胎记》在《青年列宁主义者》上正式发表了。这是萧洛霍夫的第一个短篇小说,它的发表好像打开了一座蓄

---

① 转引自列日涅夫:《萧洛霍夫之路》,第39页。
② 同上。

水池的闸门,一篇篇描写顿河哥萨克生活的短篇、中篇小说,像涌出闸门的急流似的,从萧洛霍夫的笔下喷涌而出。接着《青年列宁主义者》又发表了《粮食委员》(1925),库达绍夫的《农村青年》杂志发表了《牧童》(1925)。莫斯科的青年报刊,如《共青团员》,《接班人》等也都发表萧洛霍夫的作品。1925年国家出版社接连出版了萧洛霍夫的五个短篇小说的单行本:《两个丈夫的女人》,《阿廖沙的心》,《反对黑旗》,《野小鬼》,《红色近卫军战士》(后改名《漩涡》)①。从1924年底到1926年,在不到两年的时间里,萧洛霍夫发表了20多个中、短篇小说,这些作品除以单行本问世外,大都收入《顿河故事》(1926)和《浅蓝色的原野》(1926)。这两个小说集后来又经过萧洛霍夫的精选,最后合成一集,这就是现在通行的《顿河故事》。

《胎记》发表后,萧洛霍夫拿到20个卢布的稿费。这在当时是一大笔钱。萧洛霍夫买了酒、菜,兴高采烈地跑到库达绍夫那里同朋友们庆贺了一番。库达绍夫,韦肖雷,利别金斯基,科洛索夫都纷纷向他祝贺:"米沙,好样的,接着写!"

参加"青年近卫军"小组后不久,萧洛霍夫又通过朋友们的介绍和推荐,加入了莫斯科的作家组织:"全俄无产阶级作家协会",即"瓦普"。当时"瓦普"的领导人是一批经过十月革命和国内战争锻炼的年轻人,他们的年龄比萧洛霍夫还小:阿维尔巴赫小两岁,叶尔米洛夫小一岁,但是他们都有在党的或共青团的工作岗位上工作的经验,具有很高的政治敏感性,而且都有一定的政治背景。阿维尔巴赫是斯维尔德洛夫的内侄,是雅戈达的内弟,而且还特别得到托洛茨基的赏识,托洛茨基曾为他写的《列宁和青年运动》一书写过序言,并推荐他参加青年共产国际的领导班子。"瓦普"的领导人中还有笔名"列列维奇"的阿克梅派诗人拉博里·卡尔曼松和谢苗·罗多夫。他们之中罗多夫最有权威,一来他年龄较大(1923年时他已30岁了),二来他资格最老,十月革命前就开始发表作品了。用文艺理论家沃隆斯基的话来说,他是"谢韦里亚宁②,勃洛克③再加上巴尔蒙特④,不仅在形式上,而且在内容上"⑤。

20世纪20年代的苏联文学的风格流派,从总体上来说,还是丰富多彩、多种多样的。虽然一度盛行的象征主义、阿克梅主义因许多诗人的流亡国外,作为一个流派而渐趋沉寂,但是勃洛克、勃留索夫、阿赫玛托娃、叶赛宁等主要诗人都留在国内,也还都在创作,马雅可夫斯基等未来派诗人更以革命

---

① 据列日涅夫:《萧洛霍夫之路》,第50页。
② 谢韦里亚宁(1887—1941),俄罗斯未来派诗人。
③ 勃洛克(1880—1921),俄罗斯象征派诗人。
④ 巴尔蒙特(1867—1942),俄罗斯象征派诗人。
⑤ 转引自安德烈·沃隆佐夫:《萧洛霍夫传》,第214页。

的主人公自诩,"放开喉咙歌唱"①,小说家们如扎米亚京、皮里尼亚克、巴贝尔、左琴科等各以自己的作品展现出十月革命后俄罗斯社会生活的方方面面,所以整个文学领域显得五彩缤纷,熙熙攘攘。当然,这熙熙攘攘就意味着声音和音调的杂乱无章,然而这毕竟显示着一种自由和开放的状况。

与此同时,当时的苏联文学中还存在着众多的文学团体。这些团体,人数有多有少,存在的时间也长短不一,有的只有三两个人,一哄而起,昙花一现,瞬间即逝。这种现象正体现出社会变革的剧烈动荡中既自由又无序的状况。这些文学团体中,存在时间较长,对苏联文学产生过较大影响的,有:无产阶级文化协会(或称无产阶级文化派),谢拉皮翁兄弟,列夫(左翼艺术战线),构成主义者文学中心(亦叫构成派),岗位派,山隘,拉普(俄罗斯无产阶级作家联合会的简称)。这些团体由于政治立场和艺术观点的不同而经常发生论战,他们所争论的问题,有许多是带有原则性的大是大非问题,但是也有许多意气用事的门派之争。然而这种自由发表意见的气氛无疑是令人鼓舞的,所以萧洛霍夫虽然是个刚刚走上文坛的青年作家,也敢于大胆发表自己的艺术观点,批评他认为不正确的文学现象。

在莫斯科的一些文学晚会上,常有一些并没有经历过国内战争的作家朗读自己描写战争的作品,他们凭着自己的想象,肆意把战争浪漫化,以博取不了解情况的读者的掌声。萧洛霍夫对这种美化、粉饰现实的作品非常反感,甚至不能容忍。于是,1926年,当他的第二个小说集《浅蓝色的原野》出版时,他在小说集前面写了篇序言,直言不讳地表明了自己的看法:

  在莫斯科,在举荣大楼②,在无产阶级文化协会,莫普③所举办的文学晚会上,会突如其来地听说,草原上的羽毛草(而且还不单是羽毛草,而是"银灰色的羽毛草")有种特别的香味。除此之外,还会听到,红军战士是如何断断续续地说着豪言壮语在顿河草原、库班草原上死去的情景。

  某个没有闻过火药味的作家娓娓动人地讲述着国内战争、红军战士(他必定要说是"弟兄们")和银灰色羽毛草的故事,而被打动的听众绝大部分都是一些上中学的可爱的姑娘,她们总是慷慨地对朗诵者报以热烈的掌声。

  实际上,羽毛草是种有毒的浅颜色的草,是一种有害的草,没有一点香味。不能赶着羊群从长这种草的地方过,因为羊的皮肤扎上羽毛草的刺就会死掉。④

---

① 这是马雅可夫斯基的一部长诗的标题。
② 当时莫斯科作家协会的所在地。
③ 拉普的前身,莫斯科无产阶级作家协会的简称。
④ 萧洛霍夫:《现实主义的活力》,莫斯科,苏维埃俄罗斯出版社,1983年,第7—8页。

接着萧洛霍夫说，哥萨克村镇外面，当年作战的战壕，随处可见，这些"不会说话的见证人应该能够讲述，当年人们在这里死得是多么不堪入目"。如今这些半坍塌的战壕，白天是哥萨克镇上的猪、鹅栖息的地方，夜晚便成了哥萨克小伙子和姑娘们幽会的场所。如果他们偶然从土里摸出几颗生锈的子弹，他们谁都不想追究，为什么子弹的主人当时没有把子弹射出去，他是哪个省的人，家里可有母亲。他们只是在这里东家长西家短地闲聊天而已。萧洛霍夫最后写道："试问，在这之后羽毛草还会有一丝的香味吗？"①

　　这是初出茅庐的萧洛霍夫对当时文坛上流行的一种虚假浪漫主义的揭露和讽刺，同时表明，他的小说是绝不以虚假的"香味"去诱惑天真的读者的。这里表现出刚刚走上文学道路的萧洛霍夫的胆识和勇气。这篇短短的序言里其实包含着文学创作的两个重要原则：文学要反映生活的真实；反对虚假的表现生活，反对粉饰现实。在以后几十年的创作生涯里，萧洛霍夫基本上都是遵循着这个原则写作的，也正是由于他坚定不移地遵循这样的文学创作原则，才使他写出了不朽的世界文学名著，攀登上文学创作的巅峰。

　　还应该看到，这里不仅有萧洛霍夫的远见卓识，而且包含着青年人不怕权威，不畏强权的勇气，因为那时候萧洛霍夫面对的不仅是"某个没有闻过火药味的作家"，而是当时苏维埃文学的领导权威"莫普"和"无产阶级文化协会"。苏联时期有的研究论著就明确指出，萧洛霍夫的这个序言是针对当时"拉普"的领导人列列维奇和罗多夫及其他"拉普"分子的，他们极力宣扬，似乎"阶级社会把人的个性吞没了，把它融化了，使个性差别消失了"，所以，他们认为，苏维埃时代的"新人"，应该是所谓"一般"的人，即"失去任何个人品格、个人特征、个人性格特点的人"②。在这里萧洛霍夫实际上是提出了一个十分重要的问题：文学中应该怎样描写人才能使人保持人的样子。人应该永远是活生生的人，多面体的人。萧洛霍夫认为，生活中尽管发生了天翻地覆的变化，但是人身上的那种普通人的人情味，那些日常生活的操劳，普通的生活需求和利益，仍旧会依然如故。萧洛霍夫的这些想法和主张都是和拉普派的时髦理论截然对立的。如果没有哥萨克猛打猛冲的勇敢精神，恐怕萧洛霍夫也没有胆量挺剑直刺这些大菩萨吧？

　　以"野种"身份来到这个世界的萧洛霍夫，现在又如同一个"野种"似的闯入了苏维埃共和国的文坛。

---

① 萧洛霍夫：《现实主义的活力》，莫斯科，苏维埃俄罗斯出版社，1983年，第7—8页。
② 彼捷林：《米哈伊尔·萧洛霍夫》，第22页。

第六章

顿河草原上的鲜花

在俄罗斯文学史上,第一个描写顿河哥萨克生活的作家是契诃夫,他的短篇小说《哥萨克》描写了一个作为普通俄罗斯人的哥萨克,在短篇小说《幸福》中第一次描写了顿河草原的诗意形象。在20世纪初期,特列尼约夫也在他的一些作品中描绘了顿河地区乌克兰农村的生活。第一个描绘顿河地区哥萨克劳动人民的生活,并写出了它的全部矛盾的作家是绥拉菲莫维奇,他深刻地揭露了哥萨克地区的社会不平等现象,揭穿了所谓"自由的顿河哥萨克"的神话。他是在萧洛霍夫之前以自己的作品反映顿河哥萨克生活特殊性的第一个作家。应该说,萧洛霍夫是追随着前辈作家的创作轨迹而描写顿河哥萨克生活的,然而十月革命和国内战争之后的新历史时期又赋予他的作品以极其鲜明的时代特色。

萧洛霍夫在《顿河故事》中大多通过家庭之中、邻里之间的关系变化、矛盾冲突来表现社会动荡、历史变革的激烈和残酷。他在短篇小说《死敌》(1926)中所写的"……仿佛有谁在村子里犁了一道鸿沟,把人分成对立的两方"[1],形象地反映了顿河地区农村中誓不两立的对立情况。小说写复员回村的红军战士叶菲姆一心为贫苦哥萨克农民办事,被推选为村苏维埃主席,因而遭到一向掌握村中大权的富农伊格纳特和他的女婿普罗霍夫的嫉恨。他们对叶菲姆威逼利诱,但是都没有什么效果,他们想把叶菲姆挤出村庄,没有得逞,于是他们就下毒手,趁大雪天叶菲姆从镇上回来,在途中将他杀害了。《看瓜田的人》(1925)写的是一家人由于政治倾向的不同而造成的流血事件。父亲阿西尼姆·彼得罗维奇在沙

---

[1] 《萧洛霍夫文集》(中文版)第1卷,第249页。

皇的军队中立过战功,被白卫军任命为村里战地法庭的警卫队长。但他的妻子和大儿子费奥多尔却倾向布尔什维克。在两军对垒中,大儿子费奥多尔投奔了红军,妻子因给红军俘虏送吃的,被丈夫打死,小儿子米季卡跑出去给人家当了看瓜田的人。有一天米季卡在看瓜人的窝棚附近发现一个受伤的红军战士,原来是他的哥哥费奥多尔,他连忙将哥哥藏到窝棚中。这时他们的父亲循着地上的血迹跟踪追来,在窝棚中搜出了受伤的费奥多尔。正当他要开枪打死儿子的时候,米季卡从背后用斧头将父亲砍死,于是兄弟二人渡过顿河,投奔红军去了。小说通过费奥多尔的口说明"真理在谁的一边",他去当红军是"要为土地、为穷人去作战,为了让世界上人人平等,没有富人,也没有穷人,大家一律平等"①而战斗。在这里萧洛霍夫清楚并且完全明确地写出这个家庭的悲剧是因为家庭成员的政治立场的对立,小说的深刻之处就是通过家庭成员的矛盾对立反映了社会的阶级矛盾和对抗。类似的作品还有《旋涡》(1925)。哥萨克巴霍梅奇是一个贫苦的农民,世世代代租种契尔诺亚罗夫上校家的土地。巴霍梅奇有三个儿子,大儿子伊格纳特和小儿子格利戈里在他身边,他们都拥护苏维埃政权,拥护红军,因为苏维埃政权要把地主的土地分给贫苦农民。但是二儿子米哈伊尔却是白军军官,他效忠沙皇。这样十月革命所掀起的社会革命浪潮,就在他们家庭内部形成了誓不两立的两大阵营,他们的矛盾和斗争,与社会上的阶级斗争密切相连,形成一个巨大的"旋涡",把所有人都卷了进去。父亲同两个儿子一同参加红军,为保卫自己的生存权利而战斗,但是他们在战斗中失败了。小儿子格利戈里连同战马淹死在顿河里。父亲同大儿子被俘后,被白军秘密地枪杀了,执刑的人就是二儿子米哈伊尔,为此他升了官,从少尉升为上尉,上校还许诺将来提升他为大尉。小说突出写了巴霍梅奇父子的悲剧结局,强调国内战争中哥萨克劳动人民为革命付出的代价和战争造成的严重创伤。

有的家庭悲剧,虽然也是因为社会的动荡,历史的变革,但是并不是因为家庭成员政治立场的对立所造成的,而是由于一种被迫的无奈。短篇小说《有家庭的人》(1925)写的是贫穷的哥萨克米基沙拉有九个孩子。"老大叫伊万……脸黑黑的,很漂亮……是个出色的哥萨克,干活也认真。老二比伊万小四岁…… 他是我最称心的孩子。名字叫达尼拉……剩下的七口,都是些姑娘和娃娃。"②村里的哥萨克起来暴动,反对苏维埃政权和红军。伊万和达尼拉认为真理在苏维埃一边,要去投奔红军,为真理而斗争。父亲说,"我不来强迫你们,你们走吧。我可哪儿也不去。除了你们,家里还有七张嘴,张张都得喂呐!"儿子们走后,暴动起来了。米基沙拉被强迫参加暴动。战斗中二

---

① 《萧洛霍夫文集》(中文版)第1卷,第66页。
② 同上书,第183页。

儿子达尼拉被俘，被打得惨不忍睹，而哥萨克首领还要逼迫米基沙拉亲手杀死自己的儿子。他为了养活七个孩子，只得忍痛动手。后来大儿子也被抓住了，长官让他押解儿子去白军团部。他知道，送到团部，儿子必死无疑；如果他放儿子逃走，他也必死无疑。半路上，儿子央求父亲放他逃生，他放了，但却对儿子的背后开了枪。儿子说："爸爸，这是怎么搞的？……我还有老婆孩子呀……"父亲说："伊万，你代我戴上苦难的荆冠吧。你有老婆和一个孩子，可是我家里有七个呢。要是我把你放掉，哥萨克们就会把我打死，孩子们只好上街要饭去了……"[①]这位父亲为了养活七个没有母亲的孩子（母亲在生第七个孩子时死去），被逼无奈，亲手杀死了两个儿子。这个家庭的悲剧并不是因为父子两代人政治立场的不同而造成的流血冲突，儿子拥护苏维埃政权，认为真理在布尔什维克一边，父亲也没有表示不同的看法。父亲被迫参加了哥萨克反苏维埃政权的暴动，并不意味着他赞同他们的主张。然而在那样一个动荡的社会中，在那样一个混乱的年代，为了七个幼小的生命，他只能牺牲两个儿子的生命。这是历史巨变让一个普通老百姓的家庭付出的沉重代价。早在20世纪的20年代，这篇小说就有了汉语的译本，译者是我国伟大的文学家鲁迅先生。鲁迅在翻译这篇小说时，将小说的标题改为《父亲》，实在是非常恰当而又用心良苦，因为只有"父亲"二字才能担当起扶养七个孤儿的重担和亲手杀死儿子的悲痛。

萧洛霍夫笔下，不仅写了苏联国内战争年代顿河地区对立双方鲜血淋漓的冲突，而且着力表现了红军哥萨克的善良情怀。短篇小说《希巴洛克的种》(1925)以第一人称自述的方式表现红军战士希巴洛克的人道主义心肠。红军战士希巴洛克在剿匪后的一次行军中，在大路上救了一个自称是被白军俘虏的女人。恰巧马车夫在战斗中牺牲了，部队便收留这个女人，让她当了马车夫。时间一长，希巴洛克和这个女人产生了感情。两人结为夫妻，不久女人怀孕了。在生产的时候，女人疼痛难忍，在阵痛中她吐露真情，原来她是白军派来的特务。她给白军通报红军的军情，给红军造成很大损失。红军战士非常气愤，要把母子双双处死。后来经希巴洛克要求，只处死女人，而留下孩子。小说是以希巴洛克的口吻写的，在怀旧似的自述中充分展现出红军战士的善良心肠。

《顿河故事》中的主人公都是萧洛霍夫自幼就熟悉的人物，他不仅看到哥萨克们在战场上的勇敢无畏，铁血无情，而且也看到他们纯洁的心灵，自我牺牲的精神。短篇小说《粮食委员》中的主人公博佳金就体现出这样一种精神境界。小说写的也是家庭内部两种政治立场的生死对立。儿子伊格纳特·博佳金是征粮委员会的粮食委员，父亲却是反苏维埃的首要分子。父亲被苏

[①] 《萧洛霍夫文集》（中文版）第1卷，第188页。

维埃政权判处死刑。在押往刑场的路上,父子相遇。父亲的"眼睛里闪出愤怒的火花,接着又熄灭了"。儿子呢,"瘦削的颧骨上的皮肤发青了"[①]。对于父亲的被镇压,博佳金表现得大义凛然。小说最有意义的是写博佳金和他的同志在被敌人追逐中,还下马救起一个快要冻死的小男孩,并让他骑马逃走,他们阻击敌人,寡不敌众,两人都被敌人打死。小说突出地表现了粮食委员爱憎分明的感情。对苏维埃的敌人,哪怕是自己的父亲,决不温情;对人民,哪怕素不相识,却不惜以自己的生命来保护。

《顿河故事》中有许多篇章是表现哥萨克农民渴望摆脱贫困,向往美好生活的。短篇小说《阿廖沙的心》(1925)写的就是这样一颗渴望摆脱贫困,过上美好生活的心。阿廖沙是个穷人的孩子,母亲在饥荒中饿死了,他也处于濒临饿死的边沿。他一无所有,只得靠给人家打短工过日子,备受贫困和压迫之苦。东家不拿他当人看,为了挣一口活命的面包,他忍受了多少屈辱!只有在苏维埃政委那里他才感受到做人的温暖。将心比心,拿东家同政委相比,他的心倾向了政委,因此当他得知东家勾结土匪,危害乡里时,便冒险去给政委通风报信。苏维埃政权消灭了土匪,逮捕了东家。阿廖沙在战斗中受了伤,但是却成了共青团员,从此投身革命了。小说通过种种细节表现了纯朴温厚的少年阿廖沙投身革命的心理路程。《两个丈夫的女人》(1925)则是写主人公通过新旧生活的对比,追求新生活的故事。哥萨克女人安娜,丈夫当白军,流亡到国外,据说死在异乡了。村里的苏维埃政权组织贫苦农民成立集体农庄,农庄主席阿尔谢尼·克柳克温把农民联合起来,用拖拉机耕地,提高了劳动生产率,改变了落后的生产面貌。他爱上安娜,同安娜结了婚,让安娜进识字班学文化,在集体农庄里参加生产劳动。安娜被新生活吸引,焕发了青春。但是她的丈夫亚历山大并没有死,不久又从土耳其回来了。丈夫的归来使安娜思想上产生了激烈的思想斗争。一方面是共同生活六年之久的丈夫,一方面又是令人神往的新生活。在亚历山大甜言蜜语的哄骗下,她抱着不满周岁的儿子又回到了亚历山大的身边。但是亚历山大是个游手好闲的花花公子,他们家也不拿安娜当人看待。处在受欺凌、受压迫的境地,安娜更感到集体农庄生活的可贵,她后悔不该离开阿尔谢尼。她决心离开亚历山大,重新回到阿尔谢尼的身边。小说以对比的手法写出了新旧两种生活的本质不同,更通过一个女人选择丈夫的过程,表现了人们对新生活的渴望。贫苦的农民通过集体方式,将小农经济改变为大农业生产,来摆脱贫困,这是20世纪初期俄罗斯某些思想先进的有识之士的社会理想,随着十月革命的胜利和苏维埃政权的建立,这一思想得到比较广泛的传播。萧洛霍夫的这篇作品表明,这一思想已深入到农民群众之中了。安娜对两个丈夫的选择,实

[①] 《萧洛霍夫文集》(中文版)第1卷,第29—30页。

际上是对一种生活方式、生活理想的选择。在某种意义上说,这个短篇可以看做是后来的《新垦地》的前奏。

1926年所写的一篇《人家的骨肉》是一个充满人情温暖的动人故事。这篇小说是作者献给哥萨克老作家绥拉菲莫维奇的。为此,萧洛霍夫曾给绥拉菲莫维奇写了一封信。他在信中写道:"我把我的短篇小说集《浅蓝色的原野》寄给您。请接受一个同乡、一个深深地、忠诚地喜爱您的创作的人,送给您的一件纪念品。这个集子收入了我早期的短篇小说(1923—1924)。短篇小说《人家的骨肉》是我献给您的,请您接受。"①

小说的主人公是老哥萨克迦夫里拉夫妇。他们有一个独生儿子彼得罗。彼得罗到了应去当兵的年龄,迦夫里拉卖掉两对公牛,给儿子买了一匹战马,从箱子底下找出了祖上传下来的镶有银饰的马勒,把儿子装扮得"就是当军官也不会丢脸的"②。但是儿子一去不复返,杳无音信。后来同村的白军士兵普罗霍尔从海外归来了,从他

萧洛霍夫和他的爱犬

的口中才知道了彼得罗已被红军杀死的确切消息。

苏维埃政权建立之后,顿河地区发生了天翻地覆的变化,哥萨克的传统习俗被打破了,"老大爷过惯的生活,也像一只空口袋那样被翻了过来"③。苏维埃政权在农村实行余粮征集制。一天,村长领着三个穿黄色皮上衣,背着步枪的人到他家征收粮食。其中一个"身躯高大,头发淡黄"的小伙子,看样子是队长,对迦夫里拉说:"留下做种子用的和自己吃的,剩下的都拿去。"④这时候,白军来了,一场枪战,村长和征粮队员都被打倒了。凶狠的白军打死了征粮队员,又凶狠地向迦夫里拉要燕麦喂马。但是马还没喂好,红军又打回来了,他们只得狼狈逃走。

迦夫里拉看看躺在院里的征粮队员,发现淡黄头发的小伙子还活着,便把他抬到屋里给他治伤。经过两个多月的悉心调养,迦夫里拉夫妇终于治好了小伙子的伤。他叫尼古拉·科西赫,是乌拉尔工厂的工人,自幼无父无母(父亲酗酒而死,母亲跟一个包工头跑了),他是在工厂里长大的。尼古拉是

---

① 《萧洛霍夫文集》(中文版)第8卷,第316页。
② 《萧洛霍夫文集》(中文版)第1卷,第368页。
③ 同上。
④ 同上书,第376页。

红军战士,指挥员,后来来到征粮队。迦夫里拉夫妇拿他当亲生的儿子,叫他彼得罗(他们死去的儿子就叫彼得罗)。这对哥萨克夫妇的亲子之爱完全移到了红军战士尼古拉身上了。"你不是我们的亲骨肉,可是我们实在疼你,就像疼亲生的儿子一样……你留下来吧!我们跟你一起可以靠土地过活,我们顿河一带的土地很肥沃,很丰富……我们给你成亲,娶个媳妇……我这辈子过去了,你来当家吧。对我来说,只要你能尊敬我们的老年,到死给我们一口饭吃就行了……"①但是尼古拉没有留下,乌拉尔的工厂在召唤他,吸引他,他不能安逸于耕种土地,娶妻生子的哥萨克传统生活,他向往着社会主义的新生活,尽管老人有救命之恩,也难以割舍,但他还是走了。告别的情形写得催人泪下,迦夫里拉夫妇没有阻拦,没有悲伤,表现出对尼古拉的理解和支持,充分表现出两位哥萨克老人心中那无私的爱。作品中洋溢着哥萨克劳动者的善良和温情,整篇的叙述语调是饱含深情的。在迦夫里拉夫妇两个哥萨克老人形象里,他们的那种淳朴、善良,已经蕴涵着后来《静静的顿河》中葛利高里母亲伊莉妮奇娜的某些性格特征,因此特别值得注意。

据有的萧洛霍夫研究家的研究,《顿河故事》中的大部分作品都是在卡尔金镇写成的,小说情节发生的地点也大都是在卡尔金镇及其附近的村庄,而小说中的人物也多半是这个地区的居民。许多作品中的主人公都是实有其人的。比如,《两个丈夫的女人》中的阿尔谢尼·克柳克温,《阿廖沙的心》中的阿廖沙,《人家的骨肉》中的迦夫里拉等都是在现实生活中实有其人的。尽管小说中改换了人物的姓名,甚至没有点明故事发生的地点,但是了解当地情况的人从作家具体的描述中依然可以看出这是写的哪镇哪村,谁家的事情。据此,有的评论家认为,《顿河故事》"完全有资格当作历史文献来看待"②。

萧洛霍夫在《顿河故事》中通过家庭关系、邻里关系来表现20世纪初期俄罗斯社会革命所引起的激烈矛盾和冲突。当然,我们也可以看做是社会的阶级斗争在家庭内部、在邻里之间的反映。这是他的作品深刻之处,也是他的作品不同于其他同时代作家独树一帜的特色。绥拉菲莫维奇的《铁流》,富尔曼诺夫的《恰巴耶夫》,法捷耶夫的《毁灭》所描写的国内战争,场面广阔,是一群人对另一群人,一个阶级对另一个阶级的大搏斗,在这里往往看不到个人之间的爱恨情仇,个人之间的情与爱,恨与仇都被剧烈而宏大的社会阶级斗争掩盖了,而萧洛霍夫恰恰在个人之间的情与爱,仇与恨中看到了社会历史所发生的变化,因而他能把巨大的斗争场面浓缩在个人的关系上,通过家庭矛盾,通过父子、兄弟、夫妻之间的冲突去反映这场天翻地覆的社会变革,

---

① 《萧洛霍夫文集》(中文版)第1卷,第384页。
② 彼捷林:《米哈伊尔·萧洛霍夫》,第24页。

第六章 顿河草原上的鲜花

这是萧洛霍夫艺术才华的独到之处。

出版社在出版《顿河故事》的时候,希望在初出茅庐的作家小说集前面,有一篇德高望重的作家写的序言,编辑们一致认为,绥拉菲莫维奇是最合适的人选,因为他最熟悉那里的地方色彩。绥拉菲莫维奇出身于顿河哥萨克,父亲是顿河军的大尉,祖居下库尔莫雅尔斯克镇,他原姓波波夫,在顿河地区也是个有名望的家族。果然,绥拉菲莫维奇看了小说集之后,写了一篇热情洋溢的序言,对小说作了很高的评价。绥拉菲莫维奇在序言中说:

> 萧洛霍夫同志的短篇小说像草原上的鲜花一样,生气勃勃,色彩鲜艳。朴素,鲜明,所讲的故事使人感同身受,仿佛就在眼前。语言形象,是哥萨克说话所用的那种富有色彩的语言。简洁,而这种简洁却充满着生活气息、紧张和真实。
>
> 在紧张尖锐的地方善于掌握分寸,因此使这些作品能够沁人肺腑。作者对于所讲述的事物具有广泛深入的了解。眼光敏锐、能抓住事物的本质。善于从许多特征中挑选出最典型的特征。
>
> 所有这些条件都说明,萧洛霍夫同志将会发展成为一个可贵的作家。不过还需要学习,需要认真写好每一篇东西,不要操之过急。①

对于一个刚刚走上文学创作道路的初学写作的作家来说,绥拉菲莫维奇的序言确实是莫大的鼓舞。而且,出版社还告诉他,绥拉菲莫维奇很愿意见见他。随后,大约是在1925年夏天,萧洛霍夫第一次见到了绥拉菲莫维奇。会见的地点是莫斯科苏维埃大厦1号,绥拉菲莫维奇在这里有一间接待室。这次会见给萧洛霍夫留下了终生难忘的印象,若干年后他还怀着无限感激的心情在一篇文章中写道:"我个人非常感激绥拉菲莫维奇,因为他在我写作活动之初,第一个支持了我,他第一个对我说了鼓励的话,认可的话…… 我永远忘不了1925年,当绥拉菲莫维奇看过了我第一部短篇小说集之后,不但为这个集子写了一篇热情洋溢的序言,而且还想约我见见面。我们的第一次会面是在苏维埃大厦1号。绥拉菲莫维奇提出要求说,我应该继续写作,继续学习。建议我要严肃地写每一篇作品。"②

绥拉菲莫维奇的确是慧眼识珠。对于萧洛霍夫作品的"生活气息"、"紧张、真实",一般的读者或评论者都是比较容易看到的,但是能在这些艺术技巧还非常稚嫩的作品中看出"作者对于所讲述的事物具有广泛深入的了解",看出作者"能抓住事物的本质"、"善于掌握分寸"、"善于从许多特征中挑选出最典型的特征",的确要有深邃而又敏锐的艺术眼光。绥拉菲莫维奇所指出

---

① 绥拉菲莫维奇:《〈顿河故事〉序言》,孙美玲译,载孙美玲编:《萧洛霍夫研究》,第14页。
② 《萧洛霍夫文集》(中文版)第8卷,第65页。

哥萨克们

的萧洛霍夫创作中的这些特点,可以说是萧洛霍夫小说艺术中最具有本质性的方面,这些特点在后来的小说创作中更加扩展、更加深刻、细致,更加发扬光大了。也正是从这个意义上,绥拉菲莫维奇断言萧洛霍夫"将会发展成一个可贵的作家"。

后来,当萧洛霍夫写出了《静静的顿河》、《新垦地》,成为世界知名的作家之后,对他的早期作品曾表示很不满意。有一次,在一个座谈会上萧洛霍夫谈到他的早期创作时说:"我的那些短篇小说,一般来说,我都不满意。显然是能力不够,更强的人会写得更好些。"①但是严肃认真的研究者却在这些早期作品中看到了萧洛霍夫文学创作中具有本质意义的东西。莫斯科大学教授、著名文艺理论家梅特琴科就注意到这些作品中蕴涵着萧洛霍夫创作的本质特点。他在评论萧洛霍夫的早期作品时,虽然也指出这些作品只是萧洛霍夫的"试笔",是他"最初的实验",但是他认为,"《顿河故事》中已经确立了萧洛霍夫人道主义的本质特点:它的革命历史具体的性质",这些作品表现出作者"追求史诗的多结构性,不仅描写典型的,而且描写那些似乎摆脱了社会宿命论'注定结局'的不可重复的东西"。②

今天,当我们把萧洛霍夫的全部创作当作一个整体来分析研究、进行评价的时候,作为早期作品的《顿河故事》更加显示出它的重要意义。

首先,《顿河故事》中所收录的作品都是萧洛霍夫根据他在 1918 至 1926 年间的所见、所闻、所知而创作的,这些作品真实地再现了 20 世纪初期顿河地区苏联国内战争的图画,特别是苏维埃政权建立初期哥萨克农村生活的情

---

① 列日涅夫:《萧洛霍夫之路》,第 64 页。
② 梅特琴科:《艺术家的智慧》,莫斯科,现代人出版社,1976 年,第 23—28 页。

景,具有一定的认识价值和艺术价值,正如有的苏联评论家所说,是完全可以当作"历史文献"来看待的。正如我国伟大的文学家鲁迅先生所说:"真正的猛士,敢于直面惨淡的人生,敢于正视淋漓的鲜血。"萧洛霍夫的这些早期作品首先令人惊叹的是他对现实生活描写的那种直率和无畏,而不管这个现实是多么令人痛苦和不堪入目;是他直言人的真情的那种大胆和勇气,深刻和坚毅。这些特点都成为萧洛霍夫一生创作中的坚定品格。

顿河景色

其次,《顿河故事》中已经蕴涵着萧洛霍夫后来创作《静静的顿河》、《新垦地》和《一个人的遭遇》等重要作品的若干主题的萌芽。对人的命运关注,对社会变革在哥萨克家庭中所引起的悲剧的重视,对于通过集体化改变哥萨克劳动者贫困状况的期望,是《顿河故事》许多作品的内容,也是后来的《静静的顿河》、《新垦地》和《一个人的遭遇》的中心主题,不过在后来的这些更为成熟的作品中,这些主题更深化了,表现得也更加深刻和细致了。比如,社会变革、社会革命在哥萨克家庭中引起的矛盾冲突,乃至悲剧,是《顿河故事》的重要主题,而这个主题在《静静的顿河》中不仅思想更深化了,而且通过麦列霍夫等许多哥萨克家庭的悲剧将这个主题表达得淋漓尽致,特别是小说将哥萨克的维约申斯克暴动作为小说的中心内容和情节的高潮,充分地展示了"……由于战争和革命,在人们生活中、在人的心理上发生了巨大的变革"[1],描绘出一幅宏伟的史诗般的顿河哥萨克生活画卷。《顿河故事》中《两个丈夫的女人》等作品已经表现出哥萨克劳动者对新生活的追求和通过集体劳动摆脱贫困的渴望。这个思想实际上也就是长篇小说《新垦地》的基本主题。哥萨克劳动者渴望新生活,渴望摆脱贫困,这不仅是他们个人追求幸福的美好

---

[1] 《萧洛霍夫文集》(中文版)第8卷,第44页。

愿望，而且是一场极为深刻、极为复杂的社会变革。《新垦地》以真实的画面，血肉丰满的人物形象成功地表现了这场变革的深刻性和复杂性。

第三，《顿河故事》尽管是一个初出茅庐的作家的作品，艺术上有许多显得稚嫩的地方，但是萧洛霍夫敢于面对现实中的矛盾和冲突，不回避矛盾，大胆地描写现实生活中矛盾斗争的激烈和残酷，以生活本身的面貌来表现生活，刻画人物，这些萧洛霍夫现实主义最突出的特点，在《顿河故事》中已经有了初露端倪的雏形。萧洛霍夫一踏上文学创作的道路，就旗帜鲜明地反对美化、粉饰现实生活，反对对现实生活作简单化的理解，因此在《顿河故事》中，革命的苏维埃和反革命的白军之间的斗争，既是营垒对立，界线分明，又是互相渗透，错综复杂的。中篇小说《雇农们》写的是贫苦农民费多尔在苏维埃政权支持下闹翻身的故事。值得注意的是小说中写了两个雇工劳动的人，一个是地主扎哈尔，他对费多尔百般折磨和欺凌，甚至要暗害费多尔；另一个雇用费多尔劳动的人，叫潘捷列伊。他的三个儿子都在战争中牺牲了，家中只有老伴和两个儿媳妇，没有男劳力，因此才雇费多尔干活。他善待费多尔，把他当自己家的人看待。当地主们勾结土匪，企图暗害费多尔时，是他用猎枪打中了匪徒，救了费多尔。在这篇作品中，年轻的萧洛霍夫显然已经注意到，同是雇工劳动，情况各有不同；雇工者为人也各不一样，这就是生活的复杂性。在这里萧洛霍夫显然没有按照"拉普"的理论家们所设定的"雇工剥削者"的画像来塑造人物，而是按照生活中人物本来的面目刻画人物的。

第四，《静静的顿河》和《新垦地》中某些人物、某些性格在《顿河故事》中便有了某种雏形。比如《静静的顿河》中葛利高里的母亲伊莉妮奇娜的形象同《顿河故事》中《人家的骨肉》中迦夫里拉夫妇便有某些共同之处。迦夫里拉的儿子彼得罗当了白军，在国内战争中被红军打死了，但是他们却治好了一个受重伤的红军战士，并把他当作自己亲生的儿子看待。哥萨克劳动者的善良品质在他们的亲子之爱中充分显示出来。《静静的顿河》中的伊莉妮奇娜也是这样的情况。她的大儿子彼得罗（也叫彼得罗）也是在战斗中被红军打死了，但是情况更为复杂的是，打死彼得罗的不是别人，恰恰是她的女儿未来的丈夫米哈伊尔。她既痛恨米哈伊尔打死了自己的儿子，又怜惜女儿的爱情，最后她还是原谅了米哈伊尔，为他们的婚事表示了祝福。在表现哥萨克劳动者的善良品质方面，迦夫里拉夫妇和伊莉妮奇娜有许多共同之处，但是伊莉妮奇娜的形象在艺术上却要丰满得多，复杂得多，远不是《人家的骨肉》中迦夫里拉夫妇的形象所能比拟的了。伊莉妮奇娜是《静静的顿河》中一个成功的艺术典型，但是应该看到，这个艺术典型在《顿河故事》中已经有了它的雏形。

第五，深刻的人道主义精神和从民间艺术吸取营养是俄罗斯现实主义文学的优良传统。萧洛霍夫是继承并发扬了这一传统的。萧洛霍夫自幼就熟读俄罗斯文学的经典作品,可以说是在俄罗斯文学精神的熏陶中长大的;另外,哥萨克的民歌、民间舞蹈也是他自幼就熟悉和喜爱的。当他走上文学创作的道路时,自幼所形成的这种文化素养,便自然而然地从他的笔端流泻出来了。萧洛霍夫创作的这一特点,自《顿河故事》始,保持到终生。

《顿河故事》是萧洛霍夫在他的文学创作道路上跨出的第一步,也是重要的成功的一步,正如波兰评论家普希贝利斯基所说:"萧洛霍夫青年时代所做的一切,直到今天仍以其深刻和勇气而令人惊叹。他打赢了使现实主义焕然一新的战役,就像拿破仑赢得了奥斯特利茨战役一样。"[1]

---

[1] 转引自彼捷林:《米哈伊尔·萧洛霍夫》,第 30 页。

第七章

叶尔马科夫的命运

萧洛霍夫在创作《顿河故事》中那些中、短篇小说的时候,心中就在酝酿、构思一部长篇小说,"表现革命中的哥萨克"[①],表现他在"其中成长",他"所了解的人民"。[②] 国内战争年代顿河地区激烈的社会动荡,残酷的两军厮杀,许多哥萨克家庭的悲剧,给他留下的印象太深了。他要把他亲眼目睹的这些惨烈的事实,哥萨克群众和他自己的亲身体验和感受用长篇小说的形式表现出来。怀着这个愿望,萧洛霍夫于1925年回到顿河,为的是能够生活在他要写的主人公中间。10月间,他开始了长篇小说的创作,当时起名叫:《顿河风土》。小说写的是1917年十月革命前夕,沙皇将军科尔尼洛夫率哥萨克大军进军彼得格勒,去扑灭那里爆发的革命。小说的主人公叫阿勃拉姆·叶尔马科夫。这个叶尔马科夫是实有其人的,他就是巴兹基村的哥萨克哈尔兰皮·叶尔马科夫。叶尔马科夫在当地是个有名的哥萨克,他的为人、经历和命运,乡里人大都有所耳闻,而且他和萧洛霍夫的父亲还算比较熟悉的朋友,所以萧洛霍夫决定以他的经历和某些性格特征作为小说主人公的原型。

1925年,萧洛霍夫的父亲亚历山大·米哈伊洛维奇去世。萧洛霍夫恰好收到了国家出版社出版的第四个单行本小说《野小鬼》的稿费。萧洛霍夫便用这笔钱埋葬了父亲。这个"野小鬼"(应译"野种")恰恰是他父亲不顾家人反对,不顾世人非议的大胆的爱情和婚姻留给他的绰号。这是不是

[①] 转引自古拉:《〈静静的顿河〉是怎样写成的》,莫斯科,苏联作家出版社,1989年,第92页。原载苏联《消息报》,1937年12月31日第305期第3版。
[②] 古拉:《〈静静的顿河〉是怎样写成的》,第92页。

命运的巧合呢?

1926年萧洛霍夫的女儿斯维特兰娜在卡尔金镇诞生后,租居的房子显得拥挤,给萧洛霍夫的写作增加很多不便,萧洛霍夫决定搬家,比较了周围村镇的环境,最后选定维约申斯克镇,从此便在这里定居下来。这次之所以选定维约申斯克镇,同他正在创作的长篇小说有直接的关系。维约申斯克镇是1919年顿河上游哥萨克暴动的中心,当年暴动的参加者,有许多人就生活在这个地区,叶尔马科夫的家就在维约申斯克镇附近的巴兹基村。另外,在当年暴动期间,萧洛霍夫曾到他的亲戚富商莫霍夫家来过,亲眼目睹了暴动期间维约申斯克镇发生的许多事情。萧洛霍夫认为,生活在他的主人公中间,生活在小说情节的环境中,有利于小说的创作。他说,"我过去和现在都生活在我的主人公中间。这大概就是主要的东西。在你要写的环境之外,未必能创作出什么像样的东西。至少对我来说,没有这种联系,我写不出我的小说"①。1934年苏联女作家薇拉·凯特琳斯卡娅到维约申斯克镇去访问萧洛霍夫,问到他为小说收集素材的情况,萧洛霍夫对她说,为《静静的顿河》收集材料的工作,分两条线进行:"第一,向活着的帝国主义战争和国内战争的参加者收集回忆录、故事、事实、座谈、询问,检验自己的构思和印象;第二,仔细的研究专门的军事文献,分析军事战役、大量的回忆录,了解国外的,乃至白军的文献资料。"凯特琳斯卡娅看到"作家和自己的文学主人公过着同样的生活,活生生的'素材'就在他周围活动,和他同桌喝茶,谈论自己关心的事和自己的打算",使她感到大为惊奇。②

《静静的顿河》插图

萧洛霍夫勤奋地埋头写自己的小说,当地的乡亲经常看到,他的房间深夜还亮着灯光。他经常找那些第一次世界大战和国内战争的参加者谈话,特别是经常去拜访叶尔马科夫,从他们那里了解到许多档案文件和书面材料中不可能有的宝贵资料,如战场的情景,人在战斗中的心理活动

---

① 古拉:《〈静静的顿河〉是怎样写成的》,第115—116页。
② 转引自古拉:《〈静静的顿河〉是怎样写成的》,第103页。原载苏联《共青团真理报》,1934年8月17日第191期第3版。

等。这样写了几个月,文稿累计已有 5—6 个印张,但是萧洛霍夫越写越感到不对头了。多年之后萧洛霍夫曾对采访他的记者谈到他的这段创作经历:"我是 1925 年开始写长篇小说的。一开始我没打算把它这样广阔地展开。吸引我的是表现革命中的哥萨克的命题。我从哥萨克参加科尔尼洛夫的进军彼得格勒写起……写了 5—6 个印张。写好了,才感到有点不对头……读者仍旧不明白:为什么哥萨克要参与镇压革命?这些哥萨克是什么人?顿河军垦州又是怎么回事?在读者看来,顿河军垦州是不是有点像 terra incognita(拉丁文,未发现的大陆,未知领域)?……所以我就把已开始的创作放下了。开始构思一部更为广阔的小说。"①整个小说的构思改变了,小说的名字也改变了,这就是后来的《静静的顿河》。小说名字改了,主人公的名字也改了,不再是阿勃拉姆·叶尔马科夫,而是成了葛利高里·麦列霍夫。

虽然没有一个读者和研究家看到过《顿河风土》的文本,但是从我们现在看到的《静静的顿河》来看,小说的构思不仅仅是"更为广阔"了,而是发生了质的变化。它不再是单纯地叙述一段历史事件,描写哥萨克生活习俗和道德风尚,而是艺术地展现哥萨克群众即俄罗斯人民的精神世界,革命时代社会动荡中的心理变化,"表现两次战争和革命时代顿河人民的各个不同的社会阶层……","追踪陷入 1914—1921 年间发生的事件的巨大旋涡中的个别人物的悲剧命运"。② 沿着这个构思,萧洛霍夫最终写成了一部顿河哥萨克的悲剧史诗。

1927 年底,《静静的顿河》第一部完成了,萧洛霍夫把稿件寄给莫斯科最大的一家杂志《十月》。《十月》编辑部的编辑们并没有看出这部稿子有什么特殊的价值,不过是写一个哥萨克少年与邻居少妇偷情的风流故事,而且对当前正在开展的农业集体化运动是完全不合时宜的,但是杂志主编绥拉菲莫维奇却在这部手稿中看到一部罕见的艺术杰作。经过绥拉菲莫维奇的一番努力,克服重重困难,《静静的顿河》第一部于 1928 年 1 月开始在《十月》连载了。随后从 5 月份又接着连载第二部,到 1929 年 3 月已连载完第三部的前 12 章。

《静静的顿河》的发表在读者和评论界引起巨大反响,特别是小说中葛利高里这个人物更吸引着读者和批评家们的注意,他是那样栩栩如生,血肉丰满,他的一举一动,他的命运,他和阿克西妮亚的爱情,都那样令人关注。有的读者,有的评论家,或写信,或当面,询问萧洛霍夫,葛利高里这个形象是否有原型?但是萧洛霍夫长期以来一直回避谈《静静的顿河》的人物原型问题,有所回答也总是含糊其词,模棱两可。1939 年 12 月,《静静的顿河》第四部完

---

① 转引自古拉:《〈静静的顿河〉是怎样写成的》,第 93 页。
② 同上书,第 102 页。

成之后，罗斯托夫作家阿纳托利·卡利宁曾问萧洛霍夫小说主人公是否有原型，萧洛霍夫回答说："也有也没有。比如许多人都问到葛利高里·麦列霍夫，这更是个集合形象。"①但是对个别他信得过的人，即使在战前也谈到过葛利高里的原型的问题。1939年春，萧洛霍夫到莫斯科给《真理报》编辑部送交即将在《真理报》发表的《静静的顿河》第八卷的稿件，他曾同时任《真理报》编辑的列日涅夫讲到，葛利高里·麦列霍夫的主要原型是哥萨克叶尔马科夫。他对列日涅夫说：

"叶尔马科夫在第一次世界大战时是哥萨克部队中一个普通的骑兵战士。因为战功得到了全套的乔治勋章和奖章。1917年曾同情革命，后来又改变了态度，在维约申斯克暴动中起了很显著的作用。邓尼金被粉碎后，他加入了第一骑兵军，当了指挥员，表现突出。我曾在他的亲属家里看见过一张以布琼尼为首的一伙骑兵的照片，上面就有叶尔马科夫。他的亲属非常珍重地给我看了在琼尼因他的勇敢精神而奖给他的镶银的武器、马刀。但是过了几年，他复员退伍后，他在暴动期间所有罪行

影片《静静的顿河》中葛利高里的扮演者

被发现了，他受到应有的惩罚。"②这是萧洛霍夫第一次多多少少比较详尽地谈到叶尔马科夫的事。后来列日涅夫到维约申斯克镇采访萧洛霍夫，便利用这个机会到维约申斯克镇对面顿河右岸的巴兹基村访问了叶尔马科夫的女儿佩拉格娅·哈尔兰皮耶夫娜（列日涅夫记错了叶尔马科夫的名字，因此在他的书中写成了"叶甫兰皮耶夫娜"），更为详细地了解到叶尔马科夫的一些情况。叶尔马科夫的女儿，当时是巴兹基村的小学教师，区苏维埃代表，她对列日涅夫说：

我的祖奶奶是从土耳其来的。我们兄弟姐妹、表兄弟姐妹、叔兄弟姐妹都是黑头发，全都是由她来的。人家都叫我们"茨冈人"。父亲是个好惹是生非的公民。……他是个很好的人。哥萨克都喜欢他。为了同志他可以脱下最后一件衬衫。他是个快活的乐观的人。他被推选出来，不是因为他有学问（他刚上完三年级），而是因为他勇敢。打起仗来像一

---

① 转引自库兹涅佐夫：《萧洛霍夫和反萧洛霍夫》，莫斯科，《我们的同时代人》杂志，2001年第2期，第240页。

② 列日涅夫：《萧洛霍夫之路》，第344页。

股旋风,左右开弓地砍杀。他个子很高,人很精神,有点驼背。女人们都追他。

父亲的兄弟很多,有两个现在还活着。父亲不是在自己父母身边长大的,是在索尔达多夫家长大的,索尔达多夫没有孩子。

19岁的时候父亲娶亲了。1912年他应征入伍,1914年帝国主义战争爆发正赶上他在军队里。当时我们家有两个孩子,我和弟弟约瑟夫,他比我小两岁。父亲到军队去的时候,同我们告别,他把弟弟嘴里的奶头拔下来,抱起来亲了亲。1917年父亲从作战部队回来,戴着全套的乔治勋章和奖章。这是在十月革命之前的事。后来他就在维约申斯克镇同红军一道工作。1918年白军来了。我们这里的苏维埃政权从春天起就没有了。父亲不是1919年维约申斯克暴动的组织者,是人家把他拉进去的。他到了白军一边,他们让他当了军官。

红军进攻巴兹基村的时候,我们小孩子都离开这里送到亲戚家去了。我们骑着父亲的马。父亲的马叫雄鹰,是一匹头顶有片白毛,非常漂亮的马。1912年他骑着它去从军,1917年又骑着它回来。白军撤退的时候,它受了伤。马喘息着,父亲走到它跟前,对它说:"你给我干得很好,雄鹰!"他流了眼泪。

母亲非常爱父亲,对他的所作所为都很宽容。她活着的时候,他从没有抛弃她。有时候他外出,在外面呆几天,和各种各样的女人厮混,过后又回家。父亲爱酗酒,一喝醉了,就胡说八道。父亲对待母亲,他的作为就像个没良心的人。他在沙皇军队里多少受到些影响,而她却是个没受过教育的普通女人。

母亲死的时候还怀着孕,父亲也不在家。她受了风寒,病了一个星期,人们用冰冷的湿手巾敷在她胸前。她怀着孩子就死了。人们把父亲从前线叫回来。他没有赶上,晚了两三天。他到家之前,母亲已经下葬了。他让我们,孩子们,坐在板凳上,给我们塞了很多糖果,他对我们很亲。但是没有看出他对母亲的死特别难过。

我曾有过三个后妈。当白军的时候,父亲同他们那里的一个护士很亲近,后来同她分手了,在罗曼诺夫镇娶了亲。1926—1927年间,他在维约申斯克镇还有一个当教师的贵夫人。

白军向黑海逃跑的时候,我父亲同他们一道逃跑。在诺沃罗西斯克他眼看着男爵老爷们都坐上轮船,逃到国外去了。他明白了,他们利用了他的愚昧,于是他就投奔了布琼尼的骑兵部队,认罪,悔过,第一骑兵军接纳了他。他当上了指挥员,受过嘉奖。1933年我们家还有一张照片,上面有布琼尼,人们围着他,其中就有我父亲。1924年他从布琼尼的部队复员回家,1927年之前一直在村里的互助委员会工作。

第七章　叶尔马科夫的命运

  那几年萧洛霍夫经常同他见面,一谈就谈很久,他正在收集有关国内战争的材料。我父亲是国内战争的积极参加者,可以讲很详细的情况。常常是米哈伊尔·亚历山大罗维奇(萧洛霍夫)一来,就对我说:"波利亚,快跑,叫你爸爸到这里来。"

  我弟弟约瑟夫也是个勇猛的骑兵战士,很像父亲。他参加了卫国战争,从一个普通士兵升到中尉。[①]

在维约申斯克期间,列日涅夫同许多了解叶尔马科夫的人谈过话,他们都从不同的方面提供了叶尔马科夫的经历、性格特点的重要情况。

维约申斯克区执委会秘书,20年代曾任巴兹基村共青团组织书记的阿芳宁对列日涅夫说:

  1918年底我们这里重新建立起苏维埃政权。但是1919年2月底,就在这里,在红军的后方,发生了顿河上游的暴动。叶尔马科夫也参加了。当时他在哥萨克中很有威信。暴动之初,他指挥一个连,大概过了一个月就被推选当了师长。他的这个职务一直干到暴动军同白军合并,他在那里指挥一个团。

  粉碎邓尼金的时候,我军占领克拉斯诺达尔之后,叶尔马科夫跑到山里,参加了绿营,可是过了些时候,他却带领全团投降了第一骑兵军。他们经过改编,调到了波兰前线。……战争结束之后,叶尔马科夫被任命为玛伊科普骑兵学校的校长。在那里叶尔马科夫隐瞒的他在维约申斯克暴动中所起的作用的情况被发现了。于是他被复员退伍,1924年回到这里。

  叶尔马科夫回到巴兹基村后,起初被选为互助委员会主任,后来又当了巴兹基村苏维埃的主席。[②]

阿芳宁说叶尔马科夫"非常大胆,性情暴躁。对谁都不示弱,无论他是多大的官"。

有个参加过维约申斯克暴动的老哥萨克这样说叶尔马科夫:

  这是个能扯断狗尾巴的人。他的心思只有一个:打仗。他只愿骑在马上。他受过多少次伤,我不想胡说,简直没数了!全身打得像筛子一样。可是一跳起舞来,不知是风吹着他,还是他自己在跳。[③]

[①] 列日涅夫:《萧洛霍夫之路》,第344—346页。
[②] 同上书,第346—348页。
[③] 同上书,第348页。

这是《真理报》编辑、萧洛霍夫创作研究家列日涅夫到维约申斯克镇访问所得到的第一手材料,应该说他是比较早地了解到叶尔马科夫情况的人之一,但是他在当时也没有公开发表,一直到上个世纪50年代后期,苏共二十大之后,才在他的研究专著《萧洛霍夫之路》(1958)中透露出来。萧洛霍夫本人比较详尽地谈到葛利高里·麦列霍夫这个人物形象的原型,谈到叶尔马科夫的情况,他同叶尔马科夫的关系等这些问题,还要晚一些。那是1974年11月29日他同罗斯托夫的萧洛霍夫创作研究家普里玛的一次谈话。普里玛问萧洛霍夫,葛利高里这个形象是如何找到的,萧洛霍夫回答说:

在人民中间找到的……葛利高里是艺术的虚构。对我来说,他并不是一下子就成功的。但是现在我可以承认,麦列霍夫一家,葛利高里、彼得罗和达里娅的形象,最初我是照哥萨克德罗兹多夫一家的情况描写的。我的父母住在普列沙科夫村时,曾租过德罗兹多夫家一半的农舍……在情节结构的过程中,明显地感到,阿列克塞·德罗兹多夫的性格作为葛利高里形象的基础,很不合适。这时我才看到,叶尔马科夫更为接近我构思的葛利高里应有的样子。他的曾祖母是土耳其人,他因作战勇敢曾荣获四枚乔治十字奖章,当过红军,参加过暴动,后来又向红军投诚,参加了向波兰前线的进军。叶尔马科夫命运中的这一切都使我非常感兴趣。他对生活道路的选择是困难的,是非常困难的。叶尔马科夫向我讲的同德国人交战中的许多事情,是我从文件资料中看不到的……比如葛利高里杀死了第一个奥地利人之后的感受,这就是听叶尔马科夫讲的。还有巴克兰诺夫式的攻击也是听他说的……

普里玛问:"什么叫巴克兰诺夫式的攻击?"
"这是运用马刀的一种手法,"萧洛霍夫回答说:

有一年冬天,我曾就此问过叶尔马科夫。他说,你想知道,我表演给你看,你有马刀吗?家里当时有一把马刀,那是玛丽亚·彼得罗夫娜父亲的马刀……于是叶尔马科夫用手试了试马刀的刀刃,便要了根木棍。他说,要垫住才好。然后他穿上大衣,提着马刀,带我们到院子里演示巴克兰诺夫攻击。敞棚旁边堆着一些一米长二十来公分粗的白桦木棍。叶尔马科夫拿了一根白桦木棍,立在我们面前的雪地里,退后两三步,从刀鞘中抽出马刀。量了一下,稍微弯下腰,把马刀轻轻地向上一挥,然后又微微弯了弯腰,便用力抢起——马刀在头顶上嗖的一声,斜砍下来……砍掉的半截木棍跳起来直插到雪地里……

谢苗·米哈伊洛维奇·布琼尼对我说过,在弗兰格尔前线,他亲眼看见过叶尔马科夫参加骑兵冲锋,叶尔马科夫被任命为马伊科普骑兵学校校长不是没有缘故的。

这时萧洛霍夫拿出他给叶尔马科夫信件的复印件,随手在背后写了一句话,并且签上姓名和日期:

> 布琼尼同志记得他在第一骑兵军的情形,评价他是一位优秀的马刀高手,其马刀砍杀的力量同奥卡·戈罗多夫维科夫并驾齐驱。

萧洛霍夫接着说道:

> 然而,你要知道,要塑造葛利高里·麦列霍夫这样一个带有时代悲剧特征的不安定的真理探索者的形象,仅靠叶尔马科夫一个人的生活经历是不够的。葛利高里的形象是许多人探索的总括……

"您同叶尔马科夫认识很久了吗?"普里玛问。
萧洛霍夫回答说:

> 很久了。他同我父母关系很好,我们在卡尔金镇住时,那里每月18日有一个很大的集市。1923年春叶尔马科夫复员以后常到我父母这里来作客。后来也到维约申斯克镇来找我。年轻时他有乘骑的马,叶尔马科夫进院子从来不走进来,而是骑马越过大门跳进来。他就是这样的性情……①

在斯大林时代,或者说,在苏共二十大之前,萧洛霍夫一直不太愿意谈及叶尔马科夫的事情,因为叶尔马科夫复员之后尽管为苏维埃政权做了许多工作,尽管在被捕之后,乡亲们曾极力保他,但他还是被克格勃不经审判就秘密枪毙了。这件事对萧洛霍夫影响很大。关于叶尔马科夫案件,直到1989年罗斯托夫州法院主席团才作出决定,为叶尔马科夫平反昭雪。苏联解体后叶尔马科夫案件的档案资料也解密为世人所知了。

萧洛霍夫创作研究家古拉和普里玛也都在巴兹基村见过叶尔马科夫的女儿,但那已经是斯大林去世之后的1955年了。普里玛在巴兹基村还同一个叫洛谢夫的老哥萨克和当年曾给叶尔马科夫当过勤务兵的哥萨克彼亚基科夫谈过话,他们对普里玛讲了许多叶尔马科夫的鲜为人知的往事。

洛谢夫曾在顿河地区参加国内战争,他是红军战士,因为同叶尔马科夫是同村的乡亲,同叶尔马科夫很熟悉。他带普里玛看了叶尔马科夫家的房子,对普里玛说:

---

① 转引自库兹涅佐夫:《萧洛霍夫和反萧洛霍夫》,莫斯科,《我们的同时代人》杂志,2001年第2期,第241页。

这里是他家的宅院……哈拉兰皮的爷爷找了个土耳其老婆,她生的儿子就是瓦西里……瓦西里的孩子就一大堆了。哈尔兰皮三岁的时候,父亲就把他送到我们巴兹基村来,交给一位亲戚抚养,他就是无儿无女的哥萨克索尔达多夫。这就是他在顿河岸边的畜圈和宅院。我们这位哈尔兰皮,黑黑的,鹰钩鼻子,人很漂亮,很任性,从巴兹基村从军去给沙皇服兵役。在对德战争中挣了四枚乔治十字勋章,当上了少尉。革命中他在卡缅斯克镇投靠了波乔尔科夫。我们选他当了巴兹基村革命委员会委员。当波乔尔科夫砍死杀人刽子手切尔涅佐夫大尉时,叶尔马科夫就站在波乔尔科夫旁边。后来哈尔兰皮又投靠了白军。他亲眼看见了波乔尔科夫部队被处死的情景,但是他的骑兵连中没有一个哥萨克被处死,全部带回巴兹基村了。后来,1919年维约申斯克暴动期间,他指挥一个团,后来又指挥骑兵师。不久,他妻子在巴兹基村死了。他同一个女护士相好,同她一块撤退到库班去了。在诺沃罗西斯克他投降了红军,大概隐瞒了参加暴动的罪行。在波兰战线上,他是第一骑兵军的连长,后来升到团长。粉碎弗兰格尔后,布琼尼任命叶尔马科夫当了玛伊科普骑兵学校的校长……

在波兰战线上,他在布琼尼的部队中干得非常出色,后来当了玛伊科普骑兵学校的校长。退伍复员后,叶尔马科夫回到巴兹基村,当了一阵互助委员会主任。后来寡妇们和游击队员们要哈尔兰皮对他在维约申斯克暴动期间的罪行作出回答。1927年叶尔马科夫被国家安全局机构抓起来了,大概是流放到索洛夫基或者枪毙了。这就是叶尔马科夫的经历,这就是他一生的真实情况……①

叶尔马科夫的勤务兵彼亚基科夫告诉普里玛:

米哈伊尔·亚历山大罗维奇·萧洛霍夫曾到巴兹基村来找叶尔马科夫,而且不止一次。他们每次都谈很长时间。当然,大都是谈对德战争和国内战争。当然,我们连长是有的可回忆、有的可讲的。叶尔马科夫有一本萧洛霍夫送给他的短篇小说集和写给他的一封信。有一次他给我看过……是萧洛霍夫从莫斯科写来的,说他要见哈尔兰皮·瓦西里耶维奇,有事要谈。什么事?有一次我们连长说,维约申斯克暴动越来越使萧洛霍夫激动不安……②

---

① 转引自库兹涅佐夫:《萧洛霍夫和反萧洛霍夫》,莫斯科,《我们的同时代人》杂志,2001年第2期,第246页。

② 同上,第247页。

第七章 叶尔马科夫的命运

这是萧洛霍夫创作的研究家们第一次知道萧洛霍夫曾给叶尔马科夫写过信,至于看到信件的文本那又是许多年之后的事了。萧洛霍夫这封信的原件大概是在叶尔马科夫被捕时落入克格勃手中的,后来一直作为"物证"保存在叶尔马科夫案件的"卷宗"之中。萧洛霍夫当时即便不确切知道这一情况,但从后来克格勃一再对他陷害的种种迹象,他也应该猜测到这封信所起的作用和导致的政治后果。然而这的确是涉及萧洛霍夫的《静静的顿河》创作的一封非常重要的信件,后来萧洛霍夫创作研究家普里玛经过多方努力,终于看到了这封信的文本,并得以公诸于众。萧洛霍夫信件全文如下:

尊敬的叶尔马科夫同志!

关于1919年那个时代我需要您给我提供某些补充材料。

我希望,我从莫斯科回去之后,您不会不告诉我这些材料。我估计,到您那里的时间大约在今年5—6月间。这些材料涉及顿河上游暴动的一些细节。您可以给卡尔金镇的地址写信,告诉我什么时间到您那里去比较方便。这几个月您没有长期离开的打算吧?

此致

敬礼

萧洛霍夫

1926年4月6日于莫斯科[①]

从这封信可以看出,叶尔马科夫不仅仅是萧洛霍夫塑造葛利高里·麦列霍夫这个人物的主要原型,而且是为萧洛霍夫创作《静静的顿河》提供重要素材的人。《静静的顿河》中写到葛利高里在第一次世界大战战场上的种种情节乃至细节,很多都是从叶尔马科夫那里听来的,比如,第一部第三卷第二章哥萨克士兵强奸波兰姑娘的事;第五章哥萨克骑兵冲锋那种排山倒海的声势,葛利高里在冲锋中的感受,他第一次用马刀砍死一个奥地利少年后的心情等都是根据生活中真实的事情写出来的。特别是有关1919年顿河上游哥萨克暴动的事件,其详情和细节,看来主要是由叶尔马科夫提供的。因为当时,关于维约申斯克暴动的情况无论是苏联的历史文献,还是流亡国外的白军的历史文献,都没有任何记载。当时,只有红军总参谋部的档案中有些粗略和不确切的记载,但那是一般人接触不到的;有关这个事件,当时的新闻媒体根本没有报道,顿河地区之外的老百姓根本不知道曾发生过这样一个事件。1925年莫斯科出版了一本题名叫《革命的战斗历程》的著作,里面简要的提到了维约申斯克暴动的情况。这本书的作者叫卡库林,他所依据的材料

[①] 《萧洛霍夫书信集》,第14页。

是一本名曰《1919年1月—5月期间南方战线进攻行动的战略概述》,这是为培养红军指挥员而编写的一本内部文集,当时的萧洛霍夫未必能看得到,至少他没有提到过。卡库林根据这个材料断言"暴动人数为1万5千人,只有几挺机关枪"。有关维约申斯克暴动的较为详细的记载是流亡国外的暴动军司令库金诺夫写的"历史随笔"《1919年顿河上游的暴动》,发表在1931—1932年布拉格的《自由哥萨克》杂志上,但那时萧洛霍夫的《静静的顿河》第三部已基本上写完了。有关维约申斯克暴动的情况,萧洛霍夫主要是从叶尔马科夫那里了解到的。1932年《十月》杂志7月份在发表《静静的顿河》有关章节时,萧洛霍夫特意作了个注释,可以说对暴动的情况、规模作了具体的说明。萧洛霍夫在注释中说:"实际上参加暴动者不是1万5千人,而是3万到3万5千人,而且他们的武器也不仅是几挺机关枪,而是有25门大炮,近百挺机关枪,步枪的数量几乎是人手一枪。除此之外,在具体描述顿河上游暴动这部分的结尾处,也有重要的不确切之处:它(暴动)不是如卡库林所写,于5月份在顿河右岸被镇压下去的。整个右岸地区的暴动者都被红军戡乱部队清除了,暴动的武装力量和全体居民都撤退到顿河左岸。在顿河岸上,绵延200俄里都挖了战壕,暴动者蹲在里面守卫了两个星期之久,直到谢克列捷夫突围,同顿河军的主力会合。"①这些情况和库金诺夫文章中的记载是基本吻合的。所以,《静静的顿河》是第一次把维约申斯克暴动的前因后果、暴动的情况以及参加暴动的哥萨克群众的悲剧展示于世人的面前。《静静的顿河》不仅是顿河哥萨克生活的一部艺术史诗,而且是维约申斯克暴动的历史实录。可以说《静静的顿河》的问世及传播为后来苏共中央重新审视维约申斯克暴动事件起到了促进作用和提供了有力的佐证。应该说,这是萧洛霍夫于艺术成就之外的历史功绩,这其中当然也有叶尔马科夫的贡献。

萧洛霍夫和影片《静静的顿河》中阿克西妮亚的两位扮演者

---

① 转引自库兹涅佐夫:《萧洛霍夫和反萧洛霍夫》,莫斯科,《我们的同时代人》杂志,2001年第2期,第250页。

第七章　叶尔马科夫的命运

1977年12月,挪威的萧洛霍夫研究家海索特到维约申斯克镇访问萧洛霍夫,萧洛霍夫同他谈起《静静的顿河》创作的经过,葛利高里这个形象的塑造,也谈到了葛利高里的原型叶尔马科夫。萧洛霍夫对海索特说:

> 叶尔马科夫的魅力还在于他是个有思想的人,正如我们这里的人所说,他思想很深刻……而且,他善于把这一切都讲得活灵活现,人物的身份,说话的口气,都能表达出来。请您相信,关于维约申斯克暴动,他所了解的,比当时我们的历史学家所写的都多,比我所能看到的书籍和资料中记载的都多……①

但是,叶尔马科夫最后的命运是悲惨的。1923年2月他从红军部队复员回家,不到两个月,4月就被捕了,罪名是组织并领导顿河上游的暴动。但是由于村苏维埃和当地群众的担保和申辩,叶尔马科夫在被关押一年多之后,因"查无实据"而于1924年7月被释放。然而,过了两年半的自由时光之后,1927年1月,叶尔马科夫又突然被捕,在国家安全局的监狱中关押了半年之后,于1927年6月被枪毙了。苏联解体后,苏联当局的许多档案都被解密,人们在国家政治保安总局和罗斯托夫联邦安全局"叶尔马科夫案件"档案中才看到,叶尔马科夫是经克格勃头子雅戈达亲自下令,"不经审讯判决"而枪毙的。档案中保存着顿河州法庭的起诉书、叶尔马科夫的供词和乡亲们的担保文件。

叶尔马科夫第一次被捕后曾向司法当局提交很多份供词,陈述他在红军和白军中的经历,下面是其中的一份:

> 1918年我自愿加入红军,一直担任指挥员职务,1919年,担任第15英津斯克师炮兵仓库主任的时候,我意外地被白军俘虏,被迫留在他们那里服役,几乎是拿枪逼着我当了队长,就这样在那里过了三个半月,即从当年3月1日到6月15日。
>
> 1920年苏维埃军队回到顿河,我又自愿加入红军,并带来一支250人的队伍,同他们一起加入了第21骑兵师,从那里又转到了布琼尼骑兵军,又担任了指挥员职务,直到团长。我直接参加了波兰战线、弗兰格尔战线的战斗,也参加了剿匪战斗,在乌克兰剿灭马赫诺,在高加索剿灭尤申科和别洛夫。在上述战斗中我曾多次负伤,但是仍旧留在前线,为的是以自身的榜样提高士气。我的这种自觉的自我牺牲精神和战斗中、服役中的优异表现,曾受到布琼尼本人的嘉奖,托洛茨基同志奖励给我一只

---

① 转引自库兹涅佐夫:《萧洛霍夫和反萧洛霍夫》,莫斯科,《我们的同时代人》杂志,2001年第2期,第258页。

表和他题词的手枪及其他东西,还有一套军装。只是在身体彻底垮了之后,完全无力支持,尽管我对军人生活有很深的感情,但仍不得不遗憾地离开了部队。我意识到,我一生的大部分时光已自愿地、忠诚地奉献给为劳动人民的权利而斗争了。

1923年2月从军队回到家,我不仅身体没有得到恢复,甚至连在家休息一下都没有,就于去年4月21日被捕了,事由就是我偶然地在白军中干了三个月,担任过小队长的职务,这件事我早就忘记了。

被捕后我很平静,没有把它看作严重问题,因为当时我无法设想,几年来我把自己的力量和鲜血都贡献给保卫革命的事业了,竟然会因为在我非常反感的军队中的消极服役而受到控告。

但是当顿河保安局根据第58条控告我犯下积极反苏维埃政权的严重而可耻的罪行时,我开始抗议,向监察机关和司法当局提出书面声明,说我没有参与诸如此类罪行,并以我的档案中所保存个人证件作为当局可信的证明文件。①

虽然叶尔马科夫极力为自己申辩,但是顿河州法庭仍旧指控他组织暴动,反对苏维埃政权。法庭侦讯组长斯德克列尔写的《起诉书》中,对叶尔马科夫提出了三条"罪状":

1. 暴动的组织者和首领,"……现已查明,1919年,在红军转入进攻的时刻,斗争的重心倾向苏维埃俄罗斯军队的一方时,在红军的后方,维约申斯克地区爆发了以叶尔马科夫为首的暴动……"

2. 暴动武装力量的指挥官,"叶尔马科夫公民是维约申斯克镇及其周围地区所有白军暴动武装力量的指挥官"。

3. 屠杀人民群众的刽子手。"他是暴动者的旗手和指挥官,所有对外乡人、同情苏维埃政权的工人和农民的拷打和枪决,都是由他领导的。"②

叶尔马科夫列举事实,断然否认这些指控,他说,"我根本不会成为苏维埃政权的反对者,因为1918年1月我就自愿参加红军,参加了波乔尔科夫的部队","顿河上游军分区发生暴动的时候,我是第15英津斯克师炮兵仓库主任,也就是说在离喀山斯克镇和米古林斯克镇14俄里远的地方。我在离暴

---

① 转引自库兹涅佐夫:《萧洛霍夫和反萧洛霍夫》,莫斯科,《我们的同时代人》杂志,2001年第2期,第236页。

② 同上。

第七章 叶尔马科夫的命运

动地点 14 俄里的地方,我不可能在那里,也不可能成为暴动的组织者……"①

巴兹基村的百姓为叶尔马科夫特意召开村民大会,以村民大会的名义写了证词,证明叶尔马科夫"不是暴动的组织者",保证书中说:

> 我们,下面的签名者,是维约申斯克乡巴兹基村的公民,由于我村公民哈尔兰皮·叶尔马科夫被捕而认为有责任表明我们对他的看法。叶尔马科夫一直住在我们村,是个从事耕作的农民。但是战争爆发了,他上了战场,当时很年轻,受过伤,战争结束,他就回到家,从事他的家务劳动。暴动发生了,叶尔马科夫也和所有的人一样,被迫参加暴动,虽然被暴动群众推选为指挥官,但他总是尽其所能地尽量减轻暴动带来的恐怖。许许多多的人都可以证明,多亏叶尔马科夫他们才得以活下来。在抓特务和捉俘虏的时候,无论在什么地方,总有数十双手伸出来要折磨被抓的人,但是叶尔马科夫说,如果你们敢枪杀俘虏,我就把你们像狗似的枪毙,这事有法庭来审理,我们的工作只是送交司令。一般说来,暴动带有自发行动的性质。就像马一样,第一次给它戴嚼子的时候,它的第一个动作就是向前冲,什么东西都能拉断,顿河上游军分区的情况也是这样,苏维埃政权的措施让人不太习惯,所以人民就造反了。只是通过严厉的措施之后,人们才明白苏维埃政权的行动是有益的 …… 当然,苏维埃政权可以认定叶尔马科夫有犯罪行为,并依法予以审判,但是从我们方面却要表明我们对他的看法:他是个诚实的、规规矩矩的庄稼人和不怕任何平凡劳动的工人。②

这份证词是巴兹基村公民全体会议的记录,在上面签名的都是该村的公民,都是在苏维埃政权下有发言权的贫雇农,他们都是没有文化的人,自己的名字都写得歪歪扭扭。

还有一份证词是巴兹基村共青团支部的团员们写的:

> 我们,在下面签名者,是俄罗斯共青团维约申斯克乡巴兹基村支部的共青团员,特此证明,现拘留于罗斯托夫劳改所的巴兹基村公民哈尔兰皮·瓦西里耶维奇·叶尔马科夫在其居住巴兹基村的整个期间都是对苏维埃政权忠诚老实的苏维埃共和国公民,没有从事任何与工农政府的法令相敌对的活动。

---

① 转引自库兹涅佐夫:《萧洛霍夫和反萧洛霍夫》,莫斯科,《我们的同时代人》杂志,2001年第 2 期,第 236—237 页。

② 同上,第 238 页。

他不是顿河上游军分区暴动的组织者,只是例行地参加了国内战争,这是暴动期间所有生活在这里的人都避免不了的;他是被推选而当了指挥官,并不是出于个人的意愿。他是普通哥萨克的儿子,本人也是普通的哥萨克,没有受过任何教育,他完全靠自己的劳动为生,而且大都是并不轻松的劳动,所以他不是苏维埃的顽固不化的敌人。相反,凡有需要他帮助的地方,他都乐于去做,而且也帮助过我们的组织。在对波兰战争期间,他英勇无畏地保卫过苏维埃共和国的利益,为保卫劳动人民的利益挺身而出,为此工农政权吸收他做干部以示表彰。①

上面有巴兹基村共青团支部五位团员的签名。

档案中也有一些是以个人名义写的证词,有一位红军家属的证词中说:"我丈夫自1918年就在红军中,1919年暴动期间,白匪对我欺压、抢劫、逮捕。叶尔马科夫挺身而出保护我并制止了这一切……"有个当过红军战士的哥萨克在证词中说:"1918年我自愿跟红军走了,而我的家庭仍留在维约申斯克乡。暴动期间,有人想杀害我的家人或殴打他们,但是叶尔马科夫不许他们这样做……"②

顿河革命军事委员会,1920年

也许,正是因为巴兹基村乡亲们这些情真意切的证词使顿河州法庭的指控不能成立,叶尔马科夫于1924年7月被释放回家了。从1924年6月到1927年1月再次被捕,正是叶尔马科夫这大约两年半的自由生活,使萧洛霍夫有机会从他那里得到许多当时在任何地方都找不到的珍贵资料,成功地写

---

① 转引自库兹涅佐夫:《萧洛霍夫和反萧洛霍夫》,莫斯科,《我们的同时代人》杂志,2001年第2期,第237页。

② 同上,第238页。

出了这部顿河哥萨克的悲剧史诗。可以说,如果没有叶尔马科夫,萧洛霍夫写的《静静的顿河》也许不会是今天的这个样子。所以,叶尔马科夫不仅是小说中心人物葛利高里·麦列霍夫的主要原型,而且应该是萧洛霍夫创作《静静的顿河》的合作者。然而,正如萧洛霍夫所说,葛利高里·麦列霍夫是个"集合形象",不是哪个人的肖像素描,他是一个综合的艺术典型。在这个"伟大的人类真理"[①]的探索者身上,既有叶尔马科夫的部分人生经历和体验,也有作家的生活观察和自己的感受。萧洛霍夫的好友列维茨卡娅在她的笔记中曾说过,"在葛利高里的摇摆不定中肯定有许多作者亲身经历的东西……"[②]现在有些人出于不可告人的动机,千方百计要剥夺萧洛霍夫对《静静的顿河》的著作权,或者费尽心机地要给萧洛霍夫找出个"合作者"来分享这一世界名著的著作权,如果非要找个合作者的话,这个合作者只能是叶尔马科夫。因此,叶尔马科夫的再次被捕和被枪毙,对萧洛霍夫来说,在思想上,心理上,不能不产生巨大的影响。叶尔马科夫的悲惨结局和葛利高里·麦列霍夫的人生悲剧不能说没有密切关系。也许正是为了纪念叶尔马科夫,萧洛霍夫才在《静静的顿河》第三部中安排了一个人物,真名实姓地把哈尔兰皮·叶尔马科夫写进了小说。他就是葛利高里的助手,暴动军第一师的参谋长。这样,哈尔兰皮·叶尔马科夫的名字也可以同这部不朽著作一样,永垂千古了。

---

① 《萧洛霍夫文集》(中文版)第 3 卷,第 538 页。
② 科洛德内:《〈静静的顿河〉是谁写成的》,莫斯科,呼声出版社,1995 年,第 128 页。

第八章

顿河的百里香

"百里香"是顿河草原上一种野花的名字。顿河的地方志学者伊万·达尼洛夫写过一本书,书名就叫《顿河的百里香》。书中描写了当年《小说报》刊载《静静的顿河》时,在顿河草原上受到人们热烈欢迎的情形。百里香是一种野草,扎根于哥萨克草原肥沃的土壤里,每年都开着一种淡紫色的小花,散发着幽远的芳香。萧洛霍夫的长篇小说《静静的顿河》也正像扎根在顿河草原土壤里的百里香一样,也同样是靠着顿河草原的肥沃土壤养育而开出芬芳的鲜花,小说中写的人和事,小说中人物的悲欢离合,爱恨情仇,都能在这里找到它们的"根"。

萧洛霍夫创作研究家古拉到维约申斯克镇访问萧洛霍夫的时候,曾特意到萧洛霍夫的出生地克鲁日林村访问。有个叫格拉乔夫的村民,带着他参观了这个小村落。他对古拉说:

> 从前我们村秃沟后面到处长满了密密麻麻的蓬草,坐牛车根本走不过去!还有大翅蓟草,长得高高的,刺非常厉害……所以《静静的顿河》中那个村子才叫"大翅蓟"这个名字①。有什么可说的,没法子,蓬草,愚昧和野蛮,我们村子里有的是……②

维约申斯克镇属下并没有一个叫"鞑靼村"的村子,《静静的顿河》中的鞑靼村(татарский хутор)是作家虚构的一个

---

① 《静静的顿河》中的鞑靼村是由俄文 татарский(鞑靼人的)一词翻译过来的,而俄文 татарник(大翅蓟)却是顿河草原上的一种草本植物。

② 古拉:《〈静静的顿河〉是怎样写成的》,第110页。

村名,顾名思义,可以理解为"鞑靼人的村子",但是萧洛霍夫的乡亲却宁愿把它说成是由村外遍地都是的大翅蓟草而得名的。

有的当地的哥萨克认为,小说中的鞑靼村很像萧洛霍夫一家住过多年的普列沙科夫村。普列沙科夫村就在顿河边上,小说中描写的鞑靼村的环境,顿河,小山,草地,这都是普列沙科夫村的景色。也有的当地老乡认为,鞑靼村是由普列沙科夫村,叶兰斯克村和卡尔金村几个村庄拼凑起来的,是个集合形象。但是萧洛霍夫创作研究家列日涅夫在他的《萧洛霍夫之路》一书中却有另一种说法:"鞑靼村位于顿河右岸,一座小山脚下,一面陡峭的斜坡通到河边,《静静的顿河》中所描绘的这种当地独特的景色是按照卡林诺夫村的自然风光描写的。这是作者亲自向我证实的。"[①]萧洛霍夫生在顿河,长在顿河,住过的村镇很多,走过的地方更多,这些都是他自幼就非常熟悉的地方。当他拿起笔进入创作的时候,顿河两岸的村镇的特点自然就会流露于笔端,所以顿河人看了,谁都觉得这里写的是自己的家乡。

鞑靼村中有一座磨坊,围绕这座磨坊发展出了许多情节线索。这座磨房的外形,两层的厂房,乃至碾米机、榨油机、铁匠炉等设备,都像卡尔金镇的磨坊,但是磨坊中的工作人员,却是他父亲经营过的普列沙科夫村的磨坊的原班人马。萧洛霍夫同这些人都很熟悉。萧洛霍夫创作研究家古拉也来到普列沙科夫村,找到了当年曾在磨坊工作过的达维特·巴比切夫,他也就是小说《静静的顿河》中磨坊工人达维特卡的原型。巴比切夫从12岁就在普列沙科夫村磨坊工作,他对古拉说:

> 这事已经很早了,1911年吧,现在我都活过60个年头了。那时候大家都叫我达维特卡。萧洛霍夫在《静静的顿河》里也这样叫我——碾米工达维特卡。我们磨坊的机师是伊万·阿列克谢耶维奇·谢尔季诺夫,当地人。他是哥萨克,可是日子过得很穷。一个热心肠的人。瓦连京是他的助手,也是个不拘形迹的小伙子。外表看不出有什么特别的地方,可是好挖苦人,说话很尖刻。他姓什么,我不记得了,我们都叫他瓦列特卡。我知道,他是来搞革命的,还在对德战争之前就到村里来了。1918年3月,大乱之前,他就离开村子,不见了,到哪里去了?不知道。从那以后,我就没再见过瓦列特卡,他的命运我也不知道。

古拉说:"小说里瓦列特卡是在卡尔金镇附近叫暴动的哥萨克打死了。"

> 可能是被打死了。萧洛霍夫知道,当时他就住在卡尔金。不过我没听说这件事。可是伊万·阿列克谢耶维奇·谢尔季诺夫就是在我眼前

[①] 列日涅夫:《萧洛霍夫之路》,第93—94页。

牺牲的。暴动的哥萨克把他俘虏了,沿顿河各村游街,押往维约申斯克。那是春天的事,押他走过我们村时,街上聚集了很多人。大概米什卡·萧洛霍夫也在那里,我有点记不太清楚了。哥萨克军官的寡妻玛丽亚·德罗兹多娃没命地殴打我们的伊万·阿列克谢耶维奇。这是个心毒手狠的娘们。她当场就把他打死了,亲手打死的,没人让她这么干。①

猎人萧洛霍夫

1965年苏联《北方》杂志刊登了一篇对谢尔季诺夫的儿子伊万·伊万诺维奇·谢尔季诺夫的访问记,他对记者说:

  萧洛霍夫在《静静的顿河》中所写的有关伊万·阿列克谢耶维奇·科特利亚罗夫的所有事情,都是我父亲的一生遭遇。我父亲成了他的人物原型。我们从前住在普列沙科夫村,父亲当过蒸汽机磨坊的机师,后来被选为叶兰斯克镇委员会主任,他激烈地仇恨有钱人,公开地反对他们,所有这些都是父亲一生做过的事。

  萧洛霍夫写的是严酷的真实生活。是谁出卖了革委会委员的?是谢尔多勃斯克团的叛徒……顿河上游的暴动刚爆发时,父亲和他的共产党员朋友们就撤退到河口镇,加入到红军第九军的一个部队中。这个团是在谢尔多勃斯克匆忙组成的,红军战士中有许多是年龄较大的萨拉托夫的农民,他们眷恋土地……团的指挥人员有一半是旧军官……叛徒就是团长、参谋长和两个连长,他们想把团队交出去,让农民群众退伍还家,他们进行了罪恶的活动……共产党员革命委员会委员们被押往普列沙科夫村的途中,遭到白军哥萨克残忍毒打。我父亲被打掉一只眼睛。对那些普通的共产党员,白军哥萨克同样野蛮残忍。达丽亚·麦列霍娃

---

① 古拉:《〈静静的顿河〉是怎样写成的》,第116页。

第八章 顿河的百里香

打死了我父亲,这是她在小说中的名字,生活中的真名叫玛丽亚·德罗兹多娃。她和父亲是亲家……①

被萧洛霍夫写进《静静的顿河》的德罗兹多夫兄弟

谢尔多勃斯克团的叛变是《静静的顿河》第三部中一个很重要的情节,这也是苏联国内战争年代发生在萧洛霍夫家乡的一个真实的事件。当时谢尔多勃斯克团驻扎在河口镇,在萧洛霍夫家所住的普列沙科夫村附近展开战斗行动。萧洛霍夫的房东巴维尔·德罗兹多夫是普列沙科夫村暴动军的连长,他指挥的骑兵连就曾在村里同谢尔多勃斯克团发生过战斗。因此关于这支部队的事情,萧洛霍夫从当地老乡的口头议论中是有所耳闻的。他在小说的创作过程中也查阅了有关的档案资料,因此他在小说中用三章的篇幅详细而又准确地描述了事件的经过,只是把团长弗拉诺夫斯基的姓稍稍改为沃罗诺夫斯基,但保留了他的助手沃尔科夫的真实姓名。小说还写到了被俘的红军战士惨遭杀害和备受折磨的情景,其中特别着力刻画了科特利亚罗夫(即谢尔季诺夫)被害的场面。

萧洛霍夫的房东德罗兹多夫家的事情很多都写进了《静静的顿河》,成了小说重要的情节,其中葛利高里的哥哥彼得罗·麦列霍夫被红军打死的情节就是从巴维尔·德罗兹多夫被打死这件事演化来的。这是萧洛霍夫的亲眼所见,他曾对普里玛讲过这件事:

……葛利高里,彼得罗和达丽亚的形象,最初我是照哥萨克德罗兹多夫一家来写的。我的父母住在普列沙科夫村时,租了德罗兹多夫家半栋房子。我们和他们同住一个屋檐下,我从阿列克谢·德罗兹多夫身上取了某些东西来描写葛利高里,而彼得罗的外貌和他的死,我是取材于巴维尔·德罗兹多夫。巴维尔的妻子玛丽亚的许多东西,我都写到达丽亚身上了,包括她枪杀了她的亲家谢尔季诺夫,即小说中的科特利亚罗

---

① 转引自库兹涅佐夫:《萧洛霍夫和反萧洛霍夫》,莫斯科,《我们的同时代人》杂志,2001年第5期,第249页。

夫。德罗兹多夫兄弟都是普通的劳动者,在前线上成了军官……那时爆发了革命和国内战争,巴维尔被打死了。他们被压制在一条深沟里,要他们"缴械投降,不然全部枪毙!"他们投降了,但是对巴维尔却违背了诺言,因为他是军官,当场就打死了。这件事我记得清清楚楚。后来他的尸体运回家中,那天非常冷,我在外面滑冰玩,回到家,院里静悄悄的,打开厨房门一看,巴维尔躺在火炉旁的麦草上,肩膀抵着墙,两腿弯曲着。他弟弟,阿列克谢,弯腰坐在他旁边……这个情景到现在还记得,于是我在《静静的顿河》中描写了葛利高里面对彼得罗被打死的情景……达丽亚打死自己的亲家科特利亚罗夫并得到将军的500卢布奖金这个情节,也是取材于生活中的真事。当时,我本来想跑到广场上去看将军,但是父亲不让我去:"这群刽子手有什么好看的!"在结构情节的过程中,逐渐明确了,阿列克谢·德罗兹多夫的性格不适合做葛利高里形象的基础。我看到叶尔马科夫更符合我的构思,葛利高里应该是这个样子的!①

萧洛霍夫曾一再对他的乡亲们说:"你们不要在自己周围寻找你们在我的小说中所遇到的同名同姓的人物。我的主人公都是典型人物,都是若干特点集中在一个人身上的形象。"②尽管如此,他的乡亲们依然乐此不疲地在小说中寻找自己的当乡人。萧洛霍夫的同乡作家莫洛扎文科在他的《奇尔河——哥萨克的河》一书中有这样一段话:

如果同卡尔金镇的人聊聊天,他们会告诉您萧洛霍夫主人公的原型。

20年代,一个老军人,乔治勋章获得者,在镇上去世了,这是个性格刚毅、宁折不屈的人,他就是法捷耶夫老爷爷。1913年他曾应邀赴莫斯科参加了罗曼诺夫王朝登基300周年的庆典。萧洛霍夫常去找这个老爷爷聊天。《静静的顿河》中的格里沙卡老爷爷身上就有他的许多特点。

卢克什卡,一个斜眼的老太婆,50年代才去世,她整个儿连外号都写进了《静静的顿河》,这就是租房子给施托克曼的那个哥萨克女人。

镇上有个退休的老人,叫阿列克谢·费多罗维奇·克拉姆斯科夫,人人都知道,他就是短篇小说《阿廖沙的心》中阿廖沙的原型,他确实经历过小说中所写的那些事。③

---

① 转引自库兹涅佐夫:《萧洛霍夫和反萧洛霍夫》,莫斯科,《我们的同时代人》杂志,2001年第5期,第246页。
② 转引自古拉:《〈静静的顿河〉是怎样写成的》,第119页。
③ 莫洛扎文科:《奇尔河——哥萨克的河》,第77页。

第八章 顿河的百里香

顿河地区有句俗话：无论你走到多么远的地方才下马，你要记住你上马的那片土地，你要记住给你的马备鞍和为你准备行装的那双手。萧洛霍夫也正是这样，无论他写什么作品，无论他刻画的人物，个性多么独特，性格多么典型，他的笔下总是闪现着他的乡亲的面孔。

作家的创作，无论他写什么，无论他的想象力多么丰富，但是总离不开他的经历，他对生活的观察和体验，他对生活的思考和感悟。萧洛霍夫在创作《静静的顿河》时，在塑造众多的人物性格时，显然也将自己的生活感受和所熟悉的家人的性格特点写进去了。列日涅夫说，《静静的顿河》中的自传成分是很多的："《静静的顿河》第一部中，描写哥萨克往日生活的部分贯穿着萧洛霍夫童年的回声。作者不是作为小说出场人物出现的，但是作家童年时代的许多见闻和体验却无形地在这里表现出来。小说中流露着他童年的氛围，它的诗情画意，它的五彩缤纷，抒情的民歌，心爱的民风民俗。萧洛霍夫从小就听惯了哥萨克歌曲，而且执爱终生。……割草、钓鱼、夜晚、入营、说媒、婚礼，小说中所描写的这一切都带有少年初识的新鲜感。"[①]

列日涅夫在分析阿克西妮亚、伊莉妮奇娜等妇女形象时说："在她们身上不仅反映了萧洛霍夫对自己母亲阿纳斯塔西娅·达尼洛夫娜的爱，而且也反映了她的生平经历的某些特点。"[②]比如，阿克西妮亚到贵族地主利斯特尼茨基家当佣人，和地主少爷的爱情关系；比如，小说第八卷中写伊莉妮奇娜思念久无音信的小儿子葛利高里，无数次地请人给她念葛利高里的来信，虽然这封信她都早已背出来了。这种表达思念的方式，是萧洛霍夫从自己的母亲那里感受到的。他在遥远的莫斯科和博古恰尔上学时，母亲就是这样地请人读儿子的来信的。《静静的顿河》中曾描写阿克西妮亚失去女儿时的那种撕肝裂肺的疼痛，萧洛霍夫的母亲也曾有过女儿夭折的经历，萧洛霍夫的婶母，他的亲叔叔彼得·米哈伊洛维奇的妻子，也同样经受过失去爱女的痛苦。他的婶母是个读过很多书，很有见识的妇女，虽然年龄差别很大，但却同侄儿很谈得来，她曾详尽地对侄儿讲述过作为母亲失去爱女的痛苦心情。小说中描写葛利高里为同阿克西妮亚恋爱而遭到家人反对的情形，最后甚至导致葛利高里的离家出走，这个情节几乎同萧洛霍夫的父亲当年为娶阿纳斯塔西娅而遭家人反对的经历完全相似，但是葛利高里的性格和萧洛霍夫父亲的性格却是完全不同的。

有一次，萧洛霍夫创作研究家古拉问到萧洛霍夫，葛利高里和阿克西妮亚的爱情关系是否也是生活中真实的故事，萧洛霍夫说："生活中的确没有发生这样的事情，但是这样的故事在农村生活中、哥萨克镇的生活中多得

[①] 列日涅夫：《萧洛霍夫之路》，第104页。
[②] 同上书，第92页。

很。"他说,这个情节是"从农村真实生活的观察中得来的"。①

为纪念《静静的顿河》出版 50 周年,维约申斯克中学的两位教师和一些地方志学者曾走遍维约申斯克全区,寻访《静静的顿河》中人物尚在人世的原型或他们的后裔。他们在卡尔金镇找到了小说中沙米利·马丁的儿子,生活中沙米利姓科瓦廖夫。他对采访的学者说:"父亲不怎么有文化。我们大声地朗读《静静的顿河》时,他就说:'米沙②这是写的我,把我们写成了沙米利兄弟。'"③他还告诉采访者,萧洛霍夫同科瓦廖夫兄弟很熟,萧洛霍夫家住的地方离科瓦廖夫家不远,只隔着一条街。

萧洛霍夫在维约申斯克镇,1972 年

作家的创作总是写他最熟悉、感受最深刻的人和事。正如曹雪芹在《红楼梦》中写的大都是自己的姐妹兄弟,托尔斯泰在《战争与和平》中把自己的一家、外祖父和岳父的一家都写进了小说,巴金在《家》、《春》、《秋》中以自己的兄弟姐妹为主要人物写出了汹涌澎湃的《激流三部曲》,萧洛霍夫在《静静的顿河》中也同样是写自己所熟悉的亲人、邻里,在动荡的时代背景上用他们的生活编织出恢宏的历史画卷。

《静静的顿河》第三部第六卷第 39 章写一位哥萨克老人赶着大车,拉着刚从鞑靼村逃出来的共产党员施托克曼、米哈伊尔和科特利亚罗夫,一路上老人对这三个共产党员说:

> 你们的政权是公正的,不过你们干得有点儿太过火……你们把哥萨克逼走啦……枪毙了那么多人。在布康诺夫镇……据说,驻在他们那儿的部队里有个政委姓马尔金。哼,他是怎么干的,对老百姓的态度公正吗?……他把各村的老头子们都召集起来,把他们带到树林子里去,在那儿先把他们剥光,结果了他们的性命,还不准亲人去收尸。他们的罪过是,从前曾经当选过镇的陪审官。你知道,他们是些什么样的陪审官

---

① 古拉:《〈静静的顿河〉是怎样写成的》,第 125 页。
② 萧洛霍夫的小名。
③ 转引自库兹涅佐夫:《萧洛霍夫和反萧洛霍夫》,莫斯科,《我们的同时代人》杂志,2001 年第 5 期,第 238 页。

吗？有的费很大劲才能写出自己的姓名来，有的只会把手指头在墨水里蘸蘸按个指印，或者画个十字……怎么能追究他们的责任呢？……就是这位马尔金，像上帝一样，手里拿着人们的生死簿。有一天，外号叫"绳头儿"的老头子正从校场走过。他拿着一副马笼头往自家的场院走，想去套上一匹骡马拉出来，几个孩子开了个玩笑，对他说："走吧，马尔金叫你哪。"这位"绳头儿"画了个异教徒的十字……在校场上早就把帽子摘下来啦。他心惊胆战地走进屋子。问："您叫我啦？"马尔金嘿儿嘿儿笑起来，双手叉腰，说："既然是蘑菇，就请进来吧。本来谁也没有叫你来，不过既然已经来了——就照章办事吧。同志们，把他带走！按第三类处理。"好啦，当然把他捉了起来，立刻押到树林子里去。他的老太婆在家里等啊等啊，怎么也等不来。老头子竟一去不复返啦……有一回，马尔金在街上看见了一个从安德烈亚诺夫斯基村来的，叫米特罗凡的老头子，把他叫到跟前来，问："哪儿来的？姓什么？"又嘿儿嘿儿笑着，说："瞧，胡子长得像狐狸尾巴一样啦！你的胡子倒真像使徒尼古拉。我们要用你这样的肥猪来做些肥皂！把他按第三类处理！"真是罪孽……只为蓄了把长胡子和在倒霉的时候遇上了马尔金就被枪毙了。①

这里讲到的这个马尔金是实有其人的，在顿河地区是个家喻户晓的人物，老百姓都叫他"抓人和抄家政委"。据萧洛霍夫的妻子玛丽亚·彼得罗夫娜讲，这个马尔金曾在布康诺夫镇她父亲的家里住过。萧洛霍夫说，他也认识这个马尔金，《静静的顿河》出版后还在莫斯科的大街上遇见过他。那时这个马尔金已在苏联人民委员会国家政治保安总局工作了。马尔金宽容地拍拍萧洛霍夫的肩膀说：

"你在小说里胡诌了我些什么？"

萧洛霍夫回答说："遗憾的是，我把写你的那一章删掉了。本该说出全部真相的。"②

这个马尔金在苏联国内战争期间在顿河地区滥杀无辜，成了哥萨克群众又怕又恨的"杀人政委"，对革命事业造成很坏的影响，但是过后却官运亨通，飞黄腾达。萧洛霍夫在《静静的顿河》中直书他的真实姓名，毫无疑问，是有意识地要以小说的形式揭露、控诉他的罪行。不过，"这个马尔金的最后结局也并不美妙，虽然他一路升官，但仍免不了在1938年的肃反中遭到逮捕，被最高法院军事委员会判处极刑，枪决、剥夺政治权利终身"③。

---

① 《萧洛霍夫文集》(中文版)第4卷，第1237—1239页。
② 奥西波夫：《萧洛霍夫不为人知的经历》，莫斯科，瑰宝出版社，1995年，第10页。
③ 库兹涅佐夫：《萧洛霍夫和反萧洛霍夫》，莫斯科，《我们的同时代人》杂志，2001年第5期，第243页。

井边相会

《静静的顿河》中还以真名实姓写到了另一个历史人物,他就是维约申斯克暴动的哥萨克军的司令巴维尔·库季诺夫。在小说中他不是一个重要的人物形象,因而评论家们对他并未多加注意,以为不过是作家虚构的一个人物形象。然而这确实是一个在顿河地区家喻户晓的真实人物。萧洛霍夫说,库季诺夫的一生是"比葛利高里·麦列霍夫还要令人伤心的一曲哀歌"①。

巴维尔·库季诺夫,1891年生于维约申斯克镇所属的中杜达列夫村一个普通的哥萨克家庭,家中子女众多,生活贫困,因为父母无钱供他上学,他只上了三年学,就辍学了,从十岁起他就外出做工,以童工的劳动换取微薄的工酬。库季诺夫青年时代上过宪兵学校,但是他并没有当上宪兵,后来应征入伍,在顿河哥萨克第12团服役,和叶尔马科夫是同团的战友。第一次世界大战爆发后,他们部队开到德奥前线,直到1918年1月,由于俄国爆发了十月革命,哥萨克部队被解散回家,库季诺夫才回到家乡。1919年顿河上游发生了反苏维埃的武装暴动,他成了暴动军的"总司令"。暴动被镇压下去之后,他随着逃亡的白军,流亡到国外。先到土耳其,在君士坦丁堡一家水泥厂当小工,后又到土希边境的希腊一方的一个葡萄园里当农工。后来他又回到君士坦丁堡,跟着一伙白军流亡分子去了保加利亚,1922年初到达索菲亚,后来就在索菲亚附近一个叫"亚历山大王"的村子里定居下来。

1922年初他曾托回国的同乡给家人带回一封书信,这封信刊登在1922年8月2日的《顿河上游边区执委会和俄共(布)边区党委通讯》上。他在信

---

① 转引自库兹涅佐夫:《萧洛霍夫和反萧洛霍夫》,莫斯科,《我们的同时代人》杂志,2001年第4期,第254页。

中写道：

> ……俄罗斯人民，没有鞋袜，没有衣服，饥寒交迫之中，大概常常在想："若是弗兰格尔在，就会有吃有穿，有鞋袜了"。我看，这完全是你们绝望的幻觉。回想一下弗兰格尔时代吧！在经济生活中，他给了你们什么好处？整个是个零……不仅对你们，而且对每一个俄罗斯劳动者，我都可以坦率地说：赶紧抛掉头脑中那些肮脏的想法吧，不要以为在这里，在异国他乡的土地上，弗兰格尔会给你们预备下装满面包和脂油的大驳船。没有的事！你们，俄国人民，正在国内为复兴而竭尽全力。也许，有些人还想炫耀一下肩章的光彩，对着别人的面孔唾吐，但这并不能作为苏维埃政权不稳固的证据……我们哥萨克，除了少数人之外，都离乡背井，流亡异乡了……
>
> 你们的儿子和兄弟
> 巴·库季诺夫①

从信中可以看出，库季诺夫在国外历经磨难之后，在现实生活的教育下，对沙俄将军弗兰格尔，对自己离开祖国的行动，对苏维埃政权，都有了些新的认识。

第二次世界大战中苏联红军解放了保加利亚。1944年苏联"除奸部"的人在保加利亚逮捕了库季诺夫，以反苏维埃政权的罪名判处他十年劳改，关押在西伯利亚。1954年刑期期满，库季诺夫向苏联最高苏维埃递交了一份"请求赦免书"，其中涉及到维约申斯克暴动前后的一些情况，提供了一些鲜为人知的细节：

在罗斯托夫大学

> ……哥萨克不愿到顿河州之外的地区去作战。但是首领克拉斯诺夫及其周围的一群"哀叹失去天堂"的贵族，却要把哥萨克推到顿河地区之外。哥萨克的反对情绪激烈起来……三个哥萨克团，维约申斯克团，米古林斯克团，喀山斯克团终于造反了，他们拒绝同红军作战，随后双方停战，签定和约，解散回家，从而在顿河战线上造成了巨大的缺口。顿河军和志愿军急速撤退，红军部队则跟踪追击。

---

① 转引自库兹涅佐夫：《萧洛霍夫和反萧洛霍夫》，莫斯科，《我们的同时代人》杂志，2001年第4期，第253页。

12月末,托洛茨基的号召书已广为流传,其内容如下:"军官同志们和哥萨克同志们!请留在原地!对于留下来的哥萨克不会宣布任何惩罚措施,对军官,则与对红军军官一样,一视同仁"。这个号召书发挥了作用,许多人留在原地。过了些时候,红军向南方开去,而且举止行动值得尊敬。但是法官们一来,情况就发生了根本的变化⋯⋯英津斯克步兵师占领了维约申斯克镇,肃反部队、辎重和后备队分布在各镇各村。到处都开始了红色恐怖⋯⋯①

这个库季诺夫刑满释放后,曾特意到维约申斯克镇去访问萧洛霍夫,可惜,萧洛霍夫当时正在国外访问,未能如愿,后来他就仍回保加利亚去了。

1974年挪威的萧洛霍夫研究家海特索教授访问萧洛霍夫时,曾对萧洛霍夫说:"国外有些评论家说,您的《静静的顿河》似乎是为流亡国外的白军写的?"

萧洛霍夫回答说:"这要看是为什么样的白军了?"

萧洛霍夫和卡尔金镇的朋友们,1925年

"为反革命分子,"海特索挑明了。

"不是,"萧洛霍夫断然回答,"小说是为人民而写的,是为我们的人民写的!也是为所有的人,为您的人民写的!"萧洛霍夫进一步强调说:"而且也是为库季诺夫这样的白军写的⋯⋯"②

是的,萧洛霍夫的《静静的顿河》是为人民写的,是为在社会动荡、社会变革中经历悲剧命运的人民写的。世世代代受沙皇专制制度毒害和压迫的哥萨克劳动人民,本应在布尔什维克党领导的社会革命中找到"伟大的人类真理",翻身解放,成为生活的主人。但是不幸的是,他们却成了这场社会变革的牺牲品。这其中自然有作为俄国社会一个特殊阶层的哥萨克的主观因素,但是革命领导者阶级制定的错误政策,却成了这场社会悲剧的主要原因。萧洛霍夫在《静静的顿河》中,不止一次地写到哥萨克劳动群众拥护革命的情况。不谙世事的葛利高里·麦列霍夫在医院养伤时,第一次遇上革命者加兰扎,就被他的革命道理所折服,不能不赞同他的话。"最使葛

---

① 转引自库兹涅佐夫:《萧洛霍夫和反萧洛霍夫》,莫斯科,《我们的同时代人》杂志,2001年第4期,第258—259页。

② 同上,第253页。

利高里不安的是他从心里觉得加兰扎是正确的,而且无力去反驳他,他没有反驳的理由,根本找不到反驳的理由。"①葛利高里在十月革命后参加了红军,当时各种思潮纷纷泛起,但是葛利高里却看到"大多数哥萨克都倾向于布尔什维克"②。即使后来他离开红军,成了哥萨克暴动军的师长,他的战友仍说他"有点儿像布尔什维克"③。哥萨克暴动军的"总司令"库季诺夫命令葛利高里带两个连去顿河对岸袭击红军,葛利高里坚决不去,甚至许诺事后给他升官,他也不去,库季诺夫无奈地说:"我清楚地知道,你是半吊子布尔什维克,什么官衔都不喜欢。"④萧洛霍夫很清楚,哥萨克的反苏维埃暴动完全是被逼出来的,正是苏维埃政权当局的"消灭哥萨克"的错误政策,红军在战场上的背信弃义,对哥萨克群众的滥肆屠杀,将本应站在革命力量一边的哥萨克劳动群众推到了自己的对立面,不仅给革命带来巨大损失,而且造成了不该发生的历史悲剧。诚然,萧洛霍夫是拥护十月革命的,他是主张推翻沙皇专制制度,劳动人民当家做主的,他看到这是历史的必然。因此,他是站在革命的立场上,站在历史进步的立场上看待这场悲剧的。所以,他认为,给哥萨克带来痛苦和灾难的并不是革命本身,而是顿河地区苏维埃当局所推行的"消灭哥萨克"的错误政策,是某些素质很差的布尔什维克干部的为非作歹。当托洛茨基下令对哥萨克进行镇压的时候,有一位哥萨克出身的红军师长,米隆诺夫,看到了问题的严重性,给共和国革命军事委员会主席托洛茨基发了一份电报,他在电报中说:

> 顿河州的居民有自己的生活方式,自己的信仰、习俗、精神需求以及诸如此类的东西。希望在顿河州贯彻中央政权的方针政策时,要特别注意顿河居民的生活特点和经济特点,希望能派熟悉这些特点的人去组织顿河政权,而不要派从来没到过顿河,对顿河的生活方式不了解的人去,这些人只会损害革命而不会有任何好处。⑤

但是托洛茨基对他的意见根本不予理睬,最后在顿河地区酿成历史的悲剧。

因此,革命的领导阶级应从这里吸取应有的历史的教训。萧洛霍夫以清醒的头脑,饱满的热情,确凿无疑的历史事实,无所畏惧的勇气,向世人展示了俄国革命中的这一悲剧,是他一生中对革命、对人民作出的最大贡献。

---

① 《萧洛霍夫文集》(中文版)第 2 卷,第 471—472 页。
② 《萧洛霍夫文集》(中文版)第 3 卷,第 716 页。
③ 《萧洛霍夫文集》(中文版)第 5 卷,第 1533 页。
④ 《萧洛霍夫文集》(中文版)第 4 卷,第 1422 页。
⑤ 转引自库兹涅佐夫:《〈静静的顿河〉的不解之谜》,莫斯科,《我们的同时代人》杂志,2002 年第 4 期,第 236 页。

20世纪60年代初,普里玛通过一个从侨居国外回到苏联的哥萨克那里,打听到库季诺夫在保加利亚的地址,同库季诺夫取得了联系。普里玛通过电话问库季诺夫:

"请问,您是怎样当上暴动军司令的?"

库季诺夫回答说:

我也不知道,当时,1919年,在维约申斯克镇的军事委员会上,参加暴动的各个部队推选出了两个人:一个是哥萨克中尉伊利亚·萨福诺夫,他对前线战斗的事情毫不了解;另一个就是斯坦尼斯拉夫勋章和全部四个等级乔治勋章获得者,维约申斯克镇的前线战士,您的顺从的仆人,哥萨克少尉库季诺夫。在各团中进行公开投票,大多数人选举我当司令。

"《静静的顿河》的文本在多大程度上接近于真实的事件?"

库季诺夫回答说:

小说中许多地方写得非常真实,准确地表明了暴动的原因,它的规模。我们以苏维埃区执委会的方式保留了公民政权,而不是阿塔曼,我们没有恢复"先生"、"阁下"的称呼,而保留了"同志"的称呼。《静静的顿河》中几乎每一章中所叙述的事件和事实,都是生活中实有的。①

萧洛霍夫和两位阿克西妮亚的扮演者,
著名苏联演员贝斯特里茨卡娅和采萨尔斯卡娅

这就是令人折服的真实的力量。《静静的顿河》那不朽的艺术魅力正是来源于它扎根于顿河两岸的历史真实和生活真实,就像顿河草原上盛开不败的百里香一样,永远散发着生命的芳香。

---

① 转引自库兹涅佐夫:《萧洛霍夫和反萧洛霍夫》,莫斯科,《我们的同时代人》杂志,2001年第4期,第254页。

第九章

为《静静的顿河》而斗争

1927年末,《静静的顿河》第一部脱稿之后,萧洛霍夫便把它寄给了当时莫斯科最大的一家杂志《十月》。当时《十月》的主编是绥拉菲莫维奇,这恐怕是萧洛霍夫之所以将《静静的顿河》的稿子寄给《十月》的重要原因。但是稿件并没有送到绥拉菲莫维奇的手上,而是落入了副主编卢兹金手中。这个卢兹金是"岗位派"集团的核心成员,很受"拉普"领导阿维尔巴赫的器重,他在《十月》杂志名为绥拉菲莫维奇的助手,实际上是杂志的主要负责人,绥拉菲莫维奇只不过是个"荣誉"主编而已。

卢兹金是个颇有艺术眼光的人,他看了手稿,立即感到,这是一部非凡的作品,是他们"岗位派"的人渴望已久,但却无人能写出的作品。假如作者是他们"岗位派"的人,他会立即签署同意发表的,但萧洛霍夫只不过是来自偏远的顿河草原的一个哥萨克小伙子,然而他又不能断然拒绝,因为这个萧洛霍夫毕竟是"拉普"的成员,而且还颇受德高望重的老作家绥拉菲莫维奇的赏识。于是他以编辑部的名义约见萧洛霍夫,要他对小说进行大的修改。他说,小说的修改要加强思想方面的内容,特别是小说中字里行间流露出的对哥萨克的同情和欣赏要通通删去,要让葛利高里逐渐地变成自觉的反对沙皇专制制度的战士。他说,这是编辑部的一致意见。萧洛霍夫表示,他宁可不发表,也不能按照卢兹金的意见修改。他拿着手稿离开了编辑部。

几经周折,萧洛霍夫终于打通了绥拉菲莫维奇的电话,原来绥拉菲莫维奇并没有看到小说手稿,卢兹金所说的"编辑部一致意见"完全是骗人的托词。萧洛霍夫立即将手稿给绥拉菲莫维奇送去,绥拉菲莫维奇看后,极为振奋,他决定无

年满 30 岁的萧洛霍夫

论如何要发表这部小说。卢兹金虽然是副主编,但实际上却是编辑部的主要负责人,因此,绥拉菲莫维奇对他也只能进行说服而不能下命令。为此,绥拉菲莫维奇约请卢兹金在"赫尔岑之家"的餐厅里共进午餐,在酒酣耳热之际,劝说卢兹金同意发表《静静的顿河》,但是卢兹金顽固坚持自己的意见。关于这件事,绥拉菲莫维奇在 1927 年的日记中也有记载:"同卢兹金坐在'赫尔岑之家'的餐厅里,我劝他发表萧洛霍夫的《静静的顿河》,他极力反对。"[1]绥拉菲莫维奇只得另想办法。因为这件事不是卢兹金个人的意见,卢兹金的背后还有"拉普"的一班领导人物,绥拉菲莫维奇决定利用庆祝十月革命十周年在家中招待国内外文学界人士的机会,对他们进行说服工作。俄罗斯作家安德烈·沃隆佐夫在他的传记小说《萧洛霍夫传》中以小说艺术的形式再现了这次招待会的场景。11 月 8 日晚,苏联文学界一些头面人物,纷纷来到绥拉菲莫维奇的住处,如"拉普"的领导人阿维尔巴赫,法捷耶夫,基尔雄、著名作家伊万诺夫,列昂诺夫,索博列夫,女诗人英别尔(她是托洛茨基的外甥女),马雅可夫斯基和他的女友莉莉娅·勃里克,共青团诗人别济敏斯基等。萧洛霍夫也接到邀请,但是他连件像样的礼服都没有,只好穿着平常的便装,因此进门后便悄悄坐在一个角落里。宴会开始时,绥拉菲莫维奇让大家随便坐,但却招呼萧洛霍夫坐在他身边。萧洛霍夫本来坐在餐桌的另一端,靠门的地方。但是绥拉菲莫维奇却突然说道:

"萧洛霍夫同志!我请您坐到这边来,"他指了指右手身边的座位。

客人们像一个人一样,目光都射向米哈伊尔,在这片富丽堂皇中一个其貌不扬的小伙子。他,脸红得直到耳根,表示谢绝,但是绥拉菲莫维奇严厉地看了他一眼,再次重复自己的邀请。米哈伊尔,笨拙地碰得椅子轰隆一响,咒骂着吱咯声响彻大厅的皮靴,在大家好奇的目光中,走到了餐桌的另一端。阿维尔巴赫和卢兹金交换了一下眼神,一种不祥的预感几乎不约而同地在两人的脸色中闪过。此时此刻米哈伊尔脑子里是什么也不想了,他的那种感觉,就仿佛一个人赤身露体的被推到灯火辉煌的舞台上一样。

---

[1] 转引自古拉:《〈静静的顿河〉是怎样写成的》,第 104 页。

第九章 为《静静的顿河》而斗争

……

绥拉菲莫维奇又一次站起来。

"亲爱的朋友们！也许，我这第二次祝酒听起来有违宴会的传统，但是我们作家常常是要打破传统的。在这喜庆的节日里，我有两件高兴的事：一件是我们伟大的革命已经十周年了；另一件是我得到了一部极有才华的长篇小说！"

米哈伊尔感到有什么东西在心里欢快地跳动了一下。翻译在几哩咕噜地译绥拉菲莫维奇的讲话。绥拉菲莫维奇转身向窗台走去，从窗台上拿过一个大大的纸口袋，双手捧着给客人们看，就像一个钓鱼者炫耀他罕见的收获一样。

"这就是那部长篇小说！请记住它的名字：《静静的顿河》，也请记住它的作者的名字：米哈伊尔·亚历山大罗维奇·萧洛霍夫！这位就是作者，"绥拉菲莫维奇拉着米哈伊尔的手臂，让他站起来；他站起时，身体像醉汉似的晃了一下，差一点儿跌倒在靠背上——两腿不听话了。"这位就是俄罗斯大地上未来的伟大作家！他比我小40多岁，但是我要说句心里话，他的才华比我强之百倍。现在很多人还不知道他的名字。但是一年之后全苏联都会知道他，再过两三年他定会名扬全世界！从一月份起我们将刊载他的《静静的顿河》！"

卢兹金脸色苍白，阿维尔巴赫面无表情。①

这件事并非出自小说家的虚构，而是实有其事。前苏联著名的萧洛霍夫创作研究家利特维诺夫在他的专著《米哈伊尔·萧洛霍夫》一书中也记载了这件事：

据说，《十月》杂志的主编，在刚刚准备发表小说的时候，就把厚厚的小说打字稿给他的外国客人巴比塞②，伊列什③和尼克索④看，并说了一句真正有预见性的话：

"亲爱的朋友们！……请记住小说的名字《静静的顿河》，作者的名字米哈伊尔·萧洛霍夫……请记住我的话：全俄罗斯很快就会知道这个名字，再过两三年他将名扬全世界……"

事实的确如此。⑤

---

① 沃隆佐夫：《萧洛霍夫传》，第305—306页。
② 巴比塞(1873—1935)，法国作家。
③ 伊列什(1895—1974)，匈牙利作家。
④ 尼克索(1869—1954)，丹麦作家，原名马丁·安德逊。
⑤ 利特维诺夫：《米哈伊尔·萧洛霍夫》，莫斯科，文学艺术出版社，1985年，第17页。

对于《静静的顿河》的问世，绥拉菲莫维奇是功不可没的，俄罗斯文学史，世界文学史都应该隆重地记上一笔。

随后，在编辑部的会议上，绥拉菲莫维奇又做了一番工作，大家都同意了他的意见。这样，《十月》杂志从1928年1月份起开始连载长篇小说《静静的顿河》。1928年4月，第一部连载完毕，接着，从5月份开始连载第二部，到1929年3月，连载完第三部的前12章。但是这时又发生了问题：《十月》杂志停止连载《静静的顿河》了。《静静的顿河》第三部是整个小说的高潮，写的是苏联的报刊出版物从未公开报道过的1919年顿河上游的维约申斯克暴动，12章之后就要写到"消灭哥萨克"，红色恐怖，可怕的马尔金政委了。萧洛霍夫立即明白是什么原因使连载中断了。多年后他曾对人说过：

> 这些章节中出现了马尔金的形象。我把他的真名实姓写进去了。要让人民知道，他是怎样施行消灭哥萨克的。但是这时候他已成为国家政治保安局的某个大人物了。鬼东西，他知道了小说中有他的真实姓名。真理是刺得人眼疼的……国内战争年代他是在瑟尔佐夫指挥下行动的。这个瑟尔佐夫是维约申斯克镇的军事委员。在这种情况下我就没有办法了——瑟尔佐夫1929年就被选为俄共（布）中央政治局候补委员，当上了俄罗斯联邦人民委员会的主席。马尔金很可能是同他串通一气来反对这部小说。关于在同白军哥萨克斗争的借口下在顿河滥施屠杀的记忆是他们的一块心病。①

这期间文学界有人谣传，据国家政治保安局的情报，萧洛霍夫在收集小说材料时，常和某个"白匪分子"见面，有的说，也许这个"白匪分子"或白军军官就是《静静的顿河》的共同作者，后来又传成了《静静的顿河》的作者就是个白军军官，萧洛霍夫是捡了人家的手稿。萧洛霍夫非常愤怒，也非常苦恼，他将《静静的顿河》的手稿送到《真理报》编辑部，请求为他的作品作出鉴定。

这些天对萧洛霍夫来说简直是暗无天日的日子，在万分苦恼中他于1929年3月末从莫斯科给妻子写信：

> ……你想象不出，对我的这种诽谤传得多么远！文学读者的圈子里，只要一说话，就要谈论这个话题。不仅莫斯科知道，整个外省也都知道。坐火车路过米列罗沃，人家都问我这件事。前天斯大林同志还向阿维尔巴赫问起这件事……在这之前，还有谣言说，似乎我是顿河军的上尉，在反间谍机关工作，是个死心塌地的白军。这些谣言之所以未能流传开来，是因为其太过荒唐，但是米高扬也问到了这件事——这里还

---

① 奥西波夫：《萧洛霍夫不为人知的经历》，第10页。

有个非常有意思的细节——当人们向他解释,这都是虚假的谣传时,他说:"即便萧洛霍夫真的当过军官,为《静静的顿河》我们也会宽恕他的一切!"他们是在对我进行有组织的伤害,伤害得很厉害。我已经气得要死了。其结果就是完全的精神瓦解,不能工作,失眠,没有胃口。但是我精神抖擞,我要同他们干到底!"铁匠派"的作家们,别列佐夫斯基,尼基福罗夫,革拉特科夫,马雷什金,桑斯科夫等等,都是一伙内心龌龊的家伙,他们散布这些谣言,甚至厚颜无耻地公开发表诸如此类的宣言,到处去讲这件事。我真的很伤心,对人都失望了……这伙败类,心怀妒嫉的无耻之徒,甚至党证也不能使他们反动的小市民天性高尚起来。这一切已经到处散布得纷纷扬扬了。星期天报刊上将会有反驳文章。①

果然,3月29日,《真理报》发表了批驳谣言的文章。这就是由绥拉菲莫

清晨看报

维奇,阿维尔巴赫,基尔雄,法捷耶夫和斯塔夫斯基五位俄罗斯无产阶级作家协会领导人签署的那封著名的《致编辑部的信》。

《真理报》编辑部非常认真地对待这次谣言事件,成立了以列宁的妹妹乌里扬诺娃为首的审查委员会,对萧洛霍夫送来的《静静的顿河》第一、二部共800多页手稿,进行了认真的核查。审查手稿时,他们还邀请库达绍夫等听过萧洛霍夫朗诵手稿的人参加审查会议,审查结果,委员会的委员们一致认为,萧洛霍夫是完全无辜的,所谓剽窃之说纯粹是诬陷。于是决定以"拉普"领导人联名写信的方式,对谣言予以批驳。

《致编辑部的信》中说:

> 由于无产阶级作家萧洛霍夫的小说《静静的顿河》取得了理应得到的成功,无产阶级专政的敌人就散布恶毒的诽谤,似乎萧洛霍夫的小说是剽窃别人的手稿,似乎关于此事的材料存在于联共(布)党中央或检察机关(同时还提到报刊杂志编辑部)。
>
> ……
>
> 同萧洛霍夫同志共事非止一年的无产阶级作家们,了解他的全部创作道路,了解他用几年的时间写作《静静的顿河》的工作情况,熟悉他为写小说而搜集过和研究过的那些材料,熟悉他手稿的草稿。

---

① 《萧洛霍夫书信集》,第28—29页。

在上面那些机关里没有、也不可能有任何损害萧洛霍夫同志的材料,这些材料也不可能存在于任何其他机关,因为这种材料在世界上根本不存在。

但是我们认为必须发表这封信,因为类似这种的谣言带有一贯的性质,几乎伴随着每个新的有才华的无产阶级作家的出现。

庸俗的诽谤和谣言,是我们的阶级敌人惯用的和有效的斗争方法。如果敌人不得不采用恶毒卑鄙的诽谤来同无产阶级文学进行斗争的话,那么,显然,无产阶级文学就成为了一种力量,显然,无产阶级文学就成为了工人阶级手中的有力武器。①

《真理报》的文章发表后,谣言暂时平息下去,但是问题并没有得到解决。绥拉菲莫维奇告诉他:

文学抄袭问题,中央委员会并不怎么关心,但是一个白军军官在一部千百万人都阅读的长篇小说中写些什么,却是非常关心的!这才是人家的算计呢,那是万无一失的胜算呀!就算你能举出证据,但是你要记住,即便没有任何白军军官,但是有一个被枪毙了的哥萨克师长叶尔马科夫,你曾同他见过面……卢比扬卡(克格勃总部)知道,阿维尔巴赫知道,而且他还告诉了卢兹金,卢兹金这个狗养的,可能比谁都卖力,他读了后面的章节……现在书刊检查部门要求交出全部手稿,在没有专门的指令之前,停止刊登。②

现在绥拉菲莫维奇也帮不上忙了,不久他就离开了《十月》杂志编辑部,由法捷耶夫接替他,担任《十月》的主编。书刊检查部门要去的《静静的顿河》手稿,这时又送还给编辑部,他们的意见是:刊登与否"由编辑部负责决定"。法捷耶夫感到,他接收了一分沉重的"遗产",当他看完了全部手稿,更感到了这份"责任"的分量。这里写的是哥萨克的反苏维埃暴动。但是《静静的顿河》又必须继续刊登,因为杂志上已经刊出了"待续"的预告,千百万读者正期待着下面小说的情节进展。法捷耶夫感到为难,最后他想出了个解决办法:既然《十月》是"拉普"的杂志,作者又是"拉普"的成员,不妨拿到"拉普"的书记处会议上来讨论,让大家"集体"负责。法捷耶夫吩咐把《静静的顿河》未发表的章节打印出来,发给书记处各位成员,是否继续刊登,让大家拿出个统一的意见来。在书记处的会议上,大家议论纷纷,个别人甚至提出不仅作品不能发表,作者也要开除出无产阶级的作家队伍,因为他美化哥萨克黑帮。

---

① 孙美玲编:《萧洛霍夫研究》,第 465 页。
② 沃隆佐夫:《萧洛霍夫传》,第 325—326 页。

但是作品现在这个样子不能发表却是与会的书记处成员的一致意见。法捷耶夫建议,手稿还给萧洛霍夫,委托卢兹金同萧洛霍夫谈话,让他对作品进行彻底的修改。

《静静的顿河》第三部的中心内容是维约申斯克暴动。卢兹金们认为,作品的要害问题也是哥萨克的反苏维埃暴动。所以,当卢兹金同萧洛霍夫谈话时,便直截了当地谈了这个问题,他直言不讳地说:"我们不允许你讲根本没发生过的暴动故事。"萧洛霍夫回答说:"不错,历史学家什么都没有写,但这并不是说它没有发生。你们拿卡库林的《革命是怎样进行的》这本书来看看。他的资料虽然有错误,但是暴动的事实他并不怀疑!"不管萧洛霍夫如何申辩,卢兹金坚持小说必须进行彻底修改。后来萧洛霍夫和法捷耶夫通过电话,法捷耶夫也坚持要他修改小说,为了更清楚地说明问题,法捷耶夫在1930年4月给萧洛霍夫写了一封信,具体地指出了应该如何修改小说。按照他的要求,《静静的顿河》第三部要删去整整30章,包括马尔金滥杀哥萨克群众在内的许多重要情节都要通通删去。法捷耶夫甚至威胁说,如果萧洛霍夫不让葛利高里成为布尔什维克,小说就不能刊登。萧洛霍夫陷入了万分为难的困境,在苦闷中他给列维茨卡娅写了一封信:

亲爱的叶夫根尼亚·葛利高里耶夫娜!

　　同您的第一封信一起,我同时也收到了法捷耶夫就第六卷发来的信件。趁着印象新鲜,给您写了两封信,但是两封信都销毁了,只给您发了个电报。现在"热情平息"了,我想同您谈谈《顿河》第六卷的问题和安德烈耶夫致戈洛乌舍夫信件的事。

　　首先,法捷耶夫向我提出的修改意见是我绝对无法接受的。他说,如果我不让葛利高里成为自己人,那么小说就不能出版。您知道我所构思的第三部的结尾。让葛利高里最后成为布尔什维克,我做不到。我不会为基巴利契奇①的桂冠而难于情。这一点我也写信告诉法捷耶夫了。至于其他修改意见(有关第六卷的),我不反对,但是若要按别人的意愿去改整个作品——主要是结尾——我办不到。这一点我要绝对声明。我宁可不出版,也不能违心地这样做。这样做,既损害了小说,也损害了自己。我就是这样看这个问题的。况且法捷耶夫(他现在是"领袖"了……)也不能向我证明,"艺术作品的规律要求这样的结尾,否则小说在客观上就是反动的"。这不是规律。他这封信的语调是不容反驳的。我不愿别人以这样的语调同我谈话,如果他们(拉普领导层)全都以这样的态度同我讨论有关小说结尾的问题,那么最好不要讨论。我情愿要后者。

---

① 基巴利契奇(1853—1881),革命民粹派分子,民意党执行委员会委员,因参与谋杀沙皇亚历山大二世,于1881年在彼得堡被绞死。月球背面有一个火山口是以他的名字命名的。

亲爱的叶夫根尼亚·葛利高里耶夫娜,您很明白,堵住我的嘴那是最容易不过的。只需要诚心诚意地说上一句:"算了吧,萧洛霍夫,别写了,你的创作不但对我们无用,而且有害"就够了。可是法捷耶夫在有的场合一字不差地说过这样的话:"如果葛利高里现在归顺苏维埃政权,那是虚假,不符合事实。"可是到头来又坚决地提出:"让他成为自己人,否则小说将被枪毙。"看起来,提出建议是最容易的了……如果在这一切之上再加上一个反对我的新浪潮——这个浪潮在《怀念安德烈耶夫的安魂曲》出版之后,甚至在出版之前,已经在莫斯科掀起来了——那么我的处境就同去年秋天没什么两样了。您应该清楚,这样的处境会怎样"促进"创作。我现在的情绪糟透了。如果我现在还能工作,那么其主要的原动力不是良好的"神圣的"创作愿望,而是绝顶的顽强——向他们证明,叫他们心服……

这是个绝妙的原动力吧,是不是啊?我的心情从来没有这样糟糕。我真的非常为我今后的文学命运担忧。如果在《静静的顿河》的发表期间为反对我就能造出三大事件("老太婆","富农保护人",戈洛乌舍夫)而且围绕我的名字总是编造一些卑鄙下流的谎言,那么我自然就会担心:"今后怎么办呢?"即使我写完《静静的顿河》,那么没有文学界和那些该死的作家"弟兄们"的支持,总和他们对着干,无论如何对我是有害的。像您这样的朋友为数很少,这也更明显地衬托出其他人的"色彩"。算了吧,滚他们的蛋吧!《静静的顿河》我是无论如何都要写出来的!现在许多只手都伸出来"纠正"了,而且表示庇护似的拍着我的肩膀,可是在我为《顿河》伤脑筋向他们请求帮助的时候,这些只手大部分都表示拒绝,一点都不支持。我去的时候再向您讲前不久发生的事情,我不想早说。

我正在写第七卷。5月份去莫斯科。到时候您会看到结尾,我的老板们也会看到,那我就彻底地同他们摊牌了。同意出版,很好,我高兴。不同意,那就拉倒。他们"不同意",也没处说理去。关于戈洛乌舍夫的事情我收到几封读者来信。已经有三封了。有一封写得很好,其余两封都怀有不加掩饰的嘲弄。有什么办法呢,我显然让那些力图给我抹黑的人非常难受了。我给绥拉菲莫维奇写了信。

我似乎没有更多的话要说了。我的信不想再看一遍了,否则我又要撕掉的。别责备我"满腹牢骚"。我很不好受,难过到极点。好吧,祝您健康。别忘记我。

问大家好。

米·萧洛霍夫
1930年4月2日,维约申斯克我的家人向大家致意。

关于第六卷和我的心情，恳请您不要和朋友们谈起。这没有必要。而谈第六卷和第四部都为时尚早。①

笔者之所以在这里全文引证了这封信，是因为它最明确地表现出萧洛霍夫要为《静静的顿河》的问世而全力进行抗争的决心和勇气。如果按照法捷耶夫等人提出的要求来修改作品，那么《静静的顿河》将会面目全非，将不是萧洛霍夫所构思的《静静的顿河》。顿河哥萨克在20世纪初期的俄国社会变革中的遭遇是一场历史的悲剧，俄罗斯民族的悲剧。萧洛霍夫自幼饱受俄罗斯文学的教诲和熏陶，对处在社会下层的"庄稼人"充满同情，因此，苏维埃政权推翻压迫人民的沙皇专制制度，他是赞成的，拥护的，并且对革命后的新生活充满了希望。他认为，哥萨克的劳动群众应该在这场社会变革中得到新生，走向新的生活。他的《顿河故事》中的许多作品都表现了这种思想，这种愿望。但是国内战争中他在顿河两岸看到的革命现实，他所看到的有些打着革命旗号胡作非为的布尔什维克，和他心目中理想的革命反差居然那么大，而且哥萨克劳动群众愤然而起，进行反抗竟然遭到如此残酷的镇压，他深深地为哥萨克群众的遭遇感到不平，决心以小说的形式向世人倾诉这种旷世的冤屈，向世人展示这场历史悲剧的始末原委。他清醒地认识到，这并不是革命本身的错误，而是革命队伍中有些人执行错误政策的结果。所以，他要揭露这些人的为非作歹，揭露错误政策的严重后果。我想，这就是萧洛霍夫无所畏惧大胆抗争的决心和勇气的源泉。法捷耶夫那种居高临下的命令口气，他深为反感，这还不是最主要的，最主要的是法捷耶夫提出的修改意见，他是"绝对无法接受的"，他说，"若要按别人的意愿去改整个作品……我办不到。这一点我要绝对声明。我宁可不出版，也不能违心地这样做。这样做既损害了小说，也损害了自己"。面对苏联文坛这些有权有势的"大人物"，年轻的萧洛霍夫毫无惧色，而且，为了让《静静的顿河》原原本本地问世，他决心进行不屈不挠的斗争。当时的萧洛霍夫虽然是个初出茅庐的作家，是个没有什么名望和地位的小人物，但是在坚持真理、为伸张正义而进行斗争方面却表现出了他的铮铮铁骨。

这时，萧洛霍夫看到，德高望重的无产阶级老作家绥拉菲莫维奇已经离开了《十月》编辑部，他能够求助的老一辈作家，只有高尔基了。他先给法捷耶夫发了个电报，请他将《静静的顿河》第六卷的打字稿送一份给高尔基（因为第六卷的原稿这时在《十月》编辑部），然后于1931年6月6日给高尔基写了一封长信，将第六卷创作的原委作了扼要的说明。萧洛霍夫在信中说：

---

① 《萧洛霍夫书信集》，第54—55页。

……第六卷几乎完全是描写1919年顿河上游暴动的。为了便于了解这些历史事件我给您寄去卡库林的《革命是怎样进行的》一书的摘录和革命军事委员会所发布的一些非常有价值的命令。我很想知道您对第六卷的意见……

现在就暴动问题谈几点意见：

1. 发生暴动是由于对待中农哥萨克采取过火行为的结果。

2. 这种情况被工作在顿河上游地区的邓尼金特使所利用,他们将不同时间发生的零散的小型暴乱,转变成为波及所有人的有组织的暴动。同时,值得注意的是,此前实际上曾经是顿河苏维埃政权的支柱的外地人,这时绝大多数都站在暴动者一边厮杀,建立了他们所谓的"外地人义勇队",而且厮杀得比哥萨克暴民更残酷,因而也就比哥萨克暴民更出色。

在尔·斯·捷格加列夫的《战争时期的红军政治工作》一书的《前线地带居民的政治工作》一章中,作者写道:"在国内战争中,在实际政治工作里,我们常常违反这些原则,同中农进行斗争。明显犯错误的实例是1919年春在顿河哥萨克当中施行的消灭哥萨克的政策,这一政策导致红军后方顿河地区许多村镇的全民性暴动,导致南方战线的失败和邓尼金开始长期的进攻。"革命军事委员会在题为《后方暴动》的一项命令中写道:"很有可能,在这种或那种情况下,哥萨克遭到个别过路军队和苏维埃政权个别代表的某些不公正对待……"但是拉普的某些"正统的""领袖们"读过第六卷之后,责备我引用欺压顿河上游哥萨克的事实是为暴动辩护。事实是这样吗？

我不加任何渲染地描写了暴动之前的严酷现实;同时有意识地回避了作为暴动直接原因的那些事实,如在米古林斯克镇不经审判就枪毙了62名哥萨克老人,又在喀山斯克镇和舒米林斯克镇在六天当中枪毙哥萨克的数目十分可观,竟高达400余人之多（过去选出的村阿塔曼、获得乔治十字勋章的军人、骑兵司务长、镇名誉法官、学校的督学和其他资产阶级和村一级的反革命）。

村里和镇上经济比较富足的上层:商人、神父、磨坊主,只缴纳赔款就算完事了;而出身于社会底层的哥萨克却往往要挨枪崩。于是苏维埃政权的某些代表所实行的、有时甚至还是明显的敌人所实行的这种政策,很自然地被解释为,不是要消灭阶级,而是要消灭哥萨克。

但是,阿列克塞·马克西莫维奇,我应该反映消灭哥萨克的政策和欺压中农哥萨克的错误方面,因为不写这些,就不能揭示暴动的原因。不然,就这样无缘无故,不仅不会发生暴动,甚至连跳蚤也不会咬人。

在第六卷里,我描写了"一些苏维埃的低劣分子"……我这样做,是为了把他们置于科舍沃伊、施托克曼、伊万·阿列克谢耶维奇等人的对立面上,说明不是所有的人都是这种"过火分子",说明正是这些"过火分子"歪曲了苏维埃政权的思想。

……

阿列克塞·马克西莫维奇,依我想来,关于对待中农的态度问题将会长期地摆在我们面前,也摆在要走我们革命道路的那些国家的共产党人面前。去年合作化和过火行为的历史事实,在某种程度上同1919年的过火行为相类似,这恰好证实了这一点。您看写这些东西是不是适时呢?您看问题的眼界无比宽阔,我非常希望得到您对这些问题的回答。①

萧洛霍夫的这封信与其说是为自己的创作进行辩解,倒不如说是对那些"苏维埃政权的低劣分子"的批判。他不仅指出了他创作《静静的顿河》的生活基础,而且从马克思主义理论的根本上批判他们的错误。这些"低劣分子"保护的是哥萨克"富足的上层",而对"出身于社会底层的哥萨克"却滥肆屠杀,因而将广大的哥萨克劳动群众推到自己的对立面。这就从根本上弄错了苏维埃政权的阶级路线,把革命的主导力量和革命的同盟军,当作了革命的对象和敌人,因而给革命造成了无可挽回的损失。萧洛霍夫的《静静的顿河》就是要揭露这些错误,以吸取历史的教训。然而,"拉普"的领导们却不许揭露,对这一点不仅毫无认识,而且顽固地坚持这一错误。在他们看来,革命成功了,革命中所做的一切都是百分之百正确的,谁要有不同的看法和想法,就是离经叛道,大逆不道。

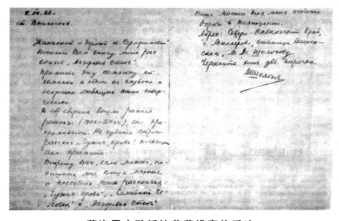

萧洛霍夫致绥拉菲莫维奇信手迹

---

① 《萧洛霍夫文集》(中文版)第8卷,第327—331页。译文略有改动。

另一方面,萧洛霍夫在信中明确提出"对待中农的态度问题将会长期地摆在我们面前,也摆在要走我们革命道路的那些国家的共产党人面前",这就是说,萧洛霍夫在《静静的顿河》中所展示的顿河哥萨克的悲剧,不是一时一地的问题,而是具有普遍意义的,真正的革命者,真正的共产党人应该从这里吸取应有的历史教训。萧洛霍夫1930年底才刚刚入党,给高尔基写信的时候还是一个预备党员,但是他却能以马克思主义的基本观点和世界革命的宏观视野来看待如何对待农民的问题,这是非常了不起的。有些人攻击萧洛霍夫是为富农、为白军说话,说《静静的顿河》是剽窃白军军官的手稿,除了表示他们恶意的诬陷之外,只能说明他们根本没有理解小说的原意。像《静静的顿河》这样的作品,不要说站在反对革命的白军的立场上的人写不出来,即使革命队伍中的人,如果不具有远见卓识,不怀着崇高的革命理想和敢于直面人生的勇气,也是不可能写出来的。

高尔基看了《静静的顿河》第三部的手稿之后,在收到萧洛霍夫的信之前就给法捷耶夫写了一封信,委婉地希望《十月》继续连载小说。高尔基在信中说:"依我看来,《静静的顿河》第三部是一部高品格的作品,它比第二部更有意义,也写得更好。""如果排除作者的'地方情绪',我觉得手稿在政治上是相当'客观'的。自然,我是同意发表的,尽管它会使流亡国外的哥萨克感到几分钟的快意。为此,我们的批评界要让作者感受几个小时的烦恼。"高尔基在信中最后说:"萧洛霍夫很有天赋,他会成为极其优秀的文学家,这一点应当注意。我觉得,对我们这里的坏人所实行的实际的人道主义取得了良好的效果,对我们那些尚未充分发挥出才干的作家,也应实行这样的人道主义。"①但是法捷耶夫并没有接受高尔基的意见,他依然坚持自己的意见。

高尔基决心要帮助这个"很有天赋"的年轻作家。他把《静静的顿河》第三部的手稿和萧洛霍夫的信都转寄给斯大林,并约请他到自己的别墅来,同萧洛霍夫会见,由国家的最高领导人来决定这部小说的命运。

高尔基的别墅坐落在莫斯科小尼基塔街,是20世纪初著名建筑师舍赫捷尔为百万富翁里亚布申斯基建造的一栋住宅。高尔基曾在这里接待外国来访的作家和艺术家,也在这里举行招待会招待国内文艺界的同行。斯大林同萧洛霍夫的会见是在1931年6月中旬(也有的说是在7月中旬),萧洛霍夫后来回忆说:

> 我在桌边坐下,斯大林就开始同我谈话了……他一个人说,高尔基默不作声地坐着吸烟,在烟灰缸上划火柴……他从火柴盒里一根接一根地抽出火柴,划着——整个谈话期间他划了满满一烟灰缸的火柴棍。斯

---

① 转引自比留科夫:《高尔基—绥拉菲莫维奇—萧洛霍夫》,载俄罗斯科学院高尔基世界文学研究所编:《萧洛霍夫新论》,莫斯科,2003年,第288页。

第九章 为《静静的顿河》而斗争

大林从《静静的顿河》第二部谈起,他问:"为什么小说里描写的科尔尼洛夫将军的形象这样温和?应当把他的形象写得很无情……"我回答说,科尔尼洛夫同鲁科姆斯基将军谈话时,他给杜霍宁和其他人下命令时,我是把他作为极其残忍的、要让人民流血的敌人来描写的,但是他从主观上说是个勇敢的将军,在奥地利前线表现很突出。战斗中,他受伤被俘,后来又跑回俄罗斯。作为他那个阶层的人,从主观上讲他是忠诚的。我解释完了……斯大林就问:"这是什么人,忠诚?!既然一个人是反对人民的,那就是说,他不可能是忠诚的!"我回答说:"他站在自己的阶级立场上,主观上是忠诚的。因为他从俘房营里逃跑出来,就是说,他是爱国的,他遵循的是军官忠诚的誓言……所以形象的艺术真实启示我把他写成了小说中的这个样子……他是扼杀革命的敌人,最有说服力的证据是小说中引用的他给克雷莫夫将军的血洗彼得格勒、绞死彼得格勒苏维埃全体代表的命令和指示!"斯大林显然是同意我的看法的,他又提了个问题:关于俄共(布)顿河局和南方战线军事委员会对待哥萨克中农的过火行为,我是从哪里得到的材料?我回答说,小说的一切都是严格根据文献的。档案馆提供了充分的文件,但是历史学家们回避了这些文件,他们展示的顿河流域的国内战争,往往不是从阶级的立场出发,而是写成了行业之间的斗争——所有的哥萨克反对所有的外乡人,这不符合生活的真实。历史学家们隐瞒了托洛茨基分子在顿河地区的胡作非为,把顿河哥萨克看做是"俄罗斯的万第"!然而顿河地区的事情要复杂得多……众所周知,万第分子并没有同法国资产阶级革命的议会军队做过停战……而顿河哥萨克响应顿河局和共和国革命委员会的呼吁,开放自己的阵线,同红军停战了。那时,托洛茨基分子却不顾列宁关于同中农结成联盟的一切指示,对开放战线的哥萨克进行了群众性的镇压。哥萨克是些有武装的人,他们起来反抗托洛茨基的背信弃义,后来才跑到反革命的阵营里去了……这就是人民悲剧的实质!……

斯大林举起烟斗,随后说道:"可是有些人还认为,《静静的顿河》的第三部会让白军流亡分子感到十分快意呢……您对这个问题有什么看法?"说着,似乎特别注意地看了看我和高尔基。阿列克塞·马克西莫维奇熄灭了一根火柴,回答说:"即使对我们最有利的事实,白卫军也会反转过来,加以歪曲,用来反对苏维埃政权。"我对斯大林回答说:"白军好快意呢!我在小说中描写了白卫军在顿河和库班的彻底毁灭!"斯大林又沉默了一会儿,然后说道:"是的,我同意!"然后又转向高尔基说:"《静静的顿河》第三部对事件进程的描写是对我们、对革命有利的!"高尔基同意地点了点头:"是的,是的……"整个谈话过程中斯大林没有任何表达个人感情的表示,他平静,温和,安详。最后他坚定地说:"我们要出版《静静的顿河》第三部！"①

斯大林一锤定音。用萧洛霍夫的话说，"这个他非常讨厌的问题就这样解决了"②。一部文学作品的出版与否，需要国家的最高领导人亲自作出决定，不仅在俄罗斯苏联的文学史上，甚至在世界文学史上，也属罕见的现象。不过，从另一个角度看，也说明《静静的顿河》的意义已远远超出文学艺术的范畴之外了。

关于斯大林和萧洛霍夫的这次会见，世间有许多猜测和传言，仿佛他们之间有什么秘密的政治交易。比如，有人说斯大林答应出版《静静的顿河》第三部是以萧洛霍夫必须创作一部反映农业集体化的长篇小说作为交换条件的。这种说法未免低估了斯大林作为一个政治家，一个国家的最高领导人的政治原则性。假若他不认为《静静的顿河》是"对我们，对革命有利的"，你即便再写上十部小说，他会同意出版吗？假若他认为萧洛霍夫的看法不是"对我们，对革命有利的"，而是有害的，甚至是敌对的，他能让他再去写什么小说吗？关于这个问题，"萧洛霍夫以最坚决的方式否定似乎斯大林曾向他授意自己条件的断言"。他说：

> 斯大林从来没有向我施加政治压力，他是《静静的顿河》的一位细心的、明智而又有耐心的读者。记忆力超群。斯大林几次同我谈话，谈到许多问题，其中也谈到《静静的顿河》。在这些谈话中斯大林的记忆力令我吃惊，他不用看书，就从我的书中引用个别的场面和整页的文字。我们就《静静的顿河》的许多问题进行过辩论。斯大林那内在的魅力，深刻的思想和礼貌周全的分寸感总是令我愉快地感到惊讶。在斯大林同我的谈话中没有丝毫"强加于人"，"强迫命令"或"干预"我的创作构思的意思……是的，我们对某些历史人物（《静静的顿河》中的人物）的看法是不同的。但是斯大林在辩论《静静的顿河》时所表现出来的那种分寸和理解，要比拉普的那些正统派首领们强得多，众所周知，正是他们使小说在《十月》杂志的连载延迟了一年半之久，后来又阻挠单行本的出版。③

虽然有斯大林的明确指示，《十月》杂志依然没有按照约定的时间，从1931年9月继续连载《静静的顿河》第三部，一直拖延到1932年1月，萧洛霍夫对小说又做了某些修改之后，才继续刊登。这时法捷耶夫已离开编辑部，

---

① 转引自费济：《艺术家与权势》，莫斯科，《青年近卫军》杂志，1994年第4期，第170—171页。

② 转引自比留科夫：《高尔基—绥拉菲莫维奇—萧洛霍夫》，载《萧洛霍夫新论》，莫斯科，2003年，第290页。

③ 转引自费济：《艺术家与权势》，莫斯科，《青年近卫军》杂志，1994年第4期，第179页。

主编换成潘菲洛夫。他和卢兹金仍旧坚持要做某些思想上的修正。这样，萧洛霍夫也做了一点让步——删掉了描写杀人政委马尔金的独立一章，而将他的事情从一个老哥萨克的口中说出来。但是杂志刊登出来时，这个老哥萨克的话屋然被删掉了，萧洛霍夫对他们这种卑劣的做法，不仅吃惊，而且气愤。他立即找到潘菲洛夫和卢兹金，他们推说这是"技术性的原因"，"责任人将受到惩罚"。萧洛霍夫说："我不需要你们的惩罚，下一期你们要把这一段文字单独登出来。为了第三部的发表，我找到斯大林本人，可不是让你们拿我开涮的！"大概提到斯大林的名字对《十月》编辑部起了作用，他们采取了苏联文学的历史上空前绝后的步骤：在下一期杂志的最后用小号铅字刊登了这段被删去的文字。①

萧洛霍夫为争取《静静的顿河》第三部的发表和出版所进行的斗争，真可谓不屈不挠。他如果不是怀着为哥萨克劳动群众伸张正义的决心和毅力，他如果不是为了揭露那些败坏革命的人的丑恶嘴脸、让以后走苏维埃道路的共产党人吸取教训，如果不是怀着这样的崇高目的，他何以会这样执着地、穷追不舍地同这些有权有势的人斗争到底？有人诬陷他，说《静静的顿河》是剽窃的，抄来的。抄袭别人作品的人，不外乎为名为利，投机取巧。试问，哪一个名利之徒肯为顺手抄来的作品耗费这样大力气和周折？弄不好还要付出更大的、甚至生命的代价？这种不攻自破的谎言，如果其背后没有一定势力的支持，何以能够如此持久而又层出不穷的制造和传播？

萧洛霍夫为争取《静静的顿河》的发表和出版而进行的斗争取得了胜利，但他的对手并不甘心失败，他们仍旧在处心积虑地对萧洛霍夫进行诬蔑陷害，非要将其置之死地而后快。萧洛霍夫的命运将面临着更大的威胁。

---

① 参阅沃隆佐夫：《萧洛霍夫传》，第408—409页。

第十章

赞誉和诋毁

1928年1月《十月》杂志开始连载《静静的顿河》之后不久,《小说月报》也刊载了这部小说,随后《静静的顿河》硬皮封面的单行本也问世了。小说在广大读者中引起强烈的反响,激发起空前的阅读兴趣。据说,顿河地区千家万户都在阅读刊载《静静的顿河》的《小说月报》。维约申斯克镇,半个镇的人都聚集在集体农庄的大院里,人们席地而坐,围成一圈,听人朗读《静静的顿河》。天黑了,人们还不愿离开。那时维约申斯克镇还没有电灯,煤油也是限量供应的。于是大家便共同商定,谁愿意晚上继续听《静静的顿河》,谁就带半瓶煤油来。人们听得入神,时而笑得前仰后合,时而痛哭流涕,时而争论不休。他们听着小说里描写的人物故事,一草一木,心里备感亲切。他们从小说里所写的主人公的外貌、行为举止而猜测这是哪个村的熟人或自己的亲属……其他镇上的情况也大体如此。卡尔金镇是萧洛霍夫少年时代住的时间最长的地方,人们就在大街上,在商店门口围聚在一起,听人朗读《静静的顿河》。顿河地区的哥萨克,大多是文盲,没上过学,没有阅读能力,所以,只能听人朗读。然而,小说并不仅仅是在顿河哥萨克中流传。萧洛霍夫曾收到许多读者来信,告诉他《静静的顿河》在读者中受到欢迎情形,有的说,图书馆的《十月》杂志都被人们读得破破烂烂的了,人们还在排队等着借阅。

在俄罗斯文学史上,任何一部著名的长篇小说,无论是果戈理的《死魂灵》,托尔斯泰的《战争与和平》或《安娜·卡列尼娜》,还是陀思妥耶夫斯基的《罪与罚》和《卡拉玛佐夫兄弟》,都没有能像《静静的顿河》的前两部那样,一问世就迅速取得成功,一年内就销行数十万册。正如绥拉菲莫维奇所预见的那样,一年之中萧洛霍夫的名字就传遍了全苏联。萧洛霍夫成了苏联读者喜爱和景仰的作家。在作家群中,他也成了引人注目的人物。1928年5月第一次全苏无产阶级作家代表大会召开时,他作为莫斯科无产阶级作家协会的代表出席了大会,在过去这样的事情根本轮不到他这个默默无闻的小作家的。而且,在代表大会上他也成了人们注意的中心,许多人都特意走过来看看这位写出了如此动人心弦的《静静的顿河》的作家是个什么样子。特别是那些在大会秘书处工作的女共青团员们,在她们心目中,能够写出阿克西妮亚和葛利高里这样深刻的爱情的作家,必定是个历尽沧桑、高大雄伟的男子汉,实际一看,原来是和她们年龄相仿的小青年!

萧洛霍夫在苏联作家代表大会上讲话

有一位俄罗斯的评论家曾谈到,"萧洛霍夫的作品在地球上的任何一个角落都能找到通向人们心灵的道路。它们确确实实是人民的作品,无论是内容,还是形式"①。这位评论家谈到,他认识一位见多识广的院士,性情有些古怪,对艺术品有自己的评价标准,对不合心意的作品往往"不容调和地那样严厉",但是谈起《静静的顿河》来却是那样温和,那样激动。按说,院士是"书香门第"的知识分子,特别喜爱某部文学作品,没有什么可奇怪的;但是令人惊奇的是,这位评论家在亚速海畔一个渔民的简陋住房里,发现这个满脸皱纹的渔民的枕边竟然放着一本读了又读都读破了的《静静的顿河》!更有意思的是,一个13岁的罗马尼亚小画家,他在布加勒斯特举办的画展上展出自己的作品,其中一幅就叫《萧洛霍夫的哥萨克》,画面上是一群纵马飞驰的骑手。他说,他九岁的时候就读过《静静的顿河》了。这位评论家感慨地说:"萧洛霍夫的小说一路畅行无阻地向全世界进军,他的小说有种吸引、抓住不同国度、不同年龄、不同职业的读者的能力,这其中的确有某种令人惊奇的东西。"②

《静静的顿河》在《十月》连载后,报刊上陆续出现了一些评论文章。应该说最早的一篇评论文章是绥拉菲莫维奇发表在1928年4月19日《真理报》上的《静静的顿河》一文。绥拉菲莫维奇在文章中称赞萧洛霍夫是"一只年轻

---

① 雅基缅科:《我们大地的歌手》,载《谈萧洛霍夫》,莫斯科,真理报出版社,1973年,第529页。

② 同上。

的黄喙小鹰",但是这只小鹰"却展翅高翔了"。绥拉菲莫维奇高度评价小说的艺术成就:"他的人物不是画出来的,也不是写出来的,他们不是纸上的人物,而是一群活生生的、光华夺目的人物,蜂拥而出,每个人都有自己的鼻子,自己的皱纹,自己的眼睛和眼角上的鱼纹,都有自己说话的语调。每个人走路和回头的姿态都各自不同。每个人都有自己的笑声;每个人按照自己特有的方式去恨。爱情的明朗、爱情的光辉和爱情的不幸也因人而异,各具特色。""正是这种赋予每个人物以个性特点的本领、塑造独特面貌和独特内心世界的本领,——正是这种巨大的本领使萧洛霍夫凌空起飞,并且使大家看见了他。"绥拉菲莫维奇盛赞《静静的顿河》写出了真正的哥萨克艺术形象。"毫不紧张,毫不勉强,没有冗长的开场白,我们立即就接触到哥萨克。这些种地的庄稼汉,穿上了军装,仍然有着庄稼汉的心灵,但在沙皇地主制度毒害下变得片面而畸形。""是的,又愚昧,又野蛮,——可是突然间,读者和萧洛霍夫一起出乎意料地触到了一颗美好的心,一颗在粗俗野蛮的哥萨克胸中的美

1962 年萧洛霍夫被授予英国
圣安德鲁斯大学荣誉博士学位

好的心。这颗美好的心自然而然地敞了开来,宛如草原上的草自然而然地生长一样。"萧洛霍夫描写的事物是"真实的和无可争议的。他虽然描述事物原原本本,直言不讳,可是故事却严谨而清新"。绥拉菲莫维奇由衷地称赞萧洛霍夫是"一个非同凡响的、同谁都不相像的、具有自己独特面貌、具有远大前景的作家"①。

苏联著名的革命活动家和文艺评论家卢那察尔斯基(1873—1933)是继绥拉菲莫维奇之后最早对《静静的顿河》作出高度评价的文艺评论家之一,当《静静的顿河》在《十月》杂志连载的时候,当时卢那察尔斯基正担任教育人民委员的职务,他在回答

记者关于《静静的顿河》的询问时,竖起大拇指说:"令人惊叹,奇妙无比!"②1928 年 10 月卢那察尔斯基在莫斯科共青团作家和诗人的晚会上发言,谈到"年轻的工人文学"时说:"《静静的顿河》展示了顿河哥萨克生活的鲜明图画,就写作的力量而论,许多章节足以和经典作家的作品相并列。此外,萧洛霍夫所描绘的那一世界本身也是极为有趣的。经典作家当中有哪一位能够这样来描写情感激荡的世界呢?无论是作为反面典型加以塑造的人物,还是

---

① 绥拉菲莫维奇:《静静的顿河》,原文载 1928 年 4 月 19 日《真理报》。转引自孙美玲编:《萧洛霍夫研究》,第 15—17 页。

② 据安德烈·沃隆佐夫:《萧洛霍夫传》,第 313 页。

扮演正面角色的人物，所有的形象都非常有血有肉。书中充满了野性的力量，黑土地带的润泽和潜在的能量，甚至在杰克·伦敦的任何一部最优秀的小说中都不会有这样多，因为那里所描写的仅仅是个人、集团，而不是表现得更为有力的全体人民。我不认为其中的原因在于顿河哥萨克具有异乎寻常的生物智能，我认为这里最主要的是萧洛霍夫本人能够看到这一切。"[1]在这里，卢那察尔斯基不仅将这个年轻作家的《静静的顿河》同经典作家的作品相提并论，而且认为，没有哪位经典作家能够像萧洛霍夫这样"描写情感激荡的世界"，甚至连擅长写"野性的力量"的美国作家杰克·伦敦的"任何一部最优秀的小说"都不能像萧洛霍夫这样"更为有力"地表现"全体人民"。这在当时可以说是对萧洛霍夫及其《静静的顿河》的最高评价了。一年之后，1929 年，卢那察尔斯基在他所做的题为《十月革命后的俄罗斯文学》的报告中，又一次高度评价了萧洛霍夫及其《静静的顿河》："这是真正的杰作。当然，在小说业已发表的那一部分中，还仅仅描写了顿河在革命以前时期的面貌。书中反映了整个无比丰富多彩的黑土地带的生活，而这一生活却是以非凡的天才、饱满的激情反映出来的，从而使萧洛霍夫的小说在现在就已经列入我们整个散文创作的优秀杰作的文库之中了。"[2]

高尔基也是一位慧眼识珠的长者，他同绥拉菲莫维奇、卢那察尔斯基一样，一眼就看出萧洛霍夫是个非同寻常的艺术天才。1928 年，《静静的顿河》第一部刚刚在《十月》杂志开始连载的时候，他就在这年的 12 月 31 日给一位朋友写信说："从第一部看来，萧洛霍夫是很有天才的……每年都推出越来越有才华的人。这真是乐事。"[3]后来他在多次的文章和讲话中，每当提到苏联文学的进步和成绩时，都要提到萧洛霍夫。1931 年，当《静静的顿河》被《十月》停止连载时，他应萧洛霍夫的请求，写信给当时的杂志主编法捷耶夫说："《静静的顿河》的第三部是一部高品格的作品，在我看来，比第二部更有意义，也写得更好……萧洛霍夫很有天赋，他会成为极其优秀的文学家。"[4]他认为，文学界应当善待萧洛霍夫，而不应给他设置障碍。大概就是因为这个缘故，在他不能说服《十月》编辑部时，才约请斯大林来他的别墅同萧洛霍夫见面，解决《静静的顿河》第三部的出版问题。

斯大林是很欣赏萧洛霍夫的才华的。1932 年他在给当时的苏共领导人之一卡冈诺维奇的一封信中称赞萧洛霍夫"具有巨大的艺术才华"，"是一个

---

[1] 《卢那察尔斯基文集》第 2 卷，莫斯科，苏联文学出版社，1964 年，第 404 页。转引自孙美玲编：《萧洛霍夫研究》，第 19 页。

[2] 《卢那察尔斯基文集》第 2 卷，第 651 页。转引自孙美玲编：《萧洛霍夫研究》，第 20 页，译文略有改动。

[3] 转引自比留科夫：《高尔基—绥拉菲莫维奇—萧洛霍夫》，载《萧洛霍夫新论》，第 283 页。

[4] 同上书，第 288 页。

非常勤恳认真的作家,他写的东西都是他非常熟悉的"。① 1932 年,苏联当局鉴于"拉普"的严重错误,决定取消"拉普",建立全苏统一的作家协会。10月,斯大林和莫洛托夫、伏罗希洛夫、卡冈诺维奇等几位政治局委员在高尔基家中召开了一个座谈会,筹备成立作家协会。被邀请出席的作家都是当时苏联文坛上很有名望、很有影响的人物,如法捷耶夫,卡达耶夫,列昂诺夫,谢福林娜,巴格里茨基,潘菲洛夫等,年轻的萧洛霍夫也在被邀请的作家之列。出席这次座谈会的还有一位年轻的评论家泽林斯基,后来他成为苏联文学界很有影响的一位文艺理论家。他对这次座谈会做了很详细的记录。正是因为有了这份记录,我们今天才可以知道,年轻的萧洛霍夫在会上是多么受到斯大林的重视。斯大林在会上特别谈到了萧洛霍夫的《静静的顿河》,并提议为萧洛霍夫祝酒。泽林斯基的笔记中写道:"作家们要唱歌。法捷耶夫拉萧洛霍夫同他两人一起唱。萧洛霍夫很羞涩。同高大的法捷耶夫站在一起,萧洛霍夫像个小孩。他穿着紧身的羊毛衬衫,剃得光光的大脑袋,很不自然的微笑着。他在设法避开大家的注意。法捷耶夫一人独唱。""法捷耶夫高声喊道:为我们最谦逊的作家,为米沙·萧洛霍夫干杯!他自己已经喝得醉醺醺的了。""斯大林也端着酒杯站起来:'为萧洛霍夫干杯!对了,我还忘记告诉你们。生活本身会对人进行改造。但是你们要帮助改造他的灵魂。人的灵魂,这是很重要的生产。你们是人类灵魂的工程师。这就是为什么我们要为作家干杯,为他们之中最谦逊的萧洛霍夫同志干杯!'"②

  泽林斯基的这份记录,在 1949 年斯大林 70 寿辰的前夕,他整理了一下,把它寄给了苏共中央主管文化宣传工作的苏斯洛夫,要求公开发表,他说,法捷耶夫可以证明这份记录的真实性,但是苏共中央当时没有发表,而是责成苏联作家协会书记处以会见参加者集体的名义写出一份"历史记录",存入档案了。

  1934 年 8 月,苏联第一次作家代表大会在莫斯科召开。萧洛霍夫是大会代表,并被选入大会主席团。就在大会召开前夕,当时作为苏联政府首脑的加里宁,在会见青年作家时,有人问他,住在外省的青年如何学习写作,他就以萧洛霍夫为例,对萧洛霍夫大加赞扬。他说:"你们看,萧洛霍夫!要知道《静静的顿河》和《新垦地》是我们最好的作品,却是一个住在偏远的外省,住在一个哥萨克小镇上的人写的。没有任何一个为初学写作者办的杂志帮助过他。他勤奋写作,终于成长起来了……"③

  应邀参加大会的除了作家之外,作为荣誉代表,还有刚刚脱险的"切柳斯

---

① 转引自奥西波夫:《萧洛霍夫不为人知的经历》,第 49—50 页。
② 同上书,第 56 页。
③ 沃隆佐夫:《萧洛霍夫传》,第 418 页。

金"号轮船①的船员代表。轮船的航海长马尔科夫在会上讲了一段同《静静的顿河》第三部有关的动人故事。他说,当轮船快要沉没的时候,船员们要把最需要的物品迅速地扔到冰上。他突然想到,还没有可读的书呢,便立即冲进已经进水的船舱,抢出了一本《静静的顿河》第三部,过后,他自己也深感困惑,"怪哉,真的,怪极了!难道我需要为一本书去冒生命的危险?"但是,很快他们就对这一举动感到万分庆幸了。在远离岸边的荒无人烟的冰

萧洛霍夫和宇航员沃雷诺夫

天雪地里,他们聚在一起,大声地朗读萧洛霍夫的作品,就像当年顿河上游各个村镇的哥萨克一样。他们读着《静静的顿河》,期待着救援飞机的到来。他说是萧洛霍夫的《静静的顿河》帮助船员们坚持了下来。

当年曾是"列夫"的成员,现在在英国工作的特列季亚科夫也在大会的讲坛上称赞了《静静的顿河》,他说:"萧洛霍夫以他的《静静的顿河》闯进了英国读者的世界,成了一个传奇式的人物,甚至可以说是轰动一时的人物……伦敦出版《静静的顿河》的一家出版社一天之内就收到100多份英国各家大报和文学周刊的剪报,这些报刊都把小说的出版当作一个突出的事件来庆祝。"②

1934年末,萧洛霍夫携夫人出访欧洲,先到丹麦,以著名的安德孙为首的一些丹麦作家到边境上去迎接萧洛霍夫夫妇,丹麦报刊称萧洛霍夫是举世闻名的作家。从丹麦到瑞典,1935年1月,到达英国,成为"引起轰动的人物",英国的《每日先驱报》称他是"苏联的狄更斯"。③ 最后到达法国,结束了这次出访欧洲的行程。

这次出访使萧洛霍夫赢得了更大的世界声誉。早在1929年,当《静静的顿河》第一部和第二部还在《十月》杂志连载的时候,萧洛霍夫的名字就已经随着小说传到了国外。匈牙利作家伊列什说萧洛霍夫是"俄罗斯文学中的新

---

① "切柳斯金"号轮船的船员试图在一个通航期内从摩尔曼斯克穿过北冰洋到达海参崴,不幸中途被浮冰撞沉,船员们都逃到浮冰上,后被飞机救回。当时轮船的船和救人的飞行员都被认为是完成了英雄壮举,曾广为宣传。

② 沃隆佐夫:《萧洛霍夫传》,第419页。

③ 普里玛:《〈静静的顿河〉在英国》,载《谈萧洛霍夫》,第420页。

1966年萧洛霍夫被授予
莱比锡大学荣誉博士学位

的托尔斯泰"①。德国的评论家魏斯柯普夫说:"《静静的顿河》以其构思的宏伟,生活的多面,表现的深透而令人想起列夫·托尔斯泰的《战争与和平》!"②丹麦评论家弗拉杰尔则宣称,萧洛霍夫是"俄罗斯新的伟大作家,是从战壕中走出来的新托尔斯泰,是符合当代现实主义要求的新托尔斯泰"③。法国著名作家罗曼·罗兰在他的一篇评述苏联文学的文章中,以萧洛霍夫的作品为例,说"苏联文学的优秀作品基本上继承了以托尔斯泰的作品而不朽的、作为俄罗斯艺术精华的上个世纪的伟大现实主义的传统",仍旧保持着"画面的广阔",人物的多样,"客观的视角","宽广的视野"等特点。④ 这些外国评论家在对萧洛霍夫赞不绝口的同时,不约而同地看到了萧洛霍夫的创作同托尔斯泰的艺术传统、同俄罗斯文学传统的密切关系。英国著名作家查尔斯·斯诺⑤说:"从契诃夫时代算起,他(萧洛霍夫)在西方取得了最广泛的声誉。……我个人深信,我的许多朋友也是这么想的,《静静的顿河》是40年来世界上所创作的长篇小说中最优美的一部小说。"⑥

在众多的国外评论中,波兰作家比亚洛科佐维奇的看法显得特别有见地。他说,萧洛霍夫的作品是"俄国历史上伟大变革的文学见证","《静静的顿河》是作为俄国历史上伟大变革的历史和人类正义的见证而构思的"。⑦这个看法已经接近于我们今天对《静静的顿河》的认识。

1965年著名的印度作家安纳德⑧曾给萧洛霍夫写信,谈到他30年前读《静静的顿河》时的感受。他说:"我第一次读到您的《静静的顿河》大约是30

---

① 转引自奥夫恰连科:《萧洛霍夫在文学中的地位》,载《奥夫恰连科选集》第2卷,莫斯科,文学艺术出版社,1986年,第173页。

② 同上。

③ 同上。

④ 同上。

⑤ 查尔斯·斯诺(1905—1980),英国作家,社会活动家,主要作品有长篇连续小说《陌生人和兄弟们》(1947—1970),长篇小说《在他们的智囊中》(1974)。

⑥ 查尔斯·斯诺:《他使生活变得丰富多彩》,载《谈萧洛霍夫》,第448页。

⑦ 转引自奥夫恰连科:《萧洛霍夫在文学中的地位》,载《奥夫恰连科选集》第2卷,第180页。

⑧ 安纳德(1905—?),印度作家,社会活动家,主要作品有:长篇小说《苦力》(1936),《七个夏天》(1951),《恋人的自述》(1976)等。

年前,在伦敦……您的作品,它那广阔的史诗气势,给了我很大鼓舞,使我坚定了信念:东方的作家在新的作品中讲述了西方还不甚了解的遥远的、不为人知的民族的故事,也能够进入世界文学之林。"他说萧洛霍夫的作品"就像顿河的水流,事件带动着作品的主人公在自己的洪流中向前流去"。他的主人公"在残酷的变革热潮中,为保持个人的尊严和平等而斗争。他们的人性、他们为把爱情从死亡的魔爪下拯救出来的斗争,他们为肯定精神不可战胜而作的斗争——这一切比某种直截了当的英雄主义表现得更有意义"。①

在庭院中

早在《静静的顿河》问世之初,我国就有了小说的汉语译本,中国作家也同样给予了小说高度的评价。1931 年上海出版了中文《静静的顿河》第一、二部的单行本,译者贺非,原名赵广湘,他所依据的德文译本是旅居德国的徐诗荃寄来的,而俄文原文本则是当时正在苏联的曹靖华寄来的。1936 年上海光明书店又出版了赵洵、黄一然译的《静静的顿河》第二卷,实际上是续译了贺非的译文。我国伟大的文学家鲁迅先生也是翻译萧洛霍夫作品的译者之一,他翻译了《顿河故事》中的短篇小说《有家室的人》(鲁迅的译文将标题改为《父亲》)。鲁迅对《静静的顿河》十分赞赏,他曾在给胡风的信中提到:"《静静的顿河》我看该是好的,虽然还未做完。"②当中文译本《静静的顿河》单行本出版的时候,鲁迅给该译本写了《〈静静的顿河〉后记》,他引用我们上文提到的德国评论家魏斯柯普夫的话,高度评价这部小说,将它同托尔斯泰的《战争与和平》相媲美,接着又以他特有的睿智指出了小说的艺术特点和对中国文学的意义:"……然而风物既殊,人情复异,写法又明朗简洁,绝无旧文人描头画角,婉转抑扬的恶习,华斯珂普(今译魏斯柯普夫)所说的'充满着原始力的新文学'的大概,已灼然可以窥见。将来倘有全部译本,则其启发这里的新作家之处,一定更为不少。"③

《静静的顿河》是一部顿河哥萨克的悲剧史诗,它在艺术上取得了巨大的成功,但是也给它的作者惹来了一生的麻烦。当小说还在《十月》杂志上连载

---

① 安纳德:《一封寄到维约申斯克的信》,载《谈萧洛霍夫》,第 41—42 页。
② 《鲁迅书信集》,北京,人民文学出版社,1976 年,第 837 页。
③ 鲁迅:《〈静静的顿河〉后记》,载《集外集拾遗》,北京,人民文学出版社,1995 年,第 142 页。

的时候,与绥拉菲莫维奇、卢那察尔斯基、高尔基等人对小说给以高度评价的同时,报刊上就曾出现过一些激烈攻击的评论,给作者扣上种种政治帽子和罪名,什么"同路人",反动哥萨克群众和白军的思想家等等,不一而足。有的评论家甚至指责小说中贯穿着"超阶级的人道主义,肤浅的经验主义,色情,自然主义"①,等等。有人在罗斯托夫出版的《高潮》杂志上发表文章,指责萧洛霍夫是"富农和反苏维埃分子的帮凶",为此萧洛霍夫曾写信给《布尔什维克接班人报》、《铁锤报》和《高潮》杂志编辑部表示抗议,信中说:"《布尔什维克接班人报》第206期所刊载《纯文学的创造者》一文的作者普罗科菲耶夫指控我是富农和反苏维埃分子的帮凶,并且引用若干'事实'作为例证。这些指控都是彻头彻尾的谎言。我认为,我有责任声明,我完全彻底地同意党和苏维埃政府对农民的政策。……对这些毫无根据、谎话连篇的指控,不仅要彻底批驳,我还要求对普罗科菲耶夫文中所引用的'事实'进行调查核实。"②随后,无产阶级作家协会北高加索联合会书记处对这件事进行了调查核实,并于1929年11月5日公布了调查结果。在这篇题为《反对对无产阶级作家的诬陷》中说:"对萧洛霍夫提出的指控是最卑鄙下流的诬陷,这些指控没有一项在调查中得到证实。"③

接着,西伯利亚的一家小杂志《现在时》刊载了一篇挑衅性的文章《为什么白军会喜欢〈静静的顿河〉?》,文章提出这样的问题,其理由就是《静静的顿河》在国外得到出版,并得到好评。文章论证说:"之所以发生这样的事情,正是因为萧洛霍夫的作家立场是同无产阶级格格不入的,这是一种富农的、反苏维埃的、流亡者的立场。小说仿佛是按我们敌人的订货而写的,并且也是为他们服务的。"④作者是该杂志的主编库尔斯。这位库尔斯何许人也?他是当时正在西伯利亚任边区党委书记的瑟尔佐夫的战友,而瑟尔佐夫正是1918—1919年在顿河地区推行"消灭哥萨克"政策的主要人物之一。在20世纪20年代末这些人都已成为苏维埃当局很有权势的人,正面临着飞黄腾达的政治前途。《静静的顿河》对维约申斯克暴动的披露无情地揭露了他们对哥萨克劳动群众滥肆屠杀的罪行,"萧洛霍夫给那些血洗顿河的罪犯、后来又在政府中身居要职的人的打击是显而易见的,现在人家不会饶恕他。"⑤因此,他们对《静静的顿河》及其作者萧洛霍夫进行攻击和诬陷,要把他打成"阶级异己分子"和苏维埃政权的"敌人",将其置之死地,那就没有什么可奇怪的了。

---

① 比留科夫:《高尔基—绥拉菲莫维奇—萧洛霍夫》,载《萧洛霍夫新论》,第284页。
② 《萧洛霍夫书信集》,第46页。
③ 同上书,第47页。
④ 比留科夫:《高尔基—绥拉菲莫维奇—萧洛霍夫》,载《萧洛霍夫新论》,第285页。
⑤ 费济:《艺术家与权势》,莫斯科,《青年近卫军》杂志,1994年第3期,第199页。

第十章 赞誉和诋毁

另一方面,某些"作家兄弟"出于对《静静的顿河》的艺术成就的嫉妒,而对年轻作者的著作权提出了质疑,编造、散布了层出不穷的谣言。萧洛霍夫的朋友列维茨卡娅在她的笔记中记载了当时谣言流传的情况:"《静静的顿河》最初是在《十月》杂志发表的,随后于1928年出了单行本……我的天哪!对《静静的顿河》和它的作者掀起了一场多么狂热的造谣污蔑的浪潮啊!有些似乎非常'体面的'人士,作家、批评家,还有一些小市民群众,他们板着一副正经的面孔,神秘地压低声音,传播着一个'非常确实的'故事:他们说,萧洛霍夫偷了一个白军军官的手稿,有的还说,军官的母亲跑到《真理报》编辑部,还是党中央或拉普,要求保护她的写了这部精彩作品的儿子的权利……文学界到处都在中伤和污蔑《静静的顿河》的

在苏联作家第四次
代表大会的日子里

作者,可怜这位作者在1928年刚刚年满23岁!这需要多大的勇气,对自己的力量和写作才华要有多大的自信,才能坚强地顶住那些'老资格'作家的种种卑劣行径、阴险的劝告和'友好的'指示啊!有一次我接触到一位这样的'老资格'作家,他就是别列佐夫斯基,他意味深长地说:'我是个老作家,可是像《静静的顿河》这样的书,我写不出来……一个23岁的人,没受过任何教育,能写出这样深刻、心理描写这样真实的书,能让人相信吗……这有点不大对头啊!'"①

这个"老资格的"作家别列佐夫斯基是个什么人呢?

他本是萧洛霍夫1925年出版的《顿河故事》的责任编辑。他也的确是个"老资格":出身于工人家庭,当过雇工,很早就参加了推翻沙皇专制制度的革命斗争,1904年加入布尔什维克党,曾被沙皇政府逮捕,被判死刑,但是他奇迹般地逃脱了。十月革命后,他在西伯利亚某省担任省的粮食委员,大概就是这个缘故,他对曾在农村做过粮食工作的萧洛霍夫另眼相看,给他的小说集当了责任编辑。他从20世纪初开始发表作品,也取得了一定的成绩,所以十月革命后做了一个时期的行政工作,便离开了政府机关,投身于文学创作,并在莫斯科定居下来。但是他的文学事业却没有什么进展,虽然他也写过一些不错的短篇小说,但是他没有写出一部成功的长篇小说。他以为他干

---

① 《列维茨卡娅的两本笔记》,莫斯科,媒体呼声出版社,2005年,第221页。

了几十年的文学创作都没有达到的东西，一个小青年居然这么短的时间里写出了这么精彩的长篇小说，他只能抱着嫉妒的心情怀疑他的著作权了。

在前面的一章中写到了萧洛霍夫遭到谣言陷害后的愤慨和他为《静静的顿河》所做的坚决的斗争。《真理报》发表五位拉普领导人《致编辑部的信》之后，谣言制造者的活动虽然有所收敛，但是他们并没有改变看法，也没有放弃制造谣言的活动。列维茨卡娅的女儿玛卡里塔·列维茨卡娅1930年在柏林工作，她在给母亲的一封信中，谈到出国访问的革拉特科夫在回答记者提问时，关于萧洛霍夫说了这样一段话："顺便说说，昨天革拉特科夫在我们俱乐部讲演，在有人问到关于萧洛霍夫的情况时，他的脸上一副酸溜溜的表情，他说，是的，他是个好作家，好是好，可不是我们的，不是无产阶级的作家，而是农民的作家，他善于描写富裕的农民，描写有钱的哥萨克也写得很好。总之，赞扬了一番。最后还补充了一句，希望他以后会成为我们的作家。"①这个革拉特科夫是作家团体"铁匠炉"的成员之一，萧洛霍夫在给妻子的信中曾痛斥他们是"一伙内心卑劣的小人"，"连党证也不能使他们反动的小市民本性变得高尚起来"。在他们眼里，萧洛霍夫始终是个"另类"，是个"野种"，他不是苏维埃作家，而是一个"阶级异己分子"。

一波未平，一波又起。1930年为纪念已故俄罗斯作家安德烈耶夫，莫斯科出版了他的一本书信集，书名叫《安魂曲》。书中有安德烈耶夫给作家戈洛乌舍夫的几封信。1917年安德烈耶夫担任《俄国意志报》主编时，戈洛乌舍夫曾将一篇关于顿河哥萨克的特写寄给他。安德烈耶夫看了之后，感到文章很一般化，稿件质量不高，便将原稿退还给了作者，并给作者附了一封信。安德烈耶夫的信中，提到戈洛乌舍夫的稿件时，他那篇特写的标题就叫《静静的顿河》。所以，这本书一出版，莫斯科就掀起了新一轮的"剽窃"案风波。而且，祸不单行。1929—1931年间《十月》杂志改换了领导班子，新编委会由法捷耶夫任主编。由于《静静的顿河》第三部写到了维约申斯克暴动，《十月》杂志决定停止刊载《静静的顿河》。恰恰在这个时候，有人利用安德烈耶夫书信集的出版掀起了新一轮的"剽窃"案风波。对萧洛霍夫来说，无疑于雪上加霜。

远在维约申斯克的萧洛霍夫听到后，非常烦恼。他给绥拉菲莫维奇写信说："我收到莫斯科同志的许多来信，还有许多读者来信，他们问我，并且告诉我，现在又有流言，说我的《静静的顿河》是从安德烈耶夫的朋友、评论家戈洛乌舍夫那里'偷'来的，而且在他的亲人出版的《纪念安德烈耶夫的安魂曲》一书中似乎有确凿无疑的证据。日前我收到了这本书和列维茨卡娅的信。安德烈耶夫给戈洛乌舍夫的信中的确有这样的地方说到他的《静静的顿河》

---

① 《列维茨卡娅的两本笔记》，第188页。

不适合刊用。我真倒霉,戈洛乌舍夫写的一篇游记和生活特写,题名叫《静静的顿河》,(从信中看)这篇东西关注的主要内容是1917年顿河哥萨克的政治情绪。文章中常常提到科尔尼洛夫和卡列金的名字。这就使我那些众多的'朋友'有借口掀起了新一轮诬陷我的风波。"萧洛霍夫在信中还希望绥拉菲

萧洛霍夫同外国作家谈话

莫维奇能让戈洛乌舍夫出面揭穿这些谣言,他说:"您同安德烈耶夫是很接近的朋友,大概您也认识戈洛乌舍夫。如果有必要,他是否能出面否认这些谣传?"①戈洛乌舍夫的特写,其原来的标题是《来自静静的顿河》,被安德烈耶夫退稿后,后来发表在莫斯科《人民通报》杂志1917年第12期和第13—14期合刊上。安德烈耶夫给戈洛乌舍夫的信中提到这篇稿件时,曾有"你的《静静的顿河》","交出《静静的顿河》"的字样,被谣言制造者们拿来当作诬陷萧洛霍夫的武器。然而这次的谣言并没有掀起多大的风浪,因为当时高尔基、绥拉菲莫维奇等老作家都还健在,他们是安德烈耶夫和戈洛乌舍夫的同时代人,了解戈洛乌舍夫的笔风和写作能力,如果萧洛霍夫真的抄袭了戈洛乌舍夫的文章,是瞒不过他们的眼睛的。苏联解体后,许多档案解密,有位俄罗斯评论家曾在莫斯科《青年近卫军》杂志上撰文说,"《安魂曲》的出版者粗暴地篡改了信的原文。戈洛乌舍夫特写的题目《来自静静的顿河》,在安德烈耶夫的信中被改为《静静的顿河》,并增加了整整一行,在这一行中特写改称长篇小说,而且是'以日常的语调进行极为平静的描写'的长篇小说,并三次加上了'你的《静静的顿河》'的字样。为了避人耳目,他们把安德烈耶夫信的原件从档案中取走,而代之以打字的复制件,该件的最后三行也被贴上了,这样也就没了安德烈耶夫的签名"。文章说,"做了这样一番手脚的假信就成了这次谣言的源头……"②2003年俄罗斯科学院世界文学研究所出版的《萧洛霍夫书信集》在为我们前面所引的萧洛霍夫致绥拉菲莫维奇的信作注时,曾指出安德烈耶夫的信中有"你的《静静的顿河》"和"交出《静静的顿河》"的字样,但是并没有提到《安魂曲》出版者做伪的问题。

《静静的顿河》再现了历史巨变中哥萨克劳动者走向新生活的艰难曲折的道路和"消灭哥萨克"的错误政策给他们造成的悲剧命运。小说的中心情

---

① 《萧洛霍夫书信集》,第52页。
② 费济:《艺术家与权势》,第211页。

节是由于红军的背信弃义和对无辜哥萨克群众的滥肆屠杀而激起的维约申斯克暴动。暴动平息之后,参加暴动的哥萨克遭到残酷镇压,许多人为此而家破人亡。这个事件,执政当局从未公开披露,因此顿河地区之外的老百姓根本不知道曾有这样一个事件。《静静的顿河》第一次使全俄罗斯的老百姓知道了伟大的十月革命中曾发生过这样一个悲惨事件。萧洛霍夫的大胆举动无疑触动了某些悲剧制造者的神经,威胁到某些人的既得利益。他们的造谣陷害遭到失败之后,他们并不死心,便策划了更为恶毒的阴谋,要把萧洛霍夫置于死地。

文艺界的那些"作家弟兄"(萧洛霍夫语)掀起的"剽窃""抄袭"谣言,由于缺乏事实的依据,而且又遭到文艺界领导当局的严厉批驳,逐渐丧失市场,在20世纪30年代已渐趋消沉,但是在第二次世界大战之后,特别是在战争中萧洛霍夫的手稿遗失之后,"剽窃""抄袭"的谣言又开始兴风作浪。70年代法国巴黎出版了署名 Д. 的《〈静静的顿河〉的激流》一书,又把曾当过白军军官的俄罗斯作家克留科夫搬出来,说他才是《静静的顿河》的真正作者,萧洛霍夫是抄袭了他的手稿。这本书由于有索尔仁尼琴作的序言,因而流传颇广,影响很大。署名 Д. 的作者,后来才知道,她的原名叫伊林娜·尼古拉耶夫娜·梅德维杰娃—托马舍夫斯卡娅。这本书是在索尔仁尼琴的怂恿和支持下写的。索尔仁尼琴曾在他的《牛犊抵橡树》一书的《补充五》里详

德国领导人乌布里希
授予萧洛霍夫勋章

细叙述了策划和写作这本书的经过。他所依据的只是过去在罗斯托夫听到的一些传言,并无事实依据。70年代,这本书的俄文版虽然并未传入苏联,但是苏联文艺界的领导部门对它却非常重视。当时西蒙诺夫通过列宁图书馆索看了克留科夫的档案材料和他的全部作品,随后向苏共中央书记杰米切夫详细汇报了他所看到的内容,他非常肯定地说:"克留科夫不可能是《静静的顿河》的作者,语言不同,风格不同,规模也不同。为了杜绝在这个问题上的谣言和臆测,我们最好出版克留科夫的文集。凡是读过克留科夫作品的

人,再不会有任何疑虑,《静静的顿河》只能是萧洛霍夫写的,而绝不是克留科夫。"①当时苏共中央主管意识形态的书记苏斯洛夫断然否定了出版克留科夫文集的建议,只同意由西蒙诺夫向西方报刊发表一次谈话,表明他的看法。于是西蒙诺夫向西德的《明镜周刊》发表了一次谈话,刊登在该刊1974年第49期上。后来萧洛霍夫知道了这件事,他很受感动,他说:"我不止一次地得罪过他,可他从来没有抱怨我。这次他超越个人恩怨,挺身而出……为什么我们不能把西蒙诺夫的谈话稿发表在《文学报》上呢?"②但是苏斯洛夫不同意,他认为没有必要去扩散谣言和诽谤,苏联人不需要去证实萧洛霍夫的著作权,他们对此毫不怀疑。但是苏联解体之后这些传言又从国外传回苏联时,普通的读者面对汹涌而至的谣言和诽谤,已完全丧失了辨别能力。谣言越造越离奇。有人说《静静的顿河》是萧洛霍夫的岳父写的,因为他当过哥萨克的阿塔曼(首领),还有人说萧洛霍夫逮住一个白军俘虏,把他关在地窖里,让他在那里写《静静的顿河》。事情闹到什么人都能写出《静静的顿河》,而惟独萧洛霍夫写不出来。

莫斯科有一家《独立报》,经常发表一些有独立见解的报道和评论,该报对传播得沸沸扬扬的《静静的顿河》为克留科夫所作的谣传作了这样一番评论:"萧洛霍夫能够从克留科夫这位对《静静的顿河》的时代来说已经过时的记录日常生活的作家那里抄些什么呢?从理论上讲,他可以根据克留科夫的书写出史诗的第一部,这里写的是革命前顿河哥萨克的日常生活(但是非常清楚的是,第一部的风格是和克留科夫完全不同的另一种风格)。克留科夫还可以非常牵强地给萧洛霍夫提供第二部的某些资料。然而这在事实上是不可能的。克留科夫描写过战争……和革命,但是写法完全不同,当时他完全投入到顿河流域革命事件的旋涡之中,以致他那篇特写也是勉强用当地的材料写成的。他同顿河上游的暴动没有任何关系,所以,克留科夫连第三部(在我看来,第三部最有力)的草稿也写不出来。我们不应忘记,在国内战争期间,克留科夫忙于应付社会事务,编辑《顿河消息》,在军事行动的现场花费很多时间,并参与其中,因此他没有可能坐在书房里写作。1920年2月他在库班因病死去,他的死是自然死亡,这使他不可能成为顿河军最后几个月撤退的记录者,而顿河军的撤退在《静静的顿河》中却有不少写得很好的篇章。"③

萧洛霍夫因《静静的顿河》而成为举世闻名的作家,并荣获了诺贝尔奖金,受到世人的尊敬,但是造谣和诬陷也伴随了他的一生,甚至在他去世之后

---

① 转引自库兹涅佐夫:《萧洛霍夫和反萧洛霍夫》,莫斯科,《我们的同时代人》杂志,2000年第5期,第274页。

② 同上。

③ 同上,第272—273页。

萧洛霍夫在维约申斯克家中接待芬兰作家

都不能得到安宁。善良的人们以为这是战争年代丢失小说手稿给他带来的不幸,一旦找到手稿,这些谣言制造者就无法兴风作浪了。然而事实并非如此。1999年10月,俄罗斯通讯社发布了一条消息,说"《静静的顿河》的原稿近日在萧洛霍夫之友、作家斯卡托夫的一位亲戚家中被发现。经俄罗斯科学院俄罗斯文学研究所专家委员会鉴定,手稿为萧洛霍夫原作无疑"。消息还说,"此次该书原稿的发现为辞世已15年的大作家洗雪了不白之冤"。①看到这条消息,善良的读者似乎可以为已故的萧洛霍夫松一口气了。然而事情并没有这样简单。因为那些给萧洛霍夫罗织"剽窃""抄袭"罪名的人,并不以手稿的有无为根据,他们最初以"剽窃""抄袭"的罪名诬陷萧洛霍夫的时候,《静静的顿河》的手稿并没有丢失。所谓"抄袭"、"剽窃"之说,从最早一提出来就带有浓厚的政治色彩。1977年以电子计算机技术证明《顿河故事》、《静静的顿河》、《新垦地》等作品风格一致,都是出自萧洛霍夫手笔的挪威教授盖尔·海索先生同萧洛霍夫会见时,对萧洛霍夫谈起这些谣言的起因"是出于嫉妒",当时,萧洛霍夫阴郁地说:"嫉妒……有组织的嫉妒……"②这里清楚地表明,萧洛霍夫深知他所面对的是怎样的一股政治势力。他知道,这些造谣诬陷的人,他们所需要的并不是事实和真理,而是一种蛊惑人心的政治效果,只要媒体的炒作达到了这种效果,他们的目的就达到了。萧洛霍夫深知,这样长达数十年的造谣中伤,根本不是由于嫉妒,而且也不是因为丢失手稿。即使手稿放在这里,只要对手认为必要,在任何时候都会重新挑起事端,因为这是他们手中的一件武器,一个可以蛊惑人心的颇有威力的法宝。尽管海索教授的研究已经得出权威性的结论,索尔仁尼琴和梅德维杰夫仍旧拿起这个武器,向萧洛霍夫开刀,就是证明。

1993年一位多年侨居国外的俄罗斯学者季诺维耶夫,说了一段耐人寻味的话。他说:"萧洛霍夫是文学史上最伟大的小说家之一。《静静的顿河》我读了20遍,顺便说一句,是因为怀疑萧洛霍夫的著作权……现在我没有任何怀疑。可是,如果按有的人想做的那样来办的话,我可以证明《战争与和平》是20个作家写的,托尔斯泰只是把它们编纂起来……有人把《静静的顿

---

① 参阅我国《文艺报》,1999年10月28日第126期第1版。
② 转引自孙美玲编:《萧洛霍夫研究》,第80页。

河》说成是克留科夫、还有别的什么人写的……那些作家都是职业作家,平庸的作家……这样天才的书只有初出茅庐的作者才写得出来。"①《静静的顿河》这样的作品,平庸的作家当然写不出来,为什么"职业作家"也写不出来呢?这里所说的"职业作家",我理解,大概是指那些以写作混饭吃的人,他们是不会为作品的得失而甘冒生命的危险的。那么,所谓"初出茅庐"的作家应该是指那些尚未失去赤子之心的作家了。是的,萧洛霍夫正是怀着这样一颗赤子之心,满腔热情地把顿河哥萨克劳动群众的命运写成一部时代的史诗。当然,这里不仅仅是一颗赤子之心,还有他的才华,他的胆识和勇气。更为可贵的是,当他因为《静静的顿河》而遭受种种祸殃之后,当他也成为"职业作家"之后,他能不改初衷,仍旧用他的生花妙笔,在《新垦地》、《他们为祖国而战》和《一个人的遭遇》等作品中,表达俄罗斯人民的心声。

---

① 转引自费济:《艺术家与权势》,莫斯科,《青年近卫军》杂志,1994年第3期,第234页。

第十一章
良 友

1922年,17岁的萧洛霍夫独自一人到莫斯科去"闯江湖"。他在莫斯科,可以说,举目无亲,偌大的莫斯科,他认识的人只有父亲早年的一位朋友,小时候父亲带他来莫斯科治眼睛,就曾住在他的家里。这一次,他仍投奔父亲的朋友来了。父亲的朋友在沙皇制度下原是一个最低级的七等文官,现在是舍拉普京中学的音乐教师,叫亚历山大·巴甫洛维奇·叶尔莫洛夫。叶尔莫洛夫家只能作为萧洛霍夫暂时的栖身之处,萧洛霍夫为求学遭受了种种艰辛和磨难,我们在前面的一章中已有陈述,这里不再重复。叶尔莫洛夫看萧洛霍夫求学求职一事无成,又知道他爱好文艺,便建议他到新近成立的一个"青年近卫军"文学小组去学习文学创作。在这里萧洛霍夫认识了《农村青年》杂志的编辑瓦西里·库达绍夫。

30年代的列维茨卡娅

库达绍夫比萧洛霍夫大三岁,他是扎拉伊斯克人,说起来还是萧洛霍夫的同乡,因为萧洛霍夫的祖籍也是扎拉伊斯克。库达绍夫来自农村,同许多在饥荒的年代离开家乡的农村青年一样,他在1919年,17岁的时候,离开家乡,来到莫斯科,没有专业技能,没有文化,只能干些粗活。他在莫斯科的一个火车站烧锅炉,为人朴实勤快,工作非常努力,很快便加入了共青

第十一章　良　友

团,并当了团支部书记。因为表现突出,上级团委便保送他到莫大工人速成班去学习,几年中他不仅补上了荒废的学业,而且要力争考上语文系。结束学业之后,他在《农村青年》杂志当了编辑。在这里他发挥了他的写作才能,1925年已有两本作品问世。这样的经历使他对刚从农村出来的萧洛霍夫格外同情,并热情地予以帮助。他介绍萧洛霍夫去"青年近卫军"小组听课,学习文艺理论知识,让他住在自己的宿舍里,在自己的杂志上发表萧洛霍夫的作品,后来又介绍萧洛霍夫加入了无产阶级作家协会,成了"拉普"的成员。应当说,库达绍夫是第一个帮助萧洛霍夫走上文学道路、走进莫斯科文学圈子的人,他也因此而成了萧洛霍夫终生的、莫逆之交的朋友。

当时他们一块的朋友,后来很多人都成了著名的作家,若干年后仍深情的回忆起他们青年时代亲密无间的友谊。当年曾是"青年近卫军"小组的成员,萧洛霍夫和库达绍夫共同的朋友,作家米哈伊尔·维利奇科在一篇回忆文章中写道:

> 萧洛霍夫回到镇上去写《静静的顿河》,但是仍经常到莫斯科来,每次都住在库达绍夫家。这时候我和别佳·萨任每天晚上都聚集在我们共同朋友的小房间里。萨任是个爱害羞的唐波夫省的小伙子,那时还没有发表过任何东西。慷慨待客的瓦西里给每人倒上一杯浓茶,每人一份火腿面包,喝完茶之后,聚会的主要内容就开始了。萧洛霍夫有时叼着烟斗,给我们朗读写在手稿上的长篇小说第一部,手稿写在格纸上,字迹清晰、整齐,几乎像书法家的手笔。我们听得入迷,那语言、那叙述中所展开的画面和事件,就像一股泉水那样清新。时间早已过了半夜,顿河史诗的作者朗读了很久,嗓子都有点沙哑了,他咳嗽了一声,看了看我们,问道:怎么样,伙计们?我们都兴奋地表示满意。①

萧洛霍夫写完《静静的顿河》第一部后带着手稿来到莫斯科,要求发表、出版,这期间要把手稿打印,做一些文字的修改,送交编辑部,等候回音,因此要在莫斯科住上一段时间,这就需要花钱。萧洛霍夫没有钱,怎么办呢?朋友们给他想了个办法,让萧洛霍夫到《农村青年》杂志编辑部打工,当临时编辑,挣点工资,以解临时之难。这也是多亏库达绍夫的帮助。

萧洛霍夫成名之后并没有因为声望和地位的改变而疏远过去的朋友,他和库达绍夫仍旧保持着亲密无间的关系。萧洛霍夫在维约申斯克盖了自己的房子之后,每到夏季,经常邀请库达绍夫到顿河来度假,两人一块去钓鱼、打猎。现在保存在国家文学档案馆中的库达绍夫档案中,他的许多书信中都提到萧洛霍夫。30年代,高尔基还住在意大利时,萧洛霍夫、库达绍夫和韦

---

① 科洛德内:《〈静静的顿河〉是谁写的》,第68—69页。

肖雷三人一块应邀到意大利去访问高尔基,但是他们只到了柏林,在那里等了三个星期,由于意大利政府不给签证而未能成行。

库达绍夫是个有才华的、勤奋的作家,战前的十几年中,除了做编辑工作之外,他写了许多作品,出了好几本书。他出身于农村,所写作品也大都是农村题材的。其中比较著名的是他的写农业集体化的长篇小说《最后的庄稼汉》(1934,1939),以及中短篇小说集《伊万的星辰》(1934)等。

在乡村时的列维茨卡娅

1941年夏天,德国法西斯入侵苏联,苏联人民奋起保卫祖国,俄罗斯人把这场战争称之为"伟大的卫国战争"。战争一开始深度近视的库达绍夫同其他莫斯科作家一道报名参加了民兵部队,起初他当一名普通战士,后来调任32军《战斗之路》报的记者,但是他并没有来得及写出多少报道,莫斯科战役就开始了。在这场惨烈的战斗中,他们的部队陷入德国法西斯的包围,库达绍夫没有突出重围,他失踪了。起初人们以为他可能是在战斗中阵亡了,他的妻子也一直认为库达绍夫是1941年10月牺牲的,他牺牲的日子载入了正式的文件,但是后来查明,他当时并没死,是被德国人俘虏了,关在德国的集中营里。

战后,库达绍夫的妻子收到一个被俘生还的苏军战士寄来的两封信,告诉她库达绍夫被俘以及他们在纳粹集中营里的一些情况。这个人叫扎伊采夫斯基,战后回到苏联,仍被关在集中营里。他在信中说:"我向一个同志打听库达绍夫的情况,可是他一直没有回信。当我们被运往挪威的一个岛上时,这个同志同库达绍夫一起留在了荷梅尔什泰因集中营(波美拉尼亚)。我是1942年春天在比亚韦斯托克市①的集中营里同库达绍夫认识的,当时的情况简直就是一场可怕的恶梦,没法再提了。……我们两人都曾不止一次地经历过命垂一线的生死关头。1942年的10月份(1942年10月11日)我们被押上火车,1942年10月16日我们被运到纽伦堡(巴伐利亚),在这里我们待到1943年9月2日,后来,我们这个集中营被看做是个可怕的布尔什维克集中营,因此德国人决定把我们转到挪威的一些岛屿上去。我们先被送到荷梅尔什泰因集中营,然后于1943年9月16日通过史特京港运往挪威,但是库达绍夫得了胸膜炎,在临出发前和几个同志留在了荷梅尔什泰因集中营。……在纽伦堡和荷梅尔什泰因我和库达绍夫一直保持来往。库达绍夫当时还幻想将来要写一部题名叫《黑色的鹈鸟》的作品,当然,如果能活着回到可爱的

---

① 波兰城市,靠近白俄罗斯。

祖国的话。无论是早是晚,我将很高兴地听到他已经回来的消息,如果没有回来,这会使我非常难过,但是也不奇怪,因为如果我们之中有人活过来了,那才更叫人惊奇呢……"[1]

库达绍夫的妻子保存着一个叫哈林的人的来信,他在信中说:"我同您的丈夫库达绍夫同志曾一块关在荷梅尔什泰因集中营里,直到1943年10月20日。这之后我们就到法国的阿尔萨斯去了,而他仍旧留在医院的肺结核病房里,他病得很重。"[2]后来才知道,库达绍夫于1944年因肺病死在波美拉尼亚的纳粹集中营里了。

据战后亲友的回忆,库达绍夫上前线时在行军背囊中装了四本全套的《静静的顿河》,妻子劝他,书太重,不要带了,他说还要抽空再看看,第四部刚出版还没来得及看完。谁知道他竟是背着朋友的著作走上了不归路。战争爆发后萧洛霍夫也上了前线,虽然两人都互相关切,但是天各一方,两个生死相依的朋友从此再也没有见面。

青年时代的列维茨卡娅

从现在保存的库达绍夫档案中的信件看,库达绍夫曾多次给妻子写信,打听萧洛霍夫的通信地址,希望约他共同回莫斯科一趟,他要把萧洛霍夫存在他家的《静静的顿河》第一、二部的手稿亲自交还给萧洛霍夫,因为他在前线看到战争的局势十分严峻,一旦有什么不幸发生,他不愿给自己的朋友造成无可挽回的损失。但是他们终究没有能够在莫斯科会见。有一次萧洛霍夫从前线回到莫斯科,顺便去库达绍夫家,只匆匆忙忙地待了片刻,给库达绍夫写了个明信片,让库达绍夫的妻子发出去了。《萧洛霍夫书信集》中保存了这封信的全文:

亲爱的朋友!
　　命运使你我各自东西,但是早晚终究会走到一起的。我今天就要离开莫斯科,只要能回来,我一定告诉你。我想,我们一定能在莫斯科见面的,我还有事要找你。这个明信片莫佳[3]会寄给你。她的表现很出色。

---

[1] 转引自库兹涅佐夫:《〈静静的顿河〉的真实》,莫斯科《21世纪小说》杂志,2004年第1期,第48页。
[2] 同上,第48—49页。
[3] 莫佳是库达绍夫妻子玛特罗娜的昵称。

很久没回家了,但是家里似乎一切都很好。万卡·波戈列洛夫①问你好,他正在莫斯科。一个星期之前曾见过尤尔波尔②。他到军报去了。就写到这里吧,祝你健康,紧紧地拥抱你,吻你。你的萧洛霍夫。

1941 年 10 月于莫斯科

写得简短,急着要走。希望很快能见面。萧③

遗憾的是他们没有能再见一面。后来萧洛霍夫的女儿斯薇特兰娜回忆起父亲同库达绍夫的友谊时说:"父亲对库达绍夫的爱是非常强烈的,他没有这样强烈地爱过任何人。库达绍夫也同样强烈地爱着我父亲。"④

库达绍夫牺牲了,但是朋友们并没有忘记他,没有忘记他和萧洛霍夫的友谊,他对萧洛霍夫的帮助和支持。1976 年苏联出版了一本题名叫《被子弹打穿的诗行》的文集,纪念在战争中牺牲的作家和诗人,其中刊载了库达绍夫的朋友,作家维利奇科和里亚霍夫斯基写的两篇回忆库达绍夫的文章,他们都谈到了库达绍夫和萧洛霍夫的友谊以及库达绍夫对萧洛霍夫的帮助和支持。里亚霍夫斯基的回忆录中说:"这两个文学的同龄人在他们的文学道路一开始的时候相逢在一起。年轻的萧洛霍夫当时还只是《顿河故事》的作者,在莫斯科没有立足之地,他把库达绍夫看做是真正的朋友,而库达绍夫当时就相信,他新结识的这个朋友具有惊人的天赋。年轻的萧洛霍夫到莫斯科来的时候,总是住在库达绍夫狭小的房间里,把短袄一铺就睡在光地板上。在这里他们深夜长谈,议论《静静的顿河》的构思。后来萧洛霍夫拿来鼓鼓囊囊的一罗手稿,在这里朗读这部著名小说的最初的章节。"⑤

库达绍夫的妻子在一篇回忆文章中说:"……萧洛霍夫非常珍重他同库达绍夫的友谊。有一次我们三人在莫斯科萧洛霍夫的家里闲谈,他的话不多,他告诉我和玛丽亚·彼得罗夫娜⑥,他失去了一个最亲近的人,一个真正理解他的朋友,他非常难过。'我永远不能忘记我带着《静静的顿河》的结尾来到莫斯科的那一天,他知道,为了结束葛利高里的史诗我所经历的痛苦和磨难。我以前曾对他说过我的几种设想。他紧张地坐在那里听我读,我读完后,他站起来,一挥手,抹掉涌出的泪水,紧紧地拥抱我,吻我,他说:谢谢你,

---

① 万卡·波戈列洛夫是萧洛霍夫的朋友,也是库达绍夫的朋友。
② 这里指的是调到军报《斯大林之鹰》任职的尤里·卢金。
③ 《萧洛霍夫书信集》,第 226—227 页。
④ 转引自库兹涅佐夫:《〈静静的顿河〉的真实》,莫斯科,《21 世纪小说》杂志,2004 年第 1 期,第 46 页。
⑤ 同上。
⑥ 萧洛霍夫的妻子。

第十一章 良　友

老伙计！你们知道，这句话对我来说比任何评论家的评价都更宝贵……'"①

虽然库达绍夫不在了，战后萧洛霍夫和库达绍夫家依然保持着友谊的来往，并尽其所能，帮助这个失去亲人的家庭。为解决库达绍夫家的住房困难问题，萧洛霍夫曾写信给当时的作家协会主席马尔科夫和作协其他领导人，经过一番奔波，作家协会为其提供了一套住房，这在住房紧张的莫斯科也是很不容易的了。不仅如此，萧洛霍夫更把对朋友的思念、对朋友命运的沉思，写进了他作品之中。大家知道，萧洛霍夫战后最重要的作品，短篇小说《一个人的遭遇》，就是写一个被俘的苏军士兵的故事，那催人泪下的沉痛叙述中也融汇着作者本人失去最亲近的朋友的悲痛。

列维茨卡娅和她的丈夫列维茨基

如果说库达绍夫是17岁的萧洛霍夫于1922年冬独闯莫斯科结识的第一个朋友，那么列维茨卡娅应该说是萧洛霍夫在莫斯科第二个最亲近的朋友。

列维茨卡娅是一个在沙皇时代就参加革命斗争的共产党人，1903年她加入布尔什维克党时，萧洛霍夫还没有出生。两年后，1905年，萧洛霍夫才诞生在荒僻的顿河草原上。这两个出身不同，经历不同，年龄相差25岁的人，却结成了忘年之交的亲密友谊。

列维茨卡娅，1880年出生在切尔尼戈夫斯克省的一个小村庄里。父亲葛利高里·费伦克尔是个犹太人。这是个多子女的家庭，列维茨卡娅是这个家庭中的第十个孩子②。她的兄长和姐姐都上过正规的中学，只有她是例外，她是在家中自学的，他的姐姐索尼亚教她读书、认字，在基辅上大学的哥哥扎哈尔每到假期都回来辅导她学习理科课程，这样她虽然没有进过中学的大门，但是她通过了中学的毕业考试，取得了中学的毕业资格，后来考取了彼得堡一个叫列斯加夫特培训班的高等女子专科学校。那时年轻的列维茨卡娅非常渴望走出这个偏远的小村庄，她甚至为此而给列夫·托尔斯泰写信，请求托尔斯泰"借"给她100卢布。当然这只是少女的天真，托尔斯泰并没有给她回信。

---

① 转引自库兹涅佐夫：《〈静静的顿河〉的真实》，莫斯科，《21世纪小说》杂志，2004年第1期，第49页。

② 列维茨卡娅本姓费伦克尔，出嫁后随丈夫的姓才改姓列维茨卡娅，这里为行文方便，仍以列维茨卡娅称呼。

列维茨卡娅的家庭是一个有革命传统的家庭,她的表兄阿列克塞·尼古拉耶维奇·巴赫是著名的民意党人,也是著名的化学家,在生物化学方面颇有建树,后来成为苏联科学院的院士。大哥雅可夫第一个走上反对沙皇专制制度的革命道路,开始是民粹派,后来成为社会民主主义者。他在彼得罗巴甫洛夫斯基要塞蹲了两年多的监狱,出狱后一直在沙皇警察的监视之下。他在党内的绰号叫"爷爷"。党内同志这样叫他,小妹列维茨卡娅也这样叫他,萧洛霍夫同列维茨卡娅一家认识之后,在书信、电报中也这样称呼他。

列维茨卡娅和她的二哥扎哈尔关系最好,来往最密切,扎哈尔不仅指导列维茨卡娅学习,而且兄妹两人也有很深的思想交流。扎哈尔很早就接受了革命思想,在大学时代以及后来在工作中都同革命组织保持着密切的联系。正是在她的两个兄长的直接影响之下,列维茨卡娅在学校中开始学习马克思主义的革命理论,参加革命组织的一些活动,并且认识了后来成为自己丈夫的革命家列维茨基。结婚后,列维茨卡娅完全投入了革命组织的秘密活动:保存和传递文件,化装探监,给坐监狱的同志传递消息,等等。

在沙皇专制制度下,革命者的生涯就是一次又一次的被捕,一次又一次的流放。列维茨卡娅带着两个幼小的孩子跟随丈夫去流放地,在流放期间,他们不仅不能去首都,而且也不许进入大城市。1917年十月革命爆发的时候,他们正在一个叫莫尚斯克的小城市里,十月革命胜利之后,列维茨基成了莫尚斯克市工人代表苏维埃的主席,列维茨卡娅也被选为苏维埃委员。然而不幸的是长期严酷的革命斗争损伤了列维茨基的身体,在革命胜利之年,列维茨基肺病复发,他被送到莫斯科进行治疗。但是这时候医药对他已经无效,不久便去世了。

列维茨卡娅在革命活动中一直从事革命文件的保管和传递工作,她在敖德萨时曾建立了一个"身份证办理处",专门给从事秘密活动的革命同志制造假证件,后来她又开办了一个地下印刷所,领导这个印刷所有一年半之久。革命胜利后,她仍旧从事图书资料、印刷出版方面的工作。1918—1919年她曾在党中央图书资料处工作,20年代,她调到莫斯科市委工作,在莫斯科市委所属的"莫斯科工人"出版社任图书咨询部主任,也就是在这个时候,她认识了《静静的顿河》的作者萧洛霍夫,并结成了忘年之交的亲密友谊。

列维茨卡娅在她的一本笔记中记下了他同萧洛霍夫相识的经过。大概是1928年初的样子,"莫斯科工人"出版社文学部的负责人格鲁茨卡娅拿着一份厚厚的手稿来到列维茨卡娅的图书咨询部,请她帮忙看看这份手稿。列维茨卡娅的笔记中写道:

……我回到家,做完了平常该做的一切事务,晚上10点钟,我打开了《静静的顿河》的手稿,米哈伊尔·萧洛霍夫……作者——是没听说过的,标题是不同寻常的……但是我已经手不释卷了。印象是令人震惊的。一切都是那么意料不到，那么非同寻常。自然环境的描写，鲜亮的顿河风光，钓鱼的热忱，葛利高里和阿克西妮亚的初次相会，他们的相爱和亲近……令人惊奇的形象语言，准确的人物性格特征，他们的形象就如同活生生的人一样在这部出人意料的手稿上站立起来。直到深夜我都不能离开手稿，直到一口气读完。接着伊戈尔①又从我这里拿去，他也有同样的印象……

早晨，我来到出版社，找到格鲁茨卡娅。"怎么样？开始看《静静的顿河》了？"她问我。我把手稿交给她。"一口气读完了，"我说，"令人惊奇，非同寻常，太吸引人了。这是谁写的？""一个年轻的哥萨克，以前写过一些顿河生活的短篇，发表在共青团的报纸上，有一本小说集《浅蓝色的原野》，是《新莫斯科》出版社出版的。"

几天之后的一天，她领着一个小伙子走进我的办公室。小伙子穿着件咖啡色皮上衣，戴着库班帽。"这位就是您所喜欢的《静静的顿河》的作者"，格鲁茨卡娅说。

她一脸得意的样子——她本人也非常喜欢《静静的顿河》。"这就是《静静的顿河》的作者？"我看着小伙子，犹犹疑疑地问。"真想不到！""那又怎么样？"他粗鲁而又大胆地问。"我以为，这样了不起的作品，其作者是个成年人……""那我呢？"他甚至有点不高兴地重又问道。"可您呢，"我笑了，"和我小儿子年龄差不多……"我同米哈伊尔·萧洛霍夫就是这样认识的。不久，他不知怎的也认识了常到出版社来找我的伊戈尔……②

列维茨卡娅从事图书资料的出版咨询工作，办公室里备有众多的报纸杂志，萧洛霍夫很关心报纸杂志上对《静静的顿河》评论，便经常到出版社列维茨卡娅的办公室来看有关的评论文章，并和列维茨卡娅一块议论这些评论文章的观点。令萧洛霍夫意想不到的是，当有些"作家弟兄"怀着不可告人的卑鄙心理诬陷、诋毁他的作品时，他却在这位年长的共产党人这里找到了知音。列维茨卡娅那高度的政治觉悟，深厚的文化修养，和蔼可亲的待人态度，无不令年轻的萧洛霍夫折服，在举目无亲的莫斯科，萧洛霍夫在这位慈祥的长者身边感到了母亲般的温暖，在后来的通信中，萧洛霍夫的确是怀着对母亲的爱戴和敬意，以妈妈称呼列维茨卡娅的，称自己是她"不肖的，但爱您的儿子"。他赠给列维茨卡娅的《静静的顿河》扉页上的题词就是："怀着儿子的爱戴献给亲爱的叶夫根尼亚·葛利高里耶夫娜"。

萧洛霍夫离开莫斯科的时候，向列维茨卡娅提出请求，希望能和她经常

---

① 列维茨卡娅的儿子。
② 《列维茨卡娅的两本笔记》，第213—214页。

保持联系,并请求她把有关评论给他寄去。列维茨卡娅爽快地答应了。1928年5—6月间,《静静的顿河》第一部的单行本在"莫斯科工人"出版社出版了。列维茨卡娅立即把它拿到政治教育总局的图书管理委员会进行讨论,以最高的双星级推荐规格通过了对《静静的顿河》的推荐。当列维茨卡娅把委员会讨论的情况写信告诉萧洛霍夫以后,萧洛霍夫回了一封热情洋溢的信,从而开始了他们长达几十年的书信来往。

萧洛霍夫在信中说:"收到您的信我很高兴,列维茨卡娅同志!我高兴不仅是因为《静静的顿河》在俄罗斯联邦教育人民委员部中央政治教育委员会得到了双星级推荐,更因为您的信饱含着温暖和亲切。说实话,我并不特别相信您会给我写信。您知道这是为什么吗?莫斯科的熟人都不爱给我写信。是不是就像俗话说的,'人一走,茶就凉?'

萧洛霍夫致列维茨卡娅信手迹

所以我也没当回事。许多人答应写信,但是很少有人哪怕应酬一下,履行诺言。基于过去多年期待朋友和熟人的回信望眼欲穿的经验,所以我现在总是以几分合法的怀疑态度来对待这些写信的诺言。我想,现在您应该明白了,收到您的来信,而且是这么友好的信,我该是多么高兴。"①

在另一封信里萧洛霍夫说:"对您给予我的这样悉心而友好的关怀,我只能对您表示感谢。您的信和评论,我都如数收到了,看了,很高兴……亲爱的列维茨卡娅同志,您不要以为,我是为小说成功而高兴,像别克尔②这些人(我咬紧牙关不说难听的话)的评论我是知道的。我高兴的是,《静静的顿河》能得到您和伊戈尔以及其他读者这样响亮的反应。一条看不见的线通过《静静的顿河》把我同他们联系起来。这使我感到由衷的高兴!"萧洛霍夫在信中说,列维茨卡娅是他"同莫斯科联系的唯一来源",他说,"9月我要去莫斯科,非常想同您好好谈谈 ……有许多事情需要同您谈"③。

书信来往,友情拜访,亲切交谈,萧洛霍夫和列维茨卡娅了解日深,友情日深。他们不仅在文学创作上有共同的语言,而且对许多社会现象也能畅谈自己的看法,而列维茨卡娅丰富的革命经历,观察问题的敏锐目光,对社会现象的深刻分析,使萧洛霍夫把她看做是自己的思想"指导"(他在信中也常常这样称呼她),每遇到想不通的问题或愤愤不平的事情,都会在信中向列维茨卡娅倾诉。20世纪20年代末期,苏联向农民征收高额的粮食税,并开始在农村实行农业集体化,农村中屡屡发生苏维埃干部对农民进行强征暴敛的所谓"过火行为",萧洛霍夫深感气愤,但又无处可诉,便写信告诉了列维茨卡娅。萧洛霍夫在信中说:

亲爱的"指导",请您原谅我的沉默。我似乎是脱离了莫斯科,脱离了工作,也脱离了亲朋好友。给您的信是我从维约申斯克发出的第一封信。这一切都是因为一个半月来我们这里发生了一些很糟糕的事。我被拖入粮食收购的旋涡(文学先放到一边!),如今我到处奔走,帮助那些蒙受冤屈的人,我要到各个区和分区去,观察那里的情况,真正是"伤透脑筋"。

当在报纸上看到简短而又一派光明的报道,说贫农和中农一逼富农,富农就交出粮食的时候,脑子里不由自主地便想起一个不怎么让人得意的对比!当年,国内战争年代,白军报纸就是这样高兴地报道他们在各条战线上的"胜利",报道他们同"被解放了的哥萨克"的紧密同盟的……

可是您最好看看我们这里和下伏尔加河边区都在干些什么 ……

---

① 《萧洛霍夫书信集》,第21页。
② 别克尔,评论家,这里指的是别克尔1928年6月发表在《青年布尔什维克》杂志第14期上的《文学新作〈静静的顿河〉》一文。
③ 《萧洛霍夫书信集》,第25页。

我不想举霍别尔斯克分区如何进行粮食收购的例子，也不想列举区政权机关如何在那里横行霸道，作威作福的例子。关键的是不给他们（受到非法处罚的人）开去边区或莫斯科的证明，禁止邮局接收发往全俄中央执行委员会的电报，于是好几十个人跑到维约申斯克（或其他边区，北高加索边区），从那里给加里宁发电报，要求，低三下四地恳求，可是从那里只得到一个简单的公式化的回答："您的案件已交分区审理"。有个小伙子，斯库良特内村的哥萨克，1919年曾自愿加入红军，从军六年，是红军军官，1927年之前还当过两年的村苏维埃主席。今年他播种六俄亩半，他有一匹马，两头耕牛，一头奶牛，养活七口之家，交了统一农业税29卢布，上交粮食155普特（在特别委员会自动征收200普特之前，折价4倍合800卢布）。他家里已经卖光了，包括种子和母鸡。牲畜、衣服、茶炊，全都一扫而光，家里就只剩下四堵墙了。他同两个红军战士到我家来过。他们给加里宁打电报，直截了当地说："我们被抢光了，比1919年被白军抢得还要光。"他同我谈话时苦笑着说："那些人只不过抢走了粮食和马匹，可我们自己的政权连根线都不剩，连小孩的被窝都抢走了，我请求，我愿出钱买，用钱顶替，可他们说，不行，我们不要钱，逮14只母鸡来吧"。

　　就是这些区里造成了土匪四起。但是4月份、5月份又干了些什么事啊！被充公的牲畜在镇上的供应站纷纷倒毙，母马下了小驹，可是小马驹却被猪吃了。全部牲畜都集中在镇上的供应站里，所有这些都是在那些日夜巡视的人的眼前发生的……发生了这样一些事之后哪里谈得上同中农的联盟呢。因为所有这些勾当都是对付中农的 ……①

　　萧洛霍夫在信中还说，他曾给下伏尔加边区的区检察长写信反映这些问题，但是他置之不理，萧洛霍夫气愤地说："这条毒蛇，一言不发，守口如瓶。连封回信都不肯写。"②

　　看了这封信后，久居京城的列维茨卡娅感到十分震惊，报纸上一片大好形势，想不到农村的情况竟然这样严重，她意识到，作为一个共产党员，她有责任向党组织反映这个情况，于是她将这封信作了摘要，打印出来，呈报给了斯大林。这是一封非常重要的信件，列维茨卡娅当然要悉心保存，她在保存原信的时候附上了一张字条："这封信非常真实地写出了集体化中过火行为的情况，我收到后曾将相关段落打印呈报给斯大林。"③

　　当时，列维茨卡娅在莫斯科市委所属的出版社工作，作为老布尔什维克，

---

① 《萧洛霍夫书信集》，第34—35页。
② 同上书，第36页。
③ 《列维茨卡娅的两本笔记》，第227页。

同党的许多领导干部一起，都住在格兰诺夫斯基街的一栋公寓里，因此她可以很方便地把信转交到斯大林的办公室。对于农业集体化运动中发生的偏差，农村干部的"过火行为"，斯大林未必是从萧洛霍夫的信里才了解到的，但他对这个问题非常重视，却是十分肯定的。为此他发表了《胜利冲昏头脑》这篇著名的文章，制止、纠正农业集体化中出现的这些问题。

萧洛霍夫和列维茨卡娅的友谊持续了数十年之久，在列维茨卡娅去世之后，同列维茨卡娅的子女仍然保持着友好的往来。现在，列维茨卡娅的笔记和萧洛霍夫写给列维茨卡娅的数十封信件、电报，不仅记录着这两代人的友谊，而且是萧洛霍夫生活、创作和思想成长的历史见证。在20世纪的20年代，苏维埃政权建立不久，社会尚在动荡不定的时候，是什么将萧洛霍夫这样一个天才少年吸引到一个成熟的布尔什维克身边呢？列维茨卡娅的女儿玛加里塔说过这样一段话：

> 我的母亲是属于我们习惯于称之为俄罗斯知识女性的那种人。母亲从来不追求个人利益和特权。即使别人给她提供这些东西，她也总是拒绝接受。我想，正是这些思想精神上的特点把萧洛霍夫吸引到她的身边。像这样的人，他还没有遇上第二个。他把她当作第二个母亲，他也是这样称呼她的。①

萧洛霍夫非常尊重列维茨卡娅的意见，他在创作中有什么想法，常常提出来向列维茨卡娅征求意见，十分认真地听取她的看法。在1932年的一封信中，萧洛霍夫说："很想看到您，有许多事情，种种问题都想同您好好谈谈。"②当《新垦地》开始在《新世界》杂志连载的时候，萧洛霍夫在给列维茨卡娅的一封信中说："……说到这本《新垦地》，请您看看，写封信告诉我。我非常喜欢您的评价。并不是因为您总是称赞我，而是因为您非常理解我。"③

谈到萧洛霍夫和列维茨卡娅的友谊，就不能不谈到萧洛霍夫同列维茨卡娅一家人的关系。在认识列维茨卡娅之后不久，萧洛霍夫也认识了她的儿子伊戈尔和女儿玛加里塔，而且同他们成为性情投合的好朋友。特别是伊戈尔，他和萧洛霍夫年龄相仿，性情投合，而且特别喜爱《静静的顿河》。有一次，在一个俱乐部的晚会上，有人说，萧洛霍夫写的哥萨克是模仿果戈理的作品，伊戈尔当即站出来，大段大段地背诵《静静的顿河》和果戈理的原著，用他们的作品本身来驳斥某些人对朋友的诬蔑。伊戈尔结婚之后，萧洛霍夫在给列维茨卡娅的信中开玩笑地写道："有一件事您怎么就弄不明白呢：尤其是

---

① 《列维茨卡娅的两本笔记》，第186页。
② 《萧洛霍夫书信集》，第94页。
③ 同上书，第89页。

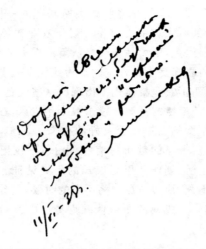

萧洛霍夫赠送给列维茨卡娅的《静静的顿河》上的题词

现在,您可不能拿些无来由的责备让我受委屈了,原因很清楚:伊戈尔结婚了,对他来说现在济娜(伊戈尔之妻——笔者)是最主要的。……他现在对您有点冷淡(这是完全可以理解的),可是我对您仍旧怀着牢不可破的儿子的感情,这种感情不会因为任何新的喜好而有所冲淡……"①

　　玛加里塔出嫁之后,萧洛霍夫和她的丈夫克列伊敏诺夫也相继认识,并成为好友。克列伊敏诺夫生于1898年,比萧洛霍夫大七岁。1918年苏维埃政权成立之初,他在炮兵学校学习期间,国内战争爆发,他参加了红军,上了前线。国内战争结束之后,他进了莫斯科大学数力系继续他的学业,幻想成为一个科学家,但是不久他就被派往茹科夫斯基军事航空技术学院学习,1928年毕业后,曾被派往苏联驻柏林贸易代办处科技部工作。就是在这里,当萧洛霍夫去意大利访问高尔基,因意大利政府拒绝签证而滞留柏林时,他和萧洛霍夫相识的。回到国内后他一直在苏联国防工业部门工作,是一级军事工程师,苏联火箭推进技术工作的组织者和领导者之一,曾任国防工业人民委员部所属的气体动力实验室主任和喷气技术研究所所长。1937年的肃反运动中,他被控是托洛茨基间谍集团的成员而遭逮捕,于1938年被枪杀。1955年萧洛霍夫在给苏共中央监察部请求为克列伊敏诺夫平反昭雪的信中说:

　　　　我从1930年就认识克列伊敏诺夫同志。在八年的时间里,几乎每年他都同在卫国战争中牺牲的作家库达绍夫到维约申斯克我家来休息、

---

①　《萧洛霍夫书信集》,第92页。

打猎。伟大的友谊把我们三人联系在一起,作为朋友相处,我们一向很随便,但是在八年的时间里我从来没有,一次也没有听到克列伊敏诺夫说过一句反党的话,连一点暗示的话也没有。

根据我的深刻认识,克列伊敏诺夫是一个无限忠诚于党的纯粹的共产党员,他成了真正的人民敌人的阴谋的牺牲品。

1938年我曾为克列伊敏诺夫案件去找过贝利亚。由于我坚信逮捕克列伊敏诺夫是个错误,我请求贝利亚细心、公正的审查我被捕的朋友的案件。贝利亚当着我的面,立即拿起电话查问,他说,克列伊敏诺夫在被捕后不久便被枪毙了。①

经过萧洛霍夫的努力,克列伊敏诺夫的冤案在50年代得到了平反昭雪。

在克列伊敏诺夫被捕后不久,列维茨卡娅的女儿玛加里塔也遭到逮捕,并被关进集中营。萧洛霍夫利用他的影响和各方面的关系,全力进行营救,终于将对玛加里塔的判决撤消了,1941年6月,在战争爆发前夕,她被释放。战争爆发后,她志愿入伍,在加里宁方面军的野战医院服役。1985年,苏联在纪念卫国战争40周年时,玛加里塔作为战争参加者,得到了一枚卫国战争勋章。

1970年玛加里塔为纪念死去的丈夫,请求萧洛霍夫为克列伊敏诺夫写点什么,萧洛霍夫在给她的回信中写了这样几句话:

众所周知,外科大夫都回避给亲人动手术。作家在写牺牲的亲人时,其困难也不亚于外科大夫。

我只能说一点,伊万·克列伊敏诺夫的可爱形象在我心里已保存了40个年头了,至今一想起他,心里仍旧涌起悲伤、感激之情,仍旧令人心痛。②

50年代后期,已过古稀之年的列维茨卡娅健康状况日益严重,多年的糖尿病一直没有得到好好的治疗,这时已发展到失明的地步。萧洛霍夫请来著名的医学专家米亚斯尼诺夫教授给列维茨卡娅会诊。大夫们都认为病人已无痊愈的可能,听到这样的结论,萧洛霍夫很伤心,他忍不住自己的泪水,他在医院里哭了。但是萧洛霍夫却不甘心,他一再劝说外科教授古利亚耶夫给列维茨卡娅做截肢手术。手术很成功,伤口愈合很好。手术后,萧洛霍夫经常去医院探视。1959年元旦,萧洛霍夫恰巧正在莫斯科,几位作家朋友很高兴,邀请萧洛霍夫同他们一块共度新年佳节。但是萧洛霍夫却婉言谢绝了,

---

① 《萧洛霍夫书信集》,第302—303页。
② 《列维茨卡娅的两本笔记》,第197页。

他说:"谢谢大家的好意,我也想同大家一道欢度佳节,但是我要去看望叶夫根尼亚·葛利高里耶夫娜(列维茨卡娅),她病了,我想陪她坐一会儿。"萧洛霍夫在新年佳节之际,宁可谢绝同作家朋友们的欢聚,而去陪侍躺在病床上的列维茨卡娅,可见他对列维茨卡娅的感情的真挚和深厚。经过萧洛霍夫的一番努力,列维茨卡娅在手术后虽然病情有所缓解,但是终因年老体弱,百病缠身,于1961年去世了。列维茨卡娅的女儿玛加里塔说:"萧洛霍夫给母亲延长了一年半的生命。"①

萧洛霍夫一生之中,很少把自己的作品题献给什么人,1956年,他在发表短篇小说《一个人的遭遇》时,却把它题献给了既不是文学艺术界名人,又不是当局政要的列维茨卡娅,而且特别注明,这是一个1903年入党的老共产党员,一个把自己的一生献给了革命事业的普通党员。我想,萧洛霍夫这样做,绝不是为了在列维茨卡娅的垂暮之年,给老人一个安慰,而是有他的深刻涵义。这篇作品融汇着作家对人生命运的深入思考,在主人公安德烈·索科洛夫的家破人亡的悲剧命运中,是否也包涵着列维茨卡娅这个从少女时代就投身革命的俄罗斯知识分子的不幸身世呢?青年时代,为推翻沙皇专制制度,出生入死,历尽艰辛,革命刚刚成功,积劳成疾的丈夫辞世而去,好不容易把子女培养成人,女婿身遭冤案,屈死狱中,女儿被关进集中营。然而她屡遭命运打击,却没有为此而失去信念,她顽强地、倔强地生活着,像抚养战争孤儿的安德烈·索科洛夫一样,抚养着她的外孙和孙女。列维茨卡娅一生没有发表过什么文章,1957年苏联《科学与宗教》杂志刊登了她的一封书信。她是应杂志编辑部之邀,回答读者提出的"是否有命运,人能否对抗命运"的问题的。她在回答编辑部的信中以自己的经历陈述了对这个问题的看法。她写到她如何带着孩子同丈夫一道被流放到乌拉尔,住在偏僻的小镇上,尽管生活很艰苦,但是精神却是很昂扬的。她在信中说:"对于我,乃至于我那一代的千千万万的人来说,除了为人民的幸福而斗争,推翻沙皇专制制度,消灭地主资产阶级体制,没有别的出路……我们的命运是掌握在我们的手中的。"②

这应该是列维茨卡娅对自己一生的总结。

1960年是列维茨卡娅的八十大寿。由于《一个人的遭遇》的题词,这次的生日不仅受到亲朋好友的祝贺,许多单位也发来贺电。萧洛霍夫和他的妻子也发来贺电:"祝贺亲爱的母亲八十华诞,衷心地祝愿您健康长寿,再活五十年。您的米哈伊尔和玛丽亚。"③

---

① 《列维茨卡娅的两本笔记》,第186页。
② 同上书,第182页。
③ 同上书,第210页。

第十二章

"饱含着汗水和血污"

十月革命前的俄国是个小农经济占比重很大的国家,与西欧各资本主义国家相比,农业十分落后,农民生活非常贫困。如何改变农村贫苦落后的面貌,是十月革命后布尔什维克党面临的一个重要课题。当时具有先进思想的人们大都认为,通过合作化的道路,使分散的、个体的小农经济联合成规模较大的集体农业是农民摆脱贫困的唯一合理的道路。这个思想可以说成了希望改变农村面貌的人们的普遍认识。年轻的萧洛霍夫也接受了这一思想,在他早期创作的小说《两个丈夫的女人》中已经明确提出了农民联合起来才能走向富裕的思想。

上个世纪的20年代末,苏联开始大规模地推行农业集体化运动。为了贯彻落实苏共中央的这一方针,苏共中央从城市各工厂企业中调集了二万五千名工人积极分子到农村去领导组建集体农庄的工作,这些人后来大部分都留在农村,成了苏联集体农庄的第一批领导干部。萧洛霍夫生活在农村,自然对这场运动十分关心。1930年12月,萧洛霍夫、韦肖雷和库达绍夫三位作家应高尔基之邀,到意大利去高尔基那里作客。他们到了柏林后,意大利政府不给他们签证,被迫滞留柏林三个星期之久。萧洛霍夫心中十分焦急,他牵挂着农村中如火如荼地开展着的农业集体化运动,不愿再白白地浪费时间,便回国去了。

1930年对萧洛霍夫来说是很不平凡的一年。萧洛霍夫刚刚写完《静静的顿河》的第三部,但是小说的发表却遇到阻挠,《十月》杂志改组了领导班子,新任主编法捷耶夫拒绝继续连载小说第三部,连高尔基的支持意见也无济于事。而在农村中发生的事件使关心农民命运的萧洛霍夫不得不放下写作,投入到当前的运动中去。

置身于这场如火如荼的农村变革的群众运动,目睹农村中发生的种种事情,萧洛霍夫心中正在酝酿着一部新的作品。1930年的夏天列维茨卡娅应萧洛霍夫的再三邀请,到维约申斯克度假。在维约申斯克,有一次她同萧洛霍夫闲谈,她劝萧洛霍夫应住到莫斯科去,哪怕冬天去住上两三个月呢。萧洛霍夫回答她说:"我干吗要去?要知道在这里,周围的创作素材要多少有多少。集体农庄正在成长、巩固。这些农庄我全都了解。他们也了解我。怎么样,叶夫根尼亚·葛利高里耶夫娜,现在写集体农庄生活的作品多吗?"

"很多,但是从艺术的观点来看,都毫无可取之处,包括潘菲洛夫的《磨刀石农庄》在内。"

萧洛霍夫说:

"如果我说,我要写一定比别人写得好,您不会认为我是自吹自擂吧?"

列维茨卡娅回答说,这一点她没有任何怀疑。萧洛霍夫说,他打算写一个十来个印张的中篇小说,大约三个来月可以完成。列维茨卡娅说:

"那就让我们列入《文学报》的时事新闻栏目,说萧洛霍夫正在创作一部取材于集体农庄生活的中篇小说"。

萧洛霍夫回答说:

"何必呢?最好是直接刊登作品。为什么我不愿住在城市里,在那里一切都让我看着不顺眼,而在这里我有干不完的事"。

列维茨卡娅在她的笔记中写道:"现在,周围是沸腾的新生活,他对这种新生活不仅不抱否定态度,甚至正收集素材,准备写一部中篇小说(玛丽亚·彼得罗夫娜对我说,他同一个集体农庄建立了联系,给他们钱购买拖拉机,常到那里去,等等),拉普让他搬到工厂去的决定是十分荒谬的,十足的文不对题。如果说我们需要的是建设新农村的鲜明的艺术图画,那么除了萧洛霍夫,谁能描绘出这样的图画?"[①]

列维茨卡娅对萧洛霍夫的艺术才华是这样地了解,这样地满怀信心,在当时的苏联恐怕很难找出第二个人了。不过,还有一个人,对萧洛霍夫也是非常欣赏,非常器重的,他就是斯大林。斯大林是个非常爱读文艺作品的人,据西蒙诺夫回忆录记载,所有列入评选斯大林文艺奖金的作品,他都亲自阅读,提出评奖意见。他很早就看了萧洛霍夫《静静的顿河》的第一部和第二部,并形成了对萧洛霍夫的总体评价,把他称作"当代名作家"[②]。他曾接见萧洛霍夫,鼓励他积极进行创作,写出反映新生活的作品。关于这次会见的时间,文学史家的记载和有些回忆文章并不一致。阿勃拉莫夫和古拉编写的

---

① 《列维茨卡娅的两本笔记》,第257页。
② 斯大林:《致费里克斯·康同志》,《斯大林全集》第12卷,第101页。

《萧洛霍夫生平和创作大事记》中是这样记载的:"1930 年。1月。在党中央委员会会见斯大林。"①萧洛霍夫研究家列日涅夫在他的《论〈新垦地〉的人物原型》一文中也沿用阿勃拉莫夫和古拉的说法:"1930 年高尔基住在索伦多(意大利城市——引者注),他想同萧洛霍夫认识,便邀请他来作客。对萧洛霍夫来说,高尔基的邀请是个激动人心的事件。他从顿河来到莫斯科,在这里他会见了斯大林。

萧洛霍夫同斯大林谈了当时最激动人心的事件——农业的全盘集体化,这次谈话完全坚定了作家心中的决定:推迟创作描写早已成为过去事件的长篇史诗,写一部建设集体农庄的长篇小说。"关于同斯大林的谈话,萧洛霍夫没有详细叙述,只说了一句:"谈话使我受益匪浅。他鼓励我去实现我的新的创作构想。"②列日涅夫在文章中只说萧洛霍夫同斯大林的会见是在 1930 年,而没有说在几月。这里有一个明显的矛盾。萧洛霍夫去意大利拜访高尔基是在 1930 年的年底,如果说他是在这个时候会见了斯大林,那就应该是在 1930 年的年底,而阿勃拉莫夫和古拉的文章中却明确指出是:"1930 年。1 月"。从萧洛霍夫给列维茨卡娅的信我们知道,1930 年 1 月,萧洛霍夫还在维约申斯克。因此,列维茨卡娅的女儿玛加里塔根据她在柏林接待萧洛霍夫的情况,得出结论,认为萧洛霍夫同斯大林的会见应在 1931 年初:"1930 年在柏林的时候,米哈伊尔·亚历山大罗维奇一点也没有同我们谈起同斯大林会见的事。这次会见的时间应该稍晚一些,是在萧洛霍夫从柏林回来之后,在 1931 年初。"③

笔者之所以在这里不厌其烦地分析、考证萧洛霍夫同斯大林会见的确切时间,是想通过这个时间的确定,弄清楚两个问题:萧洛霍夫创作《新垦地》是现实生活激发了作家的创作热情,还是因斯大林的授意而不得已完成的"社会定货"?《新垦地》的创作是不是萧洛霍夫同斯大林"秘密交易"的结果?

从上面我们所引《列维茨卡娅的两本笔记》中可以看出,萧洛霍夫一直十分关注周围农村成立集体农庄的集体化运动,同他们建立了经常的联系,甚至拿出自己的稿费资助他们。萧洛霍夫和当时具有先进思想的人们一样,认为集体化是农民摆脱贫困的唯一道路。他在《新垦地》中写的主人公达维多夫动员农民加入集体农庄时说的那段话:"为什么要加入集体农庄呢?因为不可能再这样过下去!粮食发生困难,这是因为富农把它埋在地里烂掉,我们要强迫他们把粮食缴出来!你们当然都是愿意缴的,可是你们自己没有多

---

① 阿勃拉莫夫,古拉:《萧洛霍夫——课堂讨论资料》,莫斯科,国家教育出版社,1958 年,第 142 页。

② 列日涅夫:《论〈新垦地〉的人物原型》,列宁格勒,《涅瓦》杂志,1955 年第 2 期。转引自《列维茨卡娅的两本笔记》,第 263—264 页。

③ 《列维茨卡娅的两本笔记》,第 264 页。

少。光靠中农和贫农的粮食,养不活苏维埃联盟。得多种一点。可是光用木头犁和单铧犁能种多少地呢?只有拖拉机才能解决问题。就这么回事!……贫农和中农个人买拖拉机是困难的:力量不够!这就是说,要买,雇农、贫农和中农得联合起来。你们知道,像拖拉机那样的机器用在小块土地上是要亏本的,它需要大片的土地……那怎么办呢?党规定要全盘集体化,好用拖拉机把你们从贫穷中拉出来。列宁同志临死前说了什么话?他说,只有加入集体农庄,劳动农民才能摆脱贫穷。要不就是死路一条。"[1]这些话也应该是萧洛霍夫自己想说的话。正因为有这样的思想认识,正因为生活在农民群众之中,亲身经历着农村社会生活的这场大动荡,作为一个艺术感受极为敏锐的作家,他不可能不想通过文学作品把自己的感受和体验表现出来。事实也正是如此。1930年夏天,当他向列维茨卡娅透露他要写一部集体农庄生活的小说时,实际上他的构思已经基本成熟了。也许,已经动笔写作了,因为萧洛霍夫已估计要写十来个印张,时间大约要三个来月。显然,他是胸有成竹的,才敢于向列维茨卡娅夸口:"我要写一定比别人写得好。"因此,1931年初,在他同斯大林会见时,谈到当前正在进行的农业集体化运动,自然也会谈到他的这个新的创作构思。斯大林当然很高兴萧洛霍夫能写一部配合当前任务的作品,毫无疑问,这样的文学作品必将有助于集体化运动的开展。所以萧洛霍夫在后来的回忆中说:"谈话使我受益匪浅。他鼓励我去实现我的新的创作构想。"这里,斯大林并没有向萧洛霍夫提出什么写作要求,而是"鼓励"萧洛霍夫实现他的创作构想。因此,笔者认为,是俄罗斯农村开展农业集体化运动火热的现实生活和运动中发生的触目惊心的事件激发了萧洛霍夫的创作激情和欲望,才放下《静静的顿河》的写作,趁热打铁创作了《新垦地》这部作品,而不是像某些人所鼓吹的那样,是所谓同斯大林进行政治交易的产物。

关于萧洛霍夫以《新垦地》的创作换取斯大林同意出版《静静的顿河》第三部的所谓"政治交易",第九章中已经提到。笔者认为,这个问题似乎有点"以小人之心"之嫌。提出这样问题的人显然没有把斯大林看作是一个大政治家,一个大国的主要领导人,太低估了他作为一个政治家的原则性。据苏联作家西蒙诺夫回忆,"由斯大林奖金评选委员会推荐在会上谈到的作品,更确切地说,有可能谈到的作品,斯大林一般都读过。"[2]有一次在评奖委员会讨论获奖作品的会议上,讨论到苏联著名诗人吉洪诺夫的诗集《南斯拉夫诗抄》时,斯大林表示了否定的意见:"这里完全和吉洪诺夫同志无关,我们对

---

[1] 《萧洛霍夫文集》(中文版)第6卷,第26—27页。
[2] 西蒙诺夫:《我这一代人眼里的斯大林》,裴家勤、李毓榛译,北京,中国新闻出版社,1989年,第145页。

他和他的诗没有什么不满意的地方,但是我们不能为这些诗歌给他评奖,因为近来铁托的表现很坏。"①从这里可以看出,斯大林评价文学作品的标准首先是从政治原则出发的。还有一次,"1952年同时授予兹洛宾的长篇小说《斯捷潘·拉辛》和拉齐斯的长篇小说《走向新岸》一等奖,对他来说并不构成任何问题:他喜欢《斯捷潘·拉辛》是作为一部艺术作品,而《走向新岸》作为艺术作品,他则根本不喜欢,但是他认为这部作品非常重要,足以值得授予它一等奖。……关于拉齐斯的小说,他是这样说的:'这部小说艺术上有缺陷,它不如华西列夫斯卡娅的小说,但它对波罗的海沿岸诸国以及对国外,具有很大意义。'"②这样评价文学作品的斯大林会拿政治原则做交易吗?

写《新垦地》时的萧洛霍夫

激励着萧洛霍夫拿起笔投入创作的应该是当时苏联农村的现实生活,正是在这里,生活在他周围的人的命运,发生在他身边的种种事件,使他毅然放下《静静的顿河》最后一部的写作,创作了一部依然是饱含着哥萨克劳动群众的汗水和血污的小说。萧洛霍夫最初给这部小说起的名字就是《饱含着汗水和血污》,在出版时被编辑改为《新垦地》(旧译《被开垦的处女地》)。

苏联农村中正在进行的轰轰烈烈的集体化运动虽然激励着萧洛霍夫的变革热情,使他精神振奋,但是在运动中发生的许多问题又令他忧心忡忡。这些问题虽然有轻有重,表现形式各有不同,但其实质都是侵犯农民,特别是中农的利益,而且被侵害的农民,有冤无处诉,归根结底仍旧是如何对待农民的问题。《新垦地》小说中描写的那些强迫农民加入集体农庄、交出种子牲畜等等"过火行动"是已经进行了艺术加工的情节,实际上发生在现实生活中的事件是更为严重和残酷的。在《良友》一章中我摘录了1929年6月18日萧洛霍夫给列维茨卡娅的信中所反映的一些农村情况,表现他们之间友谊的真诚和萧洛霍夫对列维茨卡娅的信赖。但是这封信对于了解苏联农业集体化中农村的真实情况是非常重要的第一手材料,所以笔者在这里不厌其烦地将这封信全文译出,供读者参考:

  维约申斯克。1929年6月18日。
  亲爱的"指导",请您原谅我的沉默。我好像脱离了莫斯科,脱离了工作,也脱离了亲朋好友。给您的信是我从维约申斯克发出的第一封

---

① 西蒙诺夫:《我这一代人眼里的斯大林》,第150页。
② 同上书,第184页。

信。这一切都是因为一个半月来我们这里发生了一些很糟糕的事。我被卷入粮食收购的旋涡(文学先放到一边!),如今我到处奔走,帮助那些蒙受冤屈的人,我要到各个区和分区去,观察那里的情况,真真是让人"伤透脑筋"。

当在报纸上看到那些简短而又一派光明的报道,说贫农和中农一逼富农,富农就交出粮食的时候,脑子里不由自主地便想起一个不怎么让人得意的对比!当年,国内战争年代,白军报纸就是这样高兴地报道他们在各条战线上的"胜利",报道他们同"被解放了的哥萨克"的紧密同盟的……

可是您最好看看我们这里和下伏尔加边区都干了些什么。是在进攻富农,可是中农早已被压垮了。贫农在挨饿,霍别尔斯克分区最名副其实的中农人家,还有那些财力较弱的中农家庭,都在变卖家产,直到茶炊和车毯。人都发疯了,情绪是压抑的,明年的播种面积灾难性地在减少。在临近的分区里出现了有组织的政治匪帮,这一事实(骇人听闻的事实!)就是巧妙地向富农进攻的结果。

昨天夜里2点维约申斯克的民警就把我叫醒了。他们来借马鞍子。因为我们区有个村的苏维埃预计土匪要来,于是这支骑兵侦察队便奔波了大约25俄里。

今天弄清楚了:这伙土匪是大约有几十人的骑兵,他们跑到霍别尔斯克分区去了。这就又回到1921年那样了,如果事情照这样发展下去,那么到秋天,这样的飞行小队在整个地区就会泛滥成灾了。导火线很多。我们的权威机关已派出剿匪部队,他们对此直言不讳,这是怎么回事呀,弟兄们?走投无路了吗?都1929年了,又闹土匪。简直不可思议,真可怕。如果不把他们消灭,他们就会逃窜到红杜布拉瓦森林(那是一片绵延数十俄里的大森林,距维约申斯克40俄里),一到那里,那就无论用什么办法都撵不出他们来了。1921年一伙白军土匪在里面活动了一年半之久,放火烧,用烟燻,耗费了若干俄亩的树林也没把他们燻出来。这片森林是在山岗和峡谷之中。他们一直住在里面,直到1922年大赦才自愿地出来。

我不想列举霍别尔斯克分区如何进行粮食收购的例子,也不想列举区政权机关如何在那里横行霸道、作威作福的例子。关键的是不给他们(受到非法处罚的人)开去边区或莫斯科的证明,禁止邮局接收发往全俄中央执行委员会的电报,于是好几十个人跑到维约申斯克(或其他边区,北高加索边区),从那里给加里宁①发电报,要求,低三下四地恳求,可是

---

① 加里宁是当时的全俄中央执行委员会主席。

从那里只得到一个简单的公式化的回答:"您的案件已交分区审理。"有个小伙子,是斯库良特内村的哥萨克,1919年曾自愿参加红军,从军六年,是红军军官,1927年之前还当过两年村苏维埃主席。今年他播种了六俄亩半,他有一匹马,两头耕牛,一头奶牛,养活七口之家,缴了统一农业税29卢布,上交粮食155普特(在特别委员会自动征收200普特之前,折价4倍合800卢布)。他家里已经卖光了,包括种子和母鸡。牲畜、衣服、茶炊,全都一扫而光,家里就只剩下四堵墙了。他同两个红军战士到我家来过。他们给加里宁打电报,直截了当地说:"我们被抢光了,比1919年被白军抢得还要光。"他同我谈话时苦笑着说:"那些人只不过抢走了粮食和马匹,可我们自己的政权连根线都不剩,连小孩的被窝都抢走了,我请求,我愿意出钱买,拿钱顶替。"可他们说:"不行,我们不要钱,逮14只母鸡来吧。"就是这些区里造成了土匪四起。可是4月份、5月份又干了些什么事啊!那些被充公的牲畜在镇上的供应站里纷纷倒毙,母马下了小驹,可是小马驹却被猪吃了,全部牲畜都集中在镇上的供应站里,所有这些事情都是在那些日夜巡逻的人眼前发生的,他们夜里不睡,来回巡视,照看母马⋯⋯发生了这样一些事之后,哪里谈得上同中农的联盟呢。因为所有这些勾当都是用来对付中农的。

在1921—1922年那样严酷的年代,我在征粮队工作过。我执行过严酷的路线,不过当时那个时代也是严酷的。我大权在握,发号施令,后来因为越权而受到革命法庭的审判,可是这种"事迹"连听也没听说过,更别说干了。

阿尔乔姆①说得对:"这些人,应该把他们一网打尽。"我举双手赞成:所有的人,包括加里宁在内,凡是虚伪地假仁假义地高唱同中农联盟而同时又扼杀中农的人,都该一网打尽。

您看,这封信18号就写好了,现在才发⋯⋯大概这可以向您解释我沉默的原因吧。前几天国家政治保安局在我区(安基波夫村苏维埃)消灭了一股萌芽状态的土匪。我自己有什么可说的呢?不能工作。明天又要去罗斯托夫。心情压抑。一切都让人心烦。入秋之前是去不了莫斯科了。

小说集的事您随便处理。完全不印也可以。问候伊戈尔,玛加丽塔和爷爷,如果他在莫斯科的话。祝您一切一切都好。

您的米·萧洛霍夫

1929年6月18日于维约申斯克

大概一周半之后才能从罗斯托夫回来。来信请寄维约申斯克,说说

---

① 阿尔乔姆·韦肖雷(1899—1939),苏联作家。

您的情况。

紧紧地握手。

米·萧
1929 年 7 月 2 日

我曾给下伏尔加边区区检察长写信。这条毒蛇,一言不发,守口如瓶。连封回信都不肯写。①

这封信的原文附有列维茨卡娅写的一个便条:"这封信非常真实地写出了集体化中的过火行为的情况,我收到后曾将相关段落打印呈报给斯大林。列维茨卡娅,1955 年 6 月 10 日,莫斯科。"

《萧洛霍夫书信集》的编者在这封信的注释中说,他们在斯大林的档案中并没有找到列维茨卡娅呈报给斯大林的萧洛霍夫信件的打印稿。但是斯大林的档案中保存着萧洛霍夫直接写给斯大林的 15 封信件,其中 1933 年 4 月 4 日萧洛霍夫从维约申斯克写给斯大林的信所反映的农村情况比给列维茨卡娅的信中所写更为详尽和具体,也更为让人触目惊心。这里讲的是集体农庄成立之后苏维埃政府向集体农庄的农民征收粮食的情况。苏维埃地方政府按照"区产量核定委员会"核定的产量下达征收粮食的计划指标,而"区产量核定委员会的组成人员绝大多数是刚到区里来的新人,他们不仅完全不了解区里的情况,而且也不了解春播的情况"②。在这种情况下,苏维埃政府下达的征粮计划,远远超过农民的实际收入,集体农庄不仅完不成交粮任务,连农民的口粮和来年的种子都没有保证了。苏维埃地方政府的某些干部为了完成征粮任务,"拍打着左轮手枪的皮套"向基层干部下达命令:"要不惜任何代价拿到粮食!我们要压得他鲜血四溅!就是翻箱倒柜也要把粮食拿到手!"③果然,集体农庄的干部便按照上级的指示"翻箱倒柜"地征收粮食了。农民们听到风声早已把仅有的一点口粮和种子藏匿起来,有的甚至埋到野地里,山沟里。干部们找不到粮食就抓人,进行刑讯逼供。萧洛霍夫在给斯大林的信中列举了十七种对农民进行刑讯逼供的"办法",拷打、扒光衣服在"冷屋"关禁闭,用辣椒烟熏,这都是司空见惯的"刑罚",有的干部竟然让交不出粮食的农民伸出舌头罚站!萧洛霍夫在信中有名有姓地举了几个例子:

其一,普列沙科夫集体农庄两位区委特派员,"在审讯集体农庄庄员粮食埋在哪里时,第一次动用了后来在全区广泛采用的'刑讯逼供'方法。半夜里把集体农庄庄员一个一个地叫到征粮协动委员会,起初是审讯,威胁说要动刑,随后就真的动刑了:把铅笔夹在手指中间,拧压手指的关节,然后又在脖

---

① 《萧洛霍夫书信集》,第 34—36 页。
② 同上书,第 107 页。译文曾参考孙美玲编译《作家与领袖》一书。
③ 同上书,第 112 页。

子上套上绳子,拖到顿河上,塞到冰窟窿里。"①

其二,一位区委领导对征粮的工作人员下达了如下的指示:"要是不打开埋粮的坑,就处罚十到十五家农户,没收他们的全部财产、土豆、腌咸菜,扫地出门,让这些混蛋在街上冻死。两个小时之后,如果还没有见效,就再次召集开会,再把十家农户赶到冰天雪地里去!"②而且明确指示,不准其他农庄庄员收留被扫地出门的庄员,谁要收留被赶出来的人家,他自己全家也将被扫地出门。

其三,"在巴兹基集体农庄,一个妇女带着吃奶的孩子被赶出家门。整整一夜她满村里求告,让她和孩子进屋暖和暖和,没有人敢让她进屋,都怕自己也被赶出家门。快天亮时,孩子在母亲的怀里冻死了,母亲自己也冻僵了。"③

萧洛霍夫在信中写了他亲眼目睹的一幕场景:"我看到过这样的情景,那情景我到死也不会忘记:在列比亚什集体农庄的沃洛霍夫村,夜里寒风怒号,天寒地冻,冷得连狗都躲起来了,有几家被扫地出门的农户在偏僻的小胡同里燃起火堆,一家人围坐火旁。小孩子就用棉絮包裹起来放在火堆烤化的土地上。"萧洛霍夫情不自禁地问道:"难道可以这样地欺侮人吗?"④

然而更为严重的是,这一切都是在当地苏维埃政权领导干部的指示和怂恿下进行的,新闻媒体不仅不敢如实报道,而且也不敢向上级领导反映。正是在老百姓走投无路的情况下,萧洛霍夫才提笔给斯大林写信求救。他在信的最后说道:"如果我所写的这一切值得引起党中央注意的话,请向维约申斯克区派出真正的共产党员,他们要有足够的勇气,敢于揭露一切对本区集体农庄经济造成致命破坏负有罪责的人,不管他是谁;他们要认真地进行调查,不仅要揭露那些对集体农庄庄员采用卑劣'方法'进行刑讯、殴打和辱骂的人,而且还要揭露那些鼓吹这样干的人。""请原谅这封信写得太长。我认为写给您总比用这些材料创作最后一部《新垦地》要好。"⑤

斯大林果然派一个调查小组到维约申斯克区进行了严肃认真的调查,证明萧洛霍夫信中所反映的一切都是事实,随后苏共中央政治局专门召开了会议对维约申斯克区的问题作出决议,涉案人员和事件都做了处理。从萧洛霍夫的信中可以看出,苏维埃地方政府的领导干部和萧洛霍夫是站在不同的立场上。这些领导干部,不了解生产,不了解土地,不了解群众,他们只管完成上级下达的任务,而不管群众的实际情况,可以说,他们是唯上级指示是听而

---

① 《萧洛霍夫书信集》,第 114 页。
② 同上书,第 116 页。
③ 同上书,第 119 页。
④ 同上
⑤ 同上书,第 124 页。

萧洛霍夫和区委书记在田野里

不管群众死活。然而向党的领导机关负责和向广大群众负责的一致性,这应是所有共产党员进行工作的基本原则,但是在实际工作中有些共产党员却只知道对上级领导负责,而把群众的利益丢在脑后。萧洛霍夫恰恰与他们相反。他了解哥萨克群众的生产和生活情况,因而能够发现上级下达的计划任务与当地实际情况之间的差距和强制执行计划会造成的严重后果。

斯大林在处理这件事上表现得非常果断而且明智。他迅速地下达指示,向维约申斯克调拨粮食,解决那里的粮荒和种子问题,然后又及时地对涉案人员做了调查处理。但这并不意味着他完全同意萧洛霍夫对这些问题的看法。在做这一切的同时,他给萧洛霍夫写了一封信,一方面肯定萧洛霍夫及时反映情况的积极性,同时又批评萧洛霍夫在信中表现出的"片面"观点。

亲爱的萧洛霍夫同志!
    您的两封信都收到了,这您已经知道。信中所要求的援助业已给予。
    为弄清事情原委,什基里亚托夫同志将到你们维约申斯克区去,恳请您给予帮助。
    这件事就这样了。但是这件事并没有结束,萧洛霍夫同志。问题在于您的信件使人产生某种片面的印象。关于这个问题,我想给您写几句话。
    我很感谢您的信件,因为您的信件揭露了我们党和苏维埃工作的弊端,揭露了我们的工作人员本心想要制服敌人,有时候却无意中打在朋友的身上,而且竟然达到暴虐狂的地步。但这并不意味着我完全同意您的看法。您看到的只是一个方面,您能看到,已很不错。然而这毕竟只是事情的一个方面。为了在政治上不犯错误（您的信件不是小说创作，而是彻头彻尾的政治），应当全面观察，要善于看到另一个方面。这另一个方面就是你们区（不仅你们区）可尊敬的农民们都在"磨洋工"（怠工！）而且不无要让工人、红军饿肚子的意味。怠工是静悄悄的，从表面上看是没有伤害人的（没有流血），这一事实并不能改变尊敬的农民们实质上是在同苏维埃政权进行一场"静悄悄的"战争。亲爱的萧洛霍夫同志，这是饿死人的战争啊……

当然，这种情况无论如何都不能说您所指出的我们工作人员的胡作非为是正确的。犯有这种胡作非为罪行的人都要受到应有的惩罚。然而可敬的农民们并不像置身事外的人所感觉的那样全然无辜的，这是像晴天白日一样清楚的。

好啦，祝您一切都好，紧握您的手。

您的斯大林
1933年5月6日①

萧洛霍夫的信以充分的骇人听闻的事实揭露某些苏维埃政权的地方干部违法乱纪，欺压农民，萧洛霍夫和俄罗斯文学中他的那些前辈一样，对被欺压、受欺凌的弱者充满同情；而斯大林的信则明显地让人感到，那些干部的胡作非为虽属违法，但事出有因，不能全怪他们；而农民则是有意"怠工"，在同苏维埃政权进行一场"饿死人的战争"，不惜将工人和红军将士置于饥肠辘辘的境地。因此对于涉案人员的处理就不那么"严厉"了。

什基里亚托夫为首的调查委员会按照斯大林的指示，审查了4000多个案件，把非法没收的牲畜、房屋、家具都归还了原主，对于已经丢失的没收物品，则作价偿还，但是那些犯有罪行的人并未得到严厉的惩处。比如犯有严重罪行的巴申斯基本来被边区法院判处了死刑，但是在斯大林主持的政治局会议作出"关于维约申斯克区的决议"之后，俄罗斯联邦最高法院就撤消了巴申斯基的死刑，后来还恢复了党籍。其他一些负有责任的领导干部，或受到警告，或调离原工作岗位，并未受到严厉惩罚。从这里就可以看出明显的立场的差异。

萧洛霍夫和在《静静的顿河》中一样，他首先关注的是哥萨克农民、哥萨克劳动者的命运，从这个意义上讲，《新垦地》和《静静的顿河》是一脉相承的。但是在作品的艺术结构、作家的写作方法上却有很大的不同。《静静的顿河》是通过葛利高里·麦列霍夫等几个哥萨克家庭的悲欢离合表现了那个动荡的年代。《新垦地》则是采取了围绕事件展开情节、刻画人物的写法，因此小

---

① 转引自《萧洛霍夫书信集》，第133页。

说的情节线索是按照集体化组织集体农庄的过程进行的。小说从主人公、领导集体化运动的工人志愿者达维多夫来到隆隆谷村写起,然后展开一系列组织集体农庄的事件,带出形形色色性格各异的人物。"驱逐富农"是小说中第一个重大事件,通过这个事件,首先展现出隆隆谷村的三位领导人的不同性格和不同态度。来自列宁格勒的工人达维多夫表现出他坚决执行"消灭富农"建立集体农庄方针的决心和不屈不挠、不达目的誓不罢休的顽强性格。村苏维埃主席拉兹苗特诺夫则表现得心慈面软。富农的老婆孩子一哭一闹,他便说"我不干了","我不会跟毛孩子打仗!……在前线那是另一回事!"于是达维多夫说出了那段震撼人心的话:"你可怜他们……你疼他们。可是他们可怜过我们吗?敌人为我们孩子的眼泪哭过吗?"①这时村党支部书记纳古尔诺夫则气急败坏地破口大骂:"混蛋!你在怎么为革命出力?可—怜—吗?我呀……现在就是有几千个老头子、小孩子、娘儿们……只要对我说,为了革命的缘故……得消灭他们……我可以用机关枪把他们……统统干掉!"②通过这个事件也表现出农民群众的不同性格特点。狗鱼老大爷跟着达维多夫等人去没收富农基多克的财产,本来洋洋得意,神气活现,可是当基多克向达维多夫扑过来时,他却吓得扭头就跑,大喊"救命!"结果被基多克家的狗撕破了羊皮大衣。贫穷的哥萨克杰米德,绰号"金口",平时不言不语,但在没收富农财产的关键时刻却表现得勇敢而又机智。富农们的表现也是各不相同,有的拼命顽抗,甚至以死相拼,有的躺下耍赖,有的人家却是一片哭声。围绕这一事件,小说展现了形形色色的人物的性格特点,处世态度,甚至精神面貌。有的评论家把这种写法叫做"辐射式"的写法,或"辐射式"的结构,其特点是围绕事件刻画人物,把人物同事件紧密结合起来。萧洛霍夫采用这种写法展现建立集体农庄的复杂过程是非常明智的,他在推进事件的发展中,刻画了人物,通过人物的活动又推进了事件的发展。

　　萧洛霍夫在《新垦地》的写作过程中始终关注的一个问题依然是如何对待农民的问题。与《静静的顿河》不同的是,《静静的顿河》写的是不应该这样对待哥萨克农民群众;而《新垦地》中却在许多地方都写了以达维多夫为代表的苏维埃干部如何平等地、兄弟般情意地对待哥萨克农民群众。最突出的事件是第一部第33章写的"女人骚乱"。哥萨克农民受坏人蒙骗,以为集体农庄的粮食种子要被运到外面卖掉,便让女人们出面到集体农庄的粮库要回集中起来的种子,达维多夫拿着库房的钥匙,她们便对达维多夫群起而攻之。面对骚乱的女人们,他始终"嘻嘻哈哈开玩笑":"我的心肝宝贝们!你们可不能用棍子打呀","老奶奶!你都快进棺材了还打人。"可是女人们却越打越

---

① 《萧洛霍夫文集》(中文版)第6卷,第67页。
② 同上书,第69页。

狠,"达维多夫的耳朵被打得出血,嘴唇和鼻子都被打破了,可他还是咧开打肿的嘴唇笑着,露出前面的缺牙,不慌不忙地把打得特别凶的娘儿们轻轻推开。"①达维多夫面对哥萨克群众的骚乱,始终坚持说服教育,即使遭到辱骂、殴打,也是打不还手,骂不还口,而且事后也没有追究打人者的责任。在这里萧洛霍夫似乎在给集体农庄的干部树立一个榜样,对待农民群众,对待哥萨克劳动者,就要像达维多夫这样,打不还手,骂不还口。小说第二部的第13章写达维多夫来到割草的庄员们的休息站,发现人们都没有干活,"在生产队的木棚旁,地上铺着一块粗布。有六个哥萨克在那上面兴致勃勃地打纸牌,另外有一个在缝脱底的鞋,再有一个舒舒服服地躺在棚子后轮旁(田间用的棚子下面有轮子,可以移动)背阴的地方睡觉……"②达维多夫大为恼火。他责问人们,为什么不干活?有个哥萨克回答他,今天是星期天,应该是休息的日子。工厂的工人们星期日也不干活的。达维多夫说工厂里星期日也不停工,有个哥萨克马上回答他:"那边星期日干活的,恐怕是另外一批工人,但此地就只有我们这一批倒霉蛋!从星期一到星期六天天上轭,连星期日也不能解脱,这算是什么规矩呀?难道苏维埃政权指示我们得这样干吗?苏维埃政权指出,在劳动人民中间待遇不应该有差别……"③萧洛霍夫在这里通过小说中一个人物、集体农庄庄员乌斯金的口,说明苏联社会中工人和农民虽然名义上都是平等的国家的主人公,但是实际上工农之间并不是平等的,存在着很大的差别。同时,萧洛霍夫也是在回答斯大林的信中对农民"磨洋工"、对苏维埃政权进行"饿死人的战争"的指控。小说中达维多夫直言不讳地指责农民"把粮食埋到地里",牛饿得"倒毙在路上"④。乌斯金理直气壮地同达维多夫争论,说让老百姓没日没夜地干活,"干得筋疲力尽","这就跟计划有关系!你努力巴结区里的首长,区里巴结省里,弄得我们只好为你们受罪。你以为群众什么也没有看见吗?你以为群众是盲目的吗?群众是看见的,但对你们这种官僚有什么办法呢?我们能把你、或者像你这类人撤职吗?"⑤达维多夫虽然对农民的顶撞感到非常恼火,但是他并没有发作,他努力克制自己,最后竟坐下来,同农民玩起牌来。他一边同农民们玩牌,一边做他们的思想工作。通过一番推心置腹的谈话,矛盾冲突得到解决,农民又都愉快地去割草了。说服农民去割草,随后,达维多夫又赶着马车去说服要去教堂做礼拜的妇女们。他说,现在割草正紧张,要抓紧时间,不然雨天一来,干草烂在地里,到冬天牲口就没有草吃了。"等割完了草,尽可以依你们的心

---

① 《萧洛霍夫文集》(中文版)第6卷,第303页。
② 《萧洛霍夫文集》(中文版)第7卷,第552页。
③ 同上书,第554页。
④ 同上。
⑤ 同上书,第555页。

愿去多做几次礼拜,但现在不是时候"。① 达维多夫晓之以理,动之以情,妇女们高高兴兴地去割草了。

《新垦地》中并非都是这样和风细雨的场面,也有剑拔弩张的时候。萧洛霍夫在给斯大林的信中写到的区委特派员拍着手枪套威胁农民的场面,也在小说中得到了艺术地再现。小说第一部第 24 章村党支部书记纳古尔诺夫要绰号洗澡迷的农民交出粮食种子,洗澡迷拒不交粮,而且口出恶言,说"你们收集粮食,将来用轮船把它运到外国去吗? 买汽车,让党员们带着短头发的婆娘去兜风吗?"纳古尔诺夫气急之下,"从口袋里拔出手枪,用枪柄猛击洗澡迷的太阳穴……"②为此,纳古尔诺夫受到开除党籍的党纪处分。小说第一部第 34 章浓墨重彩地描写了纳古尔诺夫被开除党籍后的痛苦心情,他痛不欲生,曾蒙生出开枪自杀的念头。但是他的悔恨并不是因为认识到不该以这样的态度对待农民兄弟,而是惋惜被迫离开党的队伍,他仍旧把不听从他的命令的洗澡迷当作"反革命",心中仍不忘要和他斗争到底:"我就是没有党籍也要跟那些毒蛇斗争到底!"对于纳古尔诺夫这个形象,萧洛霍夫是把他当作一个一心一意跟着共产党走的耿直的农民来刻画的,但是他并不知道应如何建设苏维埃政权,如何建设集体农庄,他们只能听从上级的指示,按上级的指示办事,对上级负责,至于农村的情况千差万别,需要灵活机动,他就不管了。于是就发生了像萧洛霍夫在给斯大林的信中所反映的那种只对上级领导负责而不管群众死活的情况了。《新垦地》在描写集体农庄建设的过程中,对苏联的农村政策、干部制度都有所批评,但其核心问题依然是应该如何对待农民,如何处理同农民的关系。《新垦地》和《静静的顿河》两部作品从不同的侧面都关注这个问题,说明十月革命后苏维埃政权始终没有解决好这个问题,最终使农业问题成为阻碍苏联社会发展的"死结"。③

萧洛霍夫创作《新垦地》也同创作《静静的顿河》一样,小说中的人物大都是他周围哥萨克村镇中的乡亲,小说中事件发生的地点也都是顿河两岸的村庄。萧洛霍夫的乡亲、作家莫洛扎文科在他的《奇尔河——哥萨克的河》一书中写到,萧洛霍夫曾对一味追问他《新垦地》描写的是什么地方的评论家说:"隆隆谷村的自然风光很像离维约申斯克不远的格拉奇村,那里的小木屋都是垒在河边的。"④莫洛扎文科说,萧洛霍夫这里所说的"河边",指的就是奇尔河。

小说中最主要的主人公达维多夫也是有原型的,苏联时代萧洛霍夫研究家的论著中都已指出,他就是曾担任维约申斯克镇福龙芝集体农庄主席的普

---

① 《萧洛霍夫文集》(中文版)第 7 卷,第 574 页。
② 《萧洛霍夫文集》(中文版)第 6 卷,第 200—201 页。
③ 苏联作家田德里亚科夫有一部反映苏联农村问题的中篇小说,就叫《死结》。
④ 莫洛扎文科:《奇尔河——哥萨克的河》,第 30 页。

洛特金。但是达维多夫是一个虚构的艺术形象,他不可能是一个人的生活写照,他是综合多方面的特征而塑造出来的。于是研究家们又猜测,维约申斯克镇克里乌申斯基集体农庄的第一任主席安德烈·巴尤科夫可能也是达维多夫的原型之一,因为他也是普梯洛夫工厂的工人,也是两万五千个到农村来的工人志愿者之一,他也像达维多夫一样,在20世纪30年代来到维约申斯克镇,他的行李也同达维多夫一样,一套钳工工具和一件海军衫……然而这些也只不过是外在的特征罢了。被许多研究家公认的达维多夫形象的原型之一普洛特金本人并不承认萧洛霍夫就是以他为原型塑造的达维多夫。上个世纪60年代,有个记者曾访问过普洛特金,然后在报刊上发表文章,说普洛特金是活着的达维多夫。普洛特金非常反对这一说法,后来他在自己的回忆录中表达了这个意见:"切雷舍夫同志(记者——引者注)在这篇文章中写道,他找到了活着的达维多夫——普洛特金。我要坚决果断地声明,这说法与事实不符,因为它同《新垦地》中所讲的情况是有矛盾的;达维多夫在同匪徒的斗争中英勇地牺牲了,而普洛特金只是在顿河两岸的集体农庄中工作的许多工人共产党员中的一员……正如一幅画的细部不能称作图画,一个机器零件不能称作机器,所以也不能把某一个人就认作一个艺术形象的原型。……"①但是普洛特金也承认,萧洛霍夫在塑造达维多夫这个形象时,的确有取自他身上的东西。他说他刚来时,从米列罗沃到维约申斯克镇的那段行程,就同小说一开始达维多夫坐在雪橇上的情景十分相似。在一次讲话中他曾谈到,他也经历过类似小说中"女人骚乱"那样的事情。② 有一次萧洛霍夫曾问他,到农村来搞集体化,有什么必要带着一箱的钳工工具。小说中达维多夫也是带着一箱钳工工具来的,后来送给了铁匠沙利。显然,萧洛霍夫在创作《新垦地》时的确利用了普洛特金的某些经历作素材。萧洛霍夫同他是比较熟悉的,但是普洛特金无论是性格特征,还是工作作风,都同萧洛霍夫笔下的达维多夫有很大的不同。前面我们提到,具有水兵火暴性格的达维多夫面对哥萨克妇女的骚乱,打不还手,骂不还口,而普洛特金则曾因对待农民的非法的"过火行为"而受过处分,在萧洛霍夫给斯大林的信中提到的那些犯错误的农村干部中,就有普洛特金。

在《静静的顿河》中有一个以真名实姓写进小说的人物,他就是白军大尉谢宁。这是个真实的历史人物,萧洛霍夫把他在白军中的所作所为真实地写进了小说。有意思的是在《新垦地》中萧洛霍夫又把他写进了小说,这一次没有用他的真名实姓,所以他就成了小说中重要的人物波洛夫采夫的原型。同一个人物先后两次出现在同一个作家的两部作品中,这是一件很有意思

---

① 转引自雅基缅科:《萧洛霍夫创作》,第678页。
② 莫洛扎文科:《奇尔河——哥萨克的河》,第51页。

萧洛霍夫和农民在一起

事。当然,萧洛霍夫之所以在《新垦地》中再一次把谢宁写进小说,谢宁本人的经历是很重要的原因。谢宁的同乡,1920年曾任博科夫镇革委会主任的捷利岑曾对萧洛霍夫研究家普里玛讲到谢宁的情况:"他和我是同一个镇的,都是博科夫镇人……他毕业于诺沃切尔卡斯克士官学校,世界大战一开始他就当了上尉。他当过法庭警备队长,就是他对波乔尔科夫和克里沃什雷科夫执行了死刑。……他跟随邓尼金从诺沃罗西斯克撤退,后来又以叶夫兰皮耶夫的假名投降,参加了红军,当到骑兵连长……1921年在罗斯托夫他被同镇的麦列霍夫认出而被揭穿。法庭判他枪毙,但在1923年的全俄大赦中得到赦免,流放到索洛夫基,1927年刑满返乡,当了高级中学的教师。当上教师之后,他又开始拼凑反苏维埃政权的势力。集体化初期,他在顿河上游的村镇中组织了白军哥萨克的'解放顿河同盟',1930年春妄图发动叛乱……"①萧洛霍夫说,为了创作《新垦地》,他曾到监狱去看望谢宁,而且查阅了他的"案卷",他说:"我很了解谢宁大尉的案情,做过一番研究。当然,我是以某种程度的艺术概括和虚构把他写进波洛夫采夫大尉的形象的。"②

《新垦地》第一部完成之后,从1931年1月份起开始在《新世界》杂志连载。1932年《新世界》杂志更换领导班子,格隆斯基被任命为主编。杂志新领导向萧洛霍夫提出一系列苛求,要求删掉消灭富农的章节。萧洛霍夫摆出种种理由进行说明、解释,编辑部全都置之不理。萧洛霍夫不得已再次求助

---

① 转引自库兹涅佐夫:《萧洛霍夫和反萧洛霍夫》,莫斯科,《我们的同时代人》杂志,2001年第5期。

② 同上。

于斯大林。斯大林看过小说手稿之后,对《新世界》编辑部说:"你们那里怎么都是些头脑糊涂的人呀?我们连消灭富农都不怕,反倒不敢写出来吗?小说应该发表!"①

小说发表后在国内外引起很大反向。萧洛霍夫1932年5月在给列维茨卡娅的信中谈到这样一件事:"罗斯托夫边区党委的一个同志对我说,《复兴报》(一个保皇派的机关报)上刊登了一篇对《新世界》第一期的评论,文章大骂革拉特科夫的《原动力》而……对《新垦地》大加赞扬。"②《复兴报》是流亡国外的俄罗斯贵族在巴黎出版的一份报纸,它在一篇题为《文学编年史》的文章中说:"像《新垦地》这样的题材,如果在其他任何作家手中作为小说基础,一定写得枯燥无味,但是在萧洛霍夫笔下却写得那样血肉丰满,一读到它,我们就会爱不释手了。"③

---

① 转引自《萧洛霍夫书信集》,第86页。
② 《萧洛霍夫书信集》,第87页。
③ 转引自《萧洛霍夫书信集》,第87页。

第十三章

"我以脑袋担保……"

萧洛霍夫为顿河地区的粮食问题给斯大林写信告急之后,地方当局对农民的"过火行为"有所收敛,苏维埃政府按斯大林的指示,向维约申斯克区调拨了口粮和种子,粮荒得到一定的缓解,但并未彻底解决。萧洛霍夫的信中所反映的情况是整个顿河地区的状况,而斯大林调拨粮食的指示是针对维约申斯克区的。对于那些犯有错误和罪行的干部,只是做了某些处分和惩罚,并没有认真地在思想上分清是非,因而在某些人的心目中,萧洛霍夫和他所在的维约申斯克区党委是成心和他们作对,因而对萧洛霍夫及维约申斯克区党委的几个主要领导,怀恨在心,非要除之而后快。于是他们便针对维约申斯克区的几个主要领导人布置了一系列的阴谋活动。

1933年8月,苏共中央政治局的《关于维约申斯克区的决议》刚刚过去一个月,舍博尔达耶夫①便在北高加索边区党代会上提议在《决议》中受到严重警告和撤销职务处分的原罗斯托夫市委书记奥夫钦尼科夫进入边区党委会担任常委职务。这显然是对中央决定的公然对抗,因而遭到以区委书记卢戈沃伊为首的维约申斯克区党代表们的激烈反对。舍博尔达耶夫便率领边区党委的几个领导干部去参加维约申斯克区党代表所在的北顿河代表团的会议,向党代表们施加压力,要他们同意奥夫钦尼科夫和另一个因"过火行为"受到处分的干部沙拉波夫为边区党委常委。卢戈沃伊挺身而出,激烈反对,北顿河代表团的大部分代表都支持卢戈沃伊

---

① 舍博尔达耶夫(1895—1937),1930年至1937年任北高加索边区党委第一书记,后来调任库尔斯克州委第一书记,1937年肃反运动中被镇压。

的意见,不同意刚刚受到中央决定处分的奥夫钦尼科夫和沙拉波夫进入常委会。舍博尔达耶夫的企图没有得逞,心里对卢戈沃伊恨之入骨。

北高加索边区的党代会开过不久,舍博尔达耶夫便对维约申斯克区委开刀了。他找了一个借口便向中央打报告,撤销维约申斯克区党委第一书记卢戈沃伊的职务。苏共中央认为,维约申斯克区刚刚发生过萧洛霍夫信件所反映的问题,不宜更换主要领导干部,便没有批准北高加索边区党委的报告。但是舍博尔达耶夫并没有死心。撤职不成,便又另生一计,在维约申斯克区委中安插他的亲信:派基谢列夫到维约申斯克区任第二书记,派缅希科夫到维约申斯克区任内务人民委员部区分局局长。他们到任后积极地展开了针对维约申斯克区主要领导干部的活动。于是边区党委,乃至中央委员会频频收到对卢戈沃伊和萧洛霍夫的告密材料。卢戈沃伊等区委领导当然也察觉到基谢列夫等人的活动,便叫萧洛霍夫到莫斯科去向斯大林告状。

1934年6月,萧洛霍夫来到莫斯科,要求斯大林接见。6月14日斯大林接见了萧洛霍夫。萧洛霍夫把顿河地区近来发生的一些事情,特别是维约申斯克区的一些不正常现象,都向斯大林做了汇报,他对斯大林说,这都是对犯有"过火行为"错误和罪行的干部处理不彻底所带来的后果。斯大林冷静地听取了萧洛霍夫的意见,也答应要弄清问题,但是他并不想改变既定的方针政策,也没有采取什么实际的措施。舍博尔达耶夫一伙看到萧洛霍夫告"御状"并没有取得实际效果,便更加肆无忌惮地干起来。内务人民委员部维约申斯克区分局局长缅希科夫以"保护"的名义公然对卢戈沃伊和萧洛霍夫进行监视,给他们的电话安装了窃听装置。他们散布谣言,说萧洛霍夫是"富农作家,反革命哥萨克思想家",并且重新捡起20年代已被摧毁的旧武器:说《静静的顿河》是萧洛霍夫"抄袭"别人的作品,真正的作者是1929年被开除出党的托洛茨基分子叶兰金。更有甚者,他们给萧洛霍夫和萧洛霍夫的夫人投寄匿名信,说某某人是萧洛霍夫的"情妇",某某人是萧洛霍夫夫人的"情夫",手段十分卑劣。

1936年末,"肃反"运动开始了。北高加索边区党委的一些领导干部都先后"落马"。接着,边区党委第一书记舍博尔达耶夫本人也因为"同托洛茨基分子有联系"而被抓起来了。他被关押在莫斯科的卢比扬卡(克格勃总部),据说,在那里受尽种种酷刑,最后被枪毙了。舍博尔达耶夫之死对于萧洛霍夫和他的维约申斯克区委的同志们来说,其处境并没有什么好转,因为"肃反运动"正在加紧进行,舍博尔达耶夫手下那些北高加索边区党委和内务人民委员部的干部大部分还都留在原来的岗位上。几次交锋,他们认识到,萧洛霍夫在莫斯科的影响力是不容易动摇的,但是他们要除掉萧洛霍夫的决心并没有因此而改变。他们采取了迂回的战术。

边区党委第一书记舍博尔达耶夫的被捕使北高加索边区党委的干部们,

人人自危,个个胆战心惊。舍博尔达耶夫手下的得力干将斯佩兰斯基和季姆钦科,为了改变"肃反运动"的方向,转移目标,他们在新格列科沃镇制造了一个社会革命党组织案件。维约申斯克区党委的常委委员克拉秀科夫就是这个镇的人,于是他们就制造假口供,诬陷克拉秀科夫是社会革命党,并立即逮捕。

他们把克拉秀科夫抓起来之后,便要求维约申斯克区党委将克拉秀科夫开除出党。区党委第一书记卢戈沃伊、区执委会主席洛加乔夫、区委常委萧洛霍夫等人坚决反对,但是舍博尔达耶夫安插到维约申斯克区委中的人却积极支持,双方争执不下,最后将问题提交全区党员大会审议,结果104个党员中有91人反对开除克拉秀科夫。他们要将克拉秀科夫开除出党的图谋虽然没有得逞,但是克拉秀科夫依然关押在监狱里,每天受到残酷的审讯,要他供认卢戈沃伊、洛加乔夫和萧洛霍夫都是反苏维埃的反革命分子。克拉秀科夫始终没有招认,最后被送到劳改营监禁。

1937年1月,内务人民委员部新领导叶若夫的好朋友,叶夫多基莫夫接替舍博尔达耶夫,成为边区党委的第一书记,而且体制也有所变化,边区改为州,叶夫多基莫夫便是罗斯托夫州的州委第一书记。他上任之后并没有改变原边区党委对萧洛霍夫和维约申斯克区党委几个干部的态度,而且变本加厉地推行既定的迂回战术。这期间维约申斯克区逮捕了许多人,他们大都是1919年暴动的参加者,和萧洛霍夫及区委几个干部比较接近,其中还有在区中学工作的萧洛霍夫的两个亲戚,罪名是"在教师和学生中进行敌对活动"。接着,罗斯托夫州委常委会突然不明不白地撤去卢戈沃伊维约申斯克区委第一书记和洛加乔夫维约申斯克区执委会主席的职务,并且立即逮捕入狱。现在萧洛霍夫周围的人几乎都被逮捕了。萧洛霍夫感到自己危在旦夕。6月,萧洛霍夫来到莫斯科,要求斯大林接见他;

亲爱的斯大林同志!
　　我来到莫斯科,要住三四天。很想看到您,哪怕五分钟也行。如果有可能,请接见我。波斯克列贝舍夫①知道我的电话号码。
　　　　　　　　　　　　　　　　　　　　　　米·萧洛霍夫
　　　　　　　　　　　　　　　　　　　　1937年6月19日于莫斯科②

但是不知何故,这一次斯大林没有接见他,萧洛霍夫认为斯大林是在有意回避他。

1937年7月第二届世界作家反法西斯大会将在西班牙召开,苏共中央

---

① 波斯克列贝舍夫(1891—1965),斯大林秘书,联共(布)党中央总书记办公室主任。
② 《萧洛霍夫书信集》,第179—180页。

召开会议,决定派科利佐夫、阿·托尔斯泰、法捷耶夫、爱伦堡、萧洛霍夫、斯塔利斯基等人组成苏联作家代表团出席大会。但是萧洛霍夫担心的是维约申斯克区党委的几个同志的生命安危,便两次断然拒绝到西班牙去参加大会。

斯大林当时没有接见萧洛霍夫,但是从萧洛霍夫的信上他可以感觉到写信者的急切心情,他大概是感到有必要收集一些有关萧洛霍夫情绪方面的情况,便决定派人去维约申斯克走一趟,他把这个任务交给了当时担任作协总书记的斯塔夫斯基。斯塔夫斯基同法捷耶夫一样,也是从罗斯托夫来到莫斯科的,他同当时已被捕入狱的舍博尔达耶夫关系十分密切,萧洛霍夫同舍博尔达耶夫们的斗争使他心里深感不安,他担心是否会影响到他自己的前程。他在维约申斯克向萧洛霍夫及其周围的人做了一番调查了解之后,便于9月16日向斯大林写了一封信。这封信是作为机密文件送到苏共中央的,信中说:

致联共(布)党中央
斯大林同志:

由于听到一些有关萧洛霍夫行为的令人不安的消息,我到维约申斯克镇去看了看他。

萧洛霍夫没有到西班牙去参加国际作家大会,他解释说这是"由于他在维约申斯克区的复杂的政治处境所造成的"。

斯塔夫斯基在信中谈到了萧洛霍夫的创作情况:《新垦地》第二部没有完成,《静静的顿河》第四部已有300页打字纸的手稿,但所写的内容却"给人留下心情压抑的印象"。接着,斯塔夫斯基在信中写道:

那么,萧洛霍夫在维约申斯克的环境究竟如何呢?三个月之前,维约申斯克区原党委书记卢戈沃伊被逮捕,他是萧洛霍夫政治上和个人生活中最亲近的朋友。区里的一些干部(原区粮食委员会主任克拉秀科夫、原区执委会主席洛加乔夫等)也都先后被捕。他们所有人都是被指控参加了反革命托派组织。

萧洛霍夫直言不讳地对我说:

"我不相信卢戈沃伊有罪,如果判他有罪,那么我也有罪,我也应该判刑,因为区里的所有事情都是我们一块做的。"

一提到卢戈沃伊,萧洛霍夫只看到他的一些肯定的方面,特别是对卢戈沃伊同人民的敌人舍博尔达耶夫、拉林及其走卒们进行斗争的那种激情,更是赞不绝口。……

萧洛霍夫愤慨地谈到,内务人民委员部的区工作人员对他进行监视，收集关于他和他的亲属的各种谣传。

在坦率直言的热情中，萧洛霍夫说：

"我有时候会冒出一些念头，过后自己都感到害怕。"

我认为，这是他承认有自杀的想法……

边区（顿河罗斯托夫）对萧洛霍夫的态度是十分警惕而又戒备的。

叶夫多基莫夫说：

"我们不想把萧洛霍夫交给敌人，我们想把他从敌人手里夺过来，让他成为自己人！"

同时，叶夫多基莫夫又补充说了句：

"如果这个人不是萧洛霍夫，没有这样的名气，我们早都把他抓起来了。"

我把同萧洛霍夫谈话的全部内容都向叶夫多基莫夫讲了，他说，卢戈沃伊至今不认罪，尽管他的破坏活动有明显的事实，而且还有许多揭发他的证词。内务人民委员部边区分局已经注意到审讯质量的问题。

显然，在区里活动的敌人是躲藏在萧洛霍夫的背后的，他们利用萧洛霍夫的自尊心（区党委的常委会不止一次地在萧洛霍夫家开会），即使现在他们依然企图利用他作为他们的说客和保护人。

对于萧洛霍夫来说，最好是离开维约申斯克镇到工业城市去（现在他妻子的亲属仍在影响着他——这些人身上简直就是散发着反革命的气息），但是他坚决反对这样做，我也没办法说服他。

萧洛霍夫坚决地、毫不含糊地声称，他同党和政府的政策没有任何分歧，但是卢戈沃伊案件使他对地方当局的行为产生了很大的怀疑。

萧洛霍夫一边埋怨他现在无法写作，可不知为什么又特意提到，他曾将第四部的一些篇章寄往国外，但是在莫斯科被（报刊保密检查总局）扣下了，国外来信询问，手稿到哪里去了？是不是出了什么问题？……

我们约定，他以后会常写信，最近他会到莫斯科来一趟。

但主要的是——他的摇摆不定，他的与世隔绝（这怪他自己），他的疑虑重重，都十分令人担心，就此我向您报告。

此致

共产主义敬礼

斯塔夫斯基

1937年9月16日于莫斯科①

这本是一封告密的信，但是信中反映的情况和萧洛霍夫的情绪却引起了

---

① 原文载《萧洛霍夫书信集》附录一，见该书第437—440页。

斯大林的注意。斯大林看过信后在信上做了如下批示：

> 斯塔夫斯基同志！请您试一试叫萧洛霍夫同志到莫斯科来一两天。可以用我的名义。我不妨同他谈一谈。斯大林。①

9月24日萧洛霍夫来到莫斯科。第二天斯大林接见了他，当时在场的还有莫洛托夫和叶若夫。关于这次会见和谈话的详细情况，还没有看到相关的档案材料和正式报道，只有作家沃隆佐夫在他的长篇小说《烈火燎原》（单行本改名为《萧洛霍夫传》）中凭着作家的想象，对这次会见的情形作了艺术的虚构，再现了当时的场面。小说中写道：

> 萧洛霍夫刚开始讲述区里发生的事情，他们便以叶夫多基莫夫的腔调质问萧洛霍夫，为什么他不信任当地党的机关和肃反人员？萧洛霍夫回答说：
>
> "如果这些机关中坐着的是些同被捕的托洛茨基分子关系密切的人，我怎么能信任他们？我对叶夫多基莫夫说过：为什么州委不采取任何措施释放那些受卢戈沃伊株连的人，释放那些被敌人关押的人？他回答说：这件事你同叶若夫谈过了？那就够了。我有什么办法？他可以抓人，可是一说要释放抓错的人，你们看，他就不干了！然而为什么他却能过问明显的托洛茨基分子沙茨基、谢米亚金、舍斯托娃娅的事：抓他们是不是冤枉啊？是不是有人诬陷他们呀？"
>
> "但是叶夫多基莫夫并没有就这个问题问过我们"，满头卷发，有点像个大娃娃似的叶若夫意味深长地说。
>
> 萧洛霍夫没有回答他，他看了看斯大林，因为这次毕竟不是他要求会见的嘛！但是斯大林仍旧默不作声。
>
> "这么着吧，叶若夫同志"，萧洛霍夫说道。"让我跟您到卢比扬卡去吧。"
>
> "干什么？"他有点慌张。
>
> "什么干什么？作为人民的敌人呀。到那里您再给我提这些问题。"
>
> 斯大林动了动身子。
>
> "我们在这里开会可不是开玩笑的啊，萧洛霍夫同志。"
>
> "我到这里也不是来开玩笑的。如果卢戈沃伊，洛加乔夫和克拉秀科夫都是人民的敌人，那我也是人民的敌人。我是区委常委，我们的行动都是一致的，心和心是相通的。不仅如此，恰恰我是常委所做决定的提议者。为什么他们要坐牢，我却不？比如侦查员们就经常对克拉秀科

---

① 原文载《萧洛霍夫书信集》附录一，《斯塔夫斯基致斯大林信》的注释，见该书第440页。

夫说，我已经在坐牢了。我很明白他们的逻辑。"

"我们知道您在维约申斯克区所起的作用"，一向皱着眉头看人的莫洛托夫冷冷地说道。"可您是否想过，这些人骗取了您的信任，他们在利用您的作用？"

"没想过。我同他们患难与共的次数太多了。您知道，真正的朋友都是在患难中认识的。总之，我可以毫不含糊地说，如果说萧洛霍夫是什么，他周围的敌人卢戈沃伊、洛加乔夫等人也是什么，我认为以这种方式提出问题是毫无意义的。如果我们按照这条道路走，那么您既不能理解我，我也无法理解您。因此，我想先按照我所看到的样子来陈述问题，然后再来回答您的问题。"

莫洛托夫两颊的颧骨上浮现出两片红斑，但是他什么话也没说。萧洛霍夫继续陈述，现在已无人打岔，最后萧洛霍夫拿出克拉秀科夫从狱中传出的信①，但是预先声明，他没有权利说出这封信是如何传到他的手中的。

"我想，您应该把这件事弄清楚，叶若夫同志"，斯大林说罢，把信交给了叶若夫。"把卢戈沃伊、洛加乔夫、克拉秀科夫调到莫斯科来，在这里进行审理。但这并不就算完了，萧洛霍夫同志。我早就想问您这件事。您是否觉得，您在塑造葛利高里的形象时，您自己也过分地投入到里面了？然而您毕竟不是葛利高里·麦列霍夫，您也不会率领一师人马同苏维埃政权作战。您是共产党员，萧洛霍夫同志，不过您在入党的时候，显然没有完全确切地明白党员的权利和义务。对您来说，维约申斯克朋友的小圈子比党的同志更重要。我们之中任何人"，斯大林用烟斗柄指了指自己，莫洛托夫和叶若夫，"都不会想到在这里交出一封信件的时候，要预先声明，没有权利说出这信件是怎么得来的。如果我们不能彼此信任，那么就应该选出其他同志，对党的兄弟情谊看得比其他一切都珍贵的同志，来担任我们的职务。不问政治的小市民可以完全生活在个人利益之中，但我们共产党员却不行。我明白，在你们区里、州里形成了一种很困难的局面。但是您怎么能两次拒绝去参加作家反法西斯大会呢？要知道您是政治局会议上通过的人选啊！这是对您的信任啊！为什么您不能为了我们共同的事业哪怕暂时地忘记个人的私事呢？请您回答，萧洛霍夫同志！"

在斯大林、莫洛托夫和叶若夫的目光注视下，萧洛霍夫把已经装满的烟斗放到一边；他怕抽烟时会让人看出他的手在发抖。他把双手放到

---

① 这是克拉秀科夫从流放地冒险托人传出来的，信写在卷烟纸上。萧洛霍夫曾给斯塔夫斯基看过，斯塔夫斯基给斯大林的信中曾提到这件事，本文在摘录该信时，因篇幅关系未录。

第十三章 "我以脑袋担保……"

桌子下面,尽力克制自己,抬起目光,看着斯大林。

"斯大林同志,我的私事是我的家庭,我的写作,不过,如果考虑到千百万读者都在读我的书,那也不能算作私事了",他心平气和地开口说道。"但是我向您谈到的那些人,不单纯是我的朋友,或者说酒友,虽然在我们俄罗斯人之间喝两杯也是常有的事。他们是我的区委常委的战友,正如莫洛托夫和叶若夫是您在政治局的战友一样。您是全党的领导,谁是正确的党员,谁是不正确的党员,您看得更清楚。我大概就是个不正确的党员。但是我不能理解,为什么世界作家大会对于布尔什维克萧洛霍夫来说,就是比他的党内同志的命运更为重要的社会工作。我作为一个共产党员,怎么能忘记自己直接肩负的责任,抛下一切,拱手把我们的区、州送给伪装得非常巧妙的敌人,无忧无虑地坐在国际列车的软卧车厢里去开会,我能像那个爱伦堡似的,拿着到国外出差当主要工作?难道在这种情况下我在大会上的发言能是由衷之言吗?难道我能当之无愧地代表我们的国家吗?如果我对履行这样高水平的角色抱有怀疑,我理应诚实地向党的领导汇报,我也是这样做的。现在再说克拉秀科夫的信件。只要敌人还在罗斯托夫内务人民委员部当政,我就没有任何权利让传递这封信的人遭受生命的危险。"

"怎么,您连我也不相信吗?"叶若夫坐不住了。

"不是,但是您,显然,过分地信任舍博尔达耶夫和鲁济早先按插在内务人民委员部的那些干部了。"

"我们的出发点是,叶夫多基莫夫同志非常熟悉当地的特点",叶若夫反驳说。"他本人是个老肃反工作者,在州里的党组织和地方内务人民委员部之间能够取得很好的协调关系。因为除了你们区和边区的问题之外,还有其他一些您不了解的问题。肃反人员才能对付他们。"

"但愿他们对付他们不像在维约申斯克区似的!"萧洛霍夫说。

斯大林在内心深处是很喜欢萧洛霍夫说的关于国外出差那番话的,但是他用手势阻止了萧洛霍夫的发言。

"现在谈谈您的创作吧,萧洛霍夫同志。正如您完全正确地指出的,这件事对我们可不是无关紧要啊。《静静的顿河》第四部和《新垦地》第二部写得怎么样了?"

萧洛霍夫拍了拍皮包说:

"我带来了《静静的顿河》的第七卷。五年来不断地同托洛茨基分子进行斗争(我希望,现在叶若夫同志不会否认舍博尔达耶夫、鲁济和列兹尼克是托洛茨基分子吧?)总共只写了半卷书。准备交给《新世界》杂志。《新垦地》第二部同当前的现实生活关系太密切。我总不能怀着刚才向您讲述我的故乡发生的事情的愤慨感情来续写这部书吧?"

"斯塔夫斯基同志说,《静静的顿河》第七卷也使他感到愤慨……"

"如果我描写的邓尼金彻底毁灭和葛利高里·麦列霍夫不愿跟着白军离开诺沃罗西斯克出国使他感到愤慨,那么我真的很难让斯塔夫斯基满意了。"

"好吧,那您就把手稿交给《新世界》吧。"斯大林点点头说。

随后斯大林就让萧洛霍夫走了。莫洛托夫和叶若夫仍留在办公室。①

沃隆佐夫的《萧洛霍夫传》虽说是以小说的笔法写的,但是其中的情节都是有事实根据的,小说中萧洛霍夫的有些对话就是来源于萧洛霍夫的信件、文章或友人的回忆录,所以很有参考价值。

萧洛霍夫和家人在一起

这次接见之后不久,卢戈沃伊、洛加乔夫和克拉秀科夫果然都被调到莫斯科克格勃总部,起初依然是严酷的审讯,但是到了 11 月初,对他们的所有指控突然全都撤销了,他们无罪释放,这在 1937 年简直是闻所未闻的奇闻!

大约是在 10 月初,萧洛霍夫从叶若夫那里得到消息,维约申斯克区委的三个领导人将被释放,但是他对维约申斯克案件的处理还有自己的想法,于是又给斯大林写了一封信,请求接见,当面陈述他的意见:

亲爱的斯大林同志!

叶若夫同志大概已经向您报告了维约申斯克案件的处理结果。昨天他说,今天将向中央提出释放卢戈沃伊和克拉秀科夫的问题。

我这十个月来的经历使我有权向您提出请求,请您允许我在叶若夫同志报告完维约申斯克案件之后或您方便的其他任何时候,见您几

---

① 安德烈·沃隆佐夫:《萧洛霍夫传》,第 437—441 页。

分钟。

我对您本人、对中央有所请求。

请通过波斯克列贝舍夫通知我,他知道我的电话。

米·萧洛霍夫
1937年10月5日于莫斯科①

但是斯大林并没有立即接见他,于是萧洛霍夫在10月7日又一次给斯大林写信,希望在月底歌剧《新垦地》上演时能得到他的接见,"如果我不能来莫斯科,我将在维约申斯克写信向您报告我想在会面时说的话。"②留下这封信之后,萧洛霍夫便离开莫斯科,回到维约申斯克。

维约申斯克镇的人们得知区委的三位领导人被无罪释放的消息时,简直欣喜若狂了,据萧洛霍夫的夫人玛丽亚·彼得罗夫娜回忆,"全镇的人都上街欢迎他们",她说:

> 我到现在还记得1937年米哈伊尔·亚历山大罗维奇同被救出来的人回来的情形。他们是被他从"叶若夫的魔掌"中夺出来的。他从莫斯科发了个电报,说一切办妥,请等待。除了我,没人知道这封电报。不过邮局的人大概都为这个幸运的结局而高兴了。简单地说,全镇的人都上街欢迎他们了。我记得,卢戈沃伊和洛加乔夫都哭了。哥萨克们纷纷走到米哈伊尔·亚历山大罗维奇身边,向他表示感谢……③

随后不久,卢戈沃伊、洛加乔夫和克拉秀科夫都恢复了党籍,恢复了在维约申斯克区委的职务。人释放了,工作恢复了,但是问题并没有解决。1937年11月15日罗斯托夫州委将给卢戈沃伊、洛加乔夫和克拉秀科夫平反、官复原职的决定上报给联共(布)中央,请示中央批准。决定中说:

> 侦讯机关(内务人民委员部)查明,卢戈沃伊同志、洛加乔夫同志、克拉秀科夫同志与人民敌人的反革命活动完全没有关系。侦讯资料证实,卢戈沃伊同志、洛加乔夫同志和克拉秀科夫同志遭受到反革命托洛茨基右派组织和社会革命党——白卫军组织成员出于其卑鄙的敌对目的而进行的恶意诬陷。④

恰恰是在这一点上萧洛霍夫同罗斯托夫州委持有截然不同的意见。萧洛

---

① 《萧洛霍夫书信集》,第180页。
② 同上书,第182页。
③ 奥西波夫:《萧洛霍夫不为人知的经历》,第171页。
④ 转引自《萧洛霍夫书信集》,萧洛霍夫《致斯大林信》的注释,见该书第181页。

霍夫认为,他们根本不是受到"敌人"的"诬陷"而受牵连,而是暗藏在苏维埃政权内部的敌人对忠诚的共产党员进行的残酷迫害。萧洛霍夫在莫斯科时两次给斯大林写信请求接见,就是想当面向斯大林谈这个问题,但是都没有得到机会。回到维约申斯克以后,他和朋友们经过一番磋商,萧洛霍夫决定以书面形式向斯大林陈述,于是便在1938年2月16日给斯大林写了一封很长的信,详细而且具体地陈述了维约申斯克区委领导无端被捕案件前前后后的情况。萧洛霍夫在信中说:

罗斯托夫州委的决议,其措词"在实质上是不正确的,是为了消除敌人活动的痕迹而编造出来的"。实际上是"州委会(其中有过去的敌人和现在依然在里面的敌人)制造了卢戈沃伊和其他人的案件,他们明明知道,卢戈沃伊和其他人同敌人的活动毫无关系,是敌人把他们开除出党,而坐在罗斯托夫州内务人民委员部机关里的敌人又强迫其他被捕的人对卢戈沃伊、洛加乔夫、克拉秀科夫提供假证词。他们不仅强迫某些被捕的人进行诬陷,而且还试图采用一切手段和方法让卢戈沃伊、洛加乔夫、克拉秀科夫本人也提供同样的假证词。在这里他们在某种程度上取得了一点成绩:遭受严刑拷打折磨的洛加乔夫就对许多忠诚的共产党员提供了假证词,其中也包括对我,他甚至对自己也进行诽谤"。萧洛霍夫在信中说:"……多亏您的干预卢戈沃伊和其他维约申斯克人才得到释放,可是还有其他数百个共产党员被党和人民的敌人逮捕,至今仍被关押在监狱和流放地,备受折磨。""现在的情况依然如故:无辜的人蹲监狱,有罪的人逍遥法外,没有人想追究他们的责任。"萧洛霍夫说,"在两次同您会见的时候,我没能按部就班地、连续地讲述边区中过去和现在所发生的种种事情。请允许我现在把所有这一切都陈述出来。斯大林同志,您知道,维约申斯克的一群共产党员在舍博尔达耶夫及其周围的人眼中名声不好。舍博尔达耶夫之所以找茬来整我们,其原因,只有现在才全部都清楚了:我们妨碍他进行破坏活动,他妨碍我们忠诚地工作。舍博尔达耶夫不止一次地认识到,我在任何情况下都不怕把他不正确的所作所为报告中央。这大概使他感到十分讨厌,于是他决定要甩掉这些维约申斯克人。"①

接着,萧洛霍夫详细而具体地向斯大林陈述了舍博尔达耶夫一伙如何向维约申斯克区安插亲信,如何对他们进行监控,直到非法地抓进监狱。萧洛霍夫在信中非常具体地揭露了内务人民委员部的侦讯人员对被捕人员进行逼供、诱供的种种卑劣手段和酷刑,他说:

---

① 《萧洛霍夫书信集》,第183—184页。

> 斯大林同志！将被捕的人毫无监督地交给侦讯人员审理，这种侦讯方法有极大的缺陷；这种方法过去导致、将来也不可避免地会导致种种错误。侦讯人员的上级所关心的只有一点：被审讯的人是否招供，案情是否有所进展。而侦讯人员所关心的，从卢戈沃伊和其他人的案件看来，不是弄清真相，而是他们所制造的指控概念不容置疑。……在罗斯托夫州的监狱里，被捕的人，除了自己的侦讯人员，见不到任何人。被捕的人请求批准给检察长或内务人民委员部领导写申诉，遭到粗暴的拒绝。写好的申诉材料当着被捕人员的面就撕毁了，所以被捕人员一天天越来越相信，侦讯员的专横妄为是没有限制的，由此而发生了那些对别人的诬陷和对自己没有的罪行的招供。
>
> 应当取消对被捕者进行刑讯的可耻制度。不能允许进行连续五——十昼夜的不间断的审讯。这样的侦讯方法只能使内务人民委员部光荣的名字蒙受耻辱，而不可能弄清事实真相。
>
> 侦讯人员的工作不受监督使钻进侦讯机关的敌人有广泛的可能来制造可怕的案件……①

萧洛霍夫这封长信不仅历数罗斯托夫州委和内务人民委员部的某些干部制造冤假错案，迫害群众、陷害忠诚的苏维埃干部的罪行，而且直言不讳地质疑苏联"对被捕者进行刑讯的可耻制度"，指责"这种侦讯方法有极大的缺陷"，要求"取消"这种"可耻的制度"。要知道，这是在上个世纪30年代后期斯大林"肃反运动"的热潮之中啊！对于"内务人民委员部"人们躲避惟恐不及，有谁敢去太岁头上动土啊？那些"肃反"人员制造了多少冤假错案，有多少正直的群众、忠诚的干部蒙冤受屈，可曾见有人挺身而出，加以制止？萧洛霍夫这样做了，他不仅冒着自己掉脑袋的危险，救出了自己的战友，而且大胆进谏，要求"取消"这种"可耻的制度"，从根本上消除这种制度上的隐患。作家，不是会写文章，会写小说，就可以称之为作家，作家应该是人民的意愿和心声的表达者，作家应该表达人民群众积聚心中而没有表达出来的心声。俄罗斯诗人莱蒙托夫在《诗人》一诗中写道：

> 你的诗句如神灵曾在空中飞翔，
> 而你那崇高思想的回音，
> 有如市民会议塔楼上的洪钟，
> 在欢庆和遭灾之日轰鸣。

作家应该像"塔楼上的洪钟"，为人民群众的高兴而欢呼，为人民群众的

---

① 《萧洛霍夫书信集》，第201—202页。

痛苦而呐喊。这是从19世纪以来俄罗斯文学的光荣传统，在阅读俄罗斯文学中成长起来的萧洛霍夫可以说是真正继承了这个传统。当时的苏联作家之中，敢于对内务人民委员部的行径说个不字的，敢于直言不讳地质疑苏联法制问题的，大概除了萧洛霍夫，还没有第二个人。为此，萧洛霍夫深深地得罪了内务人民委员部上上下下的许多人，给自己招来了杀身之祸，几乎把性命送掉。

斯大林看到萧洛霍夫的信后，便派人到罗斯托夫州和维约申斯克区去调查核实。这次去调查核实的依然是什基里亚托夫和他率领的调查组。如果说上一次调查核实萧洛霍夫所反映的农村基层干部在征粮问题上的"过火行为"，结果是基本属实的话，那么这次调查核实罗斯托夫州内务人民委员部利用职权，陷害无辜，刑讯逼供，制造冤假错案，其结果却是基本"不属实"。

1938年5月23日什基里亚托夫和采萨尔斯基（内务人民委员部某处处长）联名给斯大林和叶若夫写了份《萧洛霍夫同志致斯大林同志信件调查核实结果》[①]报告。报告中说，他们提审了犯人，查看了审讯的口供及其他资料，他们的罪行都有人证、物证和他们的认罪口供，这些人的被捕都与卢戈沃伊案件无关，"在我们提审的犯人中没有一个人供认曾受到任何形式的体罚"[②]。报告最后得出了七点结论：

  1. 萧洛霍夫同志的申诉说逮捕了大量无辜的人……这一点未能得到证实。……

  2. 我们曾审讯过萧洛霍夫同志所提出的一系列的人……也审查了他们的侦讯案卷，证明这些人的被捕与卢戈沃伊、洛加乔夫和克拉秀科夫的案件无关。……

  3. 经过对被捕人员（人名从略）的审讯同样没有证实萧洛霍夫同志所申诉的罗斯托夫州内务人民委员部机关仿佛对被捕者采用肉体效应的方法。

  4. 萧洛霍夫同志申诉说，内务人民委员部区分局曾对他进行有组织的诬陷，这一点也没有得到证实。……

  5. 但是有一点是毫无疑问的，在卢戈沃伊同志、洛加乔夫同志和克拉秀科夫同志（现在已全部恢复名誉）被捕期间，在内务人民委员部区分局内和个别区工作人员之中的确有过类似的议论，说萧洛霍夫同志同这些被捕的人关系非常密切，他怎么会看不透他们。正是这一事实成了萧洛霍夫同志申诉对他陷害的依据。

---

  ① 什基里亚托夫和采萨尔斯基：《萧洛霍夫同志致斯大林同志信件调查核实结果》，载《萧洛霍夫书信集》附录二，见该书第441—454页。

  ② 《萧洛霍夫书信集》，第448页。

6. 至于追究内务人民委员部维约申斯克区分局和米列罗沃区分局工作人员斯佩兰斯基、季姆钦科和克拉夫琴科同志的责任问题，我们认为这样做是不合适的。……

　　7. 为了重新审核对胡多米索夫、彼得罗夫和克里沃什雷科夫的侦讯一案，我们认为有必要把他们从劳改营调回。①

　　萧洛霍夫给斯大林的信中所反映的问题并不是道听途说的材料，都是有根有据的材料，有些还是信中提到的被捕者的亲身经历，但是到了内务人民委员部的调查核实报告中都成了子虚乌有的事了。这也难怪，萧洛霍夫的信不仅是针对几个人的案情、几个"肃反人员"的为非作歹，而是针对苏维埃政权的法制问题，针对内务人民委员部的工作方针，这样重大的问题，他们这些掌管大权的人怎么会轻易认可呢？试想，如果他们给斯大林送上一份"基本属实"的调查核实报告，将会是什么后果？斯大林看了这份"调查核实"的报告，并没有追究萧洛霍夫的诬告不实之罪，但是内务人民委员部却不肯放过萧洛霍夫了，非要将他置之死地不可了。

　　许多年后，萧洛霍夫的夫人玛丽亚·彼得罗夫娜依然怀着胆战心惊的心情对儿子回忆当年萧洛霍夫不顾个人安危，冒着生命危险援救战友和朋友的事情：

　　　　那时候，你简直想象不到，他保护了多少人啊！他的朋友们卢戈沃伊、洛加乔夫，还有别的人，都对他说："你别写信写得招出事来，米哈伊尔。"……那时候，我真是害怕呀！……为了伊万·克列伊敏诺夫②的事，他去找过贝利亚③，他对贝利亚说，他可以用脑袋为克列伊敏诺夫担保，贝利亚就对他说，"萧洛霍夫同志，您对许多人都以脑袋担保，怎么，您有很多脑袋吗？"你以为，听到这话你父亲就老实了吗？"那就连我也逮捕吧！"你想得出来吗？贝利亚却笑着说："您若是这样多管闲事，那就不得不而为之了。"这是在那种时候，俗话说，自己还在一根头发丝上悬着呢。④

---

　　① 载《萧洛霍夫书信集》附录二，第453—454页。
　　② 伊万·克列伊敏诺夫——列维茨卡娅的女婿，详见本书第12章。
　　③ 在叶若夫之后掌管内务人民委员部的第一把手。
　　④ 转引自库兹涅佐夫：《〈静静的顿河〉的不解之谜》，莫斯科，《我们的同时代人》杂志，2002年第4期。

第十四章

险遭不测

前面我们已经提到,长篇小说《静静的顿河》揭露了某些权势人物当年在顿河地区滥杀哥萨克无辜群众的罪行,得罪了如今在苏维埃政权已居要职的某些人物;在农业集体化的过程中,苏维埃政权的某些地方干部的胡作非为被萧洛霍夫写信反映到斯大林那里,受到处罚;在"肃反"运动中,维约申斯克区的几个领导干部蒙冤受屈,被逮捕入狱,萧洛霍夫不顾个人安危,从内务人民委员部的监狱中将他们救出,那些冤假错案的制造者都受到不同程度的处罚,因此,他们都对萧洛霍夫恨之入骨,他们处心积虑设下圈套,要把萧洛霍夫害死。有一次,大概在 30 年代中期,萧洛霍夫开完会同内务人民委员部常务书记布兰诺夫一道出来,布兰诺夫主动提出送萧洛霍夫回他住的宾馆。半路上布兰诺夫邀请萧洛霍夫到他家看看他的小狗崽,他说,妻子正在家里招待客人,都是些很有意思的人。到他家一看,餐桌上杯盘狼藉,房中空无一人。主人拿来鱼罐头和伏特加酒,他切开一条鱼,推一半给萧洛霍夫,说,"来,为我的小狗得奖干杯……"他一饮而尽,但没有吃鱼。萧洛霍夫也喝了,而且咬了一口鱼。回到宾馆,萧洛霍夫腹痛难忍,被送到克里姆林宫医院。在急诊室,一位大夫诊断是急性阑尾炎,要立即开刀。萧洛霍夫已经躺在手术台上了,突然发现,有一位女大夫紧盯着他,用目光向他示意,叫他拒绝手术,她的目光仿佛在要求他,起来,赶紧走!于是,萧洛霍夫赶紧离开了医院。萧洛霍夫后来回忆说,这就救了他一命。实际上,根本不是阑尾炎,只不过是食物中毒。回到宾馆,一位厨师就给他治好了。萧洛霍夫以后再也没有见到这位女大夫,甚至连她的名字都不知道。①

幸福的一家人

关于这件事还有另一种说法。这是萧洛霍夫的长女斯韦特兰娜告诉传记作家奥西波夫的。奥西波夫在他的著作中做了简要的转述:"有一位同乡,过去是维约申斯克区内务人民委员部分局的工作人员,后来升了官,调到莫斯科内务人民委员部工作,他请父亲到家里做客。两人一块吃晚饭。回到旅馆之后,半夜里突然感到剧烈的疼痛。他强忍着疼痛把库达绍夫叫了来。库达绍夫从政府医院叫来大夫。检查之后他下了诊断:是盲肠炎,要做手术,立即送到了医院。在等待外科大夫的时候,有个护士走到父亲身边,她默不作声,但是她的眼睛和手势却说得很明白,父亲懂了,要他赶快逃走……她怎么能知道的,详细情况不太清楚,但是库达绍夫帮助他回到旅馆,给他弄来一杯热牛奶,给他喝了。他一辈子再也没得过盲肠炎。"②

列维茨卡娅的儿子伊戈尔有个朋友叫巴维尔,是纺织技术学校的学生,毕业后被分配到内务人民委员部的机构工作。这个巴维尔曾被派到顿河地区去执行特别任务,这个"特别任务"就涉及到搜集诋毁萧洛霍夫的材料。由于没有这样的材料,巴维尔的上级领导就指示他"可以用任何方式挖掘"这样的材料。良心使他不愿这样做。有一次他给列维茨卡娅家打电话说:"请您转告萧洛霍夫,这不是我的错,是人家逼我这样干的,再见吧,大概我们永远不会再见面了。"③这些话使列维茨卡娅一家人都感到恐慌不安。

---

① 据费济:《艺术家与权势》,莫斯科,《青年近卫军》杂志,1994年第4期,第167页。
② 奥西波夫:《萧洛霍夫不为人知的经历》,第174页。
③ 科洛德内:《〈静静的顿河〉是谁写的》,第211—212页。

这些卑鄙伎俩没有奏效,那些对萧洛霍夫怀恨在心的人并不死心,他们又设计了一个更大的阴谋。他们要制造一个耸人听闻的"萧洛霍夫反苏暴动案",将萧洛霍夫和他的朋友们一网打尽,为此他们在萧洛霍夫周围布下了天罗地网。

据维约申斯克区委书记卢戈沃伊的回忆录记载,1938年10月间,他收到当地居民的一封来信,信是匿名的,但是他看后大吃一惊。信中说,写信者是维约申斯克区科隆达耶夫卡村的公民,被内务人民委员部的机构逮捕。在审讯的时候,他们拿手枪逼着他,让他在一份揭发作家萧洛霍夫的反革命活动的口供上签字。匿名信的作者说,关于萧洛霍夫,他所知很少,只见过几次,听说过他,读过他的书,根本不知道他有什么反革命活动,所以他没有在那张供词上签字,但是他深感不安,因为他们仍在使用各种威胁手段,要求在供词上签字。

卢戈沃伊把这封匿名信的事告诉了萧洛霍夫,然而萧洛霍夫一点都没有表现出吃惊的样子。他也从邮局收到了一封匿名信。维约申斯克区戈罗霍夫卡村的一个哥萨克在信中说,他曾被捕,受到内务人民委员部区分部工作人员的审讯,要他在一份揭发萧洛霍夫的供词上签字,供词中说,似乎萧洛霍夫是人民的敌人,是顿河地区一个暴动组织的领导者,暴动组织的领导人经常在他家开会,谈论在顿河地区推翻苏维埃政权的事。①

看来,这两个匿名通风报信的人并没有向内务人民委员部提供他们所需要的材料,于是他们就派人到维约申斯克来"卧底",收集或制造"萧洛霍夫组织反苏暴动"的材料。这个来"卧底"的人就是波戈列洛夫。②

波戈列洛夫是萧洛霍夫的朋友。关于这件事,波戈列洛夫、卢戈沃伊都在自己的回忆录里详细地谈到,萧洛霍夫本人在接受传记作家奥西波夫访谈时,也曾向奥西波夫谈过。沃隆佐夫在他的《萧洛霍夫传》一书中,根据这些当事人的谈话,加以综合,作了比较详细的叙述,本文摘要译述如下:

  1938年10月的一天,萧洛霍夫正在顶楼他的书房里工作,他的妻子在楼下喊他,说有个电工找他。来人是波戈列洛夫,他显老了,背也驼了,已经鬓发苍白。萧洛霍夫惊叫一声,两人拥抱在一起。
  "你从哪里来?什么风把你吹来的?这么多年一次也没来过,也不写信?为什么又假装电工?你好像早已不在机关工作了?"
  "我想,何必去攀附名人呢?现在来找你的人够多的了!"

---

  ① 参阅卢戈沃伊:《血汗交融》,载《文学俄罗斯》,1990年5月23日《纪念萧洛霍夫诞辰85周年专刊》,第8页。
  ② 波戈列洛夫回忆这件事的一封信全文刊登在莫斯科《青年近卫军》杂志,1989年第5期上,《文学俄罗斯》中《纪念萧洛霍夫诞辰85周年专刊》作了摘要转载。

第十四章 险遭不测

波戈列洛夫坐下，四面打量了一下，小声说道："你这里只是有人偷听电话呢，还是什么都窃听？"

"即使窃听也不是在这里。我没让电话员到顶楼来。外人一般不到这里来。在这里谈话街上听不到"。

"那好，"波戈列洛夫点点头说："我来找你是这么件事……你知道，我早已离开机关了，而且也不是完全自愿的……我去做党的工作了。最后是在新切尔卡斯克工业学院当党委书记。我们学院还推选你当最高苏维埃代表呢。这期间，我也在这个学院毕业了，成了一名电气技术工程师。在你来同选民会见之前，当地内务人民委员部工作人员发现学院中有个人民敌人的组织，到底那里有没有，我不清楚。当然，党组织中某些右倾的人是有的，到处都一样……没有把我怎么样，但是因为政治短见受到严重警告，并被撤职。我没有工作，靠妻子的工资马马虎虎过日子。后来连她也被从工作岗位上赶走了。费尽力气，我才谋到一个电工学徒的工作，在我这个岁数！可是突然间内务人民委员部叫我到罗斯托夫去。我去了。我一到，他们就带我去见领导，格列丘欣，他的副手科冈也坐在那里。我一坐下，格列丘欣便对我说，'你以前的党组织中的人民的敌人，供出了有关你的许多问题。本来应当逮捕你的。因为这是个够得上极刑程度的案件。我们看你以前曾当过肃反人员，想给你一个将功折罪的机会。你要接受一项任务，当然，是个困难的任务。你同意吗？'我问他，'能不能考虑一下，能不能让我看一看人民的敌人招供的那些材料？也许他们会胡说一气，不然就不是敌人了？'格列丘欣说，'不行，绝对不行。给你考虑的时间只有一分钟。'然后，或者去执行任务，或者进内部监狱。我回答说，'那好吧，我去执行任务。'在那里，我想，咱们走着瞧，主要的是先要离开那里。格列丘欣拍拍我的肩膀说，'好样的！你的任务是：到维约申斯克镇去，取得作家萧洛霍夫的信任，迅速搜集能够损害他的声誉、足够逮捕条件的材料。'我吃惊得下巴都合不上了，我想，莫非他们知道1922年我们曾见过面？如果知道，为什么一定要把这样的任务交给我呢？是惩罚吗？格列丘欣说，'怎么哑巴啦？萧洛霍夫的名字居然把你吓成这样？还有《静静的顿河》是吧？你不要怕，这不是我们想出来的，斯大林，叶若夫都知道。萧洛霍夫正在准备一次反革命的哥萨克暴动，这次暴动的基础就是两年前就已组成的哥萨克师。必须揭露他，解散这些师。你明白，要这样做就必须有重要的根据。萧洛霍夫是个名气太大的人物。不过，如果你找不到这样的根据，你就会得到命令，干脆把萧洛霍夫干掉。当地机关会同你密切配合的。'我看着格列丘欣，心想，如果他这样说话，说明他似乎并不知道我们的关系。你想象不到，这有多么巧！……唉，我想，这就是命运！当时，我没有权利拒绝，不然的话，他们会找别人来干掉你！我说，好吧，我同意。这时格列丘欣递给我一张纸，'签个字据吧，如果向任何人泄露秘密，你要甘愿受到不经审判和侦讯的最高惩罚。'我心怀疑虑地表示，我好像从来没有听说过这样的字据。格列丘欣说，'这样的任务你未必什么时候听说过！所以字据是特制的。你要明白，要想活，就不能告诉任何人！即使斯大林亲自问你这件事，你也应该守口如瓶，因为消灭著名人士的命令是不会直率下达的。'好吧，我写，可心里想，去你的吧，这样的字据比一般的更好，这显然是非法的，可以不算数的，当然，如果能活下来的话。'好，就这样吧，'格列丘欣说，'一切详细情况和计划的细节，你明天同科冈和夏韦列夫在一处秘密住所去讨论。'科冈给了我地址，我说，城里的街道我不熟悉，请给我画个草图。我把我的笔记本递给他。他在笔记本上画了个草图，写上街道名称，电车站。这就是那张草图。"波戈列洛夫掏出笔记本，打开给萧洛霍夫看。"第二天，我同科冈见了面，详细讨论了整个计划。现在我是农机站的电工，我应该在这里给你把电线砍断或者制造一次短路，然后再干上两三天，取得你的信任。每天我都必须把结果向你们区的内务人民委员部分局长卢季谢夫报告。他已经从当地的哥萨克中逼出口供，说你是顿河地区暴动小组的组织者。现在，米哈伊尔·亚历山大罗维奇，咱们应该想一条出路。死，我倒不怎么怕，可我在新切尔卡斯克还有一家人呢。我不愿连累他们。"

"斯大林未必知情"，萧洛霍夫沉思地说，"他可以什么人都是，但是绝不是干这种勾当的人。不是那种气魄！"

"如果是这样，就要到斯大林那里寻求保护。"

萧洛霍夫派妻子把卢戈沃伊找来。经过一番商量之后，萧洛霍夫和卢戈沃伊决定夜间乘萧洛霍夫的吉普车，装作早起去捕鱼的样子，从荒僻的草原去火车站，然后乘斯大林格勒的火车奔莫斯科。他们到达莫斯科之后，直奔克里姆林宫。萧洛霍夫同斯大林的秘书波斯克列贝舍夫简短地说明了情况，给斯大林留了一张便条：

亲爱的斯大林同志！

　　我有非常困难的事来找您。请您接见我几分钟。恳求您。

萧洛霍夫
1938年10月16日

从克里姆林宫出来，他们直奔"民族饭店"。卢戈沃伊有些犹豫，他担心饭店在市中心，内务人民委员部的人员太多。萧洛霍夫说："内务人民委员部的人在任何一个饭店都能找到你。但是这里有外国人住着，他们要抓人也得谨慎点。"

第十四章 险遭不测

他们等的时间很长,整整一个星期了。朋友们有点泄气:如果斯大林不着急,那么格列丘欣也许说的是实情,他知道正在发生的事情?尽管他们一直躲避着,但是莫斯科认识萧洛霍夫的人有的是。有一天法捷耶夫突然来了,而且不是一个人,是同夫人一起来的。萧洛霍夫把法捷耶夫拉到走廊里,告诉他为什么在这里等待斯大林的召见,并请求他以作协书记的身份干预此事。法捷耶夫说:

> 米沙,你是经典作家,谁敢碰你?你别管这一套!你何必把我也裹到里面,和内务人民委员部的机关打交道,多没意思!

10月23日,波斯克列贝舍夫终于打来电话,叫萧洛霍夫在下午6点之前到克里姆林宫去。

斯大林一个人在办公室里。他没有回答萧洛霍夫的问候,只是默默地同萧洛霍夫握了握手,仍旧是默默地听完萧洛霍夫的汇报,没有提出任何问题,随后说道:"我们收到了波戈列洛夫的来信。他在哪里呢?"

萧洛霍夫耸了耸肩膀。

"我不知道。他没来找我们。大概是转入地下状态了。他是个老游击队员嘛。"

"若是游击队员,他不会躲藏在莫斯科,一定是到顿河去了。我们找吧。"

"斯大林同志",萧洛霍夫小声说,"怎么会发生这样的事呢?我们,苏维埃人,被迫夜间逃出自己家园,东躲西藏,环顾四方,睡觉还要把武器放在枕头下面。发生什么事了?为什么像格列丘欣和科冈这样的人在苏维埃国家竟有这样的权力?"

斯大林站起来,抬手摸了摸胡子。他的眼中闪过一丝嘲讽的光芒。"您要的是些好心人,"他严肃的目光紧盯着萧洛霍夫,低沉地说道,"可是我同这些好心人能干什么?您什么时候,什么地方在政权中看到有好心人了?这样的政权能维持多久?"

"可您不是这样的",萧洛霍夫回答。

随之发生的事情,让萧洛霍夫铭记终生。斯大林走到他跟前,仍旧紧盯着他的眼睛。

"在您看来,我是个好心人吗?"他淡然一笑。"我看,您好像不是从这个世界来的。一有什么事,就来找我告状。我是个恶人,萧洛霍夫同志,我会无情地镇压那些阻碍国家机器前进的人。在我的良心上断送的生命比您头上的头发还多。我已经永远不会成为好心的人了。我,"他用被烟斗熏黄的手指指着天花板说,"我是上帝的长鞭,虽然我不信上帝。我没有看错格列丘欣。只是我没有别的人,别的人我也不要。"

"那么说来,格列丘欣说的是真的了?"萧洛霍夫吃力地问道。

"什么真的？您说的什么？"斯大林背过身沿地毯走去。

"就是您知道交给波戈列洛夫的这个差使……"

斯大林站住了，转身对着萧洛霍夫。他的脸上现出吃惊的表情。

"我说我不是好心的人，但是我没说我是个卑鄙的人。我把您纳入苏维埃国家需要的人之列。为什么我要消灭您呢？"

门轻轻地打开，波斯克列贝舍夫走了进来。

"叶若夫同志来了"，他报告说。

斯大林对他点点头。

"有请。您要把刚才对我讲的，全都对他讲一遍"，他转身对萧洛霍夫说。……

斯大林接见之后，又是漫长而折磨人的等待。10月29日波戈列洛夫来了。他说，他在干草垛里藏了几天，等干粮吃完了，便趁着夜色跑到铁路上，爬上了一列货车，到了邻近的一个州，买了件外衣，坐上火车，来到了莫斯科。在邮政总局他给斯大林写了份申请书，交给了克里姆林宫门口的警卫。从那里他直奔库尔斯克车站，到了国内战争时的一个战友家里。在他家住了几天，后来又冒险回到新切尔卡斯克，想看看家里人。他没有直接进家，而是躲在黑暗的门洞里，看着妻子来了，才喊她一声。妻子告诉他，斯大林的秘书波斯克列贝舍夫直接给家里打电话找他，要他到中央委员会去。于是波戈列洛夫直奔市委，找市委书记达尼留克。市委立即派车把他送到卢冈斯克，他从那里乘火车来到莫斯科。

"在我出发之前，达尼留克给了我一份我们的报纸《公社旗帜》"，波戈列洛夫从口袋中掏出一张折成四折的报纸。"这张报纸当年曾写我是一个忘我的红色英雄。可是现在却把我描写成一个前沙皇军队的上校，从一个真正的英雄的尸体上摘下一枚红旗勋章，并且偷走了他的证件！格列丘欣明白过来了，真干上了！"

"我呢，就是从一个白军的皮包中拿走了《静静的顿河》！"萧洛霍夫大声喊道。

波戈列洛夫到达莫斯科已经两天了，斯大林仍然没有接见。他们等得心烦，就到小卖部去喝酒。他们喝得酩酊大醉，第二天早上还没有醒过来。这时波斯克列贝舍夫来了电话，他要萧洛霍夫和波戈列洛夫立即到克里姆林宫去，让卢戈沃伊在房间里等电话。

他们一到，波斯克列贝舍夫就闻到他们一身酒气。波斯克列贝舍夫把他们领进接待室，拿出热茶和一些吃食，让他们压压酒气。他们刚吃完，格列丘欣、科冈、夏韦列夫、穆季谢夫等人一个个地走进了接待室。

这时，波斯克列贝舍夫出现在门口："斯大林同志请大家都进去。"

当他们走进办公室的时候，会议桌旁只坐着叶若夫一人，斯大林沿着地

第十四章　险遭不测

毯来回踱步。他指定罗斯托夫内务人民委员部的工作人员坐在他们的部长旁边，然后走到萧洛霍夫和刚刚赶来的卢戈沃伊跟前，热情地同他们问好，并让他们坐在内务人民委员部工作人员的对面。

"波戈列洛夫同志呢？"斯大林问。

萧洛霍夫指了指波戈列洛夫，斯大林笑容满面地紧紧地握了握他的手，让他坐在萧洛霍夫旁边的位子上。这时另一扇门打开了，政治局委员莫洛托夫、马林科夫、卡冈诺维奇走了进来。他们坐在维约申斯克人的旁边。斯大林不慌不忙地看了看大家，说道：

萧洛霍夫同志，请您汇报，我们大家都听一听。

萧洛霍夫站起来，集中了一下思想，说道：

几天前我曾向斯大林同志汇报，围绕我正进行着一项敌对的间谍活动。内务人民委员部的机关正在收集、编造材料，试图证明，似乎我是人民的敌人，正在顿河地区准备反苏维埃的暴动。有消息说，格列丘欣、科冈等人甚至制定了从肉体上消灭我的计划。我要求结束这件事，请求中央委员会保护我不要受到这种胡作非为的侵害。关于罗斯托夫阴谋的更详细的情况，波戈列洛夫同志会向你们报告。

"请波戈列洛夫同志发言"，斯大林说。

波戈列洛夫讲了40分钟，全都讲了。斯大林绕过会议桌，站在他跟前，聚精会神地注视着他的脸。然后他回到自己的座位上，在一张纸上写了几个字，画了个大圆圈，把它们圈起来。

"完了？"波戈列洛夫讲完后，斯大林问。"格列丘欣，该您讲了。"

格列丘欣面色苍白，他肆口否认波戈列洛夫所讲的一切。

"这个……人，波戈列洛夫，是个奸细……他破坏了他所领导的新切尔卡斯克的一个党组织。那里成了老谋深算的人民的敌人的窝穴。现在他们都已招供，说波戈列洛夫曾协助他们进行破坏活动。考虑到他过去是个肃反人员，我们表示了……完全正当的人道主义，给了他一个立功赎罪的机会……让他当一个普通的秘密工作人员。但是我们没有想到，波戈列洛夫不单纯是敌人的帮凶……他本人就是敌人。为了逃避罪责……和败坏组织的声誉，他编造了这套卑鄙的谎言。萧洛霍夫同志相信了他的话……但是萧洛霍夫同志相信的人很多。他一直受到维约申斯克区领导卢戈沃伊、洛加乔夫和克拉秀科夫的不良影响。为了给导致欠收和牲畜病死的错误进行辩解，他们……总是编造关于他们周围有阴谋活动的神话。萧洛霍夫总是支持他们，虽然他本人作为区委常委成员也应为考虑不周的决定承担责任……"

"这和本案没有关系，"斯大林打断他的话，"这里有萧洛霍夫什么事？叶夫多基莫夫两次来找我,索要逮捕萧洛霍夫的逮捕证,因为萧洛霍夫经常同过去的白军人员谈话。我对叶夫多基莫夫说,你什么都不懂,既不懂政治,也不懂生活。如果一个作家不了解白军人员的心思,他怎么能描写他们?"

格列丘欣还要为自己辩解,但是斯大林不让他说了。

"您的观点清楚了。我们听听维约申斯克内务人民委员部分局长的意见。卢季谢夫同志!您知道波戈列洛夫从格列丘欣和科冈那里接受的这项任务吗?"

卢季谢夫紧张得说不出话,过了一会儿他才含糊不清地说:

关于波戈列洛夫的任务,我一点都不知道……至于给萧洛霍夫写匿名信的事,我是知道的,我自己也写了不少……

"听说,您拿着手枪审问哥萨克,逼他们招供萧洛霍夫",斯大林问。

卢季谢夫红着脸肆口否认。这时科冈态度坚决地请求发言,斯大林向他点了点头。

"我也认为这是无中生有的捏造!我同波戈列洛夫从来没有谈过话,从来没有召见过他,也没有同他在任何住所见面……"

波戈列洛夫举起一只手。

"请等一下!"斯大林打断了科冈的话:"您想说什么,波戈列洛夫同志?"

"斯大林同志!他们对您说的不是实话……我这里有个笔记本,里面有科冈亲笔写的我和他见面的秘密住所的地址。"

斯大林走到波戈列洛夫跟前,拿过笔记本,仔细地看着上面画的地图和下面的签字。

"是您自己要科冈写的吗,波戈列洛夫同志?"

"是的,"波戈列洛夫笑了笑,"我说不熟悉城里的街道。"

"做得好,"斯大林点点头,转身对叶若夫说,"学着点吧。"

他向科冈走去。

"这是您的笔迹吗,科冈同志?"

"是我的",他的声音勉强听见。

"我们早就知道,他们说的不是实话",斯大林对维约申斯克的人说。"您不要耍滑头,科冈,说实话吧。波戈列洛夫同志说的对吗?"

科冈沉默良久,终于从口中吐出几个字:

"波戈列洛夫同志说的是实话。"

"那么说,您同格列丘欣说的不是实话了?"

"是的",科冈低下了头。

"夏韦列夫同志有什么话说?"

夏韦列夫咳嗽了一下。

第十四章　险遭不测

"我们的确对萧洛霍夫同志进行了审查……目的是为了他的安全……让他同敌人隔离……"

"你们的行动同叶若夫同志商量过吗?"

"这一类的行动是必须同叶若夫同志商量的。"

叶若夫立即声明:"我没有给他们任何指示,我第一次听说这件事。"

斯大林走到自己的办公桌旁,翻找文件。

"这就是格列丘欣要波戈列洛夫写的字据,"他念道,"如果把该任务泄露给任何人,我甘愿不经审判和审讯就遭枪毙。格列丘欣同志!这'任何人'是什么意思?比如说,波戈列洛夫能不能对州党的领导德温斯基同志说呢?"

格列丘欣耸耸肩膀。

"显然不能……党的领导人参加'三人小组'的工作,但不接触实际行动。"

"能对叶若夫同志说吗?"

"当然可以,"格列丘欣说道,"我们对叶若夫同志没有秘密。"

"那么看得出,你们对我是有秘密的,"斯大林说道,"因为我也同德温斯基同志一样,仅仅是党的领导而已。是不是这样啊,格列丘欣同志?"

格列丘欣张口结舌。

"不过,您可以不回答,"斯大林接着说道:"我明白了,我是不属于受到你们信任的人之列的。叶若夫同志!为什么您要收这样奇怪的字据?这不是字据,这是对人的恐吓。"

"我们内务人民委员部的机构中没有确定过这样的字据,"叶若夫回答,"我们有刚才波戈列洛夫说的那种普通字据。"

"那么说,这张字据不是正规的?"

"是的,斯大林同志,不是正规的"。

"叶若夫同志,我对您说过多少次了,也警告过您,不要伤害好人,可您对制止这种胡作非为没有采取一点措施。"

这时,莫洛托夫帮叶若夫说话了。

"我不明白,"他说,"为什么您,波戈列洛夫同志,作为预备役的肃反人员,为什么不把这件事报告叶若夫同志呢?"

波戈列洛夫刚要回答,斯大林赶在他前面说话了。

"莫洛托夫,这有什么不明白的?把人吓坏了,还要了个这么要命的字据。波戈列洛夫同志做得对,不能相信任何人。假如您处在他的位置上,您也不会相信任何人的。波戈列洛夫同志做得对。我建议结束会议。一切都清楚了。你们人很多",他对叶若夫和罗斯托夫的人说,"而我们的萧洛霍夫只有一人。波戈列洛夫是个诚实的人,从他的眼睛可以看出,他说的是老实话。您,卢戈沃伊同志,做得不对。德温斯基给我打电话说,维约申斯克区委书记没说一声就到莫斯科去了。这不好,您严重地破坏了党的纪律,您应该得到德温斯基或党的中央委员会的批准。"

卢戈沃伊站起来,说道:

我承认错误。但是这里有个特殊情况,它涉及到一个我非常宝贵的人的生死问题。只有我们突然的离去才打乱了敌人的步骤。到了莫斯科,他们就不能动他了,他就在您,斯大林同志,在您的保护之下了。

斯大林转身对萧洛霍夫说:

萧洛霍夫同志,您以为我们会相信这些诬陷分子是毫无来由的。

萧洛霍夫笑了。

"请原谅,斯大林同志,不过说到这里,我倒想起一个笑话。一只兔子在逃跑,一只狼逢见了,问它,'你跑什么?'兔子回答说,'跑什么?让人抓住就要往脚上钉掌了!'狼说,'不是抓兔子钉掌,是抓骆驼。'兔子回答说,'等让人抓住钉上掌,你再说你不是骆驼就晚了!'"

大家都笑了。

"这个故事很好,萧洛霍夫同志",斯大林说道,"现在您可以不必担心了,您就放心地工作吧,您担负着巨大的责任呢,萧洛霍夫同志。大家都在期待您完成《静静的顿河》和《新垦地》呢。"斯大林走到萧洛霍夫跟前,站在他旁边,用力地嗅了嗅空气。"萧洛霍夫同志,听说您酒喝得很多?"

萧洛霍夫和他的好友波戈列洛夫

"这样的生活让人没法不喝酒,斯大林同志。"

斯大林又笑了笑,然后说道:

第十四章　险遭不测

结束了,同志们!问题清楚了。

大家都站起来,但是斯大林把萧洛霍夫和波戈列洛夫留下了。人们都走了之后,斯大林问:

同志们,你们对这件事还有什么可补充的?

"应当释放那些因为这些坏蛋的罪恶而被监禁的人们",萧洛霍夫说。

波戈列洛夫支持他的意见。

"斯大林同志!在新切尔卡斯克被开除出党关进监狱的共产党员达到上百人了。请您下指示弄清他们的问题吧。"

"您说得对,这样的指示会下达的。波戈列洛夫同志,您做得非常正确,以后您如果有什么事,直接找我,您知道波斯克列贝舍夫的电话。波戈列洛夫同志,我要委托您照看萧洛霍夫同志。党需要他,人民需要他。米哈伊尔·亚历山大罗维奇,我很羡慕,您有多么好的朋友啊!"

分别时,斯大林紧紧地同他们握了握手。①

萧洛霍夫本人曾同传记作家奥西波夫谈到这件事,奥西波夫把萧洛霍夫的谈话记录直接引用到他的《萧洛霍夫不为人知的经历》一书中。萧洛霍夫是这样说的:

有人预先告诉我,说夜里要来逮捕我,小分队已经从罗斯托夫出发了。他们对我说,我们镇上的肃反人员也得到通知,他们被安排在窗外和门口。这个勇敢的人是1926年入党的党员,他对卢戈沃伊讲,内务人民委员部的首长把他叫去,对他说:"逮捕萧洛霍夫的指示已经收到。州党委已经表示同意。"卢戈沃伊赶紧来找我。我同他商定——有什么办法?逃跑!到莫斯科去。还能到哪里去?只有斯大林才能救命。还有,谁知道那里对我是怎样考虑的……于是就跑了。乘一辆吨半的小卡车。但是没有去米列罗沃,而是奔邻州最近的一个火车站去了……

萧洛霍夫的夫人插话:"如果米哈伊尔·亚历山大罗维奇当时从米列罗沃去莫斯科,真不知他会出什么事。那时有人在那里等着他……当时我还告诉他们,要把车印弄乱。而且要走米哈伊洛夫卡。那些人明白过来时已经晚了……"

在首都,作家协会有个非常显要的人物,他对斯大林不无影响,虽然也是应召才能晋见,但总归能经常见到——他却不肯帮忙。

只好写信……

---

① 据沃隆佐夫:《萧洛霍夫传》,第445—466页。

萧洛霍夫讲到,有一天他实在控制不住了,"狠狠地喝了一杯伏特加……刚喝完,电话铃就响了:召见! 斯大林的秘书波斯克列贝舍夫对我说:'有您,卢戈沃伊,还有别人。'我到了那里,一看,卢戈沃伊和波戈列洛夫已经在接待室里,在他们旁边还有两堆人:罗斯托夫内务人民委员部的首长和一个穿制服的人,也是我们那里的,罗斯托夫的科冈,离他们稍远一点,是我们那些党的首长。

叫我们全都进去。我们走进斯大林的办公室。我看到斯大林,他旁边是莫洛托夫和叶若夫。

斯大林转身对我说:'请您讲讲事情的来龙去脉。'我在激动不安中还能说什么呢——我就回答他说,'斯大林同志,我给您的信中都写了,我没有什么可补充的。如果您不相信我,可以让波戈列洛夫来作证……'

斯大林听罢点点头:'好吧,让他说吧。'我看到,波戈列洛夫很激动,但是他很坚定地汇报了他被召见和交代任务的经过。这伙人却矢口否认。波戈列洛夫刚一说完,他们几乎要喊叫起来:'斯大林同志,他们是奸细!'

斯大林走到波戈列洛夫跟前,以他那专注的目光看着波戈列洛夫的眼睛。波戈列洛夫经受住他的注视,他说道:'斯大林同志! 我说的是实话。是他们在说谎。'他从口袋里掏出一张纸。他说:'这是科冈亲笔写的。'科冈立即全部招认了……"

奥西波夫说萧洛霍夫在讲这件事的时候,不止一次地停下来,他很艰难地回忆这段往事:"斯大林看着我,说道:'亲爱的萧洛霍夫同志,您不要以为我们会相信这些造谣诬陷别人的人。'他的目光朝这些内务人民委员部的工作人员狠狠地盯了一眼。他们一个个地在那里垂头丧气。我躲过了一场劫难,当然很高兴,便忍不住说道:斯大林同志,您总愿我平安无事,当然是很正确的,不过也有这样一个故事。"萧洛霍夫在斯大林面前真可以说滴水不漏,他讲道:"一只兔子正跑着,迎面碰上一只狼。狼说:'兔子,你跑什么?'兔子回答说:'那边有人逮,逮住就钉掌。'狼说,'那是给骆驼钉掌,不是给兔子。'兔子回答说:'等你让人逮住钉上掌了,你再去证明你不是骆驼就晚了。'

萧洛霍夫说:"我记得,甚至叶若夫都笑了,但是斯大林却没怎么笑。他眼睛紧盯着我说:'萧洛霍夫同志,听说您老喝酒。'我回答说:'斯大林同志,这样的生活,让人没法不喝酒!'"[1]

---

[1] 奥西波夫:《萧洛霍夫不为人知的经历》,第194—196页。

第十四章　险遭不测

从莫斯科回来以后，萧洛霍夫和波戈列洛夫成了终生要好的朋友。1939年5月，波戈列洛夫从新切尔卡斯克调到莫斯科，在弹药人民委员部任职。整个卫国战争期间，他一直在这里工作。退休以后，波戈列洛夫闲不住，萧洛霍夫就请他到维约申斯克去给他当助手，波戈列洛夫欣然同意，从此两位好朋友就一块工作，一块生活。

波戈列洛夫于1974年去世，他的女儿仍住在莫斯科。当莫斯科一家报纸的记者科洛德内为寻访萧洛霍夫《静静的顿河》的手稿而找到她的时候，她也向科洛德内讲了她父亲和萧洛霍夫的这段经历。情节大体都一样，包括关于兔子的故事，但是在个别细节上还是有些不同之处。波戈列洛夫的女儿说，一开始父亲借口身体不好，不愿接受这个任务，但是上面不答应。父亲想，如果断然拒绝，就要被隔离。必须保持自己的人身自由，于是他就设想，要拿到接受任务的证据。他要求向他交代任务的人给他写下今后联系的地址，那人随手就在笔记本上写了个地址，撕下来交给他。这就有了这次执行任务的物证。当时萧洛霍夫和卢戈沃伊正在罗斯托夫，波戈列洛夫开车把他们拉到郊外，向他们揭露了这个阴谋。萧洛霍夫当时就火了，他说，我这就去找叶夫多基莫夫（当时的罗斯托夫市委书记）。波戈列洛夫说，那样的话，我今天就会被隔离，你明天也要被隔离。你最好直接到克里姆林宫去找斯大林。为安全起见，萧洛霍夫和卢戈沃伊绕道去了莫斯科，后来波戈列洛夫也出席了克里姆林宫的会议。波戈列洛夫陈述了事情的经过后，斯大林问，他说的对吗？罗斯托夫内务人民委员部的头头说，这个人是奸细，我这是第一次见到他……波戈列洛夫当即拿出了他手写的地址，他无言以对。①

这是萧洛霍夫一生中经历的最为凶险的一次劫难。他所面对的几乎是整个内务人民委员部的杀人机器，在任何一个环节上，稍有不慎便可能掉入陷阱而遭杀害。那将是苏联文学乃至世界文学的不可挽回的损失了。然而，萧洛霍夫是一个勇敢的、不避凶险的、敢于为人民伸张正义的作家，因此他也必然深受人民的爱戴，处处得到人民的保护。斯大林不愧是位伟大的政治家，他深知萧洛霍夫对苏联人民的意义，对苏维埃国家的意义，对苏联的国际威望的意义，因此在这次萧洛霍夫和内务人民部力量悬殊的对决中，他毫不犹豫地支持、庇护了萧洛霍夫，使萧洛霍夫的个人命运又一次化险为夷。

那些设置种种阴谋陷害萧洛霍夫的人都没有得到好下场。叶若夫，在这次事件之后不久便被解除内务人民委员的职务，调任水运人民委员部首脑。他的老部下叶夫多基莫夫已先于他调到该部，在那里等着做他的副手了。1940年，这两人都被枪毙了。其他的如格列丘欣、科冈、夏韦列夫等人也都相继无声无息地送了命。

---

① 科洛德内：《〈静静的顿河〉是谁写的？》，第212—216页。

这件事发生的时候,萧洛霍夫正在写《静静的顿河》第四部。它对萧洛霍夫的创作会产生怎样的影响,萧洛霍夫的研究家、评论家们似乎并没有予以重视。关于"萧洛霍夫反苏维埃暴动案"和波戈列洛夫的事迹,只有雅基缅科于1964年出版的《萧洛霍夫创作》一书中作了简要的叙述。他在书中简要地叙述了我们前面讲过的整个事件的经过之后,作了这样一个评价:雅基缅科说,当时萧洛霍夫正在创作《静静的顿河》第四部,在那种情况下他坚信共产主义理想的神圣和纯洁,坚信人民大众的勇敢精神,坚持写真实,"除了功勋二字,找不出别的字眼"来形容他,"这是艺术家的功勋,公民和共产党人的功勋"[①]。

[①] 雅基缅科:《萧洛霍夫创作》,第150页。

第十五章

红军上校

1941年6月22日,德国法西斯向苏联发动了突然进攻。苏联人民奋起抵抗,展开了艰苦卓绝的保卫祖国的战争。苏联历史上称之为"伟大卫国战争"。

战争开始的时候,萧洛霍夫正在维约申斯克家中,他从无线电广播中听到外交部长莫洛托夫的广播,知道了法西斯入侵的消息。第二天,6月23日,萧洛霍夫从邮局给苏联国防人民委员铁木辛哥发了一封加急电报:

亲爱的铁木辛哥同志:
我请求将授予我的斯大林一等奖的奖金拨入苏联保卫基金。我已准备好,随时听从您的召唤,加入工农红军队伍,为保卫社会主义祖国流尽最后一滴血……

苏联工农红军预备役团政委、作家
米哈伊尔·萧洛霍夫①

萧洛霍夫一边等待红军总部的召唤,一边积极地投入了保卫祖国的救亡活动。他积极参加当地的群众集会,进行宣传鼓动,并写成通讯报道,刊登在中央报刊上。他的长篇通讯《在顿河上》报道了哥萨克群众踊跃参军,争上前线保卫祖国的动人情景。老游击队员、哥萨克捷姆里亚科夫在群众集会上说:

我过去是个炮兵,是红色游击队员。经过整个国内战争。我把儿子培养成人。他现在像我一样,在红军队伍里,也是炮兵。同芬兰白军打过仗,受过伤,现在和

---

① 《萧洛霍夫文集》(中文版)第8卷,第363页。

德国的法西斯作战。我作为一个优秀的炮兵瞄准手,不能忍受法西斯的背信弃义,所以向军事委员部提出申请,将我列为红军的志愿兵,和儿子编进同一部队,好让我们共同打击法西斯败类,就像20年前我们打击白卫军败类一样!我想以共产党员的身份投入战斗,所以我请求党组织接受我作预备党员。①

老工人普拉夫邓科说:

我有两个儿子参加了红军。一个在空军,一个在陆军。我做父亲的,嘱咐他们说:狠狠地打击敌人,直到在空中,在地上把他们彻底消灭干净。如果你们需要帮手,我这个老头儿也会拿起步枪卖卖老!②

作为作家,萧洛霍夫对于德国法西斯的入侵,从战争一开始就有深刻的认识。他在自己的文章中有意识地以历史上俄罗斯人民战胜入侵者的事实来鼓舞起来抗击侵略者的苏联人民。他不仅提到在国内战争年代,新生的苏维埃政权曾战胜了帝国主义的围攻,而且用1812年战胜拿破仑的伟大胜利来鼓舞人民。他在《在哥萨克集体农庄》这篇通讯中,通过一个哥萨克老人的口说出了这段鼓舞人心的话:

我的爷爷和拿破仑打过仗,我还是个孩子的时候,他给我讲过。拿破仑在向我们进军之前,在一个大白天里,在荒郊野外,集合起自己的元帅们和将军们,说:"我想征服俄罗斯。将军先生们,你们意见如何?"这些人众口一词:"皇帝陛下,无论如何也不行,这个大国好厉害,我们征服不了。"拿破仑指着天空问:"你们看得见天上的星星吗?"大家回答:"看不见,白天是不可能看见的。"拿破仑说:"可是我能看见。星星向我们预兆着胜利。"说着就命令他的军队向我们进攻。他从宽宽的大门走进来,可出去,是穿过狭窄的小门,费尽力气才钻出去的。我们一直把他送到首都巴黎。我用我的老头儿的笨脑筋想,这个德国的头头八成是也梦见了这样一颗愚蠢的星星。至于怎样把他弄出去,那肯定是要给他做一道狭窄的小门,是的,很狭窄的!他能钻得出去吗?上帝保佑,别让他钻出去!为的是从今往后世世代代,谁也不敢再来进犯!③

不久,萧洛霍夫接到通知,他将作为《红星报》的特派记者奔赴前线。萧洛霍夫带着写好的特写《在哥萨克集体农庄》到编辑部报道,《红星报》的一位

---

① 《萧洛霍夫文集》(中文版)第8卷,第77页。
② 同上。
③ 同上书,第88—89页,译文略有改动。

编辑后来在回忆录中写到了萧洛霍夫初到编辑部的情景:

>萧洛霍夫来到编辑部比我们预料的要早。他看上去很年轻,他已经全部装备好了。他身穿草绿色夏装军上衣,马裤,长军靴,腰扎军官武装带,挎着手枪。他的身材像哥萨克似的匀称挺拔:不像是作家,而是个战场的指挥员。他的到来我双倍地高兴,因为他还随身带来了特写《在哥萨克集体农庄》。①

很快,萧洛霍夫就带着采访的任务上了前线。从他后来发表的通讯报道看,萧洛霍夫在前线部队,既采访部队的高级将领,也亲临前沿阵地,采访普通战士。在《红军将士》一文中萧洛霍夫描写了他来到前沿阵地的情景,在这里,他采访了一个曾16次深入敌后进行侦察的红军战士。

"……我们大炮的轰鸣声使大地震颤,个别的射击声和炮火声汇成了一片,响声隆隆。德军加强了反击的火力,重炮的爆炸声明显地越来越近,我们走下来,进入掩蔽部。过了没几分钟,我们又走回地面上,我发现修建掩体的工兵们并没有停止工作……"正是在德军重炮轰击的前沿阵地上,萧洛霍夫采访了一位普通的然而却屡建奇功的红军战士。但是令作家深感惊奇,而且深受感动的是这位英雄的侦察兵却不太愿意谈自己,而说起自己的战友却那样满怀激情而又滔滔不绝。萧洛霍夫感慨地写道:"真诚的谦虚是为自己祖国勇敢战斗的所有英雄人人必有的品格。"终于,这个普通的红军战士向作家讲述了他到敌后侦察的惊险故事:"一开始我是机关枪手。德军把我们排截断了。不管我们往哪儿走,到处都是他们的人。我的一个机关枪手战友自愿去侦察。我和他一块去了。我们爬到一条公路边上,隐蔽在桥旁。在那里趴了很久很久。德军的载重汽车开过来了。我们一辆辆地数着,记住它们运载的物品。随后开来一辆小汽车,停在桥旁。从小汽车里下来一个德国军官,高高的个子,戴着军帽。他接通战地电话,趴到汽车底下不知在说什么。两个当兵的站在他旁边。司机坐在方向盘前。我的战友是个勇敢的小伙子,向我眨了眨眼,取出手榴弹。我也取出手榴弹。我们微微地欠起身,把两个手榴弹一起扔出去,四个德寇全被消灭,汽车也炸毁了。我们急速地奔向死尸,扯下军官的军用皮包,拿了一张做过记号的地图,刚刚捡起部分武器,就听到摩托车驶近的声音。我们仍旧趴在壕沟里,当摩托车手在被击毁的汽车旁减速的时候,我们又扔出了第三颗手榴弹,摩托车手被炸死,摩托车转了两转熄了火,我跑到跟前一看,摩托车还好好的 ……第二天我们突出重围,把摩托车也开了出来 ……从这一天起,我就喜欢上了外出侦察。我向连长提出请求,他就让我当了侦察兵。我到德国人那里作客已经好多次了,有时可以站

---

① 奥西波夫:《萧洛霍夫不为人知的经历》,第231页。

着走,有时就只能在地上爬,有时一连几个小时躺在地上,一动不动。这就是我们的职业。我们多半在夜里行动,寻找、测探德军的弹药库、无线电话、机场和其他设施的位置。"①

1941年萧洛霍夫从前线发回的通讯报道和特写,都是一片大好形势:红军战士斗志昂扬,满怀爱国热情,在前线英勇杀敌,把德国法西斯打得落花流水,成了红军的俘虏,显示出一副狼狈相。然而实际上1941年的苏德战局并不像萧洛霍夫的报道中那样乐观。也许萧洛霍夫所写的也的确是他所看到的,在当时的情况下,他只能有选择地报道出来,以鼓舞正在浴血苦战的苏联人民。实际上当时的战况是非常严峻的,苏军节节败退,损失惨重,德军长驱直入,势如破竹,直逼莫斯科城下。这种形势萧洛霍夫是充分认识到的,但是他不能、也不允许他在公开的报道中表露出来。萧洛霍夫内心是非常焦虑的,情急之中,他给斯大林写信,请求接见,当面陈述他对战争的看法。1941年9月2日,萧洛霍夫回到莫斯科,他给斯大林写了封信:

亲爱的斯大林同志!

今天我从前线回来,很想当面向您汇报对于我国的国防事业不无重要意义的许多事实。

请接见我。

米·萧洛霍夫
1941年9月2日②

当时斯大林并没有接见萧洛霍夫,萧洛霍夫要向斯大林汇报一些什么事实,现在还没有发现确切的档案记载。但是根据萧洛霍夫后来写的文章和作品,我们可以分析和推测,大致可以知道是和1941年8月16日斯大林签署的第270号命令有关的。命令中规定:被俘就是背叛,对俘虏,即使缺席,也要判处死刑,俘虏的家属要逮捕法办③。

萧洛霍夫显然对苏联的这种对待被俘人员的政策有不同的看法。1941年8月,他刚刚到过斯摩棱斯克前线,接触到一些被俘的德军士兵,了解到德军士兵的一些思想动态,他写了报道《沿着斯摩棱斯克方向》。这篇报道表面上是写红军炮火的强大威力打得德军士兵胆战心惊,实际上却是说,德军士兵是被逼迫参战的,他们中许多人都存在着厌战情绪,如果对他们施行较为缓和的俘虏政策,将会大大地有利于瓦解敌军。他在报道中通过一个德军士兵的口说:

---

① 《萧洛霍夫文集》(中文版)第8卷,第108—110页。
② 《萧洛霍夫书信集》,第226页。
③ 据奥西波夫:《萧洛霍夫不为人知的经历》,第235页。

在这二次战斗前,我们有好多天没有吃东西了,我对自己的士兵说:"苏联坦克在这一带开来开去,但却没有我们的坦克,也不供应我们吃的,不能让自己士兵填饱肚子,不能在战斗中向他们供给技术装备的国家,是没法打仗的,咱们投降吧!"于是我们就把你们的坦克放过去了,并向你们的步兵投降了。

萧洛霍夫在文章最后说:

法西斯军官恐吓士兵们说,一旦他们做了俘虏,就会立即被处死。谎言、恐吓、残酷的纪律,所有这一切都只能暂时地把厌倦了战争的德国士兵留在战壕里。但是希特勒军队开始瓦解的最初迹象已经十分明显了:他们对躲在后方的军官表示不满,意识到对苏联作战毫无希望,对希特勒集团的冒险政策不再信任了。[①]

萧洛霍夫认为,对德国法西斯侵略者进行武力打击的同时,还应对德军士兵和下层军官进行政治上的瓦解,他认为,这对于苏联的国防事业是"不无重要意义的"。而随后创作的短篇小说《学会仇恨》,可以说是直接针对斯大林的第270号命令的。

《学会仇恨》发表在1942年6月22日的《真理报》上,正好是苏联卫国战争爆发一周年的日子。有的文学史家把这篇作品列为特写,因为它是根据真人真事写成的。主人公盖拉西莫夫中尉的名字是虚构的,但他的经历是真实的。小说的正文前面特意引用了斯大林在《苏联国防人民委员会主席令》中的一句话:"……他们懂得了若不学会用全副心情痛恨敌人,就不能战胜敌人。"[②]小说用第一人称叙述,通过主人公盖拉西莫夫亲眼目睹的法西斯杀害苏联妇孺的暴行,他受伤被俘后所受到的非人的待遇,揭露、控诉法西斯的罪恶。盖拉西莫夫原是乌拉尔一个工厂的技术工人,战前经常和德国机器打交道,常常为德国工人灵巧的双手创造出精巧的机器而赞叹不已;他喜欢德国古典文学,所以他不相信这样一个有文化传统的文明的民族会对另一个民族施以法西斯暴行,甚至到前线后,他也把被俘的德国士兵看作受蒙蔽的劳动人民而以礼相待。然而事实教育了他。在前线他亲眼看到被德国法西斯烧毁的村庄,被枪杀的妇女、儿童和老人。有个十一二岁的姑娘,在上学的路上被德国人抓住,拖到菜园子里,强奸后被杀害了,脸被军刀砍得血肉模糊……后来他在一次战斗中受伤,被德军俘虏,在德国人的俘虏营里受尽屈辱和折磨。他们经常挨饿,德国兵把死马肉扔进圈俘虏的铁丝网,饿得半死的战俘

---

① 《萧洛霍夫文集》(中文版)第8卷,第91—92页。
② 在收入文集时,这句话被删去。

们发疯似的去抢那些扔在泥水里的死马肉,这时岗楼上的哨兵开枪扫射,而围观的德国人却哈哈大笑,战俘们却已倒下一片。后来他们九死一生,终于逃出战俘营,被游击队搭救,回到自己的部队。小说的结尾,盖拉西莫夫说:"我痛恨法西斯分子,因为他们蹂躏我的祖国和我本人;同时,我全心全意热爱我的同胞,我不能让他们遭受法西斯铁蹄的践踏。正是这个原因促使我,促使我们全体,那么顽强地进行战斗,正是这两种感情转变为行动,引导我们走向胜利。如果说,对祖国的爱将永远藏在我们的心里,只要我们的心跳动一天,它就存在一天,那么,对敌人的恨将永远停留在我们的刺刀尖上。"[①]这里,盖拉西莫夫的话,显然是代表着所有被俘人员的心声。他们在敌人的俘虏营里,受尽屈辱和折磨,死里逃生,而心里永存着对祖国、人民的爱,以生命报效祖国,如果被当作"背叛"对待,而且还要株连家属,岂不是天大的冤枉!

科涅夫,萧洛霍夫,法捷耶夫在西部战线

如何对待被俘人员的问题始终是萧洛霍夫卫国战争期间和战后文学创作的重要主题,长篇小说《他们为祖国而战》和后来的《一个人的遭遇》都涉及到这个问题。所以,我们分析,他认为这个问题是关系到保卫祖国大业、关系到战争胜负的重大问题,因此要向斯大林当面汇报。然而,他始终没有能向斯大林陈述他的看法,只有在文艺作品中作了曲折的表达。

1942年苏联卫国战争的形势依然十分严峻。德国侵略军虽然在莫斯科城下遭到沉重打击,但它的攻势仍旧十分凶猛:它掉转矛头,目标对准伏尔加河上的战略要地——斯大林格勒。这一年,对萧洛霍夫来说,也是祸不单行的一年。1942年2—3月间,萧洛霍夫接到苏联情报局的通知,要他到情报局去一趟。当时,因为战争形势严峻,苏联政府的许多机关、部门都撤退到俄罗斯中部城市——古比雪夫(现改回旧称:萨马拉),苏联情报局也在其中。萧洛霍夫接到通知后从前线乘军用飞机前往古比雪夫,不幸途中飞机出了事故,大部分乘客都在迫降中丧生,只有萧洛霍夫和一位飞行员得以生还,

---

[①] 《萧洛霍夫文集》(中文版)第1卷,第412页。

第十五章 红军上校

他们也都受了重伤。萧洛霍夫是严重的脑震荡和内部器官错乱,被送往撤退到古比雪夫的克里姆林宫医院治疗。萧洛霍夫的档案中保存着他的好友、《真理报》工作人员、1953年版《静静的顿河》的责任编辑波塔波夫送给萧洛霍夫的一张照片,在照片的背面,波塔波夫写道:

亲爱的米哈伊尔·亚历山大罗维奇!

送你这张照片,以纪念我十分珍贵的1942年2—3月间我们在古比雪夫的初次会面。

愿友谊长存。波塔波夫。

我至今记得飞机空难后你在斯梅什列夫卡机场的样子!你不愿到医院去治疗……在我的坚持下你终于让撤退到这里的克里姆林宫医院的医生给你诊治了。给你看病的都是著名的学者:外科教授斯帕索库科茨基,内科教授孔恰洛夫斯基,放射科专家季亚琴科。诊断是"脑震荡"……

斯帕索库科茨基说,"米哈伊尔·亚历山大罗维奇,您这颗脑袋简直就是生铁铸的!居然经得住这样的撞击!"虽然他们一再坚持要你在医院休养,但是你却断然拒绝;听了他们劝你今后应注意的事项之后,你仍旧表示"回家休养,这样更好些"。①

当时萧洛霍夫一家人已撤退到尼古拉耶夫卡。据萧洛霍夫的小儿子米哈伊尔·米哈伊洛维奇·萧洛霍夫回忆,当萧洛霍夫被送到尼古拉耶夫卡的时候,他们一家人都吓坏了。脑袋肿得很大,带护耳的军帽只能扣在头顶上,而且不能吃东西,吃任何东西都会引起呕吐。休养了一些日子之后,身体有所好转,萧洛霍夫就又上了前线。1942年的5月初,斯大林大概是了解到萧洛霍夫乘飞机失事受伤的情况,在萧洛霍夫生日的前夕,邀请萧洛霍夫到克里姆林宫同他共进晚餐,对他表示慰问。在晚宴上,斯大林向萧洛霍夫祝酒,祝他生日快乐,并建议他到南方,到格鲁吉亚去休养一些日子。谈到这次飞机失事,斯大林对萧洛霍夫说,据说,当时飞行员喝醉了,为此要审判他……萧洛霍夫当即回答说,我敢担保,他没有喝酒。斯大林说,您怎么知道?萧洛霍夫肯定地说,起飞前,我和他谈过话,因此我敢肯定……晚宴结束时,斯大林对萧洛霍夫说了一段意味深长的话:

战争还在进行着。战况很严峻,非常严峻。谁在胜利之后能令人信服地写出这场战争呢?像《静静的顿河》那样当之无愧……小说中塑造

---

① 米·米·萧洛霍夫(萧洛霍夫之子):《朴实而英勇的父亲》,顿河—罗斯托夫,图书小企业出版社,1999年,第6—7页。

了许多勇敢的人物,麦列霍夫,波乔尔科夫,还有许多红军和白军。但是没有像苏沃洛夫和库图佐夫那样的人物。作家同志,正是靠这样一些伟大的统帅,战争才能赢得胜利的啊。在您生日的时候,我想祝您健康长寿,祝愿您写出一部新的概括全貌的天才小说,像《静静的顿河》那样真实,那样令人信服,既描绘英雄的士兵,也塑造天才的统帅,写出参与这场严酷战争的人……①

看来,斯大林对萧洛霍夫是抱有很大期望的。他希望萧洛霍夫能写出一部全面概括苏联卫国战争的宏伟作品,既有最高统帅的运筹帷幄,又有英雄战士的前线拼杀,这在战争正在进行的当时,即使具有萧洛霍夫那样的艺术才华,恐怕也是很难完成的。战争结束几十年后,在20世纪的六七十年代,苏联文学中的确出现了这样的作品,即所谓描写战争的"全景文学",但并非出自萧洛霍夫之手。

作家彼得罗夫,萧洛霍夫,法捷耶夫在前线

据萧洛霍夫的儿子回忆,斯大林接见之后,给了萧洛霍夫一个假期,让萧洛霍夫好好休养。萧洛霍夫不愿住院治疗,就又回家休养。萧洛霍夫估计近期内德国人不会向顿河方面发动进攻,便在1942年的5—6月份全家迁回维约申斯克,这一错误举动给他带来不可挽回的损失。他万万想不到德国飞机会来轰炸维约申斯克,而且炸弹直接命中萧洛霍夫的住宅。这一天恰好萧洛

---

① 奥西波夫:《萧洛霍夫不为人知的经历》,第234页。

霍夫朋友,20年代曾在顿河地区工作的克尼亚泽夫①来看望萧洛霍夫,他在自己的日记中详尽地记录了那天发生的事情。

  我们坐下吃晚饭,全家人聚在一起,大家情绪都很好。萧洛霍夫似乎猜到我想喝一杯,他自己也很高兴有机会喝一杯,但是萧洛霍夫夫人不同意,话说得非常激烈:你咳嗽这样厉害,你找死呢,想把我们扔下不管。萧洛霍夫玩笑地说,你将来还有退休金呢……不管怎样,我喝得很满意,萧洛霍夫可就倒霉了,夫人只给他两杯,他可怜兮兮地还要第三杯,夫人不给了。

  吃过晚饭,听从朋友的建议,洗了个澡,便躺下睡了,准备第二天一早就回前线。

  顿河的早晨非常美丽,那种景色不是一般寻常的美——美得让人的目光不忍离开顿河陡峭的右岸。但是这美丽的景色并不平静,不时传来轮渡低沉的、令人惊惶的汽笛声,大路上是从俄罗斯开来的无穷无尽的载重卡车的车队。顿河上的渡口都被破坏了,只剩下维约申斯克这一个渡口。

  这天早上,大约有20来个军官,路过维约申斯克到前线去,他们的军服都很久没有洗了,脸上只有牙齿还露出白色,他们并不知道萧洛霍夫是否在家,路过这里只是想看看这位伟大作家生活和创作的地方。当他们看到出来迎接他们的是热情的、面带欢迎的笑容的萧洛霍夫本人时,简直高兴得无法形容了。他们双方匆匆忙忙地互相问候,互致祝愿:写作顺利,战斗成功,然后就告别了。

  10点钟,我决定给家里写封信,便到萧洛霍夫的书房去了。这是个顶层的阁楼,建构轻盈便捷,顿河景色一览无余。刚要写上地址,便传来断断续续、上气不接下气、令人讨厌的马达声。我往窗外一看,便看到飞得非常低(或者如萧洛霍夫所说,飞得贼低)的四架敌机。我还没来得及考虑什么,便听到炸弹那猪叫般的尖嚣声和离萧洛霍夫家50来米的炸弹爆炸声,不知谁家的房子燃起大火,阁楼的玻璃都震碎了,墙壁也摇晃起来,我连忙顺着又窄又陡的楼梯子弹般的飞奔到下面去了。

  萧洛霍夫趴在住房旁边一个土台的下面,他认为这里是安全的,这从他对所有没掩蔽好的人呼叫:"赶快趴下,你们马上就会让鬼抓走!"就可以证明。

  "哎,费奥多尔②,现在顾不上客人,也顾不上休养了,赶紧疏散吧",

---

 ① 克尼亚泽夫——20世纪20年代曾任顿河地区库库梅尔任斯克镇当过法官,和萧洛霍夫有过交往。

 ② 克尼亚泽夫的名字。

于是大家匆匆忙忙地收拾了一下,匆匆忙忙地互相吻别,然后就各奔东西了……一个小时之后,又有几架敌机飞临维约申斯克,一番轰炸把它烧毁了。①

敌机的轰炸,烧毁了维约申斯克镇,也炸毁了萧洛霍夫的家,更令萧洛霍夫悲痛的是德国人的炸弹夺走了他的勤劳一生的母亲的生命。母亲的死使萧洛霍夫十分悲痛,特别是他亲眼看着母亲被敌机炸死,而自己无力相救,这种痛彻心扉的伤痛是难以言述的。据萧洛霍夫的好友、维约申斯克区委书记卢戈沃伊的回忆,那天在送别克尼亚泽夫之后,萧洛霍夫开车到索隆佐夫村,把妻子儿女安置在那里,就开车回来接他的母亲和取些东西。卢戈沃伊和区委的几个朋友把萧洛霍夫送到他家的院子里,汽车没有熄火。萧洛霍夫刚刚伸手指着天上的飞机,还没有来得及说话,炸弹就飞落下来,他们纷纷就地卧倒,这时萧洛霍夫的母亲正要到敞棚去取东西,爆炸的弹片击中了她,当场死去。这是 1942 年 7 月 8 日发生的事。

萧洛霍夫上校

据萧洛霍夫回忆,他们在离开尼古拉耶夫卡时,曾收到斯大林派人送来的一个包裹。"我们正准备上路,一辆'艾姆卡'牌小汽车开了过来,从车上下来一个穿着内务人民委员部制服的上校军官,他对我说:'上校同志,有您的一个包裹和信件。'我打开信件,里面是波斯克列贝舍夫写的信。我看信:'斯大林同志让我给你们全家送去一个包裹……'信的大意就是这样。原信没有保存下来。包裹里是香肠、奶酪、罐头……还有一瓶酒。当然,大家美餐一顿……还剩下大约三分之二,所以战士们也尝到了斯大林的礼品。在维约申斯克,轰炸中房子倒塌了,这时红军战士们便分享了这个礼包。他们清理废墟,发现了这个小箱子。我一看,他们正坐在那里吃呢……我想,哎,你们这些小兵,你们哪里知道吃的是谁的香肠,这个香肠是什么级别吗!"②

萧洛霍夫料理完母亲的后事,便又回到尼古拉耶夫卡。他感到中央领导对他关心爱护,斯大林亲自批准他休假,还派专人给他送来战争时期极为珍

---

① 转引自米·米·萧洛霍夫:《朴实而英勇的父亲》,第 11—13 页。
② 转引自奥西波夫:《萧洛霍夫不为人知的经历》,第 239 页。

贵的食品,他感到有必要把自己休假中发生的事情向中央作一汇报,但是他考虑到斯大林十分繁忙,不便为这事打搅他,便于7月15日给马林科夫写了一封信,汇报了自己的情况。马林科夫那时已升任中央书记,而且斯大林接见萧洛霍夫时他也在座(当时在座的还有莫洛托夫,伏罗希洛夫,贝利亚,谢尔巴科夫)。萧洛霍夫在信中说:

亲爱的马林科夫同志!

我休假的情况很不好。7月6日我们全家回到维约申斯克,8日早晨德国人就来空袭了,第一次4架飞机,第二次12架,扔了大约100来个爆破弹和杀伤弹,所有机枪全都开火,扫射镇上的街道,镇上燃起大火,它们才飞走。第二次空袭时,我亲眼看着我的母亲被炸死。炸弹落在院子里,把院子里的建筑物都炸毁了,大块的弹片把母亲炸得惨不忍睹。我趴在房子旁边的草地里,看见了德国人俯冲和投弹的情形。我身边除了一只手枪,什么也没有,飞机的高度只有400—500米,俯冲下来,下降到200米,用步枪或冲锋枪打它们是很好打的。我趴在这片倒霉的草地上,手无寸铁,面对凶残的敌人毫无自卫能力,我心里非常难受。他们为所欲为,肆无忌惮,尖叫着向我的房子俯冲,一口气扔下好些炸弹,还用机枪扫射。镇上牺牲很大。第一批6架两次俯冲轰炸之后,第二次空袭的时候,我开车跑了出来,但是紧跟第一批而来的6架飞机又两次迫使我趴到地上躲避。这种事在前线经常有,简直让人烦透了。9日,我一个人回去同母亲告别,埋葬了她。德国人又有6架飞机来空袭。10日它们就来了16架……

战斗又在我的家乡附近进行。我还要到那边去,亲爱的马林科夫同志,现在我对您有个请求,我不需要食品,现在这样也过得去,请发给我一枝冲锋枪和子弹。这东西现在比我从莫斯科带回来的各种维生素都要有用得多。

……

我母亲死后,我心里很痛苦,很难受。总觉得很不是味。我母亲是个淳朴的、没有文化的农村妇女(小时候,我上小学时,她为了给我写信,学会了认字,后来就忘了,最后只能一个音节一个音节地拼读)。她为我这个唯一的儿子深感自豪,当我给他讲前不久受到斯大林接见的情况时,她高兴极了,高兴得都哭起来了。她为斯大林同志和您,马林科夫同志,祝福,她说,"现在你在我这里休息一下,养好身体,米尼亚①。你给这些好人写封信,代表我,你的母亲,表示感谢。"我向斯大林同志,向您,

---

① 米哈伊尔的爱称。

马林科夫同志,转达她最后的谢意,请再次接受我衷心的谢意,为您对我的关心和照顾。

您的米·萧洛霍夫
1942 年 7 月 15 日①

1942 年,对萧洛霍夫来说,的确是一波三折,飞机失事,死里逃生,为此受到最高统帅斯大林的关怀和照顾,在他生日的时候邀请他共进晚餐。在战争那样紧张的局势下,斯大林特意为萧洛霍夫的生日举办这样一个活动(当时在坐的还有莫洛托夫、伏罗希洛夫、贝利亚、马林科夫等中央领导人),而且事后又派专人给他送去在当时困难条件下难得一见的美食,对一个作家来说,不能不说是非同寻常的殊荣。但是,也是在 1942 年,萧洛霍夫由于他的率性行为也曾受到斯大林的训斥。传记作家奥西波夫在他写的《萧洛霍夫不为人知的经历》一书中记载了萧洛霍夫亲口告诉他的一件事。萧洛霍夫对他说:

我是奉召回莫斯科的。他们对我说:"让你去参加部分苏联作家同外国人的会见。郑重其事地向他们讲讲我们这里的情况……"我回答说,好吧,我一定去。我回到莫斯科。在宾馆里梳洗一番,换了身衣服,便到苏联对外文化协会去了。沿着大理石的楼梯上楼,我已经不习惯了,走到一个小客厅里去了,我一看,和我关系很不好的一个作家正坐在一张小桌旁……穿着风衣布的西装。桌上摆着水果和一瓶克留霜果汁饮料。正是他造我的谣言,说我把一家人留在德国人那边,自己也准备到那边去。人家是这样告诉我的。既然如此,我对他也不留面子。我说,"哎,你这个家伙……"大白话!直截了当。说完扬长而去。我回到宾馆,打电话把我熟识的一个作家叫来,两人喝了个一醉方休。心里难受……早上我正准备到编辑部去,电话铃响了,是波斯克列贝舍夫。他用冷冰冰的语气说道:"他本人在等您。您昨天捅了什么娄子?"我去了……到了那里:波斯克列贝舍夫坐在接待室里,头也不抬,看也不看你,一脸的官司。好吧,我想……等了一个钟头——他给我打开门。我进去。看到斯大林站在桌旁。他站在那里,也没有伸手,眼睛里神情淡漠。他默然不语,一直看着我,随后便发话了:"萧洛霍夫同志,您的家人现在哪里?"我刚要回答,进来一位将军,呈递给他一份什么文件。斯大林看完文件,还给他,便把将军打发走了。他又看了看我,说道:"不过,我们现在已经知道您家人的地址。您把一家人都撤退了,这样做很对。我们将请哈萨克斯坦的同志们照顾您的家人……"随后又问我——这次口

---

① 《萧洛霍夫书信集》,第 229—230 页。

气缓和了:"您现在归谁指挥?"我回答了。他说:"好吧,萧洛霍夫同志,您走吧。请多多保重。党需要您,人民需要您!"我出来,走过接待室。我扭头对波斯克列贝舍夫做了个嘲弄的手势:"你是竹篮打水!"可是内心里真是百感交集。①

斯大林虽然没有对萧洛霍夫当面训斥,但是从他的秘书波斯克列贝舍夫的举动,从斯大林一反常态的举止,都在明显地表示对萧洛霍夫作为的不满,可以说是对萧洛霍夫的一种无言训诫。这件事大概萧洛霍夫对许多人都讲过,因此在许多人的回忆录或文章中都引用或提到,文本各有不同,但基本事实没有出入,如受到谣言诬陷,得知造谣者是爱伦堡,因会见外宾而见到爱伦堡,当面痛斥,扬长而去,随后斯大林召见,或批评或劝解。萧洛霍夫的儿子米哈伊尔·米哈伊洛维奇·萧洛霍夫的回忆录,评论家费济的长篇论文《艺术家与权势》中都写到了这件事。

苏联文艺界中有些人始终把萧洛霍夫看作"另类",萧洛霍夫也始终远离苏联文艺界的中心,他在莫斯科虽然有住房,但很少在那里居留,总是生活在遥远的顿河边,生活在哥萨克的劳动群众之中。他在苏联作家协会中有很高的职位,但很少参与其事;他是重要文学刊物的编辑部成员,但并不过问编辑事务。他的这种特立独行的作风很使文艺界的某些人侧目。《静静的顿河》虽然得到出版,并在读者中受到广泛的欢迎,但在某些人眼里他仍旧是个"白军思想家",是个受到最高层领导庇护的"反革命"。在他们看来,德国法西斯的入侵是萧洛霍夫"投靠白军"的良好机会。这种谣言和20年代因《静静的顿河》而受到的诬陷是如出一辙的。

萧洛霍夫和炮兵战士在一起

---

① 奥西波夫:《萧洛霍夫不为人知的经历》,235—236页。

1942 年对萧洛霍夫个人来说是祸不单行的,对苏联卫国战争的局势来说也是异常严峻的。萧洛霍夫于 1943 年 5 月开始在《真理报》发表的长篇小说片断《他们为祖国而战》也正是从描写卫国战争的这一严峻局势开始的。看来,萧洛霍夫并没有忘记斯大林接见他时说的那番话。虽然当时在报刊上发表的只是《他们为祖国而战》的一些片断,但是从整个看来这是一部布局宏伟的作品,最先见诸报刊的并非小说的开端,而是小说的中间部分,主要写苏军一个团的部队,经过激战突出重围,遭受很大伤亡,又在顿河草原上阻击敌人,表现得非常英勇。小说的几个主要人物,都是普通士兵,如洛巴兴,尼古拉·斯特列里佐夫,兹维亚根采夫,他们都是各有个性特点的人物。小说中写的两次战斗(高地阻击战和渡口保卫战)都写得有声有色,激烈紧张,十分精彩,使人感到这是艺术巨匠的手笔。萧洛霍夫战后曾对人谈到《他们为祖国而战》的创作构思:"我感兴趣的是在已经过去的这次战争中普通人的命运。我们的士兵在卫国战争的日子里个个都是英雄。俄国士兵及其勇敢精神和苏沃洛夫式的品质是举世闻名的。但是这次战争完全从另一方面展现出我们战士的品质,我想在小说中把苏联军人的这些新的品质揭示出来,正是这些品质使我们的战士在这场战争中变得如此高大……"①看来,萧洛霍夫只记住了斯大林要他写一部表现卫国战争的宏伟作品的嘱托,而把塑造苏沃洛夫式伟大统帅形象的话却置诸脑后了,相反,他却要在这部作品中着力塑造苏沃洛夫式的战士的形象。这是非常耐人寻味的。

　　卫国战争中不仅萧洛霍夫本人上了前线,他的《静静的顿河》也上了前线,也在为保卫祖国而战斗。作家西蒙诺夫回忆起战争爆发的 1941 年时说,"在那可怖的一年,有两部书最使我心情激动。"一部是托尔斯泰的《战争与和平》,另一部就是萧洛霍夫的《静静的顿河》。西蒙诺夫说:"那是 1941 年的 8 月。在我目睹了西部战线的几次对我们来说最为惨重的战斗之后,编辑部派我去南方战线,去克里米亚。在德国人冲进乌克兰,带来无数悲惨的时期,我乘汽车从北方驶向南方。在一个星期的行途当中,在各式各样的令人不快的战争细节之间,我坐在司机旁边,时断时续地,重新读了这部《静静的顿河》。……这部书里并没有直接类似的事件,但书中情节的悲剧性和书中塑造的人物性格(多数是人民的人物性格)的力量结合在一起,使这一部悲剧作品成为描述人民力量、描述百折不挠的坚毅精神、描述面对苦难和死亡无所畏惧的一部书。"②

　　有一次萧洛霍夫到前沿看望战士们。那是 1941 年的秋天,德国人正在

---

　　①　阿拉里切夫:《在米哈伊尔·萧洛霍夫家作客》,《桅旗》1947 年第 23 期。转引自雅基缅科:《萧洛霍夫创作》,第 792 页。
　　②　西蒙诺夫:《今与昔》,莫斯科,苏联作家出版社,1975 年。转引自孙美玲编:《萧洛霍夫研究》,第 36—37 页。译文略有改动。

逼近莫斯科的时候。战士们看到萧洛霍夫都非常高兴,有个战士羞怯地对萧洛霍夫说:"亲爱的米哈伊尔·亚历山大罗维奇,送给我们排一部《静静的顿河》吧,同志们非常希望这部书能在战斗中陪伴我们……"萧洛霍夫没有马上回答,过了一会儿,他说:"亲爱的朋友们,送给你们一部《静静的顿河》我由衷地高兴,但是现在我手头没有这部书。你们都是优秀的战士,我一定要给你们留下点东西作为良好的纪念。"随后,他打开行军挎包,从里面拿出一本硬封面的厚书,在扉页上匆匆写了几句话。萧洛霍夫把书交给排长,热情地拥抱了他,同战士们告别后,便向下一个掩体走去。战士们激动地打开书。这是《战争与和平》的第三部,萧洛霍夫在扉页上写道:"我的朋友们!一步不要后退!愿波罗金诺的光荣鼓舞你们去建立战斗的功勋。我相信,红旗定会在帝国的上空飘扬。我们柏林见!你们的萧洛霍夫。"①

在步兵某部指挥所

萧洛霍夫的同乡、作家莫洛扎文科在他的《奇尔河——哥萨克的河》一书中也写到,他们的同龄人大都是从中学的课桌直接奔赴卫国战争的前线的,他说,"伟大卫国战争爆发时,我们之中许多人都是在背囊中装着一部《静静的顿河》上前线的,带着它经历了前线的战斗和后方医院的养伤 ……他们不止一次地回忆,在战斗间隙,他们如何入迷地阅读萧洛霍夫的书……"②

战后,作家莫洛扎文科在靠近喀尔巴阡山的一个小城镇里的地方纪念馆里,看到一本被炮弹打穿、书页上染有发乌的血迹的《静静的顿河》。"在这本伤痕累累的书中有个小小的书签——蓬松的羽毛草的穗状花序,上面也染着血迹。我小心翼翼地打开书页,心里禁不住激动起来:我看到在书页的上方一角,象小学生的笔迹似的,工工整整地写着:'准尉别兹鲁奇科藏书。巴兹基村,1942 年 12 月 28 日。'我的这位老乡随身带着萧洛霍夫的书离开亲爱的

---

① 据米·安德里阿索夫:《静静的顿河的儿子》,载《谈萧洛霍夫》,第 60—61 页。
② 莫洛扎文科:《奇尔河——哥萨克的河》,第 61 页。

故乡,走过艰难的路途,来到喀尔巴阡山,他是个什么人呢?如果从笔迹来看,我的这位同龄人可能也是从中学的课堂直接奔向战场的?……唉,关于这些情况可惜纪念馆都不了解。只是过了15年之后我才打听到别兹鲁科准尉的身世。准尉的确是我的老乡,而且是个女的,阿妮亚·别兹鲁奇科。"①原来阿妮亚住在巴兹基村的尽头,紧靠顿河岸边。《静静的顿河》中葛利高里·麦列霍夫的原型叶尔马科夫就是巴兹基村人。也许就是这个原因才使她对《静静的顿河》感到特别亲切,在长途跋涉的行军中仍然带在身边。1942年,阿妮亚刚刚结束九年级的学业,德国法西斯就来到了顿河边。这天早上,她像往常一样来到顿河岸边,观看航标工人熄灭渡口的航标灯。突然传来飞机马达声,几架德国飞机出现在渡口上空,它们轰炸了渡口和巴兹基村,航标工人也被炸死了。这天下午德国人就进村了。阿妮亚来不及换衣服,光着脚,就向渡口跑去,那里有一艘运载着苏军伤兵的驳船在一个陡坡后面的浅滩上搁浅了,幸而德国人还没有发现他们。她帮助红军战士们推出驳船,把他们一直送到对岸,直到夜里才悄悄回家。焦急的母亲问她到哪里去了,她说送受伤的红军战士渡过顿河。第二天德国人挨门逐户搜查,看到这个漂亮姑娘,便命令她晚上穿上最好的衣服,到德军司令部去给军官陪酒。到时候有车来接,不去要受到严惩……母亲吓得哭了,阿妮亚却另有主意。傍晚她沿着峡谷来到顿河边上,脱下衣服,顶在头上,便游过了顿河。在对岸的索隆佐夫村她找到了某步兵师的侦察队长。队长同她谈了很长时间,建议她仍旧回村,但是这次回村是去执行侦察任务,阿妮亚同意了。她很幸运,第一次任务顺利完成了,接着第二次、第三次的任务也都完成了。第三次侦察任务完成之后,阿妮亚已经成为这个部队的正式的侦察兵战士了。有一次旅长向表现出色的战士授奖,在受到奖励的战士中,唯一的女战士便是阿妮亚·别兹鲁奇科。将军授予她"勇敢"奖章时,称赞她是祖国和共青团的好女儿,忠诚而无畏的战士。

一身戎装的萧洛霍夫

1942年的12月,苏军开始反攻,阿妮亚跟随着红军部队解放了故乡的许多乡镇和村庄。为表彰她的战斗功绩,她荣获"红星"勋章。朋友们都说她是"幸运儿",从事这样危险的工作,身上居然连

---

① 莫洛扎文科:《奇尔河——哥萨克的河》,第61页。

点擦伤都没有。有一次在伏罗希洛夫格勒遇上敌机轰炸，受了点伤，在医院躺了两天，便又回到部队。她仍像以前那样，到敌后去侦察，而且屡建奇功。随着卫国战争的胜利进展，她跟随自己的部队走过整个乌克兰和摩尔达维亚，她荣获的奖章又增加了六枚。但是在捷克的杜克拉，她却未能胜利归来……

苏联的卫国战争经过苏联人民几年的浴血奋战，终于在1944年夏将德国侵略军完全赶出了苏联国境。苏联红军一路西进，解放了波兰、捷克、匈牙利、罗马尼亚、保加利亚、南斯拉夫等东欧国家，直逼纳粹德国的首都柏林，并于1945年5月攻克柏林，同西路的盟军胜利会师，取得了反法西斯战争的最后胜利。

苏联人民历经四年的浴血奋战，付出了巨大的牺牲，终于取得了卫国战争的伟大胜利。战争结束，已是上校军衔的萧洛霍夫被授予伟大卫国战争一级勋章。1945年5月，萧洛霍夫年满40岁，已是不惑之年。

为庆祝胜利各报刊都发表许多贺词、贺电，《真理报》编辑部从莫斯科向维约申斯克打来加急电话，要萧洛霍夫口授几句贺词。萧洛霍夫当即对着话筒说道：

>　　为祖国的红军，为我们的人民深感自豪，向伟大的斯大林表示我们的爱戴，我们深深的谢忱——这就是胜利之日一起涌向我们心间的感情。①

为庆祝苏联卫国战争的伟大胜利，斯大林在克里姆林宫举行盛大的招待会，出席招待会的有苏共中央各部门的领导人，元帅们和将军们，科技专家，武器装备的设计师，为卫国战争的胜利作出牺牲和贡献的方方面面的人士，萧洛霍夫夫妇也应邀出席了这次盛大的招待会，许多年之后，他们回忆起招待会上的一些细节，仍然仿佛历历如在目前。奥西波夫在他的著作中记载着他和朋友们拜访萧洛霍夫时，听他回忆战争年代的情景：

>　　萧洛霍夫对战争的记忆一直保持到生命的最后时刻。几乎每次谈话都要谈起点什么，但是并不是谈自己在战争中的经历，而是谈对战争的评价。甚至在他临死前的病中我也不止一次地看到他手边总有一本回忆录，有时是朱可夫的，有时是罗科索夫斯基的。我和朋友们到他家做客时，问他："看书哪？"他回答说："重新翻翻！"而眼神中却是典型的萧洛霍夫式的笑容——细微的，还带着些许的狡狯。它仿佛是在说："我以前能没看过吗？"

---

① 转引自奥西波夫：《萧洛霍夫不为人知的经历》，第250页。

1983年夏天,在维约申斯克家中,大家舒舒服服喝早茶的时候,玛丽亚·彼得罗夫娜(萧洛霍夫夫人)谈起多年前克里姆林宫的胜利招待会。萧洛霍夫病着,但他很乐意听大家谈话,并且努力做出他也参与谈话的样子。玛丽亚·彼得罗夫娜回忆起罗科索夫斯基,那时又年轻又漂亮,他出人意料地以骠骑兵的优雅姿态从桌上的花瓶中拿出一枝玫瑰,向她献花,而没有把花献给坐在旁边的伊巴露丽(她顺便还说了一句:"她那时还很漂亮……")。

这时萧洛霍夫插入谈话。他就插了一句话:"就像飞过来一只高高的长鹤……"在他这个丈夫的心里(不无醋意)反应竟是这样地迅速,而且还带有作家写人状物的才华。实际上的确非常形象:如果根据照片回想一下,那位细高身材的元帅,穿着马靴,长长的腿,的确像只鹤。

在这次谈话中听得出有点遗憾的意味:"可惜,我同朱可夫没见过一次面。"[①]

[①] 奥西波夫:《萧洛霍夫不为人知的经历》,第253—254页。

第十六章

人 的 命 运

　　战争结束了,苏联人民付出惨重的代价赢得了战争的胜利。几乎每户人家都有人在战争中死于前线或后方,许多人家已是家破人亡。萧洛霍夫家也遭受了惨重的损失,他多年经营起的家园被德国人的炸弹完全炸毁了,他的母亲也死于德国法西斯的狂轰滥炸之中。战争结束,他成了无家可归的人了。幸而战后苏联科学院建委决定为院士们修建别墅,萧洛霍夫是苏联科学院院士,自然也包括在内,这样萧洛霍夫战后在维约申斯克又重建了他的家园。但是后来才弄清楚,重建家园的钱有一半是萧洛霍夫自己出的,其余是向基建处借的。十年后中央委员会要清理这笔债务,中央委员会事务局长克鲁宾每次见到萧洛霍夫都直言不讳地向他讨债:"怎么样,哥萨克?什么时候还钱哪?"萧洛霍夫总是回答:"欠债,我不会赖账,钱总归要还,但不会很快。"①

　　战后一个时期,苏联人民的生活非常困难,萧洛霍夫一家也不例外。据萧洛霍夫夫人玛丽亚·彼得罗夫娜回忆,他们一家战后从莫斯科回到维约申斯克时,生活非常艰难。她说:"战后镇上的日子连我们萧洛霍夫一家也很艰难。镇上的乡亲们就更加困难了。穷困中谁都来找我们……那些寡妇们……直到现在我一想起那些苦命的寡妇们,我就心痛、难受……她们从早到晚整天在地里干活,可孩子们还是没衣服,没鞋穿。偏偏又发生干旱……老天爷不长眼,这干旱说来就来了。"②苏联农业地区大面积的干旱造成了农业歉收,发生饥荒。这对于在困难中重建家园的苏联人民来说无疑

---

① 据奥西波夫:《萧洛霍夫不为人知的经历》,第267页。
② 转引自奥西波夫:《萧洛霍夫不为人知的经历》,第276页。

于雪上加霜。

战后年代苏联文艺界的形势也非常严峻。战后苏联同西方国家的文化交流日益频繁起来,某些人头脑中盲目崇拜西方的意识也日益膨胀起来。这种现象引起了苏联领导当局的重视,但是他们又过于严重地估计了形势,于是从1946年到1948年以苏共中央决议的形式接连对文艺问题作出了四个决议①,这些决议涉及小说、诗歌、电影、戏剧、音乐等文艺创作的方方面面,这些决议的推行可以说横扫了苏联的整个文艺界,那些在自己的作品中多多少少反映了苏联社会实际情况的作家和在自己的诗歌中流露出人民的内心情绪的诗人,都遭受到大加挞伐,像阿赫玛托娃这样的著名诗人和左琴科这样有成就的作家,都遭到点名的人身攻击,被开除作家协会会籍,作品也遭到封禁。法捷耶夫的《青年近卫军》因为没有在小说中突出布尔什维克党的领导作用,尽管他身为作家协会主席,也在《真理报》上受到严厉批评,被勒令重新修改。西蒙诺夫的中篇小说《祖国的青烟》,因为小说中描写了苏联社会中满目疮痍的战争创伤而受到劈头盖脸的批判。在这样的形势之下,有良心的作家只得噤若寒蝉了。

萧洛霍夫和妻子

与此同时,对斯大林的个人崇拜、歌功颂德之风却油然而起。涅克拉索夫的小说《在斯大林格勒的战壕中》是一部很优秀的作品,据西蒙诺夫讲,这部作品颇受斯大林的赞赏,后来曾获得斯大林奖金。当时涅克拉索夫在作家行列中并没有多大的名气,只是个很有才华的青年作者而已,当他最初把书稿送交出版社的时候,曾因小说中没有提到斯大林而受到批评。涅克拉索夫后来因不满于苏联的种种政策措施而成为"持不同政见者",最后离开苏联,侨居西方。他在日记中有这样一段记载:"1947年初,我的《战壕》(指《在斯大林格勒的战壕中》——引者)一送到出版社(在获奖之前),就有位女检察官把我叫去,这种情况是极为罕见的。她责备地看着我说:'您写了本很好的书。但是一本写斯大林格勒的书而没有写到斯大林同志——怎么能这样呢?这有点不合适

---

① 这四个决议是:《关于〈星〉和〈列宁格勒〉两杂志的决议》(1946年8月14日)、《关于剧场上演及其改进办法的决议》(1946年8月26日)、《关于影片〈灿烂的生活〉的决议》(1946年9月4日)、《关于穆拉杰里的歌剧〈伟大的友谊〉的决议》(1948年2月10日)。

吧,他是我们所有一切胜利的鼓舞者和组织者呀,可您……您最好补写一个场景,斯大林同志在他的办公室里。不用太多,两三页就足够了……'"①

萧洛霍夫仍在按部就班地写他的《他们为祖国而战》,偶尔有写好的章节在《真理报》发表,写的仍旧是洛巴兴和他的战友们在顿河草原上的艰苦跋涉,似乎看不见那位运筹帷幄于千里之外的最高统帅的影子。因此文艺界某些人对《他们为祖国而战》中没有写到斯大林、没有直接对斯大林歌功颂德而颇有微词,有的人甚至说,萧洛霍夫的创作进展缓慢是因为他酗酒成性,不能写作。实际上,萧洛霍夫的创作进行得很不顺利。20 年代,他创作《静静的顿河》时,虽然当时还只是个刚刚登上文坛的并不出名的青年作家,但是到有关单位去查阅档案资料似乎并没有遇到什么麻烦,但是现在当他已成为世界闻名的苏联作家时,为了写作,他要查阅战争中的有关档案文献,却要得到中央领导同志的批准。为此他不得不给马林科夫写信,请求帮助。

亲爱的马林科夫同志!

您对我的亲切关怀,我永远记在心间,现在有件并非完全个人的事请求您的帮助。事情是这样的:长篇小说《他们为祖国而战》第一部即将完成,前两天已着手准备写第二部,因此我现在迫切需要了解有关斯大林格勒保卫战的材料。

我需要的不是机密性质的资料,我需要的是些"活的"材料,也就是一些从连里、营里呈报上来的政治汇报、综合报告以及其他一切能够帮助我再现 1942—1943 年形势的材料。但是没有您给总参谋部的指示,我连这些材料也不能看——人家就是这么对我说的。

您很清楚,缺少类似这样的材料将会对我的创作产生毁灭性的影响,所以我才向您请求帮助。

您的米·萧洛霍夫

1950 年 6 月 5 日于莫斯科②

马林科夫是否曾给萧洛霍夫回信,在档案中没有发现相应的文件,但是在萧洛霍夫原信上有一段批示和对批示的回复,批示说:"请戈罗莫夫同志和叶戈罗夫同志阅。戈罗莫夫同志熟悉情况。"对该批示的回复是联共(布)中央行政事务管理处主任戈罗莫夫于 1951 年 8 月 23 日签署的:

致马林科夫同志秘书处。

我曾将萧洛霍夫同志的一封信呈报联共(布)中央书记马林科夫同

---

① 转引自奥西波夫:《萧洛霍夫不为人知的经历》,第 256 页。
② 《萧洛霍夫书信集》,第 274 页。

志,就信中所陈述的主要问题,我已得到相应的指示。联共(布)中央行政事务管理处主任戈罗莫夫。①

萧洛霍夫给马林科夫的信是1950年6月发出的,而戈罗莫夫对马林科夫的批示回复是1951年8月,中间相隔竟有一年零两个月之久。萧洛霍夫为了查阅一些并非机密性质的资料,竟然要等待一年多的时间!这就无怪乎他的长篇小说《他们为祖国而战》只能断断续续地发表一些零散的章节了!

自从《他们为祖国而战》的一些章节陆续发表,而其中并没有塑造运筹帷幄于千里之外的伟大统帅的形象,而且从这些章节中也看不出会出现伟大统帅形象的迹象,——萧洛霍夫没有按照斯大林的指示去构思自己的小说,没有去完成斯大林的嘱托,因而引起了斯大林的不满。

战后萧洛霍夫在维约申斯克的住宅

战后年代斯大林对萧洛霍夫的态度逐渐发生了变化。1946年斯大林曾委托日丹诺夫找萧洛霍夫谈话,希望他接替法捷耶夫主持苏联作家协会的工作,但是萧洛霍夫婉言谢绝了。当时法捷耶夫为他的新作《青年近卫军》而遭到《真理报》的批评,被勒令进行修改。当时联共(布)中央作出让萧洛霍夫接替法捷耶夫主持苏联作家协会的决定,是出于对法捷耶夫的关怀、给他提供修改作品的方便条件呢?还是对法捷耶夫在创作中犯这样的"错误"以示警戒?现在看来这两方面的意思都有可能。但是萧洛霍夫却以自己的婉言谢绝而抵制了苏共中央的这一做法。萧洛霍夫和法捷耶夫虽然从青年时代就彼此熟悉,但他们从来没有结成亲密无间的友谊,两人的文学观和生活观都有很大的不同,在《静静的顿河》的创作上也有很大的分歧,法捷耶夫曾为《静

---

① 《萧洛霍夫书信集》,第274—275页。

《静的顿河》的发表制造了不少麻烦。但是萧洛霍夫并不因法捷耶夫在《青年近卫军》问题上受到批评而幸灾乐祸,相反,萧洛霍夫心中暗含着对法捷耶夫的同情。战后年代两人之间的关系较之战前有了很大的改变。

1947年5月斯大林召见法捷耶夫、西蒙诺夫和戈尔巴托夫三位苏联作家协会的领导人,讨论作家协会的工作和作家的创作问题。斯大林问到当前作家们都写些什么主题的作品,法捷耶夫说,仍然是以战争题材为主,现代生活,包括生产、工业,在文学创作中反映得很少,即使有,也大多是二流作家写的,因为大作家都不愿意去深入生活。

"为什么大作家不去呢?"斯大林问,"不愿意下去?"

"推动他们很困难",法捷耶夫说。

"不愿下去,"斯大林说,"那么你们认为这种出差有意义吗?"

我们回答说有意义。……

"我认为一个严肃的作家在进行严肃的创作时,如果需要,他自己会下去。萧洛霍夫怎么样,没有去出差吧?"他沉默一会儿后问道。

"他永远在出差",法捷耶夫说。

"他不愿意离开那个地方?"斯大林问。

"不愿意,"法捷耶夫说,"不愿搬到城里住。"

"他怕城市",斯大林说。

一阵沉默。①

萧洛霍夫的同乡、传记作家奥西波夫在引证西蒙诺夫这段笔记时,认为斯大林说萧洛霍夫"害怕城市"是语意双关,是说萧洛霍夫有意疏远党的领导、脱离中央机关的监督,说明斯大林已经对萧洛霍夫产生了不好的看法。且不论奥西波夫对西蒙诺夫这段笔记的推论是否准确,但是他在《萧洛霍夫不为人知的经历》一书中所引的南斯拉夫政治家米洛万·吉拉斯的回忆录却是明确地表示了,斯大林对萧洛霍夫的看法和评价发生了明显的变化。

米洛万·吉拉斯是原南斯拉夫总统铁托的朋友,也是他的亲密战友,后来却被铁托逮捕入狱,成了南斯拉夫人民的"敌人"。1948年,当时还是铁托的"战友",受铁托委托带着某种使命访问莫斯科,受到斯大林的特别接见。斯大林曾设酒宴招待他。宴会上的谈话中吉拉斯谈到苏联文学,他在回忆中说:

> "谈到苏联当代文学,我像许多许多的外国人一样,提到了萧洛霍夫的名字。这时斯大林说,现在我们还有更好的作家,他说了两个我没听说过的作家的姓氏,其中一个是女的"。过后回忆起来,斯大林说的是潘菲洛夫和万达·瓦西列夫斯卡娅。② 我们前面提到的西蒙诺夫的笔记

---

① 西蒙诺夫:《我这一代人眼里的斯大林》,裴家勤、李毓榛译,第104—105页。
② 奥西波夫:《萧洛霍夫不为人知的经历》,第262页。

中，斯大林也提到万达·瓦西列夫斯卡娅,看来这并不是偶然的巧合。就在西蒙诺夫所记录的那次斯大林召见苏联作家协会领导人的谈话中,斯大林向作协的领导人问起这位波兰籍的苏联女作家。

斯大林在谈话快结束时问:

"你们对万达·瓦西列夫斯卡娅这个作家怎么看?在你们作家圈子里呢?他们对她最近一部长篇小说怎么看?"

"不怎么样",法捷耶夫回答。

"为什么?"斯大林问。

"认为小说写得不怎么样。"

"你们在自己的圈子里对她这个作家总的评价如何?"

"二流作家",法捷耶夫说。

"二流作家?"斯大林问。

"对,二流作家",法捷耶夫又说了一遍。

斯大林看了他一眼,沉默了一会。我有这样的感觉,仿佛这一评价令斯大林很失望。但他一点也没有把这表露出来,也未加任何反驳。①

在作家圈子里被认为是"二流作家"的一个人,斯大林却认为她现在是比萧洛霍夫"更好的"作家,这种偏见是显而易见的。因此他听了法捷耶夫的回答,就无言以对,只好沉默了。但是敏感的西蒙诺夫从他的沉默中感觉到了他的失望。他失望什么呢?他要用以压倒萧洛霍夫的这个作家竟被认为是个"二流作家"!那么仅凭他的称赞和抬举,那是无论如何也不会压倒萧洛霍夫的了。对于法捷耶夫的意见,他无法反驳,只好以沉默来掩饰内心的失望了。

但是有的人却没有沉默。1949年6月,《真理报》发表了《他们为祖国而战》的片断。小说发表后有人就向苏共中央写信,诬告小说作者"歪曲现实","诽谤苏维埃战士"。据说写信的人是某军事出版社的一个编辑,他在信中说:"如果《真理报》刊登了这些章节,就意味着编辑部赞同小说的写法。而这些章节的低级趣味、对我们现实的歪曲,对苏维埃战士的诽谤却使我感到非常愤怒……"接着,写信者便将批判转为漫骂:"这是令人发指的诽谤……可怕的诬陷……粗野的恬不知耻……很难令人相信,这就是所谓'创作',而且是出自苏维埃作家之手……这不是我们苏维埃人的情调……"②据说,这些信件都汇集到当时在苏共中央负责宣传工作的苏斯洛夫那里,由他最后做了归纳:"这封信同宣传部收到的其他许多读者的信件一样,非常正确地指出了新发表的章节的某些缺陷……"③苏斯洛夫是否将他的结论呈报给斯大

---

① 西蒙诺夫:《我这一代人眼里的斯大林》,裴家勤、李毓榛译,第118—119页。
② 转引自奥西波夫:《萧洛霍夫不为人知的经历》,第268页。
③ 同上。

林,现在无从查考,但是中央委员会没有对这些写诬告信的人进行驳斥,《真理报》没有对新发表的《他们为祖国而战》发表赞扬的评论,却是明显的事实。

接着,1949年9月,《斯大林文集》第12卷出版,萧洛霍夫又仿佛从背后遭到了突然的一击。文集中《致费里克斯·康同志》一文顺便提到了萧洛霍夫和《静静的顿河》:"当代名作家萧洛霍夫同志在他的《静静的顿河》中写了一些极为错误的东西,对瑟尔佐夫、波乔尔科夫、克里沃什雷科夫等人物做了简直是不确实的介绍,但是难道由此应当得出结论说《静静的顿河》是一本毫无用处的书,应该禁止出售吗?"当时萧洛霍夫远在维约申斯克还没有立即感受到文集出版的影响,但是在莫斯科,出版社的编辑们却立即感受到文集出版的后果了。据当时正在"文学艺术出版社"工作的奥西波夫回忆,"在莫斯科,在文学艺术出版社里,信件的后果立即就感受到了。这是亚历山大·伊万诺维奇·普济科夫告诉我的。他是老一辈的出版家,苏联国家奖金获得者。我曾有幸同他一道在著名的文学艺术出版社工作过好几年。他曾担任我们的主编。他对我回忆起当时的情况:出版社正计划对小说例行再版。突然接到中央委员会的电话:'读一读斯大林文集。《静静的顿河》中有严重错误……'"①斯大林致费里克斯·康的信是1929年写的。那时候萧洛霍夫正为《静静的顿河》第三部的发表同《十月》杂志的编辑们进行着不屈不挠的交涉,最后在1931年6月中旬斯大林在高尔基的别墅亲自同萧洛霍夫谈话,才决定出版《静静的顿河》第三部,当时以及后来,斯大林曾多次同萧洛霍夫谈到《静静的顿河》,从来没有向萧洛霍夫指出在《致费里克斯·康同志》中所说的"严重错误",所以萧洛霍夫深感困惑。据笔者推测,1929年,当"拉普"的某些当权人物迫使萧洛霍夫对《静静的顿河》第三部进行根本性的修改,而萧洛霍夫断然拒绝以后,大概有人向斯大林打了小报告,斯大林大概就是根据这些小报告的意见写了《致费里克斯·康同志》,因为斯大林的信中所说的《静静的顿河》中的"严重错误",恰恰就是"拉普"们的看法。而斯大林在1931年同萧洛霍夫谈话之后,接受了萧洛霍夫的意见,才作出了《静静的顿河》是"对我们对革命有利的"结论。此后斯大林还多次会见萧洛霍夫,多次谈到《静静的顿河》,都是赞扬和欣赏的意见。现在又说小说中有"极为错误的东西"当然让萧洛霍夫感到困惑不解了。于是萧洛霍夫在1951年的新年之后,给斯大林写了一封信:

亲爱的斯大林同志:

您的文集第12卷中发表了您致费里克斯·康的信。这封信指出,我在长篇小说《静静的顿河》中"犯了一些严重的错误,对瑟尔佐夫、波乔尔科夫、克里沃什雷科夫等人的描绘是很不确切的。"

---

① 奥西波夫:《萧洛霍夫不为人知的经历》,第270页。

斯大林同志！您知道这部小说有很多读者在阅读，中学高年级、大学和师范学院文学系的学生们也在研究。在您致康同志的信发表后，读者、文学教师和学生自然都会产生这样的问题：我错在什么地方，应该如何正确地理解小说所描写的事件，如何正确理解波乔尔科夫、克里沃什雷科夫等人的作用。很多人要求我给予解释，但我未予回答，我在等候您的意见。

　　我恳求您，亲爱的斯大林同志，请向我说明我所犯错误的实质是什么。这部小说今后再版进行修改时，我会考虑您的指示。

　　谨向您致深深的敬意。

米·萧洛霍夫
1950年1月3日①

　　斯大林对萧洛霍夫的信没有作出任何回答，从此也没有接见过萧洛霍夫。20年代"拉普"们对《静静的顿河》的看法现在以国家最高领导人的权威意见不仅公诸于众，而且要付诸实施了。出版社闻风而动，不等萧洛霍夫表示同意，就对小说进行了大刀阔斧的删改，把小说弄得面目全非。苏联萧洛霍夫研究家古拉在他的《〈静静的顿河〉是怎样写成的》一书中说，"出版社编辑对《静静的顿河》所做的这种删改使萧洛霍夫本人感到非常沮丧。看到这些改动之后他便给出版社写了封信。"②这封信现收在《萧洛霍夫书信集》中，萧洛霍夫在信中说：

　　我要说的是，波塔波夫（出版社编辑——引者）尽管对小说是一片好心，但是作为编辑，真是毫无可取之处。他一点都没有艺术情趣，您在他的任何一处改动中所看到的都是一个极为平庸的报刊撰稿人，——这就是不幸之处！我在选择编辑上犯了个错误，当我不得不把他那些大量的阉割式的删改重新恢复的时候，真是后悔莫及……③

　　但是经萧洛霍夫恢复原貌的《静静的顿河》当时并没有以单行本的形式出版，而是过了几年，在斯大林死去之后，收进了于1956—1960年间出版的第一套萧洛霍夫文集之中，这是青年近卫军出版社和国家文献出版社几乎同时出版的一套文集。

　　一本书，也同一个人一样，从它问世之日起，便开始了它的命运的历程。《静静的顿河》这部作品，也同它的作者萧洛霍夫一样，也在经历着它多舛的命运，历尽艰险、磨难。

---

①　《萧洛霍夫书信集》，第269页。
②　古拉：《〈静静的顿河〉是怎样写成的》，第422页。
③　《萧洛霍夫书信集》，第285页。

第十六章 人的命运

自从战争结束,萧洛霍夫回到满目疮痍的家乡,看到被法西斯炸毁的家园,看到战争造成的那些孤儿寡妇,他更深切地感受到战争给人们带来的创伤。他怀念他的死于法西斯炸弹下的母亲,他怀念他的死于法西斯战俘营的好友库达绍夫,他要构思一篇作品,抒发积郁在人们心头的伤痛,因为这样的伤痛实在是遍地都是啊。就在离维约申斯克不远的格拉切夫斯基村有个名叫格奥尔吉·科什金的哥萨克。战争一开始,他就上了前线,法西斯的伞兵进攻日托米尔①时,他参加了保卫战,受伤被俘,后来又同集中营的战友们一块逃了出来。他们一共18个人,但是只有一支步枪。他们专走荒无人烟的偏僻小道,走到战线附近,在顿巴斯,他们成功地越过战线,连喘口气都没有,就要求回到自己的部队。1942年卫国战争形势十分严峻,苏军节节败退,科什金跟随撤退的部队,走过家乡的村镇,来到顿河,曾在叶兰斯克镇驻留。但是随后在克里夫斯基村附近的战斗中,他负伤被送往后方医院,伤愈后返回部队。命运使他走过许多地方,他曾渡过第聂伯河,也曾穿越列宁格勒的包围圈,解放白俄罗斯城市莫吉廖夫,攻克波兰城市柯尼希斯贝格。当他随着苏军的节节胜利,踏上德国人的土地时,他得到了儿子瓦西里的消息,他听说,儿子也在进攻的部队里,而且表现出色,战功卓著。他想方设法给儿子张罗了一次休假,期待儿子到他的部队来,他希望同儿子并肩战斗,直到战争结束。他的儿子瓦西里也拿到了休假证明,但是在最后一次的侦察中,却被敌人的子弹打中,再也站不起来了。他的遗体被战友们用防雨斗篷抬了回来……战争结束,科什金回到家乡,但是他的家已被战争的炮火夷为平地。但是他并没有被家破人亡的悲痛所压倒,他来到一家炼油厂工作,搬运加工好的成品油。有一次,有个盛油的油桶经受不住过大的压力,发生了爆裂,油桶爆炸起火。爆炸的气浪把科什金抛到了一边,他的全身都燃烧起来,衣服烧坏了,脸部、手臂都烧伤了,他急忙躺倒地下打滚,才把身上的火焰扑灭,他不顾自己的伤痛,爬起来,跑到沙土箱那里,还想去参加救火……

在拍摄影片《一个人的遭遇》现场

科什金的事迹在萧洛霍夫的家乡一带,远近闻名。在他身上,我们似乎看到了安德烈·索科洛夫的影子,相似的经历,性格特征也有某些相似之处。当然,安德烈·索科洛夫是个艺术典型,是萧洛霍夫综合了许多现实

---

① 乌克兰日托米尔州首府。

中人物的经历和命运而创造出来的艺术形象,但是我想,他在创造这个艺术形象的过程中,肯定受到过科什金的人生命运的感染和启发。

在萧洛霍夫的家乡,人们至今还在讲述战争年代萧洛霍夫救助战争孤儿的事情。萧洛霍夫的同乡,地方志作家莫洛扎文科在他的《奇尔河——哥萨克的河》一书中记载了一位老猎人给他讲的一件事:"1943年光复之后,萧洛霍夫从前线回家探望,他到处找我叔叔,我叔叔也是个猎人,当时我还是个小孩子,那时我们三个人把这片地方都走遍了。周围有地雷,到处炸得一塌糊涂。我一看,他的眼里含着泪水,战争的确把森林糟蹋得够呛了……那时候他还把收养的一个孩子送到我们集体农庄来,他收养了很多这样的孩子——都是战争中无家可归的流浪儿童。那个孩子叫瓦纽什卡。德国鬼子把幼儿园炸毁了,他就破衣烂衫地来到维约申斯克,走到萧洛霍夫家门口,恰巧萧洛霍夫正在门口削土豆。他就问:'孩子,你是不是想吃东西?'他就让孩子坐在餐桌边吃东西,唉,也没什么好吃的,那时都在挨饿嘛。他叫孩子吃饱了,领他到楼上,像鞑靼人似的盘腿坐在卧榻上:'现在你告诉我,你叫什么,从哪里来的。'他听完后说道:'好啦,现在去洗个澡吧。'他给孩子换了衬衣、绒衣,又给我们农庄主席写了个便条,请集体农庄收留这个孩子。我们安排瓦纽什卡翻晒种子,这个活不好干,有点重。我们这个万尼亚①就跑到维约申斯克,又去找萧洛霍夫了,这时候萧洛霍夫已到前线去了。他就委屈得哭了,本想再回集体农庄——还能到哪里去呢?就在紧靠霍别尔村的地方,踩着了地雷,炸死了……当我看《人的命运》(又译《一个人的遭遇》)时,不知为什么,不由得就想起了这个瓦纽什卡……"②

战争的创伤遍地皆是,萧洛霍夫看到了太多的人间悲剧,看到了无数个被战争毁坏的幸福家庭,他自己也经受了痛失母亲的哀伤,走过了艰难坎坷人生路途。但是他更加清醒地看到,这些经受着家破人亡的悲痛的俄罗斯同胞是那样坚毅刚强地用自己钢铁般的肩膀顶住了命运的重压,顽强地进行着生命的抗争。一个百折不挠、性格刚毅的俄罗斯普通劳动者的形象在他脑海中渐渐地清晰起来,挺立起来了。一部新的作品在他心中酝酿成熟了,他一气呵成,写了出来,题目就叫《人的命运》(俄文中"命运"一词也有"遭遇"的意思,中文译者着眼于小说主人公的坎坷经历而译作《一个人的遭遇》)。他赋予主人公安德烈·索科洛夫世纪同龄人的普通劳动者的身份,赋予他在战争中受伤、被俘、在法西斯的集中营里九死一生,又逃回祖国的经历。这是战争年代一个最普通的故事,唯其这样,安德烈·索科洛夫的一生遭际才能够体现苏联千百万人的共同命运,他那朴实无华的自述才会产生震撼人心的力

---

① 瓦纽什卡和万尼亚都是伊万的亲昵称呼。
② 莫洛扎文科:《奇尔河——哥萨克的河》,第66页。

量。萧洛霍夫特意安排了主人公受伤被俘的情节,并以大量的篇幅浓墨重彩地表现主人公在法西斯集中营里的经历和感受,这不是偶然的。我想,他在创作这部作品时,不仅想到了家乡的科什金,而且一定也想到了他那生死之交的朋友、牺牲在法西斯集中营里的库达绍夫,还会想到含冤而死的被俘将军卢金。因为萧洛霍夫非常清楚,在战场上壮烈牺牲,固然令人悲痛,但对死者来说,他的痛苦只是瞬间的。而受伤被俘,活活地遭受非人的折磨,那种痛苦才是难以忍受的,除此之外,还要面对祖国和同胞的冷眼和猜疑。在这双重的压力下,一个人所表现出来的精神境界和品格情操,更加突出地展现出他的人性的本质。因此,小说中安德烈在法西斯集中营思念家乡,思念亲人的情节,虽说是人之常情,但在那个特定的情景下,就显得格外感人;而他同法西斯警卫队长对酒决生死的这个极富戏剧性的情节,既带有俄罗斯民族性格的特点,更显示出索科洛夫大义凛然、威武不屈的崇高品格。然而萧洛霍夫写这篇小说,不仅是要塑造一个坚强刚毅的俄罗斯性格,不仅是要抒发积郁在千百万人心中的伤痛,而且要从哲学的、历史的高度,对人的命运,对民族的命运进行深入的思考。安德烈,作为个人,虽然普普通通,渺小如一粒砂子,然而面对命运"飓风"的打击,却百折不挠,坚强地奋斗不息。这是主人公面对命运的态度,也是俄罗斯民族对待命运的态度。这是作家萧洛霍夫的心愿,也是千百万深受战争创伤的俄罗斯人民的心声。萧洛霍夫把千百万俄罗斯人所蒙受的战争的创伤,积郁在心中的悲痛以及面对如此沉重的命运打击所表现出来的坚强和刚毅,浓缩在一部短篇小说里,并且融进了作者哲理的、历史的思考,可以说是最大限度地发挥了这一体裁的思想容量。因此有的研究家把《人的命运》称为"短篇小说史诗"(或译"史诗性的短篇小说")。①

萧洛霍夫夫妇

这篇小说在《真理报》一发表,立即在广大读者中引起极为强烈的反响。它在俄罗斯人的心中激发了强烈的共鸣,俄罗斯人,家家都有自己的伤痛,而《人的命运》仿佛在诉说着他们自己的命运。据说,小说刚发表时,在莫斯科电台进行广播,莫斯科大街小巷的高音喇叭同时开放,街上的行人都驻足倾听,许多人的眼里都满含着激动的热泪。小说发表后,有个山村小学的小学生叫玛丽耶特·卡杰,她读了《人的命运》之后非常

---

① 雅基缅科:《萧洛霍夫的创作》,第801页。

激动。小姑娘认定,萧洛霍夫写的就是她叔叔的故事。她叔叔上过前线,他的遭遇同小说主人公的遭遇十分相似。于是她就给萧洛霍夫写了封信,告诉作家,她父亲在前线牺牲了,母亲也死去了,是叔叔把她抚养成人。收到这个小姑娘的信后,萧洛霍夫也非常激动,他在百忙之中给小姑娘回了封信,他在信中说:

亲爱的玛丽耶特!

小姑娘,你的心非常善良,非常好。你是这样亲切地体贴别人的苦难。谢谢你的令人感到温暖的信,祝你健康,生活幸福。

请代我向你的亲人——奶奶、叔叔以及你的女朋友们致以问候。

请写信告诉我,十年级毕业后,你打算做什么?

致问候。

萧洛霍夫
1958 年 6 月于维约申斯克①

山村小姑娘玛丽耶特收到萧洛霍夫的信的时候,恰在她十年级毕业考试的时候。七年后,长大成人的玛丽耶特如约又给萧洛霍夫写信:

"亲爱的米哈伊尔·亚历山大罗维奇!您曾要我把未来的打算告诉您。中学毕业后,我考入师范学院数理系。师范学院毕业之后,我现在故乡的山村学校当一名教师。"②

萧洛霍夫一生坎坷,经历过无数次的人生命运的考验,每次他都能勇敢地面对,顽强地去拼搏,从不在命运的打击下低头。所以,在安德烈·索科洛夫面对一次次命运"飓风"的打击,屹然挺立,不屈不挠,顽强拼搏的精神中也有萧洛霍夫自己的身影。萧洛霍夫总是以一颗平常的心来对待生活中的机遇、挫折和命运,有一次有人问他,生活中总是有建功立业的机遇,但是建功立业的机遇在国内战争和卫国战争年代才会有,现在这样的机会就很少了。萧洛霍夫回答说:

我想,有利于社会,很好地度过一生,这也是建功立业。诚实地工作,忠诚不渝地走所选定的道路……在田野,在集体农庄,国营农场,在生产中诚实地劳动,这就是千百万细小的功勋。战功看起来更威严一些,但是应当说,任何战争都不能创造任何东西,战争是破坏,而劳动的功勋才是创造的功勋,好好学习,这也是功勋。③

应该说,这是萧洛霍夫的人生体验,也是他对待人生命运的态度。

---

① 《萧洛霍夫书信集》,第 327 页。
② 转引自《萧洛霍夫书信集》,第 327—328 页。
③ 转引自佩尔文采夫:《在萧洛霍夫身边》,莫斯科,《我们的同时代人》杂志,2005 年第 6 期。

第十七章

诺贝尔文学奖

1965年是萧洛霍夫的六十大寿之年。这年的5月,苏联政府大张旗鼓地为萧洛霍夫举行了庆祝活动。苏联最高苏维埃主席团发布命令,授予萧洛霍夫列宁勋章,苏联国防部授予萧洛霍夫元帅佩剑。苏联作家协会、俄罗斯联邦作家协会、莫斯科作家协会和苏联作家协会罗斯托夫分会为萧洛霍夫的六十岁诞辰在莫斯科联合举行盛大的庆祝会,在会上,时任苏联作家协会理事会第一书记的著名作家费定致词,高度评价了萧洛霍夫的一生创作。他说:

> 当国内战争在顿河地区轰轰烈烈地进行的时候,萧洛霍夫还是个孩子。这场战争成为他的一所学校,并且急剧地在他身上磨练出革命者的意志,同时也锤炼了他那与生俱来的艺术家的天赋。
>
> 从这个意义上说,他的命运是极其罕见的。18岁,他开始发表作品,20岁,出版了一本小说集。我们老一辈的人都记得,在苏联长篇小说创作最初形成的时期,《静静的顿河》第一部是如何受到读者的欢迎。当时小说的作者刚刚年满23岁……

在这篇代表苏联作家协会所做的致词中,费定对萧洛霍夫的创作成就作了高度的评价:

> 萧洛霍夫的巨大功绩在于他的作品所独有的大胆无畏。他从来不回避生活所固有的矛盾,不管他描写的是哪个时代。他的作品总是完整饱满地展现过去和现在的斗争。我不由自主地想到了列夫·托尔斯泰年轻时给自己立下的箴言:不仅不能直接地撒谎,而且也不

能以否定的方式——以沉默来撒谎。萧洛霍夫不会沉默,他写的是全部真实。他不会把悲剧变成正剧,也不会用正剧编成消遣读物。悲惨的情状不会被他用给人慰藉的几束野花掩藏起来。然而真实的力量是巨大的,生活的苦难无论多么可怕,总会被追求幸福的意志、获取幸福的愿望和成功的喜悦所超越,所克服……

苏联作家协会主席费定在庆祝萧洛霍夫 60 寿辰的大会上致辞

萧洛霍夫小说的另一个本质特点,我认为,是成功的继承俄罗斯史诗的民族传统……萧洛霍夫令人感动地证明,艺术的进步是靠作家和当代有机地融为一体而取得的。我们所称之为作品内容的东西,是同作家对他的时代的总体观点分不开的。当我们拿起萧洛霍夫的书,我们捧在手上的是我们的时代,是带有时代色彩的人们的信念、思想和人生目标。①

费定说,这就是现实主义的文学,而"萧洛霍夫是这一文学的杰出大师"。当时苏联的许多报纸杂志都争相刊登颂扬萧洛霍夫的文学才华和评论他的创作成就的文章。德国的执政党——统一社会党领导专门发来祝寿贺电,电文称萧洛霍夫为"伟大的作家、不屈的共产党员、祖国的忠实的儿子"。②

这一年,萧洛霍夫达到了他的文学荣誉的最高峰。

1965 年 10 月,当萧洛霍夫正在乌拉尔休假时,得到了他获得诺贝尔奖金的消息。消息传来,朋友们都非常激动,情绪高昂,纷纷向萧洛霍夫表示祝

---

① 费定:《谈萧洛霍夫》,载《谈萧洛霍夫》第 13—15 页。
② 转引自《萧洛霍夫文集》(中文版)第 8 卷,403 页。

贺。但是萧洛霍夫本人看起来却依然是平常的样子,平静,快活,机智。当萧洛霍夫荣获诺贝尔文学奖的消息公布后,《真理报》记者采访他时问:"您如何对待授予您诺贝尔奖金?"萧洛霍夫回答说:

> 不言而喻,我很满意授予我诺贝尔奖金,但请正确地理解我:这并非是一个个体、一个专业作家因自己的劳动而得到最高国际评价的那种自我满足。这里更多的是,我在某种程度上为自己身在其中度过半生的祖国,还有为苏维埃文学争得荣誉而产生的愉快心情。这比个人感受更重要些、更珍贵些,我想这是完全可以理解的。
>
> 另外还有一种满意的感觉:长篇小说的体裁仿佛是得到了肯定,而某些文学家曾经怀疑过它在现代条件下存在的合法性。扎扎实实地写出来的书,是会活得长久的,而一切活着的东西,是不能没有充足的根据就被排斥掉的。①

萧洛霍夫的回答非常得体。他认为,他获得诺贝尔文学奖,这首先是他的祖国的光荣,是苏维埃文学的光荣。这话听起来好像是"官样文章"的"套话",而实际上是有弦外之音的。因为在萧洛霍夫之前,瑞典皇家科学院曾两次把诺贝尔文学奖金授予俄罗斯人,一次是上个世纪30年代授予流亡法国的俄国贵族作家布宁,当人们把这个消息报告给斯大林时,斯大林的反应是说了这样一句话:"现在他就根本不想回来了……"可想而知,布宁的获奖是不会给社会主义的苏联和苏联文学带来任何荣誉的;而另一次是上个世纪的50年代瑞典人把世界文学界的这一殊荣颁发给了在国外出版长篇小说《日瓦戈医生》的帕斯捷尔纳克,这件事在苏联引起了一场轩然大波,获奖者帕斯捷尔纳克几乎被驱逐出境,被迫声明放弃获奖,这自然不会给苏联和苏联文学带来任何荣耀,反而使他们感到蒙受了一场羞辱。所以萧洛霍夫在回答《真理报》的提问时特别强调,这是祖国的荣誉,苏联文学的荣誉。有的苏联人甚至直言不讳地说,布宁和帕斯捷尔纳克乃至后来的索尔仁尼琴获得诺贝尔文学奖金,都是因为他们的政治倾向,而只有萧洛霍夫才是因为作品的艺术成就而获奖。

萧洛霍夫本人后来也曾对他的朋友们说:"授奖晚了25年之久。我的创作得到承认,这就是说,他们普遍地承认了血肉丰满的苏联文学的存在。这毕竟是皇家科学院(他特别强调'皇家'二字)给一个共产党员作家、一个苏共中央委员的授奖!"②

---

① 《萧洛霍夫文集》(中文版)第8卷,第261页。
② 转引自科尔苏诺夫:《萧洛霍夫在1965年》,莫斯科,《我们的同时代人》杂志,2005年第5期。

宇航员加加林访问萧洛霍夫

萧洛霍夫得到获奖的消息后,于 10 月 18 日从莫斯科给瑞典皇家科学院发了封信,他在信中说:

> 衷心感谢对我的文学创作的高度评价和授予我诺贝尔奖金。同时我也满怀谢意地接受贵院的热情邀请到斯德哥尔摩出席诺贝尔奖金颁奖的节日。
>
> 米·萧洛霍夫
> 1965 年 10 月 18 日 [①]

第二天《真理报》全文发表了这封信。

萧洛霍夫对他的朋友们说,"授奖晚了 25 年之久",这话不是没有缘故的。因为他的获奖是经历了一番曲曲折折的过程的。早在 1946 年夏天苏联《文学报》就曾刊登过塔斯社从瑞典发回的一篇报道,报道说,"12 月 10 日是例行的颁发诺贝尔奖金的日子。在瑞典的自由知识分子的圈子中,其中也包括作家们,不止一次地提出诺贝尔奖金从来没有授予苏联科学界和文学界代表人士的问题。在文学领域,近年来曾一再推荐米·萧洛霍夫作为候选人,他是在瑞典非常熟悉并受到爱戴的一位作家。著名的瑞典诗人和政论作家艾里赫·布隆贝格今年又一次推荐萧洛霍夫作为候选人,表达了瑞典激进人士的意见,他在瑞典《新日报》发表了一系列文章,介绍萧洛霍夫的创作。"报道引用布隆贝格的话说,萧洛霍夫"比任何人都应该获得诺贝尔奖金,无论是他的艺术质量,还是他的思想性"[②]。但是瑞典知识界的这一呼声被随之爆发的东西方冷战的叫嚣声淹没了。

[①] 《萧洛霍夫书信集》,第 381 页。
[②] 转引自奥西波夫:《萧洛霍夫不为人知的经历》,第 257 页。

1954年,德高望重的苏联老作家谢尔盖耶夫—倩斯基收到了诺贝尔奖金委员会推荐他为诺贝尔文学奖候选人的建议信。但是苏联作家协会并不愿意让这位老作家获奖,就给苏共中央打了个报告,提出两个"建议":一,以"诺贝尔奖金委员会是个反动组织"为由,让谢尔盖耶夫—倩斯基公开拒绝接受委员会的提名;二,通过谢尔盖耶夫—倩斯基更换候选人,从苏联作家中推荐一位"积极的和平战士"。苏共中央的科学和文化部对作家协会的报告作了个决定:"我们认为,通过谢尔盖耶夫—倩斯基同志对这次提名加以利用的建议是合理的……"于是作家协会又打报告,提议萧洛霍夫作为诺贝尔奖金的候选人。2月23日,这个报告送到苏共中央书记处,过了两天,2月25日,

萧洛霍夫在代表大会堂

苏共中央主席团批准了这个报告。于是苏联作家协会马上开始行动,要谢尔盖耶夫—倩斯基给诺贝尔奖金委员会回信,婉言谢绝委员会的候选人提名,并提出让萧洛霍夫作为该次颁奖的候选人。于是谢尔盖耶夫—倩斯基给斯德哥尔摩写了回信:"贵方盛情的提名使我深感荣幸……"接着谢尔盖耶夫—倩斯基在信中提出"建议苏联作家米哈伊尔·亚历山大罗维奇·萧洛霍夫作为诺贝尔文学奖金的候选人",因为他的作品是"在疾风骤雨年代描写顿河哥萨克的一部史诗……作者以高超的现实主义画面展现出生活的光明和阴暗……在萧洛霍夫笔下主人公的爱恨情仇,痛苦欢乐都写得那样出神入化,显示着作者对生活的熟悉,对人的同情……"①

然而瑞典的诺贝尔奖金委员会并不是按照苏联当局的指挥棒行动的,人家非常客气而且委婉地拒绝了苏联当局的"建议"。瑞典诺贝尔奖金委员会给谢尔盖耶夫—倩斯基回信说:

> 尊敬的谢尔盖耶夫—倩斯基先生!诺贝尔奖金委员会很乐于接受您将诺贝尔奖金授予萧洛霍夫的建议。但是您的建议送达我们这里已为时太晚,今年已无法讨论,因为所有提名送达我们这里都不能晚于2月1日。但是萧洛霍夫会作为1955年度诺贝尔奖金的候选人被提出来……②

---

① 转引自奥西波夫:《萧洛霍夫不为人知的经历》,第294页。
② 同上书,第294—295页。

1965年萧洛霍夫被授予
诺贝尔文学奖

谢尔盖耶夫—倩斯基生于1875年,这时已近80岁了。从19世纪末就开始发表作品,擅长写历史小说,是一位很受尊敬的老作家。苏联国内战争期间,他曾在白军的刊物上发表过作品,因此在上个世纪的20年代末和30年代初,曾遭受到"拉普"们的激烈攻击。后来,"拉普"垮台之后,谢尔盖耶夫—倩斯基的处境有所改善,特别是他的长篇历史小说《塞瓦斯托波尔激战》还获得了1941年度的斯大林奖金。除小说创作之外,谢尔盖耶夫—倩斯基还从事文艺理论的研究,由于成果卓著,1943年获得博士学位,并成为苏联科学院院士。尽管如此,他在某些人眼里仍是怀疑的对象。他的1943年出版的长篇小说《勃鲁西洛夫突围》,由于真实地描写了第一次世界大战的形势,被认为"思想有害"而遭到批判。所以他被提名获得诺贝尔奖金,对某些人来说,那是难以接受的,所以才处心积虑地耍弄偷梁换柱的伎俩,要以"积极的和平战士"取而代之。这件事萧洛霍夫本人是否知道呢?萧洛霍夫对谢尔盖耶夫—倩斯基是非常尊敬的。1955年他看了谢尔盖耶夫—倩斯基新发表的小说《清晨的爆炸》后,就给作者发去一封电报,表示他的敬意:"我读了《清晨的爆炸》,这是一次真正的艺术享受。对于您那旺盛的、永不衰老的俄罗斯才华,我深感惊叹,并低下头颅表示谢意。您的萧洛霍夫 1955年2月于维约申斯克。"[1]读了一篇好作品,就向作者致电表示敬意,这在萧洛霍夫并不多见,由此可见萧洛霍夫对这位前辈作家的敬佩之情。

瑞典诺贝尔奖金委员会在给谢尔盖耶夫—倩斯基的信中曾许诺第二年将提名萧洛霍夫作为获奖的候选人,实际上这只不过是个托词,所以第二年、乃至第三年就都没有音信了。接着就发生了帕斯捷尔纳克的事。

帕斯捷尔纳克是苏联著名的诗人,1956年他创作了长篇小说《日瓦戈医生》,小说通过一个知识分子——日瓦戈医生在十月革命前后的遭遇,批评革命领导者对知识分子的偏激政策和失误,把本来可以团结到革命队伍中来、为革命服务的知识分子作为革命打击的对象,从而造成人生的悲剧。可以想到,这样的小说在苏联是不可能出版的。1957年意大利的一家出版社出版了这本小说,在西方世界引起了轰动,第二年,1958年,瑞典诺贝尔奖金委员

---

[1] 《萧洛霍夫书信集》,第302页。

会又迫不及待地将诺贝尔文学奖授予帕斯捷尔纳克,于是在苏联引起一场轩然大波,成为 1958 年苏联的一个重大事件。苏联报刊铺天盖地地对帕斯捷尔纳克一片谴责声,帕斯捷尔纳克被开除苏联作家协会会籍,苏联最高当局声言要将他驱逐出境,在这样的压力下,帕斯捷尔纳克被迫发表声明,放弃接受诺贝尔奖金,事件才逐渐平息下去。

萧洛霍夫和瑞典女作家
玛格丽特·徐贝尔

瑞典诺贝尔奖金委员会的政治偏见是显而易见的,是公开的,毫不掩饰的。但是他们这样的做法也引起了西方一些正直的作家的不满。著名的法国作家萨特曾因抗议未授予萧洛霍夫诺贝尔奖金而拒绝接受诺贝尔奖的提名,并于 1964 年 10 月 16 日致函瑞典诺贝尔奖金委员会,批评他们不该先将奖金授予帕斯捷尔纳克,而不考虑萧洛霍夫。他在信中说:

> 在当前的形势下,客观地看来,诺贝尔奖金要么是西方作家的奖金,要么是东方顽固分子的奖金。比如,奖金不曾授予美洲的大诗人聂鲁达,也从来没有认真考虑过阿拉贡,而他是最当之无愧应获得奖金的人。令人十分遗憾的是竟然在萧洛霍夫之前把奖金授予了帕斯捷尔纳克,而惟独这部够得上获奖的苏联作品却是在国外出版的……①

也许是迫于公众舆论的压力,诺贝尔奖金委员会的副主席于 1965 年 7 月访问苏联,试探一下苏联方面的口气,——显然,这也是为了以免被动。他在苏联作家协会同萧洛霍夫见了面,并进行了交谈,谈话之后,萧洛霍夫给当时的苏共中央第一书记勃列日涅夫写了封信,汇报了谈话情况,并请示中央对这一问题的意见:

亲爱的列昂尼特·伊利奇!

前不久诺贝尔奖金委员会副主席到莫斯科来了。

在作家协会的谈话中,他表露,今年诺贝尔奖金委员会大概要讨论我的候选人问题。

萨特(去年)曾拒不接受诺贝尔奖金,理由是诺贝尔奖金委员会作出

---

① 转引自《萧洛霍夫书信集》,第 381 页。

的评价不够客观,特别是该委员会早就应该把诺贝尔奖金授予萧洛霍夫,在这之后这位副主席的来访只能是前来试探,而不会有另外的目的了。

无论如何,我很想知道苏共中央主席团如何看待这件事,如果这次奖金(与诺贝尔奖金委员会的阶级偏见相反)将授予我,我的中央委员会对我有什么忠告?

奖金一般在10月授予,但是在这之前我很想能够知道您对上述问题的意见。

8月底我将到哈萨克斯坦去2—3个月,如果在去之前能得到消息,我将非常高兴。

致以最友好的问候。

米·萧洛霍夫
1965年7月30日于莫斯科①

这封信送到苏共中央之后,苏共中央机关责成苏共中央文化部进行研究。苏共中央文化部研究之后,给勃列日涅夫打了个报告:

苏共中央文化部认为,授予萧洛霍夫同志诺贝尔文学奖应该是诺贝尔奖金委员会理所当然地承认这位杰出的苏联作家的创作的世界意义。因此我部认为,如果能够获得该奖,没有理由拒绝。

请允许将这件事通知萧洛霍夫同志。

苏共中央文化部副部长　库尼岑②

文件上还有勃列日涅夫、契尔年科等苏共中央领导人表示同意的批示。

这样,萧洛霍夫获得诺贝尔文学奖金一事,在苏联可以说是没有什么阻碍了。

1965年12月诺贝尔文学奖在瑞典斯克德哥尔摩音乐大厅举行。萧洛霍夫如期到达斯德哥尔摩。据传记作家奥西波夫记载,这中间还有个小小的插曲。据说,在颁奖仪式上,领奖者要穿燕尾服,而苏联没人能作燕尾服,萧洛霍夫不得不向苏联政府借款3000美元到国外去定做燕尾服。另外,颁奖仪式上将由瑞典国王亲自向获奖者颁奖,所以还有一套特别的礼节,这要萧洛霍夫事先熟悉和演习。颁奖仪式的盛况当然要吸引各国通讯社的记者,更何况这里还有一位红色的"哥萨克"呢。果然,一位美联社的记者在报道中特别描写了萧洛霍夫的行礼动作:"哥萨克是不鞠躬行礼的,即使在沙皇面前

---

① 《萧洛霍夫书信集》,第380页。
② 转引自《萧洛霍夫书信集》,第380页。

作家们祝贺萧洛霍夫荣获诺贝尔奖金

也从来不做这个动作……"于是作家独树一帜的行礼让他大为惊奇。这位获奖者的确是用头部完成了这个约定俗成的行礼动作,但不是低头,而是出人意料地向后一仰:动作是做了,却是向另一个方向。关于这件事奥西波夫曾亲自问过萧洛霍夫:

"真是这样吗?"

萧洛霍夫狡猾地一笑,说:

"我没有必要破坏规矩。我连想也没想过。大概我是没有别的办法了。国王的身材比我高一头。他可以低头……可我怎么办?我就不相适宜了。我只好以仰头代替鞠躬了……"①

在颁奖仪式上瑞典国王阿道夫·古斯塔夫四世向萧洛霍夫授予了诺贝尔奖金的奖章和证书。萧洛霍夫的诺贝尔奖金证书上写着:

> 授予米·亚·萧洛霍夫1965年度诺贝尔文学奖金,借以赞赏他在描写俄国人民生活各历史阶段的顿河史诗中所表现的艺术力量和正直的品格。②

诺贝尔奖金委员会主席埃斯捷林格向萧洛霍夫致贺词,萧洛霍夫在会上发表了讲话。他的讲话后来收在他的文集之中,题名为《现实主义的活力》,针对当时颇为时髦的所谓先锋派艺术,他大力弘扬现实主义。他说:"艺术中许多流派都摒弃现实主义,理由是它仿佛完成了自己的历史任务。我不怕

---

① 奥西波夫:《萧洛霍夫不为人知的经历》,第339页。
② 转引自《萧洛霍夫文集》(中文版)第8卷,第404页。

有人责备我保守,我声明,作为现实主义艺术的坚定的信徒,我持完全不同的观点。"

诺贝尔奖金证书

现在人们经常谈论所谓文学的先锋派,并把它理解为主要是在形式方面最时髦的经验。依我之见,真正的先锋是那些在自己的作品中揭示决定当代生活面貌的新内容的艺术家们。整个现实主义,包括现实主义的长篇小说,都是以历代文学巨匠的艺术经验作为基础。但是它在发展过程中获得了本质上新的、完全现代的特征。"他说,作为艺术家,"他的天职何在,他的任务是什么呢?"萧洛霍夫认为:"同读者对话要坦诚,要向人们说真话——尽管真话有时是严酷的,但永远是勇敢的,要使人们在心中坚信未来,并且坚信自己有力量建设好这未来 ……艺术具有影响人的智慧和心灵的强大力量。我以为,那种把这一力量用来创造人们灵魂中的美和造福于人类的人,才有权被称为艺术家"。他说,"我希望我的书,能够帮助人们变得更完美,心灵更纯洁,能够唤起对人的爱,唤起人们积极地为人道主义和人类的进步理想而斗争。如果我在某种程度上做到了这一点,我就是幸福的了"。①

按照惯例,获奖者还必须同瑞典的大学生进行一次面对面的交流。萧洛霍夫面对热情、活跃的年轻大学生,非常坦诚地向他们谈了自己的出身、经历、创作《静静的顿河》的情况。他说,"《静静的顿河》是我最大型的作品,它对于我具有特别的意义,因为我花费了很多时间,尽了我全部所能,来向我国读者和国外读者介绍革命年代顿河哥萨克的悲剧性的历史"。他坦诚地向年

---

① 《萧洛霍夫文集》(中文版)第8卷,第263—265页。

轻的大学生们谈到了《静静的顿河》创作过程中使用档案资料和改正某些常识性错误的情况：

……《静静的顿河》已经出版过好几版，在谈到白军从诺沃罗西斯克向土耳其撤退的时候（应该说明，我不得不从两个方面来研究国内战争史的材料：除了我个人的观察和个人印象之外，自然我还要使用档案材料——我们苏联的档案材料，但是为了不出现偏差，我还使用了国外的材料，例如邓尼金将军的《俄罗斯乱世杂记》、曾经担任过顿河首领的克拉斯诺夫将军的回忆录，还有一系列在法国和英国、乃至国外其他地方的出版物），就是说，我在描写顿河军撤退的时候，提到在锚地停泊了一艘英国的战列舰"印度皇帝号"，并且天真地以为这条船的装备大约和我们的战列舰一样，我向人打听，自己查书，后来就不管不顾地写到这艘战列舰，有几尊12英寸的大炮，在船舷开了火。你们知道我说的是什么吗？……过了两年，我接到一封塞瓦斯托波尔的来信，好像是一位原沙皇军队的军官、海军上校写来的，他写道："您犯了一个错误：印度皇帝号——英国战列舰——曾为英国服役，它装备的不是12英寸炮，而是8英寸炮。烦劳您修正过来"……因此说，修改是沿着多种途径进行的……特别是在长篇小说这样复杂的事物上，作家们无论如何都不能保证不犯错误——无论是小错误，还是大错误。①

面对这些热情的瑞典青年，萧洛霍夫也敞开心扉，甚至向这些大学生谈起了在国内往往讳莫如深的葛利高里的原型问题，以及《静静的顿河》创作过程中的某些细节问题：

……常常有人问我：葛利高里·麦列霍夫是否有原型。在这里，在斯德哥尔摩，我看了电视转播：瑞典人到了维约申斯克，同叶尔马科夫的女儿谈过话。曾经有过这样一个哥萨克，他的战斗历史同麦列霍夫的历史很相像。可是家庭生活则不然！说实话，我有一处不够小心：波柳什卡，葛利高里·麦列霍夫的女儿，确实在某种程度上是根据彼拉盖亚·叶尔马科娃描写的。她很为难地回答了你们瑞典的记者：是的，这是我父亲……可是身世和日常工作都不是他的：没有娜塔莉亚，也没有阿克西妮亚。这已经是艺术构思了。就是说，战士的身世是相像的，总体的生活已经是艺术构思了。

涉及到地点，情况是一样的：哪个村子可以被称作是鞑靼村呢？我可以举出一系列这样的村庄。如果我说，这就是谢苗诺夫村，那我就彻

---

① 《萧洛霍夫文集》（中文版）第8卷，第269—270页。

底捆住了自己的手脚,大家都会跑到这个村去,在那里寻找小说的主人公。这里需要像人们常说的,把水搅浑,似是而非。事情就是这样。但历史存在的人物,克拉斯诺夫、邓尼金、波乔尔科夫,这里我就不能离开真实,如果在书稿里有传记的描写,那么这些描写就得完全和现实一致。①

萧洛霍夫获奖后,从瑞典回到莫斯科,受到隆重而热烈的欢迎。苏共中央、苏联政府都专门发了贺电或贺信,莫斯科举行了盛大的招待会,贺信和贺电从全国的四面八方、从世界的许多国家,寄到了莫斯科和维约申斯克。这些隆重而热烈的庆祝活动,不仅在苏联,而且也在苏联境外。苏联作家马尔科夫在一篇回忆录中就描述了在法国一个文学俱乐部庆祝萧洛霍夫获得诺贝尔文学奖金的情景。"米·萧洛霍夫获得了诺贝尔奖金,这个令人振奋的消息,我是在法国南部优美的阿维尼翁得到的。文学座谈会平缓的节奏被《静静的顿河》、《新垦地》的著名作者荣获诺贝尔奖桂冠的消息打断了。晚上这次会见的组织者举行了一次招待会。我以苏联作家协会的名义感谢作家俱乐部邀请我出席这次有意义的聚会,同时也感谢阿维尼翁市,因为在这个热情好客的地方我得到了授予萧洛霍夫最高奖赏的令人瞩目的消息,这是我们苏联文学名副其实的荣誉。当我提到萧洛霍夫的名字时,响起了长久而又热烈的掌声。随后英国、比利时、罗马尼亚、美国、法国、南斯拉夫以及其他国家的文学家们,纷纷走到我们面前,向杰出的苏联作家表示他们的祝贺……

瑞典国王向萧洛霍夫表示祝贺

这天晚上,在招待会上,著名的斯洛文尼亚作家马太·博尔同我坐在一起。这个令人愉快的消息使他心情振奋,他告诉我,萧洛霍夫刚刚出现在文

---

① 《萧洛霍夫文集》(中文版)第8卷,第272—273页。

学地平线上时,就给他留下了难以磨灭的印象。'《静静的顿河》第一部,'马太·博尔说:'以作家那艺术才华的力量震撼着我的心灵。也许,在萧洛霍夫之前,任何人都没有这样深刻地再现出第一次世界大战期间、革命前夜的那场社会骤变的历史。'……

在这里,在遥远的阿维尼翁,我想起了同米哈伊尔·亚历山大罗维奇多次会见的情景,特别是前不久我们在莫斯科他的六十大寿庆祝会上的谈话。我想起了他在列宁格勒的演说,那是一次令人难忘的关于长篇小说命运的大辩论。他在演说中全力地强调艺术家对于人民、对于人类的崇高责任。"①

在这一片灯红酒绿、欢声笑语的庆贺声中,在四面八方歌功颂德的贺信、贺电中,萧洛霍夫怎么样了呢?他是否飘飘然、晕晕乎、忘乎所以了呢?从他对瑞典大学生的谈话中,从他回答《真理报》记者采访时的提问中,可以看出,萧洛霍夫始终保持着清醒的头脑,始终没有忘记他的职责,他肩上的重任。瑞典大学生问他现在正在写什么,他说在写《他们为祖国而战》,这是一个三部曲,现在还没写完第一部。他坦诚地说:"我是在1943年开始写这部长篇小说的,当时我是一个军事记者,置身于前线。在那时的环境顾不上写长篇小说。需要写简短的特写、简短的文章、纪事报道。等战争结束,我复员回到家里,我还欠了一笔债:没有写完长篇小说《新垦地》。这时我放下了关于战争的长篇小说,完成了《新垦地》。所以说,耽搁了很久,才重新回到战争的材料上来。"②

萧洛霍夫和费定在萧洛霍夫 60 寿辰庆祝会的主席台上

萧洛霍夫时刻没有忘记那些在卫国战争中为国捐躯的将士们,那些历尽千辛万苦保卫了家乡、保卫了同胞的普通战士们,他要责无旁贷地为他们塑

---

① 马尔科夫:《名副其实的荣誉》,载《谈萧洛霍夫》,第 350—352 页。
② 《萧洛霍夫文集》(中文版)第 8 卷,第 268 页。

像,展现他们的美好心灵,让子孙后代永远地铭记这一代人的丰功伟绩。

当瑞典诺贝尔奖金委员会刚一公布了萧洛霍夫获得该年度的诺贝尔文学奖金的消息之后,采访萧洛霍夫的《真理报》记者曾问萧洛霍夫:"授予您诺贝尔奖金的这一事实,对您现在的生活安排会有什么影响?"当时萧洛霍夫正在哈萨克斯坦度假、打猎,他就对记者说:

> 你很早就知道,很难把我从马鞍上打下来。我工作,我休息,喝哈萨克人的非常好的马奶,偶尔因为在打猎时冻僵了身子而允许自己喝上一小杯哈萨克人的阿拉克烈性酒,我坚信在斯德哥尔摩之行以后,很快就写完《他们为祖国而战》的第一部,正像在前线上所说的那样,一切正常!
>
> 在看上去似乎是没有人迹的哈萨克草原上,像在我的祖国其他所有的地方一样,生活在沸腾:正在耕完最后的几公顷秋翻地,这已经是计划以外的了,牧人们正准备着克服过冬的艰难,全省最好的机械手们正在集中开会,这里的人们受到党的关怀,受到祖国经济建设和文化建设的鼓舞,在忘我地劳动着。我愉快地意识到,我是这个共产主义建设者伟大创造集体中的一个小小的组成部分。[①]

萧洛霍夫的话真是掷地有声!无论是荣誉,还是打击和陷害,都不能把他"从马鞍上打下来"。因为他把自己看做是普通劳动者、普通老百姓中的一员,是俄罗斯人民这个伟大创造集体的一个小小的组成部分!崇高的荣誉鼓舞他为人民的幸福、为造福乡里而辛勤地工作,他是脚踏实地的,他的根深深地扎在肥沃的顿河草原上。

[①] 《萧洛霍夫文集》(中文版)第8卷,第262页。

第十八章

造福乡里

维约申斯克是顿河岸边一个普通的哥萨克镇,是顿河地区无数个哥萨克村镇中的一个。如果不是《静静的顿河》,如果不是萧洛霍夫在这里安家落户,除了当地的哥萨克,有谁会知道俄罗斯偏远的顿河边上的这个哥萨克镇呢?可是现在,只要提到萧洛霍夫,人们就会想到维约申斯克,提到维约申斯克,就会想到萧洛霍夫。世界的著名作家,各国的学者、教授,从国家元首到普通读者,凡是慕名而来想见一见萧洛霍夫其人的,都会不怕路途遥远,交通不便,不辞辛苦地来到这个哥萨克镇。

萧洛霍夫是维约申斯克的骄傲,是顿河人的骄傲。

萧洛霍夫家的祖籍是俄罗斯中部的梁赞省,但萧洛霍夫却是顿河生、顿河长的地地道道的顿河人。顿河水、顿河草原的土壤、顿河的哥萨克培育了他的艺术才华。这份恩情他是永世不忘的。从他立志成为一个作家起,他就以表现他的乡亲、顿河哥萨克的生活和命运为己任,他就要写出他们的痛苦和欢乐,愿望和追求。现在,葛利高里·麦列霍夫,阿克西妮亚,已经成为世界各国读者所熟悉的朋友,所喜爱的人物,顿河哥萨克已成为世界各国文字中都有的名词了。

顿河地区有句俗话说得好:无论你走到多么遥远的地方才下马,你要记住你上马的那片土地,你要记住给你的马备鞍和为你准备行装的那双手。萧洛霍夫永远地记住了他上马的这片土地,永远地记住了给他的马备鞍、给他准备行装的哥萨克劳动群众的手。当他的文学创作获得成功,成为全苏联、乃至全世界著名的作家之后,他以自己的作家荣誉为家乡人民、不仅仅是为家乡人民,做了许多谋求福祉,救危解难的事。

莫斯科中学生向萧洛霍夫赠送礼物

上个世纪 30 年代初,苏联刚刚建立集体农庄的时候,顿河地区发生了严重的旱灾,农业歉收,农民没有口粮,种田没有种子,在这危急的关头,萧洛霍夫给斯大林写信,请求援助。斯大林亲自下令,调拨口粮和种子,解决了顿河地区的缺粮问题。这可是成千上万人的生命攸关的问题呀。在进行集体化的年代,遭到"过火"对待的农民,许多人都向萧洛霍夫求助,萧洛霍夫在他的家里也接纳了许多被"扫地出门"的哥萨克农民,但是他一个人能解决多少问题呢?最后还是把问题反映到斯大林那里,情况才有了好转。在某些人看来,萧洛霍夫作为作家,写出成功的作品,就算尽职尽责了,这些事可以不必去管。但是在萧洛霍夫看来,乡亲们的事就是他自己的事,他从不把文学创作和融入乡亲的日常生活、关心周围群众的生活截然分开,也正因为这样,他笔下的哥萨克男男女女,才都那么栩栩如生,血肉丰满。

萧洛霍夫入党之后,他是维约申斯克区党委的常委会成员,区里的日常工作,生产建设,农民的日常生活,他都关心,也都参与,因此同区党委和区执委会的领导成员不仅彼此非常了解,而且结下了深厚的友谊,正是基于这种彼此的深刻了解和共事的友情,在 30 年代的"肃反运动"中,当区委领导班子遭到陷害,身处危难时,萧洛霍夫才敢于挺身而出,冒死相救。有时候,萧洛霍夫对家乡事务的关心甚至于超过他的作家工作。卫国战争期间,1944 年 2 月,苏联作家协会在莫斯科召开作家代表大会,萧洛霍夫是应邀出席的代表之一。萧洛霍夫来到莫斯科,但是他没有能够出席作家代表大会,他接到了

萧洛霍夫在故乡的中学生中间

维约申斯克区委书记卢戈沃伊求助的电话,便为维约申斯克区老百姓的事去奔波了。卢戈沃伊在他的回忆录中详细地谈到了这件事——播种季节到了,但是没有种子:"1944年2月,我因区里的事情到卡梅申去,想让萧洛霍夫帮助解决区里的一些问题。当时萧洛霍夫不在卡梅申,他到莫斯科去了。我只好到斯大林格勒,从斯大林格勒打电话同他联系。我同萧洛霍夫谈了,他答应去找安德烈耶夫,全部向他转告。2月17日他从卡梅申发来了电报。"[①]卢戈沃伊文中提到的安德烈耶夫当时是苏联农业人民委员部的人民委员(即部长)。

萧洛霍夫在莫斯科的几天时间没有去参加作家代表大会,他四处奔波,终于找到安德烈耶夫,向他陈述了维约申斯克区在战后第一个春天(1944年春维约申斯克地区已解放)播种工作所遇到的困难,安德烈耶夫答应给予解决。萧洛霍夫回到卡梅申之后,于2月17日给卢戈沃伊发了封电报,通知他问题已得到解决:

> 7日见到安德烈耶夫。他答应立即给予援助。此致敬礼。萧洛霍夫。[②]

这次苏联作家代表大会萧洛霍夫完全没有参加,都去为解决维约申斯克区的播种困难而四处奔波了。

萧洛霍夫所关心的不仅是维约申斯克区的事情,只要是临近乡里在生产、建设、农作、物资调拨等方面遇到困难,需要他运用自己的作家的影响、最

[①] 转引自《萧洛霍夫书信集》,第236页。
[②] 《萧洛霍夫书信集》,第236页。

高苏维埃代表的身份去奔波、请求、疏通的,他都不辞辛苦、任劳任怨地去做。他的书信集里有两封给马林科夫的信,都是为当地的建设问题请求马林科夫给予帮助的。一封是为米列罗沃的市政建设问题而给马林科夫发的电报,可能是当时情况比较紧急,电文中说:

  我家乡的选民求我,要我请求您帮助米列罗沃市为发展工业和公共设施而铺设自来水管线和解决卡缅斯克热电站高压线路接通入网问题。架设这条线路的费用应由在该市拥有企业的各个部来分摊。重工业部和交通部已表示同意分摊。食品工业部、农业部和采购部却拒绝分摊。请您责成这几个部重新考虑他们的决定。建成这条高压线路每年可以节约1500万卢布,而建设费用只有1200万。萧洛霍夫 1950年10月2日于维约申斯克。①

米列罗沃和维约申斯克同属罗斯托夫州,是相邻的两个区。10月份刚为米列罗沃的自来水管和高压电线路建设问题找过马林科夫,11月份又一次致信马林科夫,这次是为维约申斯克的电站问题了:

亲爱的马林科夫同志!

  维约申斯克电站是20年前根据已故奥尔忠尼启则的指示建设的,电站有两台"流星"牌柴油机,由于多年使用,主要是由于1942年7月德军的轰炸,已经完全不能用了,两台发电机在露天的废墟中放置了近一年之久,另外,"流星"牌柴油机已过时,国内早已不再生产,当然也无法找到任何一个备用的零部件,因此必须予以更换。

  我们曾向有关部门申请两台柴油机,但是没有任何结果,今后没有您的大力支持也绝对不会有什么结果的,也只是由于这个原因我才不揣冒昧,又来打搅您,并求您帮助。

  最后还有一个请求——关于燃料问题:我们的石油是由米列罗沃站供给的,运石油要走168公里,而离维约申斯克镇3公里就有巴兹基村石油站,300吨的索拉油就可以满足我们电站的需求,不知为什么就是不给,说是要有莫斯科的批准。

  真不愿意夜夜在黑暗中枯坐。请帮帮忙吧!

  40吨的燃料就可以满足半年的需求。

  谨致衷心的问候。

米·萧洛霍夫②

---

① 《萧洛霍夫书信集》,第279页。
② 同上书,第280—281页。

第十八章　造福乡里

维约申斯克电站是上个世纪 30 年代，为解决当地农村的用电问题，萧洛霍夫向当时担任重工业人民委员部人民委员的奥尔忠尼启则提出建议而兴建的，战争年代法西斯飞机轰炸维约申斯克镇时遭到破坏，战后重建，仍不得不由萧洛霍夫出面向莫斯科求援。战后年代，苏联人民重建家园，可以说是百废待兴，建筑材料、机械、燃料都非常短缺，所以萧洛霍夫家乡的人都来求他，因为都知道他能"通天"，莫斯科一句话，当地无法解决的问题，都能顺顺当当办妥了。50 年代以后，在《萧洛霍夫书信集》中，这类请求支援建设物资的信件就几乎没有了，但是关于保护环境的问题却成为萧洛霍夫为家乡人办事的主要议题。1962 年 4 月，萧洛霍夫就在顿河禁渔问题打电报给俄罗斯联邦部长会议主席波利扬斯基，电报中说："俄罗斯联邦部长会议必须作出紧急决定，在鱼的产卵期，顿河流域要完全禁止捕鱼。顿河没有溢出河岸，可是各渔业集体农庄却采用各种捕鱼手段大肆捕捞尚未产完卵的鱼。如不立即禁止，一个月后顿河就会彻底变成一条无鱼河了。"①

但是这封代表着顿河人焦急心情的电报，并没有引起领导应有的重视，不仅滥肆捕捞问题没有得到解决，而且又发生了顿河河水污染的问题。顿河上游的某些化工企业向顿河中排放没有经过处理的工业废水，造成顿河河水的严重污染。国立萧洛霍夫纪念馆里保存着一封没有注明日期的萧洛霍夫致利佩茨克州党委第一书记普济科夫的电报，电文中萧洛霍夫愤怒地斥责普济科夫放任他属下的化工企业污染了整条顿河水：

> 信号已经上了《真理报》：丹科夫化工厂污染了顿河水。作为曾担任过罗斯托夫州委书记的你，喝顿河水也不止一年了，即使从这一点出发，你对丹科夫化工厂的这伙流氓没有采取措施加以制止，也应该感到羞愧了。米哈伊尔·萧洛霍夫。②

利佩茨克州在顿河的上游，丹科夫化工厂的污染并没有因萧洛霍夫对它的州委书记的痛斥而有所收敛，问题不但没有解决，顿河流域的污染情况反而更加严重了。顿河流域的沃罗涅什州也同样发生了工业企业向顿河中排放未经处理的工业废水的问题。于是萧洛霍夫在给俄罗斯联邦部长会议主席打电报的一年之后，又一次向俄罗斯联邦部长会议主席写信反映情况，不过这一次已经不是给波利扬斯基，而是给新上任的部长会议主席沃隆诺夫：

> 亲爱的根纳季·伊万诺维奇！
> 　　由于沃罗涅什州和利佩茨克州某些工业企业的领导人不遗余力地

---

① 《萧洛霍夫书信集》，第 354 页。
② 同上书，第 355 页。

埋头苦干,顿河流域在三年中已经接连三次发生了大量的死鱼事件。原因很清楚:这些工业企业向顿河中排放未经净化的工业废水。

后果就是顿河中鱼的数量在灾难性地减少,实际上,顿河已经成为几乎没有鱼的河流了。死鱼的事件都是发生在冬季,也就是说,在产卵之前的一两个月,这就使灾难更为深重了,因为各个种类的带卵的鱼都被消灭了,因而自然界的再生产也就没有了。

为了避免彻底毁掉这条很好的俄罗斯河流,俄罗斯联邦部长会议必须作出决定,在利佩茨克州、沃罗涅什州、部分的罗斯托夫州直到齐姆良海,施行三个月的禁渔期(从4月1日到6月1日)。这不是我个人的愿望,这是生活在顿河流域的所有人的愿望,也是每个珍爱这条祖国河流的人,包括那些来这里垂钓的人的愿望。

顿河流域沿岸的渔业集体农庄也应该说一说,它们用各种可能的和"不可能"的工具,一年四季无休止地捕捞。春天里,鱼类产卵的时候,特别容易捕捞,因此掠夺性地毁灭渔业财富的行径也发生得特别严重。回到基地的渔船的捕获量是这样的比例:一半是鱼,一半是流到船底上的鱼卵和鱼的精液……这种事简直不知道该怎么说。传说中的那个砍断自己存身的树枝的蠢人,肯定是栽跟头了。不过他充其量也就是一人栽跟头而已,那就随他去吧!但是我们这里,由于州执委会的失察,在伊什科夫同志(苏联渔业部长)知情并允许的情况下,却是为数众多的人在"栽跟头",在自己的家园里滥肆糟蹋……真是不堪入目的景象!

根纳季·伊万诺维奇,是该坚决结束这种状况的时候了!两年前我同波利扬斯基谈过这件事,但他对解决这个并非不重要的问题却完全忽略了,当时就应该作出禁止的决定或责成管理国家渔业、有权作出这样决定的人办理这件事。

我不妨作一个小小的历史回顾:革命前顿河及其支流各镇的哥萨克首领都以自己的权力严厉禁止在产卵期用任何捕捞工具捕鱼,并且毫不松懈地严格监督遵守这个不成文的法律。莫非我们这些当家人还不如哥萨克的首领?相比之下让人感到惭愧……

我想,全国的其他河流也应当整顿捕鱼的秩序,至少要规定在产卵期绝对禁止捕捞。至于河流污染的情况我就不说了。对于这件事人们已经习惯了,忍受惯了,闻惯臭味了,然而这件事毕竟也应该有解决的时候吧?

根纳季·伊万诺维奇,亲自关注一下渔业的问题吧,请您把莫斯科的渔业专家、自然保护研究所的科学工作者们召集起来,禁止春天的掠夺行径,您将作出一件具有重大意义的事情,为此千百万人将对您说一声衷心的感谢,其中也包括我,拥抱您的

第十八章 造福乡里 249

米·萧洛霍夫

1963年3月22日于罗斯托夫州维约申斯克镇

又及：两个月，按计划应得到顿河鱼供应的居民是可以对付着过去的，不会因为没有鱼而死人的。但是如果您要决定春季禁渔，那就要赶紧做，因为从4月初顿河一开冻，人们就要开始捕捞最后这些屈指可数的鱼了……①

在上个世纪的六七十年代，自然保护、环境保护已经成为苏联文学的一个重要的主题。在许多作家的作品中，可以体察到一种强烈的忧患意识。人与自然的关系，人在自然面前应当承担的责任，成为人们认真思考的问题。有的作家在自己的作品中把人对自然的态度作为区分善恶、判断道德品质高下的准绳。比如阿斯塔菲耶夫的叙事长篇《鱼王》，这部作品中贯穿全书的是作家提出的一个道德准则：爱护大自然是符合人性与道德的行为，破坏和掠夺大自然的人既丧失了道德，也泯灭了人性。作品强烈地谴责某些人疯狂掠夺、蹂躏大自然的暴行，在当时的苏联社会生活中引起很大的反响。萧洛霍夫没有构思和创作这个题材的艺术作品，然而他在60年代初期就已敏锐地觉察到这个问题的严重性和迫切性，他采取了比创作小说更为快捷和直截了当的方式，利用他的最高苏维埃代表的身份和世界知名作家的影响力，打电报和写信给有关部门的领导，敦促他们采取措施，保护人们赖以生存的自然环境。

的确，保护环境是人人有责的事情，是和社会的道德、文化有关的问题，但是这个问题的解决，绝不能仅仅依靠人们的道德良心的自觉，还需要政府部门强有力的管理措施。我们从萧洛霍夫给政府领导人的电报和信件中可以看出，萧洛霍夫对这些地区和国家的"当家人"是晓之以理，动之以情的。他给俄罗斯联邦部长会议主席的信中说，春季禁渔问题，革命前那些哥萨克镇的首领尚能毫不松懈地监督执行，"莫非我们这些当家人还不如哥萨克首领？"而在给利佩茨克州委书记的电报中则责备他，"喝顿河水也不止一年了"，面对顿河的污染，"应该感到羞愧"。从这些信件中，我们可以看到萧洛霍夫对家乡父老——不仅仅是家乡父老——的关切之情，对家乡的自然环境——不仅仅是家乡的自然环境——遭到污染的焦虑心情。萧洛霍夫对家乡父老的关切是远远超过他的文学创作之上的。对于当地的公益事业他总是积极支持，热情参与的。在维约申斯克地区还流传着萧洛霍夫的《新垦地》获得列宁奖金之后，用奖金修建学校的故事。

那是上个世纪的60年代初，卡尔金镇上的人们有一次到萧洛霍夫家拜

---

① 《萧洛霍夫书信集》，第361—362页。

早餐

访,谈话中说起,镇上应该修建一所新的学校,原有的学校使用多年,太陈旧了。萧洛霍夫曾在卡尔金镇住过许多年,他听了之后,便说让他来想想办法。这之后,萧洛霍夫亲自到卡尔金镇去看了看那所古老的学校。那还是半个多世纪之前他上学时的那所学校,他向区委建议,给州苏维埃政府写一个建设一栋新教学楼的申请,他从最高苏维埃代表的活动渠道予以协助。1960年5月萧洛霍夫从国外访问回来,便从莫斯科打来电报,说卡尔金人的申请已经有了回音:

> 我刚刚踏上祖国的土地,高兴地通知亲爱的乡亲们,卡尔金镇新建学校的工作,今年可以动工。我所得到的列宁奖金可用于新建学校,以代替当年我上学的那所学校。紧紧地拥抱亲爱的卡尔金镇乡亲们。你们的米·萧洛霍夫。①

学校建成之后,它的明亮的教室,设备优良的化学、物理实验室,实习车间,体育馆和大礼堂,使卡尔金人欣喜若狂了,老师和同学们纷纷向萧洛霍夫表示感谢。这时萧洛霍夫却强调指出,他的列宁奖金只是建设费用的一小部分,他笑着说:

"我只不过拿出了一个纽扣,而苏维埃政权却把它缝到了大衣上"。

据萧洛霍夫的同乡、地方志作家莫洛扎文科讲,这所学校的某个教室里有一个专门设置的地方志角,这里放着一张旧课桌,那是许多学生使用过的,也是萧洛霍夫当年在这里上学时使用过的。"学校里有自己的纪念馆,里面陈设着学生们收集的展品——作家赠送的书籍、照片、纪念册,还有一尊正要

---

① 转引自莫洛扎文科:《奇尔河——哥萨克的河》,第79页。

投入战斗的'野小子'的雕像……"①

萧洛霍夫不仅对乡亲们的公益事业热情支持,对个别有困难的乡亲,他也是悉心相助的。有一位集体农庄庄员患十二指肠溃疡,需要动手术,萧洛霍夫便给他的朋友叶夫列莫夫,请他给予帮助。萧洛霍夫和叶夫列莫夫是在卫国战争年代认识的,当萧洛霍夫家遭到敌机轰炸,母亲被炸死的时候,叶夫列莫夫当时正在维约申斯克,他帮助萧洛霍夫料理了母亲的后事,从此两人结下了深厚的友谊。战后叶夫列莫夫在斯大林格勒州波乔尔科夫区任区党委第一书记,所以萧洛霍夫求他帮助。萧洛霍夫在信中说:"持这封信的人是'红十月'集体农庄的庄员科索罗果夫。他患十二指肠溃疡。他必须动手术,因此要把他送到绥拉菲莫维奇市去,但是最好送到斯大林格勒去。如果可能的话,请区执委会或区卫生局给他找个高明的外科医生。"②

有的集体农庄的农民受到当地干部不合理的对待,心中有冤屈,也来找萧洛霍夫,请萧洛霍夫给(或她)向上反映,求得合理的解决。对这样的事情,萧洛霍夫也是尽其所能地给予帮助。

萧洛霍夫夫妇和少先队员

苏联卫国战争期间,1942年4月,苏联人民委员会和苏共中央曾联合作出决定,提高集体农庄庄员的最低劳动日标准。当时罗斯托夫州规定的最低标准是120个劳动日。决定中规定:"有劳动能力的集体农庄庄员,没有正当理由在农业劳作季节中不能完成最低劳动日,要送交法庭审判,根据判决可在集体农庄内处以最多六个月的强制劳动,并扣除四分之一的劳动日报

---

① 莫洛扎文科:《奇尔河——哥萨克的河》,第79页。
② 《萧洛霍夫书信集》,第248页。

酬。"① 战后苏联集体农庄依然施行这条规定,在处理具体人的问题时,往往会出现偏差。1947年8月,萧洛霍夫曾为一位受冤屈的农民给叶夫列莫夫写信求援,信中说:"布康诺夫镇的女公民,集体农庄庄员亚齐年科因劳动日不够被人民法庭判处六个月在集体农庄强制劳教。法庭没有考虑到,亚齐年科是个病人,医生根据其身体状况免除她参加重体力劳动(亚齐年科有证明)。众所周知,只参加轻微劳动是挣不到许多劳动日的。对亚齐年科施行强制劳动就会使她失去最低生活保证,因为她是孤身一人过日子。"萧洛霍夫在信中说,"我正在为重新审查这个案件而活动,请您也干预一下"。②

布康诺夫镇是萧洛霍夫家曾经住过的地方,他妻子玛丽亚·彼得罗夫娜的娘家就是布康诺夫镇,因此萧洛霍夫同布康诺夫镇的人们,那种乡情关系是很密切的。一年之后,他又为一个农民受到不公正的对待而写信求助于叶夫列莫夫:

尊敬的叶夫列莫夫同志!

兹寄上彼得罗夫同志的申请书请您审阅。我想,他被开除出集体农庄是不正确的,他的劳动日数量很大,而且这件事从政治上看来也不怎么好:不能让一个在卫国战争中三次受伤、多次受到政府奖赏的人去挨饿,况且他还养活着一大家人呢。彼得罗夫有三个或四个孩子,年老的母亲,妻子。让这样一家人靠百分之五俄丈的宅前自留地生活,那显然就意味着剥夺他们所有生存条件。我认为,您应当干预这件事,并同拉古金集体农庄管委会协商处理,恢复彼得罗夫的集体农庄庄员资格。

藉此向您致以问候。

米·萧洛霍夫
1948年4月12日于维约申斯克③

萧洛霍夫热心当地的公益事业,为乡亲们的福利不遗余力地去奔波、奋斗,在当地乡亲中影响很大,受到当地群众的赞扬。但是也有人从个体农民的小私有者思想观点出发,来看待萧洛霍夫的一举一动,因而发生了一些让人哭笑不得的事情。这样的情况当然也会在萧洛霍夫的思想上、感情上引起一些波澜,有时气愤之余,甚至拿起笔来,直接给当事人写信,毫不客气地批评她(或他)们,现存萧洛霍夫的书信中就有这样的两封信,从中使我们从另一方面看到萧洛霍夫的生活处境。

1957年2月12日发自维约申斯克的一封信(收信人的名字被隐去):

---

① 转引自《萧洛霍夫书信集》,第250—251页。
② 《萧洛霍夫书信集》,第250页。
③ 同上书,第255—256页。

第十八章 造福乡里

亲爱的某某同志！

　　说我是百万富翁，正如说您是罗马教皇。我应当告诉您，1949年为给我盖1942年被德国炸弹炸毁的房子，我至今还欠着政府一笔可观的债务。因此我不能够借钱给您。

　　此致

　　敬礼

萧洛霍夫
1957年2月12日于维约申斯克①

　　这是一位向萧洛霍夫借钱的农民。他大概是听说萧洛霍夫很有钱，而且钱来的很容易，不用下地干活，坐在家里动动笔就可以挣钱了，而且挣得很多，远非农民的劳动日可比。因此才向这位有钱而且热情帮助乡亲们的作家同乡借钱。大概也正是因为这个缘故，萧洛霍夫只是对他做了些解释，并没有多说什么，所以萧洛霍夫的儿子在提供这封信的原稿时特意隐去了收信人的姓名。但是一年之后，又一次发生了这样的事情。有一个在矿山工作的女人，竟然跑到萧洛霍夫家，说她买房子钱不够了，张口就向萧洛霍夫要两万卢布。对于这样无礼的要求，萧洛霍夫还是耐心地向她做了解释，而且将自己的经济状况向她坦白相告。《萧洛霍夫书信集》中全文刊载了这封信：

尊敬的博罗兹金娜同志！

　　请您原谅，但是我还是应该告诉您，您的天真近乎愚蠢。您要我给您两万卢布购买住房，这个不可思议的要求使您本人、使我都非常尴尬。

　　之所以发生这样的事情，就是因为您听信了某些白痴男女背后散布的话，说我似乎有数百万的钱财，钱多得都没处收藏了，所以我才出钱修桥、建学校……这纯粹是一些谣言制造者的谎言，有的还是怀有反苏情绪的人的诬陷。

　　难道您真的以为，在苏维埃政权当政之下，某个人会拥有数百万的钱财？更何况我还是个共产党员？千万不能当这样轻信的浑浑噩噩的庸人，可您的表现就是这个样子。您来要的不是二百卢布，而是两万，在来之前，您应该找人商量商量，不要去找那些糊里糊涂的邻居大妈，但是起码应该去找你们矿山的党组织书记，他绝对会向您解说明白，您猜想的我拥有数百万的钱财是多么不着边际……

　　可您非但没有这样做，反而给自己灌了一脑袋的糊涂念头，而且还把您的孩子们也搅糊涂了。

　　您是个成年人，做出这种小孩子的举止是不应该的。

---

① 《萧洛霍夫书信集》，第315页。

《静静的顿河》拍成电影以后，就有谣言流传，说我拿到数百万卢布。小说搬上银幕，我得到一万二千卢布（作为版权费），那还是五年之前的事了。您到维约申斯克镇来的时候，我的银行存折上总共只有七千卢布，可您打算我能送您两万……

　　您看，天生老实的人听信谣言会造成什么结果！

　　如果说您给我寄来一份为你们家申请住房面积的申请书，要我帮您办一办，那样至少是更为合乎情理一些。那样，我便能够尽我的力量对您有所帮助。

　　我说的这些话很生硬，请您不要生气，不过人们永远是看重智慧的，愚蠢就是愚蠢。

米·萧洛霍夫
1958年9月12日于维约申斯克[①]

　　萧洛霍夫一生为他的家乡父老做了不少好事，从向中央政府索要口粮、种子，救济灾荒，到修建电站、学校，到为个别农民申诉冤屈、平反冤案，他的确是做了大量的好事。当然，这也可以说，他作为苏联最高苏维埃的代表，为人民排忧解难，是他应尽的职责。然而，也并不是每一个最高苏维埃的代表都能像萧洛霍夫那样为家乡的人民尽责的。萧洛霍夫，作为一个作家，他并不把作家的职责仅仅局限于文学创作上，他始终把自己和人民融为一体，把自己当作人民的喉舌，为人民利益而奔走呼号，这不仅体现在他创作的作品中，也体现在日常生活中为当地群众、为个别乡亲的排忧解难上。因此他受到人们的敬重和信任，乡亲们把他看做"自己人"。

　　萧洛霍夫是个命运多舛的人。搞文学创作，写出一部惊世的杰作，却遭人嫉恨，被人诬陷；在家乡为家乡人民做好事，又被人造谣中伤，生出许多事故。有什么办法呢？这就是人的命运吧。

[①] 《萧洛霍夫书信集》，第328—329页。

第十九章

焚稿的悲愤

苏联作家阿·托尔斯泰在他的一篇自传中说过,在俄罗斯的历史上,有四个时代是"俄罗斯人的性格显示得特别鲜明"的时代,他认为这四个时代是:"伊凡雷帝时代,彼得时代,1918 至 1920 年的国内战争时代和具有空前规模及意义的我们今天的时代。"①阿·托尔斯泰的这篇自传写于 1942 年,所以他所指的"我们今天的时代"就是苏联卫国战争的时代。阿·托尔斯泰的这个论断非常正确,也非常有见地。苏联进行了四年的卫国战争,但是苏联作家写了 40 年、50 年,苏联解体了,有些俄罗斯作家还在写,其原因就是这四年艰苦卓绝的卫国战争"特别鲜明"地展现了俄罗斯人的民族性格。苏联作家西蒙诺夫在一篇谈创作的文章中谈到,卫国战争中在前线采访,苏军战士在战斗中所表现出来的那种英雄气概,那种爱国主义精神,令人非常感动,甚至不需进行剪裁,直接记录下来就是一篇很动人的作品,但是"有时需要保守军事秘密,不允许用真名实姓,不能指明故事发生的地点;有时我想把人物的思想感情充分揭示出来,但特写的形式有局限性。所有这样写成的东西我都名之曰'短篇小说'……作为这些小说基础的纪实的真实性,那是不言而喻的……"②这里西蒙诺夫强调的也是俄罗斯人民在卫国战争中显示的那种民族性格、民族精神。萧洛霍夫在前线也亲身感受到苏军战士的这种精神,从内心里萌发出要表现苏联人民、特别是那些穿上士兵服装的朴实的俄罗斯农民的民族性

---

① 阿·托尔斯泰:《论文学》,北京,人民文学出版社,1980 年,第 300 页。
② 西蒙诺夫:《既是自白,也是宣传》,载《苏联当代作家谈创作》,北京,北京师范大学出版社,1984 年,第 277 页。

格的愿望。

有一次,在斯大林格勒前线,萧洛霍夫来到前沿战壕。"他在交通壕里走着,不时地向上看看,用望远镜向法西斯的一侧了望。有个战士说道:'上校同志,用望远镜瞭望要小心点。德国人的狙击手在那里瞄着呢。'萧洛霍夫笑了笑,回答说:'谢谢你提醒,但是我不怕狙击手。老弟,我有避弹咒保护呢。'战壕里的士兵都围上他了。大家立即认出这位上校是萧洛霍夫。"有个战士就问他:

"米哈伊尔·亚历山大罗维奇,您大概知道很多避弹咒吧?"

萧洛霍夫回答说:

"知道,不仅知道《静静的顿河》中写的那些避弹咒,而且还知道新的。我知道的避弹咒可多啦。现在我心里马上就想到了咒语。我的朋友们,这个咒语是这样的:'为了父亲,为了儿子,为了我们的母亲,一步不能后退!'"

有个战士问萧洛霍夫正在创作什么,写什么。萧洛霍夫回答说:

"现在哪里能坐下来写作呢?我们的土地,你的家园,不止这些,半个俄罗斯都在战火中燃烧呢。老弟,现在不能拿笔,要拿刺刀,而且要有力地用好刺刀"。他沉默了一会儿,长长地吸了一口马合烟,说道:"很想写点东西,我想会写出来的。"战士问他,写什么呢?他说:"写你们为祖国而战。现在我到战壕里走走看看,就是向你们学习,研究士兵的生活,真实情况。以后要写出来,关于你们,关于'一步也不后退'的咒语一定都会写出来的……"①

这个故事是苏联著名的萧洛霍夫研究家普里玛记录下来的。一个曾经上过前线的复员军人格里亚兹诺夫向他讲述了在斯大林格勒城下遇见萧洛霍夫的情况。从格里亚兹诺夫的故事中,可以看出,1942年在斯大林格勒前线,萧洛霍夫就已萌发创作《他们为祖国而战》的想法了。1942年是苏联卫国战争最艰苦的一年,严酷、壮烈的斯大林格勒战役成了整个苏联卫国战争,乃至全世界的反法西斯战争的转折点。苏联人民用自己的血肉之躯把希特勒的钢铁大军阻挡在伏尔加河岸边,正是在这样艰苦、惨烈的战斗中鲜明地展现出俄罗斯人威武不屈的民族性格。萧洛霍夫在斯大林格勒城下产生了这样的创作冲动不是偶然的。他的构思是要写一部恢弘的民族史诗,但是他下笔却是从几个普通战士的战斗生活入手。他们作战勇敢,尽管战斗极其艰苦,他们一直在撤退,但是他们依然对生活充满信心,特别是洛巴兴这个人物,即使在遭遇极端困难的情况下,他依然那样幽默、乐观,使人看到俄罗斯民族性格的闪光。萧洛霍夫首先完成的这些章节是这部长篇的中间部分,正是在这一部分中萧洛霍夫突出展现了这些普通人的性格特征,这大概也是萧洛霍夫从走访斯大林格勒前线得到的鲜明印象"趁热打铁"写出来的。1943

---

① 转引自莫洛扎文科:《奇尔河——哥萨克的河》,第106—107页。

年5月,萧洛霍夫开始发表《他们为祖国而战》的部分章节,他还特意叮嘱报刊编辑,《他们为祖国而战》中的"祖国"一词,开头的字母不要大写。这一叮嘱不是没有意义的,因为俄语中表示"祖国"的这个词,可以表示祖国,也可以表示故乡、家园,如果这个词开头的字母大写,则必定是表示"祖国"的含义。萧洛霍夫在这里叮嘱不要大写,是强调这个词的宽泛的含义,有一次萧洛霍夫还向人解释说,每个人都是为自己的家乡而战斗、牺牲,为家乡的房子、家乡的花园、平静的河流、心爱的女人、孩子……这些看起来很微小的事物、概念,就构成了伟大的、唯一的祖国。① 这里萧洛霍夫特别强调,战士们为之战斗的既是伟大的俄罗斯祖国,也是祖祖辈辈居住的家园。这也就是他向战士们说的那个"咒语":"为了父亲,为了儿子,为了我们的母亲,一步不能后退!"

战后年代,萧洛霍夫一直在断断续续地写《他们为祖国而战》,不时有章节、片断在报刊发表。在这期间他还完成了《新垦地》的第二部,创作了短篇小说《人的命运》。但是《他们为祖国而战》进展却比较缓慢。其原因大概客观上的和主观上的两方面都有。从客观上说,萧洛霍夫要查阅小说中应描写的斯大林格勒战役的某些资料遭到拒绝,他不得不写信求助于马林科夫,而马林科夫又将他的信件批转给总参谋部,这一趟公文旅行就拖了一年多。从主观上说,他对小说的整体构思又有了某些新的考虑。

罗斯托夫州报驻维约申斯克的特派记者尼古拉·普列瓦科,这些年来经常见到萧洛霍夫,同萧洛霍夫也比较熟悉,有一次他问萧洛霍夫,他正在写什么,萧洛霍夫乐呵呵地告诉他,正在写《他们为祖国而战》三部曲,而且幽默地向他解释:

> 已经发表的部分,仿佛是身体,我现在做的是裁缝的活,给身体缝上头和腿,我写的是第一部和第三部。②

1943年,在卫国战争期间,《他们为祖国而战》开始在报刊发表时,萧洛霍夫只说明,这是一部长篇小说的片断,并没有明确指出这部长篇小说将是一个"三部曲"。很显然,在战后年代,经过长时间的思考,萧洛霍夫对战争的总体认识发生了变化,应该说,认识更深刻了,更有哲理的高度了,因而对小说的内容、结构、布局都做了调整。有一次萧洛霍夫甚至向人谈起小说中这种前后不同的变化:

> 我开始写这部小说还是在前线上。那是1943年。当然我是根据当

---

① 转引自科尔苏诺夫:《萧洛霍夫在1965年》,莫斯科,《我们的同时代人》杂志,2005年第5期。
② 转引自尼古拉·普列瓦科:《在萧洛霍夫身边》,莫斯科,《我们的同时代人》杂志,2005年第5期。

时的情况开始写的。那是个阴郁的年代,写战争的严肃文学作品相当可观。但是有一次在前沿阵地上,有个战士对我说:"爱伦堡干吗总是写:打死德国人?我现在干的不就是这件事吗?我是个士兵嘛!"这个战士的话说得好。那时在前沿阵地上都读些什么呢?那时候书籍仍旧在伴随着指挥员和士兵。有人看凡尔纳①的作品,为的是摆脱这种肉体的搏杀,摆脱关于战争的可怕思虑。有人读冒险的、欢快的作品。因为在战场上是很少有什么欢乐的……我在小说里写的科佩托夫斯基,还有洛巴兴,都是快乐的人……我说过,小说是从中间写起的。现在我要给躯干缝上脑袋,现在我写的是战前年代的章节。而且这比写战争要复杂得多,因为战场上的一切都已习惯,笔记都保存着,自己在前线的那些所见所闻,多得很。但是困难还不仅限于战前的章节。关于事实材料使我不得不一次又一次回到已写好的篇章,不断地补充它、丰富它。我不想遗漏任何重要的东西。②

萧洛霍夫的这段话透露出作家在写作的过程中,由于得到了新的"事实材料"而改变原来的小说构思和布局的情况。在战后年代,随着在战争年代绝对保密的有关战争、战役、敌我双方的各方面的情况逐渐透露出来或者档案解密,人们对战争的认识也不断地深入了、扩大了,看问题也更全面了。那么萧洛霍夫得到了什么新的"事实材料"使他决心改变原来的小说结构呢?有一次他坦诚地同一位朋友谈到这个问题:

  我在罗斯托夫同卢金中将见过面。他是个军长,在莫斯科城下十月的战斗中负了重伤,被俘了。卢金的腿被打断了,他被俘后,德国医生给他做了截肢手术。另一条腿也残废了……被俘后,他表现得很勇敢。德国人派俄奸弗拉索夫对他劝降。他同弗拉索夫是在总参学院认识的。弗拉索夫来到集中营,动员他参加"志愿军"。卢金愤怒地驳斥了他的建议。这个缺一条腿的、满身伤残的人勇敢地挺住了俘虏生活的一切折磨。我很想用个化名把他写进小说,所以有些计划就修改了。这就使差不多已经写好的书拖延下来。单独地写卢金的悲惨命运没有意思,但是作为小说的一个组成部分,我想,将会是个引人入胜的插曲,否则我也不会去写它了。这不是出于空洞地趣味性,而是根据严酷的战争事实。③

这样重要的新的"事实材料",萧洛霍夫当然是不能"遗漏"的。

---

① 法国科幻小说家。
② 转引自尼古拉·普列瓦科:《在萧洛霍夫身边》,莫斯科,《我们的同时代人》杂志,2005年第5期。
③ 同上。

第十九章 焚稿的悲愤

实际上,萧洛霍夫为卢金的平反问题还进行过一番奔波。反法西斯战争胜利后,卢金回到苏联,在一所军事院校当教师,但依然不被信任,仍旧是被怀疑的对象。萧洛霍夫曾亲自去找军事总检察长要求为卢金平反。司法中将维克托罗夫在自己的回忆录中描写了当时的情景:

"我是来为卢金将军和其他一些人说情的。你们肯定知道卢金是什么人吧?"

我和戈尔内总检察长两人都耸了耸肩膀。

"他是过去的一位军长",萧洛霍夫接着说:"先在十六军,后在十九军。在最最困难的时期这两个军都曾在斯摩棱斯克战线作战。法西斯冲向莫斯科。遭到重创的卢金部队建立起一道牢固的屏障阻挡敌人。当时我作为《红星报》的记者曾和法捷耶夫、彼得罗夫一块到过这个战线。关于卢金,大家都众口一词地对我们说:他是个坚强、勇敢而又经验丰富的将军。朱可夫和科涅夫对他的评价也是这样的。卢金是在身受重伤时被俘的。据说,斯大林不想听任何解释……"

"卢金从俘房营回来之后,"萧洛霍夫继续说:"我和西蒙诺夫曾同他见过一面。对于一个忠于祖国的人来说,当俘虏是个什么滋味,我们现在是可以想象得到的。正如俗话所说,上帝保佑,千万别去体验、经受这种日子。但遗憾的是,对待所有被俘的人几乎是同样一个态度——谴责,不信任,甚至迫害。有人向卢金暗示,说他曾同弗拉索夫会见,并同他进行了某种谈判,虽然他本人并未跑到弗拉索夫那边去干事,但是他没有阻止其他人去,等等,等等。总之一句话,卢金仍旧'受到怀疑'。就像老百姓常说的,'似乎是没有罪过,但总归是……'这种情况你们法学家是怎么个说法?"

"证据不足,中止案件",戈尔内回答说。

"还是的呀……'证据不足'嘛。可是在你们这里却仍旧列为怀疑对象。"

"不完全是这样,"戈尔内争辩道:"沙皇时代的法律是这样规定的:'存疑待查。'我们的法令中没有这一条。证据不足,中止案件就意味着,他是无罪的。"

"这不过是理论上这样说罢了……"萧洛霍夫反驳说。①

这样看来,萧洛霍夫决意改变原来的创作构思,把卢金的命运写进小说,是含有为卢金这样遭遇的人(其中还有萧洛霍夫的好友库达绍夫)申诉冤屈的意味了,这俨然又是一部《静静的顿河》了。

---

① 转引自奥西波夫:《萧洛霍夫不为人知的经历》,第332—333页。

卢金的悲惨命运作为小说的一个组成部分,一个插曲,不仅丰富小说的情节和思想内涵,而且加深人们对俄罗斯民族性格的理解。在长篇小说《静静的顿河》中,萧洛霍夫描写过一个在第一次世界大战中被俘的沙皇将军科尔尼洛夫的形象,他从敌人的俘虏营中九死一生地逃回俄国,萧洛霍夫认为,科尔尼洛夫逃回俄国,是表现了他对俄罗斯祖国的忠诚,而斯大林则认为,他是人民的敌人,就没有忠诚可言。萧洛霍夫反驳说,科尔尼洛夫是站在沙皇制度的立场上表现自己对国家的忠诚的。斯大林最后同意了萧洛霍夫的意见。科尔尼洛夫是个沙皇将军,他的忠诚是对沙皇俄国的忠诚。而卢金则不同了,他是苏维埃的军人,他是为反抗德国法西斯的侵略,为保卫苏维埃祖国而受伤被俘的。他在法西斯集中营的英勇不屈,他对祖国的无限忠诚,都可以说是俄罗斯民族性格的灿烂闪光。对于被俘战士的遭遇、他们在俘虏营中经受的折磨和进行的斗争,萧洛霍夫的看法一向同苏联当局对被俘人员的政策截然不同。早在卫国战争期间他写的短篇小说《学会仇恨》中就以赞扬的笔调描写了被俘的苏军战士在俘虏营中英勇不屈的斗争。战后年代他写的《人的命运》更以一个被俘战士的遭遇展现俄罗斯民族性格的光辉。而卢金的事迹和遭遇,在苏联是广为人知的,更有典型意义。

反法西斯战争胜利后,卢金回到苏联,曾在一所军事学院当教师。他在罗斯托夫同萧洛霍夫认识以后,据说,他同萧洛霍夫的谈话接连谈了好几天。萧洛霍夫了解到他的悲惨遭遇之后,便毅然决定将他写进小说。萧洛霍夫收集了有关卢金将军的详细资料,包括卢金将军本人的笔记。有一次《星火》杂志的编辑索福隆诺夫和作家卡利宁到萧洛霍夫家作客。在交谈的过程中,萧洛霍夫拿出了一个大纸口袋,对客人说,"这是不久前死去的米哈伊尔·费多罗维奇·卢金的笔记"。索福隆诺夫写道:

> 现在萧洛霍夫手中拿着的卢金的笔记是重新打印过的,一页一页整整齐齐地整理好了的。萧洛霍夫不慌不忙地挑选着他需要的地方(我觉得他对这些笔记已很熟悉了),用低沉的声音读给我和卡利宁听。
>
> "这就是一个忠诚的将军的悲惨命运",萧洛霍夫放下笔记,说道:"在战场上,一切并不像有些人所想象的那样简单。卢金曾在这里讲过,早在战争刚开始的那些日子就显示出,战前和平年代的那些学说同战争打起来的实际情况,相差很远。也不是所有人,也不是每个人的表现都一样。"
>
> "不久前我读过我们的一位批评家的文章",卡利宁说,"这篇文章断言,战争会使人平和,使人们变得彼此相像,会磨去他们的个性,使性格都一致起来……"
>
> "怎么个磨法?"萧洛霍夫仿佛仍在继续他的思考。"钢盔的确都是一样的,但是戴着钢盔的人却是各不相同的,谁也不像谁……况且,性格

第十九章 焚稿的悲愤

怎么都磨平了呢？人的一生往往很有戏剧性，有时甚至很悲惨……就说卢金吧，他怎样来写他从俘虏营的归来？请试试磨平他的悲剧……有些同志对作家劳动的认识是不正确的……他们总希望，主人公都描绘得很好，仿佛他们永远都在前进，面对作家的目光站得笔挺……当然，卢金也可以扔下军队，一走了之，但是他不能够……良心不允许啊……早在俘房营里，人家就让他看过一个将军的沾满血污的党证……他在试图突出重围时牺牲了……然而对待他的态度是不正确的。对于人民来说，战争永远都是悲剧，更何况是对个别人呢……人们都想建立功勋，可这功勋也是各种各样的……也有像卢金这样的，他们在悲惨的环境中表现出自己的人格……战争是不能随便写的。所有这一切都是责任重大的……"①

从索福隆诺夫的记述中，我们知道，萧洛霍夫不仅同卢金将军本人认识，保存着卢金本人的笔记，而且两人长谈达数日之久。由此可见，萧洛霍夫不仅仅是一般的了解并同情卢金的遭遇，而是对这个人物有了深切地、全面的认识。他说，卢金本可以扔下部队，自己一走了之，这样他就不会被俘了，"但是他不能够……良心不允许啊……"这就是说，萧洛霍夫已经深入到这个人物的内心世界，对他的人格、道德情操都有了深切的感受。在萧洛霍夫看来，卢金虽然被俘，但是他在俘房营里的表现同样也是为保卫祖国建立了功勋。他理应受到人们敬仰和尊重，而不应该遭受不公正的对待。显然，萧洛霍夫要以全新的视角、不同于官方态度的艺术表现形式将这个人物写进《他们为祖国而战》。

在索福隆诺夫的这次拜访中，萧洛霍夫还同他谈起如何再现往事的真实的问题。萧洛霍夫说：

我总是在想，如何才能将过去事情的真实情况再现出来。这可不是那么简单的事，况且有时候也不是所有的人都愿意看到这一真实……不愿意看到真实，而虚假的东西又不想写……而且我们没有这个权利，特别是对以真名实姓写进小说的人物，更要小心谨慎。不要摆出一副架势，你是作家，你就什么都可以——可以不顾历史事实，随意虚构，夸大其词，以贬低甚至侮辱一部分人的方式来抬高另一部分人……可惜，即使事件就发生在我们身边，我们有时还会犯这样的错误……请你们想想，托尔斯泰是过了多少年之后才着手写《战争与和平》的？……真理是掩盖不住的，虽然有时要为真理作一番非同寻常的斗争……②

---

① 索福隆诺夫：《在萧洛霍夫家作客》，载《谈萧洛霍夫》，第 460—461 页。
② 同上。

这些话都是萧洛霍夫的肺腑之言,也是他从自己的文学创作历程中总结出来的经验之谈。

他们为祖国而战

几经周折,长篇小说《他们为祖国而战》大约在60年代末已基本写完了。但是小说的发表却遇到了意想不到的困难。按照苏共中央的规定,萧洛霍夫的作品必需在苏联共产党的中央机关报《真理报》上发表,而且要经过最高领导人的审批。作为一个作家,作品只能在党中央的机关报上发表,表面看来,似乎是一种"荣耀",似乎是一种破格的"优待"。实际上,这是对萧洛霍夫的一种严格控制:未经领导审批,作品就不能发表。萧洛霍夫也只好按这个"规定"办事,1968年他将《他们为祖国而战》的一个片断交给《真理报》发表,当然,《真理报》编辑部将稿件送中央领导审批,而"中央领导"的审批却是一拖再拖,最后成了石沉大海,杳无音信了。萧洛霍夫等了又等,最后忍无可忍,便利用参加苏共中央全会的机会,给当时的苏共中央总书记勃列日涅夫写了封信,他在信中说:

亲爱的列昂尼特·伊利奇!

正如你今天开始做报告时所说,"按照惯例,全会议程不变",我也按照不成文的惯例,同《真理报》的关系不变:无论是《静静的顿河》、《新垦地》,还是《他们为祖国而战》,几乎全都是经《真理报》发表的。

正因为我没有改变这种惯例,我把《他们为祖国而战》的一个新的片断交给了报社,这个片断的文稿在你手上已经三个多星期了。

文稿是否可用的问题不能再拖下去了,我恳切请求尽快解决这个问题,原因如下:

1. 因为要等待你的决定,我暂时无法工作。没有心思写作。

2. 关于这个片断和它已送交《真理报》,在莫斯科已广为人知,如果有人在《纽约时报》或其他有影响的报刊上来篇报道,说连萧洛霍夫的作品都已不准发表,然后再就这个问题说上一大堆废话,那么我就完全笑不出来了。

你答应的10月7日的谈话没有谈成,不是因为我的过错,所以我再次请求你尽快决定这个片断的问题。

如果这次你没有时间(哪怕最短的时间)同我谈话,请你委托你认为合适的人同我谈一谈,使事情不致停滞不前,同时也使我免受资产阶级报刊极有可能的种种臆测,这一点我是很担心的,自然也是非我所愿的。

请你找出两分钟的时间,以对你方便的任何方式就问题的实质给我一个回答。

我出席中央全会。星期六,11月2日,我将乘飞机离开莫斯科。即便不是出于同志的情谊,而是出于起码的礼貌,给我一个回答,这个时间也是足够的。

拥抱你。

米·萧洛霍夫
1968年10月30日于莫斯科①

在卫国战争期间,萧洛霍夫和勃列日涅夫虽然有过以你相称的战友情谊,但现在他毕竟是国家最高领导,因此,尽管心里一肚子火,但在写信的语气上还是保持着礼貌、尊重的态度,如在信的开端和结尾仍旧写上"亲爱的"、"拥抱你"之类的词句。然而对于问题的尖锐性和迫切性,却毫不含糊。他知道勃列日涅夫最担心的就是怕在国内外造成不好的影响,所以萧洛霍夫在信中也特别强调这一点,而且还在信的末尾写上了"即便不是出于同志的情谊,而是出于起码的礼貌"这样的带有责备意味的词句,可见萧洛霍夫已经是忍无可忍了。

尽管萧洛霍夫心急火燎,然而勃列日涅夫仍旧不予理睬,既不说"是",也不说"不",只是保持沉默。于是一个多月之后,1968年12月12日萧洛霍夫就这件事又一次写信给勃列日涅夫。萧洛霍夫在信中说:"发表这个片断的问题拖了三个月都没有解决,应该尽快结束这件事……莫斯科(而且不仅是莫斯科!)已经有些流言蜚语,说'萧洛霍夫已经不准发表作品了'……"萧洛霍夫在信中又重提《纽约时报》或其他西方报刊会把他纳入"持不同政见的作家"的行列,成为"和索尔仁尼琴一流的"人物。② 这次写信之后,勃列日涅夫依然没有立即回答萧洛霍夫,也没有接见他,一直拖到1969年的3月,大概问题才得到解决,因为在1969年3月13日萧洛霍夫给勃列日涅夫的信语

---

① 《萧洛霍夫书信集》,第395页。
② 同上书,第396页。

气、情绪已经完全不同了:"虽然你是一个严厉的编辑,但这一点都不妨碍我依然对你怀着良好的、温暖的友情! 在离开莫斯科的时候,我拥抱你,感谢你,并向你致敬。"①

为了在《真理报》刊登《他们为祖国而战》的一个片断,萧洛霍夫不得不给勃列日涅夫写了三四封信,时间拖了将近半年之久! 这个片断总算幸运,勃列日涅夫这个"严厉的编辑"总算同意发表了。但是《他们为祖国而战》的全书出版却又遇到了麻烦。全书的出版依然要经过勃列日涅夫这位"严厉的编辑"的审批。萧洛霍夫将一大包手稿送到了苏共中央,交给了勃列日涅夫。这部小说手稿的命运如何? 萧洛霍夫曾亲口同传记作家奥西波夫谈起这件事,奥西波夫在他的《萧洛霍夫不为人知的经历》一书中详细记载了当时谈话的内容。

萧洛霍夫坦诚地说:"我把小说的手稿寄给了勃列日涅夫……里面有几页是谈到斯大林的。我想,交换一下意见也不妨嘛。我等了一星期,等了一个月,等了两个多月……斯大林那时两个夜晚就把《新垦地》看完了。最后中央委员会的信使终于来了,交给我装着小说手稿的一个口袋。我急忙打开,而里面是什么呢? 没有信件,在手稿的页边上打了三个问号。全部就是这样。没有任何的解释和说明……"

我忍不住打断他的话,问他,这位克里姆林宫的读者打了些什么问号。我接着听他讲:"一个问号打在我谈到斯大林的地方。行文是带批判性的……第二个问号打在我的主人公说同盟国坏话的地方,因为同盟国拖延开辟第二战场。第三个问号打在接着议论斯大林的几页上。"

"我该怎么办呢?"萧洛霍夫继续说道:"我想,这就是交换意见的结果。怎么办,我认为,应该找基里连科问问清楚。您记得吧,当时他是苏共中央第二书记。我一打电话就接通了。我把事情的原委向他讲了,他回答说,'亲爱的米哈伊尔·亚历山大罗维奇,这是误会。亲爱的米哈伊尔·亚历山大罗维奇,这是有人弄错了,不会是列昂尼特·伊利奇的错。'他说,'我今天就到列昂尼特·伊利奇那里去把一切都搞清楚。过两三天您再打电话。我马上就派人去取您的手稿,您把手稿交回来好了。'很快就有人来取手稿了。当然,我把手稿给他了。过了三天我打电话。我打了整整一个星期的电话。随后又打了两三个月的电话。再也找不到基里连科了。就这样,一次也没有接通:时而说书记处正在开会,时而说到政治局开会去了,时而说出差……最后,一个信使把稿件送回来了。我打开一看——一切照旧,既没有信件,稿件页边上也没有

---

① 《萧洛霍夫书信集》,第399页。

任何新东西……仍旧是以前那三个问号。"①

当年,《静静的顿河》的发表和出版曾遇到重重困难,遭到种种阻挠,因为小说写了维约申斯克暴动,揭露了"消灭哥萨克"的错误政策,直接涉及到某些当权者的既得利益。那么《他们为祖国而战》又妨碍着谁了呢？小说中不仅有对苏维埃战士誓死保卫祖国的赞颂,而且有对 30 年代肃反扩大化、将忠诚的布尔什维克打成"人民的敌人"的批判,有为被俘将军申冤的义愤,这些当然都是敏感的话题。然而在当时的苏联这些都是人所共知的事实。不过对那些当权者来说,他们会感到不舒服的。有俄罗斯评论家指出,赫鲁晓夫,作为参与大规模镇压的当事人之一,他就会胆战心惊,他的儿子在战争中被俘之后,曾为德国人服务,战后被作为叛徒枪毙。勃列日涅夫则是怕小说中的有关议论得罪某些西方大国。② 这样一来,萧洛霍夫倾其半辈子心血而写成的《他们为祖国而战》,没有中央最高领导的批准,在当时的苏联谁还敢将它出版呢？一气之下,萧洛霍夫将手稿投进壁炉,付之一炬了。

关于萧洛霍夫焚稿一事也有不同的说法。

费济在他的《艺术家与权势》中是这样写的："当他(萧洛霍夫)的力量开始消失的时候,一个问题出现在他的面前：如何处理未完成的小说的草稿？如何处理文件和书信？这些东西可能会让掌权者气得发疯呢！……这些都会被没收、运走、藏起来。如果只是这样,那还好说,然而它们也会另作别用的……拿它们做什么用都行……他清楚地记得 30 年代和以后那些年的事。毕生中他第一次感到了一股不寒而栗的恐惧。他不是怕自己,他从来没有害怕任何东西,任何人；他是为活着的人担心——为子孙、为妻子担心……玛莎可能会遭到什么事……事情的发展有各种可能。这些胆小而又冷酷的暴徒,他们什么事情都做得出来！……于是他作出了决定。

有一次,玛丽亚·彼得罗夫娜看见他坐在炉火很旺的壁炉前。旁边有一大堆信封、口袋、纸张。他拿起来,在手里掂量片刻,便投进火里。火舌顿时将纸张吞没,火光照亮了他那悲凄的面容。'米沙,你干吗要这样做？'玛丽亚·彼得罗夫娜小声地问。他沉默不语,拿起和他并肩走过 60 年人生道路的妻子的手,亲了亲,说道：'必须这样,玛莎。我决定了。你要理解我,亲爱的。'"③

传记作家奥西波夫在他的《萧洛霍夫不为人知的经历》一书中写到,1983 年的 7 月 3 日和 4 日,他同《小说报》的主编加尼切夫到维约申斯克去看望病中的萧洛霍夫。萧洛霍夫的秘书悄悄地告诉他,小说的手稿已全部付之一炬

---

① 奥西波夫：《萧洛霍夫不为人知的经历》,第 358—359 页。
② 参阅费济：《艺术家与权势》,莫斯科,《青年近卫军》杂志,1994 年第 5—6 期合刊。
③ 费济：《艺术家与权势》,莫斯科,《青年近卫军》杂志,1994 年第 5—6 期合刊。

了,并说这是萧洛霍夫的小儿子亲眼看见的,而且还描述了一番萧洛霍夫蹲在火炉前看着火焰燃烧的样子。他们听了吓得目瞪口呆。但是他们仍心存侥幸,尽管听到这样意想不到的事情,他们仍希望第二天见到萧洛霍夫本人,问一问这部小说的命运。第二天,他们在萧洛霍夫的书房里见到了病重的萧洛霍夫。萧洛霍夫十分消瘦,面色苍白。他只能坐在轮椅上接待他们。他妻子站在他身边。萧洛霍夫一向不爱高谈阔论,现在更加少言寡语。他们谈了许多外面的情况,但是总也鼓不起勇气询问一位身患绝症的病人关于小说的下落,来证实他们听到的话。但是《小说报》主编加尼切夫忍不住了,他耍了点"外交辞令",指着书房中的写字台和书橱问萧洛霍夫:

"米哈伊尔·亚历山大罗维奇,这地方哪里是您保存小说全部手稿的地方?"

萧洛霍夫的回答非常干脆:"这里没有小说手稿了!"

萧洛霍夫的回答让奥西波夫和他的朋友十分困惑,是手稿没有保存在这间书房里呢,还是手稿已经根本没有了?无论是萧洛霍夫,还是萧洛霍夫的夫人,都没有做任何解释,连一点暗示都没有。

奥西波夫在书中写道:"1990年我在《苏联文化报》上读到该报主编的一篇短文,该报主编曾是苏共中央的工作人员,他在文中说,小说已经焚毁了。如果真是这样,那么勃列日涅夫为小说毁灭的罪责可就永世不得解脱了。萧洛霍夫这是第二次以焚稿来表示抗议——赫鲁晓夫时期他曾烧过一篇特写。"[①]

奥西波夫在书中所提到的文章,发表在1990年5月19日《苏联文化报》第20期上,标题为:《世纪的作家》,作者是阿尔贝特·别利亚耶夫。他在文章中说:"1969年萧洛霍夫照例将写好的《他们为祖国而战》的一章,交给《真理报》。这一章写的是1937年红军指挥系统遭到镇压的情形。我有幸读到了这一章的初稿。"他在文章中说,小说的主人公斯特列里佐夫将军在1937年以所谓的"间谍罪"被逮捕,关进罗斯托夫的监狱。这一年的"五一劳动节"时,街上的游行队伍,唱着欢快的歌曲,走过监狱的墙外,斯特列里佐夫和其他因冤案被关押在狱中的难友们,都在牢房的窗口倾听。他们群情激昂,高唱起《国际歌》。街上游行的人们听到这悲壮的歌声,顿时安静下来,驻足倾听。这时候监狱的警卫却在瞭望塔上调转机关枪的枪口,对着牢房的窗口扫去……文章说,"这一章的命运是由苏斯洛夫决定的,而且也牵涉到勃列日涅夫。他长时间地拖延并千方百计地回避同萧洛霍夫见面。但是终究还是见面了,至于谈了些什么,怎么谈的,那就只能猜测了。据说,萧洛霍夫本人在回答问题时心里就不抱什么希望了,所以生气地故意模仿别人的话说:'那

---

① 奥西波夫:《萧洛霍夫不为人知的经历》,第362页。

就别再往伤口上撒盐了。'萧洛霍夫离开莫斯科后不久,这一章'去掉盐'的小说就在《真理报》发表了。"文章说,这件事给萧洛霍夫已经受到伤害的心灵又增添了严重的精神创伤,从而促使他采取了绝望的极端行动:"萧洛霍夫坐在维约申斯克家中二楼的书房里,把他已经写好的《他们为祖国而战》的章节,机械地,一张一张地,投进壁炉,烧掉了……萧洛霍夫的小儿子痛心地讲述了这些可怕的日子里发生的事。从此以后萧洛霍夫的亲人们都把他书房的壁炉叫做'火葬场'。"[1]

一个作家以焚毁自己的心血凝结的作品来表示抗议,这是满腔的悲愤无以表达的做法。在苏联,萧洛霍夫虽说是头上罩着许多荣耀的光环,但是晚年竟落到如此悲惨的境地,这不仅是作家个人的悲剧,而且是整个苏联文学的悲剧、耻辱。

---

[1] 阿·别利亚耶夫:《世纪的作家》,莫斯科,苏联文化报,1990 年 5 月 19 日第 20 期。

第二十章

维约申斯克囚徒

　　萧洛霍夫晚年,疾病缠身,曾两次中风,不能工作,但是他依然关注俄罗斯文化的发展。1978年3月14日他写信给苏共中央总书记,苏联最高苏维埃主席团主席勃列日涅夫,郑重其事地向他谈起苏联文化建设的问题,谈到他对当前苏联文化状况的忧虑。他在信中说,"当前,代表着我国社会主义文化的历史基础和主要财富的俄罗斯文化已经成为社会主义敌人进行意识形态进攻的主要对象之一。社会主义的敌人贬低俄罗斯文化在精神文明历史过程中的作用,歪曲其崇高的人道主义原则,否认其进步意义和独特的创造性,试图以此污蔑作为苏联多民族国家的主要国际主义力量的俄罗斯人民,把它看做是精神贫乏、不能进行智力创造的人民。"萧洛霍夫认为"从这个意义上看,米塔的影片《沙皇彼得给阿拉伯人成婚》在苏联的上映就是一个征兆,这部影片公然侮辱俄罗斯民族的尊严,污蔑彼得大帝的创举,嘲笑我们的历史和人民"。萧洛霍夫指出,"许多涉及我们民族历史的题材迄今为止依然是被禁止的。具有爱国主义倾向、以俄罗斯现实主义绘画传统进行创作的俄罗斯画家要举办一个画展,那是难上加难,几乎是不可能的。而与此同时却一个接一个地举办大规模的所谓'先锋派'画展,这种绘画同俄罗斯文化传统及其爱国主义精神毫无共同之处。尽管有政府的明文规定,但是俄罗斯的建筑文物仍在不断地遭到破坏。重建俄罗斯建筑文物的工作进展极其缓慢,而且有意地歪曲其原始面貌的情况更是屡见不鲜"。萧洛霍夫在信中提出建议说,从上述情况可以看出,有必要再次提出"更加积极地捍卫俄罗斯民族文化不受反爱国主义和反社会主义势力的侵害的问题,要在报刊、电影和电视上正确的阐述俄罗斯民族文化的历史渊源,揭示其进步性质和在创建、巩固和发展俄罗斯国家中所起的历史作用"。萧洛霍夫建议要建立"俄罗斯民俗博物馆",要成立由历史、语文、哲学、建筑等各方面的著名专家组成的专门委员会来制定进行长远工作的规划,"广泛而又细致的研究整个俄罗斯文化的问题"。①

萧洛霍夫墓

表面上,苏联当局是重视萧洛霍夫提出的问题的。苏共中央书记处于1978年3月21日专门召开会议,讨论、研究了萧洛霍夫信件所提出的问题。但是他们研究的结果,认为萧洛霍夫提出的问题有很大的"片面性和主观性",说萧洛霍夫在这个问题上明显的是受了"某种绝非正面的影响"。② 按照苏共中央书记处领导们的意见,萧洛霍夫在信中所提出的问题和所感到的忧虑,都是子虚乌有,借用我国一个成语的说法,萧洛霍夫是"杞人忧天"。

但是萧洛霍夫既然提出了问题,也必须有一个交代。于是苏共中央书记处根据这次会议研究的结果,指定了若干专家,组成了一个委员会,由这些专家们根据苏共中央书记处研究的结果,向苏共中央递交了一份报告,报告的结论是:"就萧洛霍夫信中所提出的问题特意作出决定是不合时宜的。"③这样,萧洛霍夫晚年在百病缠身的困境中,怀着对祖国的民族文化充满担心和忧虑的心情,郑重其事地向国家最高领导提出的建议和希望,并没有得到苏联当局掌权者的真正认真的关注,让几个专家按照苏共中央书记处所定的调子议论一番,就作出了否定的结论,这个问题从此以后就被束之高阁了。萧洛霍夫的这封信,他对俄罗斯民族文化的忧虑和担心,有研究家认为,这实际

---

① 《萧洛霍夫书信集》,第429—430页。
② 转引自《萧洛霍夫书信集》,第431页。
③ 同上书。

上就是萧洛霍夫对俄罗斯人民的遗言,是他最后的关注和嘱托。从苏联最后解体的结局这一实际情况看,萧洛霍夫的担心和忧虑并不是"杞人忧天",可惜当时没有人予以重视,没有采取挽救的措施,没有公诸于众,让广大人民了解情况,而是将其打入了冷宫,封禁起来了。

萧洛霍夫墓

虽然对萧洛霍夫这样郑重的建议予以束之高阁,但是苏联当局对萧洛霍夫的表面宣传却丝毫没有减少。1980年5月是萧洛霍夫75岁的寿诞。苏联最高苏维埃主席团发布命令,授予萧洛霍夫列宁勋章和第二枚镰与锤金质奖章,并在作家的故乡维约申斯克镇建立萧洛霍夫的半身铜像。苏联全国各地,包括作家的故乡罗斯托夫州和维约申斯克镇,都开展了各种各样的庆祝活动。

但是这一切并没有扫去萧洛霍夫内心沉重的心情。苏联当局可以说给了萧洛霍夫许多光辉耀眼的荣耀和令人羡慕的"头衔",然而萧洛霍夫活得并不愉快,心情并不舒畅。有位维约申斯克镇的报纸编辑,50年代经常出入萧洛霍夫家中,他写了篇回忆萧洛霍夫的文章,题目叫《不当官的哥萨克》,他在文章中令人惊奇地谈到萧洛霍夫内心的悲凉情绪。

"在一次酒宴上——在萧洛霍夫家中任何一次聚会,酒宴都是免不了的,当我们大家,包括萧洛霍夫,都喝得满是醉意了,谁都没有一丝谈话的意思。这时萧洛霍夫毫无因由地对自己说了句'维约申斯克囚徒',说得声音不高,也不十分清楚。我想,在座的客人中许多人没有听见他的这句话,即使有人听到了,可能也没有在意。但是我听了这句话却仿佛被电流击中一样。从那以后我永远不能忘怀萧洛霍夫说这句话时的姿态,我深深地感到,他的这句话表达了一个深刻的悲剧。"①

像这样一位在苏联、乃至在全世界都享有崇高威望的作家,在苏联的报刊上被宣传得大红大紫的人物,却说自己是"维约申斯克囚徒",是酒醉之后的胡言乱语?还是所谓"酒后吐真情"的真实内心感受的流露?如果是属于前者,那当然是没有什么意义的;如果是属于后者,那就值得我们认真地进行思考,是什么原因使这位闻名于世的大作家产生了自己是"维约申斯克囚徒"的感觉。

从萧洛霍夫一生的经历和他当时的处境来说,笔者认为,这不是萧洛霍夫酒醉之后的胡言乱语,而是他郁积于心的内心感受在酒后的自然流露。早在他创作《静静的顿河》和《新垦地》的时候,由于他经常找参加过维约申斯克暴动的老哥萨克谈话、了解情况,就被当作"可疑分子"打入"另册",行动受到监视,电话被窃听,书信被拆阅;在农业集体化的过程中,他给斯大林写信揭露当地某些干部的不法行为,被某些当权者怀恨在心,他们制造谣言,对萧洛霍夫进行污蔑诽谤,他们设置阴谋对萧洛霍夫进行陷害——企图以"反苏维埃的反革命暴动头子"的罪名对他加以逮捕、杀害。如果不是内务人民委员部正直的工作人员波戈列洛夫冒死相救和斯大林的亲自干预,恐怕世界上就不会有完整的《静静的顿河》和《新垦地》了,整个苏联文学史也不是现在的样子了。萧洛霍夫的夫人玛丽亚·彼得罗夫娜曾对孩子们说,那时候他们整天是提心吊胆地过日子。这种恐惧感也不能不使萧洛霍夫本人日夜不安。卫国战争胜利之后,这样的提心吊胆的日子好像已经没有了,从萧洛霍夫的书信和亲友的回忆录中也看不出有这类的情况发生。因为这时候萧洛霍夫已经是个"大人物"了,从党中央的第一书记到本地区的地方干部,都要对他"另眼看待"了。但是萧洛霍夫的内心却未必那么舒畅,思想的自由、创作的自由,对一个作家来说,那是比生命都重要的事情,而恰恰是在这个方面萧洛霍夫感受到的不是畅通无阻,而是处处羁绊。他曾同一位作家朋友谈到在作品中反映生活真实的困难,"这可不是那么简单的事,况且有时候也不是所有的人都愿意看到这一真实",人家"不愿意看到真实,而虚假的东西又不想写……"②从这句话,我们不难理解,为什么战后年代萧洛霍夫十年没有发表作品,为什么他的短篇小说《人的命运》酝酿了达十年之久,等到解冻的时候才拿出来发表。他写作《他们为祖国而战》也很不顺利,为了解当时的真实情况,需要查阅一些并非机密的档案资料,竟然需要党中央书记的批准,小说写成后,不经党中央最高领导的批准不能出版,在《真理报》上发表的片断,被删

---

① 转引自库兹涅佐夫:《〈静静的顿河〉的不解之谜》,莫斯科,《我们的同时代人》杂志,2002年第4期。

② 索福隆诺夫:《在萧洛霍夫家作客》,载《谈萧洛霍夫》,第461—462页。

改得面目全非。萧洛霍夫气愤的心情无以表达,只好将自己的心血付之一炬。在这种情况下,萧洛霍夫的心情能舒畅得了吗?的确,这时已无人敢于监视他的行动,窃听他的电话,也没有人再拆阅他的信件,但是在他的周围却有一个看不见的、无形的围网,禁锢、封闭、限制着他的思想,使他无法突出重围,展翅翱翔。渴望创作的自由是萧洛霍夫魂萦梦牵的心愿,因此萧洛霍夫才产生了"维约申斯克囚徒"的感慨。笔者以为,这句话正是萧洛霍夫晚年悲剧的写照。

晚年萧洛霍夫

萧洛霍夫晚年,也就是在他的生命走到日暮黄昏的时候,曾同他的儿子谈到人应该有信仰的问题。他说:"人的信仰是任何人、任何时候都不能夺走的。人没有信仰就不成其为人了。你剥夺了他对上帝的信仰,他就信仰沙皇,信仰法规,信仰领袖……只不过这种信仰应该是崇高的,高尚的。如果信仰的对象本身就是微鄙庸碌之辈,那就很糟糕,很可怕。微鄙的信仰,那也只能是个微鄙的人。而最高的精神财富是可以对其崇拜的。在我看来,这是需要的,理当如此的。"①也许,这是萧洛霍夫对赫鲁晓夫全盘否定斯大林所持的保留看法。但他对斯大林的一些做法也并不是完全赞同的,也是有保留的,这从他在《他们为祖国而战》中对斯大林的批判性的描写就可以看出来。他没有遵照斯大林的要求在这部小说中塑造一个运筹帷幄,决胜千里之外的伟大统帅形象,而是塑造了体现俄罗斯民族性格的士兵和坚强不屈、忠于祖国的被俘将军的形象。但是他毕竟认为斯大林是个有作为的政治家,对他的一生命运起过决定性作用的人。同时斯大林也是得到过他的信任的人,在顿河地区发生灾荒、无数哥萨克男女老少面临饿死的危难关头,他曾写信向斯大林求救。斯大林亲自下令调拨粮食和种子,使哥萨克群众摆脱了困境。就他自己而言,有多少次是多亏斯大林才渡过难关呢?他对斯大林是心怀感激的。但是他对斯大林的信任又不是盲目的,并不是斯大林所做的一切他都赞成,都同意。他有自己的独立思考和道德准则。也正是这一点使萧洛霍夫的作品在苏联文学之中显得有点"另类"。正如他童年时代曾被同村的哥萨克儿童喊作"野种"一样,他在苏联文学中其实也是一个"野种"。

---

① 转引自库兹涅佐夫:《〈静静的顿河〉的不解之谜》,莫斯科,《我们的同时代人》杂志,2002年第4期。

第二十章　维约申斯克囚徒

在萧洛霍夫的理念中，对祖国和人民的爱就是最崇高的精神财富，普通的人民大众应该过上美满的幸福生活，因此他拥护十月革命，拥护布尔什维克党所提出的推翻压迫者使人民得到解放的革命道路，拥护为解决广大农民的贫困问题而提出的农业集体化道路。但是他不能接受为了这样一个美好的目标而在革命口号的掩盖下对劳动群众进行欺凌、压榨、甚至屠杀。所以他的《静静的顿河》在描写十月革命是历史的必然的同时，大无畏地揭露、批判那些革命者在革命过程中的错误，把推行"消灭哥萨克"的错误政策所造成的"维约申斯克暴动"这个历史冤案的真相大白于天下，他的《新垦地》，在写到集体化是贫苦农民摆脱贫困的必由之路的同时，毫不留情地揭露、批评某些农村干部损害农民的"过火行为"。萧洛霍夫晚年在病中反思苏维埃政权所走过的道路，想到人都是有历史局限的，历史前进的道路上不可避免地也要付出历史的代价。有一次他对儿子说：

> 我们在革命之后能得到什么结果呢？比如说"一切权力归苏维埃"。可是进入苏维埃的是什么人呢？具体地说是什么人应对什么人进行统治？你以为当时有人知道答案吗？"工农兵代表苏维埃"，这就是一切。可是，我亲爱的，这写在标语上是很好的，挂在墙上，在群众大会上举着都是很好的。你若拿着这个口号到村子里去，用在生活中的人身上试试。那里，不言而喻，工人是没有的。农民呢？农民嘛，没说的，要多少有多少，全都是农民。那么他们之中谁能成为代表呢？如果要问他们本人呢？当然，不会是狗鱼大爷，也不会是纳古尔诺夫和拉兹苗特诺夫。他们连自己的家都搞不好，家业搞得一团糟。对于经营管理，他们一窍不通，因为他们从来没有自己的家业。因此，哥萨克会对他们说：你们，老兄，连分开喂两头猪都不会，因为你们从来没有多于一头猪的时候，你们能给我们出什么好主意？雅可夫·鲁基奇和基多克之流也不行。正是为了把他们作为一个阶级消灭才建立苏维埃政权的嘛。那么最合适的人就是"士兵代表"了。谁拿着武器打下江山，谁就应该掌握政权……于是这些革命英雄就纷纷坐上了领导者的交椅。他们每个人首先想到的是该怎么办呢？知识嘛，实际上一点没有。战争只留给他们一种本事——接受命令和下达命令。①

萧洛霍夫正是从历史发展的高度来反思建立苏维埃的历史进程的，这个过程中的成功和失误都应当作历史现象来看待，有些现象虽是不可容忍的，但却是可以理解的。

---

① 转引自库兹涅佐夫：《〈静静的顿河〉的不解之谜》，莫斯科，《我们的同时代人》杂志，2002年第4期。

萧洛霍夫在疾病中挣扎，1984年1月抱病为《亲爱的土地》丛书写了一篇序言，题为《大地上的人》，于1月20日发表在《真理报》上，这可以说是萧洛霍夫在这个世界上发表的最后一篇文章了。一个月之后，1984年2月21日，萧洛霍夫，这位执笔创作60年、为苏联文学创造了辉煌业绩、深受读者喜爱和尊敬的伟大作家，离开了他深深爱着的这个世界。萧洛霍夫最后死于喉癌。

萧洛霍夫死后，由当时的苏共中央第一书记契尔年科等最高领导人亲自签署讣告，对萧洛霍夫的一生业绩做了高度评价，说萧洛霍夫是苏维埃时代编年史的编纂者，他一生都舍己忘身地为共产主义事业服务，对整个人类进步文化的命运产生了巨大影响。2月23日在维约申斯克镇举行了萧洛霍夫的葬礼，先在维约申斯克镇文化宫向萧洛霍夫的遗体告别，然后将灵柩置于炮车上缓缓驶向维约申斯克镇的中心广场，在这里召开了隆重的追悼会，苏共中央书记齐米亚宁主持大会，苏联作家协会理事会第一书记马尔科夫等人在追悼会上致辞，纷纷赞颂萧洛霍夫的创作是苏联文学、乃至世界文学的顶峰，萧洛霍夫的名字可与俄罗斯文学的巨匠列夫·托尔斯泰和高尔基的名字相并列。会后，萧洛霍夫被安葬在他的家乡维约申斯克镇，在离顿河不远的墓地上。

萧洛霍夫以及他的文学创作和中国作家以及中国文学有着密切的联系，许多中国作家都是受了他的影响或是受到他的作品的启发而写出了传世的作品，或开拓了自己的创作道路。因此不止一位中国作家和研究家在他死后不远万里来到顿河岸边，拜谒萧洛霍夫的陵墓。我国著名的萧洛霍夫研究专家孙美玲女士在她的《萧洛霍夫故乡行》一文中说，萧洛霍夫的陵墓"原先是萧洛霍夫院子的一部分，现在辟出一角，红沙铺地，绿荫相围，作为陵园"，萧洛霍夫的坟墓，"坟头微微隆起，形成一个长方形的土丘"，"在这长方形墓寝的顶端，立有一个不规则圆形的、一人高的敦敦实实的灰色花岗石"，上面没有任何称谓和头衔，只有"萧洛霍夫"这样一个俄罗斯姓氏，甚至连生卒年月都没有。真是朴素到没法再朴素了。文章作者说，萧洛霍夫仍像他活着时一样，在他的陵寝中仍在"枕着顿河的土地，听着顿河流水的永世的细语陈说"。①

中国作家金河先生也曾拜谒萧洛霍夫的陵园，他在《萧洛霍夫故乡散记》一文中说，萧洛霍夫的"墓地设计精心而不显雕琢，气氛庄严但不神秘，凝重但不压抑，哀思中有勃勃生机，这才是一位伟大艺术家的墓地……"②

著名的俄罗斯文学研究家和翻译家高莽先生在他的研究俄罗斯墓园文

---

① 孙美玲：《萧洛霍夫的艺术世界》，北京，社会科学文献出版社，1994年，第276页。
② 高莽编：《俄罗斯的白桦林》，北京，华夏出版社，1997年，第84页。

化的专门著作《灵魂的归宿》中,用"顿河边上的巨石"来概括萧洛霍夫的陵园,写得独具匠心。"顿河边上的巨石"这一形象,既是萧洛霍夫墓碑的真实写照,又具有深刻的象征意义。萧洛霍夫的墓碑的确是一块"巨石":一块"一人高的敦敦实实的灰色花岗石"还不是"巨石"吗?但是我们从这块"只刻有他名字的巨石"的墓碑想到的却是萧洛霍夫那坚毅顽强的性格,那朴素的、实实在在的、传奇般的人生。这矗立在顿河边上的巨石表明萧洛霍夫"和大地的血肉联系,历尽风雨而不扭曲"。高莽先生说:

晚年萧洛霍夫

> 维约申斯克离莫斯科很远,前往访问者很多。[①]

萧洛霍夫这块只刻有姓氏的巨石墓碑,使我想起我国唐代女皇武则天的无字碑。在中国历史上武则天是个很有作为的皇帝,她的许多建树是很多男性皇帝都无法企及的,但是在男人专权的封建社会中,她却遭到许多非议。在"盖棺论定"的时刻,她给自己立下一个无字的巨石般的墓碑,让历史的功过留给后人评说。这是她的聪明之处,也说明她的心胸远比那些给自己戴上许多高贵头衔的人物要开阔得多。我不知道萧洛霍夫的墓碑是按作家的遗言所做,还是他的家属的创意。但是无论如何,这种功过留给后人评说的作法,恰恰表达了萧洛霍夫那辽阔的心胸。他曾有过令人艳羡的、大红大紫的荣耀和地位,也曾遭到世人难以忍受的诽谤、诬陷和迫害,这些他都不曾放在心上,唯一使他念念不忘、矢志不移的是他对俄罗斯祖国和人民的爱,是对生活在大地上的人的爱,他把这种爱写进了自己所有的作品,而作品是写给当代人的,也是留给后人的,那就让当代人和后人们去评说吧。作品比任何墓志铭都更能说明问题。

[①] 高莽:《灵魂的归宿》,北京,群众出版社,2000年,第96页。

附 录

一、俄罗斯人民的良知

——纪念萧洛霍夫诞辰九十周年

今年,1995年,是著名俄罗斯作家萧洛霍夫诞生九十周年。萧洛霍夫的作品早在本世纪30年代就介绍到中国,鲁迅先生是最早介绍和评论萧洛霍夫创作的中国作家,他不仅译介了萧洛霍夫的短篇小说《父亲》(现译《有家庭的人》),而且撰写了萧洛霍夫的生平简介。当长篇小说《静静的顿河》第一个中译本出版时,鲁迅先生专门为它撰写了《后记》,热情洋溢地赞誉这部作品"那构想的伟大,生活的多样,描写的动人",可以同托尔斯泰的《战争与和平》相媲美。正是在萧洛霍夫的这部作品中,鲁迅先生看到了社会主义新文学的曙光,他认为中国的"新作家"(即革命作家)应该从这部作品得到启发,来创建我国的革命文学。他是这样说的:萧洛霍夫的小说"风物既殊,人情复异,写法以明朗简洁,绝无旧文人描头画角、宛转抑扬的恶习,华斯珂普所说的'充满着原始力的新文学'的大概,已灼然可以窥见。将来尚有全部译本,则其启发这里的新作家之处,一定更为不少……"(鲁迅文中所说的华斯珂普即德国文艺评论家魏斯柯普夫,他是苏联境外最早评论《静静的顿河》的评论家,所谓"充满原始力的新文学"是他对苏俄文学的评价)。的确,半个多世纪以来,萧洛霍夫的作品曾给予中国一代又一代的作家以深刻的"启发"。如果人们细读周立波的《暴风骤雨》和《山乡巨变》,刘绍棠的《蒲柳人家》,陈忠实的《白鹿原》,就会发现萧洛霍夫的"启发"已在中国文学中结出了丰硕的果实。然而还不仅如此。50年代中期,当解放了的中国人民走上农业合作化道路的时候,曾有人写信给萧洛霍夫,希望他写一个报告,介绍农业集体化的经验。萧洛霍夫说,"与其我今天写一篇报告,不如明天完成《被开垦的处女地》(今译《新垦地》),我现在放下了其他一切事情,正全力以赴地准备小说第二部的出版工作,我觉得这比什么都重要"。从这个意义上讲,《被开垦的处女地》第二部是为解放了的中国人民而创作的。小说第二部的内容和艺术风格与第一部有很大不同,这是人所共知的。第二部中突出地写到党的干部深入群众,倾听群众意见,和群众打成一片的民主作风,和风细雨地做群众思想工作的工作方法。萧洛霍夫是否有意识地告诫正在进行合作化运动的中国人,不要重犯30年代苏联人犯过的错误,因为早在30年代他在作品中大胆地揭露对待农民的"过火行为"的时候,已预见到这个问题了。1931年6月萧洛霍夫给高尔基的一封信中曾说过:"依我想来,关于对待中农的态度问题将会长期地摆在我们面前,也摆在要走我们革命道路的那些国家的共产党人面前"。过火行为的历史事实在《静静的顿河》和《被开垦的处女地》中都有真实而生动的描写,但是怎样才能避免历史错误的重演,应以什么态度来对待农民和农村问题,萧洛霍夫在《被开垦的处女地》第二部中体现了自己的设想和答案:领导干部深入群众的工作作风,平等待人的民主作风,引导农民走社会主义道路的献身精神。应该说,这是萧洛霍夫给中国人民的一份厚礼。正因为如此,我们中国人才这样深情地缅怀他,认真地研究他。自1986年以来,我国俄苏文学界已举行过四次萧洛霍夫作品的专题研讨会。今年,在作家诞辰90周年之际,北京大学举办了第五次萧洛霍夫创作研讨会。十年之中对一个作家的创作接连举行了5次专题研讨会,这在外国文学界是极为罕见的。

　　20世纪,人世沧桑。萧洛霍夫生前大概不曾料到,他的故乡会出现历史的逆转,他所向往的、信仰的社会主义会顷刻之间灰飞烟灭。萧洛霍夫在某些人的心中,似乎已不再是表达俄罗斯人民心声的作家,而成为他们发泄对苏维埃制度不满,恶意攻击和诬陷的对象。他们把种种龌龊的污水泼在这位勇敢而真诚的作家身上。萧洛霍夫去世已经11年,他已经不能拿起笔来为自己洗刷清白,但是他的作品留在人间,不仅留在他的祖国和故乡,而且留在世界各国读者的心中。他的作品表明,他是俄罗斯人民的良知。

　　1965年是萧洛霍夫的60大寿之年。这一年他获得了诺贝尔奖金。在颁奖典礼的讲坛上,他清楚地表达了他的人生信念:"我作为一个作家,过去和现在都认为自己的任务就是以过去所写的一切和即将要写的一切,向作为劳动者、建设者和英雄的人民,奉献自己的敬意……"他认为作家"必须真诚地同读者谈话,向人民说出真理——有时是严峻的,但永远是勇敢的真理。必须在人们的心灵中坚定对于未来的信念,并且坚信自己有力量建设好这未来"。这实际上是他毕生所遵循的创作原则:为人民而创作,向人们说出真理。

当他拿起笔走上文坛的时候,便勇敢地向那些"没有闻过火药味的作家"提出挑战,以严峻的生活真实揭露他们作品中的虚假的浪漫主义。正是这种初生牛犊不怕虎的勇敢精神,使他在《静静的顿河》中直陈生活真实,揭示哥萨克暴动的真相。他说过,他写《静静的顿河》是为了"表现革命中的哥萨克"。从萧洛霍夫的思想信念来说,他是衷心拥护十月革命和苏维埃政权的,他认为哥萨克劳动人民能够走社会主义道路,也应该走社会主义道路,只有这样才能摆脱落后的宗法制的束缚,得到光明和幸福。从《静静的顿河》的总的思想倾向中可以看出这一点。但是他在小说中又浓墨重彩地展现了葛利高里的人生悲剧以及哥萨克参加反苏维埃政权的暴动这一事实。萧洛霍夫直言不讳地说:"我应该反映消灭哥萨克政策和欺压中农哥萨克的错误的方面……"作家的良知使他不能不在作品中诉说普通的人民在这场天翻地覆的斗争中的遭遇和命运,诉说他们的痛苦和心中的不平,尽管他知道他所写的历史的真实已被歪曲,真相已被掩盖。今天看来,"表现革命中的哥萨克"这句话,既包含着哥萨克走上社会主义道路的历史必然,也包含着哥萨克在这场革命中所遭受的痛苦和不公正对待。在 20 年代的苏联文学中,在歌颂苏维埃政权取得胜利的一片赞歌中,哪个作家像萧洛霍夫那样痛彻心扉地展示普通劳动者在这场为劳动者求解放而进行的斗争中所遭受的痛苦? 马克思主义认为,劳动群众是历史前进的动力,是社会的主人,革命就是要改变他们被压迫、被欺压的社会地位,然而正是这些本应该成为社会主人的劳动者却成了历史前进的牺牲品。这不是为了取得历史进步而自觉奉献的牺牲,而是本不该有的牺牲。葛利高里的遭遇之所以成为艺术上的悲剧,其根本原因就在这里。萧洛霍夫认为,共产党人,真正的革命者,应从这里汲取历史教训,而不应该回避或掩盖。基于同样的观点,他在《被开垦的处女地》第一部中具体地描写了苏维埃干部对农民的"过火行为"。萧洛霍夫是拥护集体化政策的。小说主人公达维多夫说,"只有加入集体农庄劳动农民才能摆脱贫穷"。这句话说出了当时一代人的信念和心声。共同劳动、集体致富是他们当时的认识。苏联解体后,有的人在攻击农业集体化的同时,也对《被开垦的处女地》横加指责。集体化运动的成败得失不是本文讨论的题目。但是萧洛霍夫作为一个直面人生的作家,他大胆而真实地表现了俄罗斯农村的这场大变革。《被开垦的处女地》既肯定集体化应当作为农村的发展道路,又深刻地写出了农民在接受这条发展道路时的疑虑、观望,甚至反抗;既写出了共产党人为引导农民走上这条道路而进行的艰苦斗争和献身精神,也写出了他们工作中的缺点和失误,特别是对农民的"过火行为"。这在 30 年代是要有点胆识和勇气的。萧洛霍夫凭着自己的良知,写下了普通劳动者本不应该遭受的一切。我们看到,萧洛霍夫在观察现实时,总是要看到轰轰烈烈的历史运动的另一面。他既欢呼高歌猛进的社会进步,也同情那些在历史风雨中受到冲击的善良的普通人。因此他在对现实生活进行艺术概括时,总有一种人道主义的情怀,史诗的恢宏中总蕴涵着悲剧的忧伤。这是萧洛霍夫小说诗学的突出特点。这不是偶然的,也不是他单纯的为艺术而艺术的追求。这是他作为俄罗斯人民的良知,"真诚地同读者谈话,向人们说出真理"的必然结果。

萧洛霍夫在小说艺术上所取得的成就已为举世所公认。萧洛霍夫被认为是20世纪世界文学的重要作家之一。他的《静静的顿河》刚刚发表不久,西方有的评论家便惊呼俄国文坛出现了"新的托尔斯泰"!1959年巴黎一家报刊发表文章说《静静的顿河》是本世纪唯一能同托尔斯泰的《战争与和平》相媲美的作品……"如果说高尔基的作品为社会主义文学奠定了基础,那么萧洛霍夫的创作便为社会主义文学树立了一座丰碑。真正的艺术作品是不朽的,它所包含的丰富的时代内容能够为不同时代的读者提供认识价值,使他们得到审美享受或灵魂净化。平庸的东西是短命的,大浪淘沙,自然会被时间冲刷得痕迹皆无。然而真正的艺术品的生命却是超越时代的,任何人为的力量,无论是掌权者的法令,还是无聊文人的诬陷攻击,都不能使它有损分毫,因为它已融化在亿万读者的心灵中了。萧洛霍夫的创作,就像《红楼梦》中所描写的青埂峰下那块顽石,上面撰写着20世纪苏维埃社会主义生活的历史,无论哪个时代的读者,当他需要了解人类社会的这段历史时,总能在这里找到他所需要的东西。

(本文系1995年5月在北京大学所举办的第五次萧洛霍夫创作研讨会上的发言,载《国外文学》1995年第4期,收入本书时文字略有改动。)

二、一个良知者的遭遇

俄罗斯作家萧洛霍夫伴随着苏维埃政权和苏联文学的建立与成长,度过了他不平凡的、具有传奇意味的一生。他的篇篇浸透着哥萨克劳动者血泪的《顿河故事》引领他走上新生的苏联文坛,而一部长篇史诗《静静的顿河》为苏联文学树立了一座世纪的高峰,也为作家赢得了举世闻名的荣誉。他曾经大红大紫过,头顶上闪烁着许多耀眼的光环:苏联最高苏维埃代表,社会主义劳动英雄,苏联科学院院士,斯大林奖金、列宁奖金获得者,诺贝尔奖金获得者,等等,他曾受到历届苏联领导人的青睐:斯大林曾十几次接见他,为他排忧解难,赫鲁晓夫到他的家乡登门拜访,带着他出访美国、日本,勃列日涅夫表面上也是对他优礼有嘉。然而在这些繁花似锦的表象下面,萧洛霍夫的一生却是历尽坎坷和艰险,充满了悲剧的辛酸。由于他的作品表现了俄罗斯农民在20世纪俄罗斯社会历史变革中的真实遭遇而受到层出不穷的诬陷、诋毁,创作受到限制,作品不得出版,行动受到监视,最后愤而焚稿、毁信,发出"维约申斯克囚徒"的哀叹。

良知与胆识

20世纪20年代,萧洛霍夫刚刚走上文坛,就直率而又尖锐地批评弥漫在莫斯科文学界的虚假浪漫主义不良风气。他直言不讳地批评无产阶级文化协会的一些"未闻过火药味的作家",他们"娓娓动听地"描绘说着"豪言壮语"死去的红军战士,赞美草原上四处飘香的"银灰色羽毛草",去蒙骗那些单纯的"来自中学的姑娘"。他的第一个短篇小说《胎记》就表现了社会动荡、国内战争造成的家破人亡的悲剧。在《看瓜田的人》中,家庭的悲剧表现得更为惨烈。萧洛霍夫敢于直面严酷的现实,他把笔触深入到普通哥萨克农民的家庭之中,通过父子、兄弟、夫妻之间的冲突,甚至家破人亡的惨剧,写出了20世纪之初俄罗斯的社会革命在取得社会变革的胜利的同时,也给普通的农家百姓带来深深的创伤。

1926年,21岁的萧洛霍夫开始创作长篇史诗《静静的顿河》。小说的中心情节是1919年维约申斯克的哥萨克暴动,而激起暴动的原因却是苏维埃政权当局"消灭哥萨克"的错误政策,是红军在战场上的背信弃义,是对哥萨克群众的滥杀无辜。萧洛霍夫之所以将葛利高里·麦列霍夫这个哥萨克农民置于小说结构的中心,就是要再现历史巨变的过程中哥萨克劳动者走向新生活的艰难曲折的历史道路和"消灭哥萨克"的错误政策给他们造成的悲剧命运。萧洛霍夫是拥护十月革命的,他是站在革命的立场上,以革命的最高理想和革命的人道主义来看待革命,从总结历史教训的高度来构思《静静的顿河》。他认为,给哥萨克带来痛苦和灾难的并不是革命本身,而是顿河地区苏维埃当局所推行的"消灭哥萨克"的错误政策,是某些素质很差的布尔什维克干部的为非作歹,而"消灭哥萨克"的错误政策和对农民的种种"过火行为"都是违背革命的神圣目标的。这点在他写给高尔基的信中表达得非常清楚:"我应该反映消灭哥萨克和限制中农哥萨克政策的错误方面,因为不写这些,就不能揭示暴动的原因……依我看来,关于对待中农的态度问题将会长期地摆在我们面前,也摆在要走我们革命道路的那些国家的共产党人的面前"。葛利高里和哥萨克劳动人民的悲剧是革命者应该汲取的历史教训。这里既表现出萧洛霍夫的良知,也表现出他高度的觉悟和胆识。1968年出版的《苏联共产党历史》一书就公开承认了"消灭哥萨克"这一政策的严重错误:"……如果不是在处理哥萨克问题上犯了严重错误……也不会造成这样的后果"。

正是凭着对普通百姓命运的关切,为人民的利益而呼号的作家良心,萧洛霍夫在长篇小说《被开垦的处女地》里同样既写了集体化取得的成功,也写了在这个过程中集体化运动领导者所犯的错误：对农民的强迫命令、抄没家产、人身威胁等等"过火行为"。对于当时代表一代人的共识和理想的农业集体化的方针，萧洛霍夫是拥护的，但这并不等于集体化运动过程中的所有做法他都同意。从现在公布的苏共中央档案中所保存的萧洛霍夫致斯大林的15封信来看，绝大部分都是反映农村和农民的困苦状况，申诉农村干部遭受的冤案。他之所以敢于这样秉笔直书，奋力直谏，是因为他怀着革命的信念，相信共产党会为老百姓伸张正义。的确，由于萧洛霍夫的努力，许多含冤受屈的忠诚的农村干部得到解救，农民的许多艰难得到救助。萧洛霍夫本着良心这样做了，但是令他始料不及的是由此而遭遇了种种厄运。

厄　　运

《静静的顿河》在《十月》杂志连载的时候，就有人散布流言蜚语，说《静静的顿河》是剽窃白军军官克留科夫的作品。一时间闹得沸沸扬扬。萧洛霍夫拿着《静静的顿河》前两部的手稿，到莫斯科《真理报》编辑部请示认证。《真理报》成立了以列宁的妹妹乌里扬诺娃为首的专门委员会，对手稿进行了认真的分析，1929年3月19日《真理报》发表了无产阶级作家协会绥拉菲莫维奇、法捷耶夫等五位领导人《致编辑部的信》，以严厉的词句驳斥了关于剽窃的谣言，维护了萧洛霍夫的声誉。但是一波未平，一波又起。1930年苏联为纪念已故俄罗斯作家安德烈耶夫，出版了他的书信集《安魂曲》。书中有安德烈耶夫写给作家戈洛乌舍夫的几封信。1917年安德烈耶夫担任《俄国意志报》主编时，戈洛乌舍夫曾将一篇关于顿河哥萨克的特写寄给他。安德烈耶夫看了之后，感到文章很一般化，便将原稿退回。安德烈耶夫的信中提到戈洛乌舍夫文章的题目是《静静的顿河》。这本书一出版就掀起了新的一轮"剽窃"案风波。现在有研究家证实，这是一次有预谋的陷害。1994年俄罗斯文学评论家费济在《青年近卫军》杂志著文揭露了这次谣言风波的真相。文章说："《安魂曲》的出版者粗暴地篡改了信的原文。戈洛乌舍夫特写的题目《来自静静的顿河》，在安德烈耶夫的信中被改为《静静的顿河》，特写被改称长篇小说……"做了这样一番手脚的假信就成了这次谣言的源头。

但是这次谣言风波并没有掀起多大的波澜，因为高尔基、绥拉菲莫维奇等作家是戈洛乌舍夫的同时代人，了解他的写作能力和语言风格。然而到20世纪70年代，当索尔仁尼琴在《〈静静的顿河〉的激流》序言中，旧话重提，又把克留科夫推出充当《静静的顿河》的作者时，便掀起了诬陷萧洛霍夫的狂涛巨澜。因为当年的那些老作家都已离开人世，新一代的读者对当年的文坛状况毫不了解。作家西蒙诺夫通过列宁图书馆查看了克留科夫的档案材料和他的全部作品后，向苏共中央书记杰米切夫作了详细的汇报。他非常肯定地板说，"克留科夫不可能是《静静的顿河》的作者，语言不同、风格不同、规模也不同。为了杜绝在这个问题上的谣言和臆测,我们最好出版克留科夫的文集。凡是读过克留科夫作品的人,再不会有任何疑虑,《静静的顿河》只能是萧洛霍夫写的,而绝不是克留科夫"。然而,当时苏共中央主管意识形态的苏斯洛夫断然否定了出版克留科夫文集的建议。不仅如此。挪威的萧洛霍夫研究家盖尔·海索教授利用高科技计算机手段,证明萧洛霍夫的所有作品风格一致,都是出自萧洛霍夫的手笔。然而苏联当局却拒绝出版海索教授的著作,海索提出要到苏联去访问萧洛霍夫,也遭到拒绝签证。

苏联解体后,普通读者面对汹涌而至的谣言和诽谤,完全失去了辨别能力。谣言越造越离奇。有人说《静静的顿河》是萧洛霍夫的岳父写的,还有人说萧洛霍夫逮住一个白军俘虏,把他关在地窖里,让他在那里写《静静的顿河》……萧洛霍夫怀着一片赤诚之心,将顿河哥萨克劳动群众的命运写成一部血泪史诗,却遭到如此漫长、无端的轮番诽谤和诋毁,他心里该是什么滋味?

"剽窃"并不是萧洛霍夫受到的唯一诬陷。《静静的顿河》刚刚问世,就有人在罗斯托夫的报刊上发表文章,指责萧洛霍夫是"富农和反苏维埃分子的同谋","纵容富农,为富农的利益进行辩护"。西伯利亚一家《现代时》杂志刊登了一篇文章,标题就是《萧洛霍夫为什么会受到白军的喜爱?》苏联内务人民委员部的头目雅戈达曾直言不讳地半"开玩笑"地对萧洛霍夫说,你就是个反革命分子,你的《静静的顿河》白军比我们更感到亲切。雅戈达的话并不是玩笑。他们派遣特务,严密监视萧洛霍夫的行动,收集萧洛霍夫的言论,威逼在押犯人,编造假口供,诬陷萧洛霍夫。他们罗织罪名,要将萧洛霍夫打成反苏维埃暴动的反革命组织头子,将他置于死地。1964年出版的雅基缅科的《萧洛霍夫创作》一书曾披露这件事:当过肃反人员的波戈列洛夫被罗斯托夫州内务人民委员部首长格列丘欣召去,格列丘欣对他说,根据他们掌握的情报,萧洛霍夫和他的岳父,伙同维约申斯克区委的几个领导干部要在顿河地区组织哥萨克进行反苏维埃的暴动,波戈列洛夫的任务就是打入他们内部,拿到证据,揭露他们的阴谋。

萧洛霍夫虽然名声很大,深受民众喜爱,但他的行动却受到政权机构的严密监视,他的电话被窃听,亲朋好友和邻里乡亲的来信来访都被记录在案。萧洛霍夫自己深知此事,所以很少给人写信,惟恐被人拆看,给收信人带来麻烦。他的作品只能在苏共中央机关报《真理报》上发表,表面看受到非同寻常的重视,实际上是规定他要发表作品必须经过苏共中央最高领导的审查和批准。他晚年完成长篇小说《他们为祖国而战》后,将手稿送交苏共中央,由总书记勃列日涅夫亲自审阅,结果却是石沉大海。萧洛霍夫打电话催问,手稿被原封不动地还回来,没有签署任何意见,只在写到斯大林的几个地方打了三个问号。萧洛霍夫打电话问苏斯洛夫,他含糊其词,又把手稿要了回去,又是杳无音信,经一再催问,手稿还回来,依然是那三个问号。萧洛霍夫再找苏斯洛夫,他已不知去向。显然,这是不同意发表、不允许出版的表示。萧洛霍夫晚年两次中风,不能工作。他怀着悲愤的心情将《他们为祖国而战》的手稿投入壁炉,付之一炬了。

1978年萧洛霍夫曾给勃列日涅夫写了一封信,谈到俄罗斯文化的命运,拯救和保护俄罗斯文化的问题。这封信经过一个专门委员会的研究之后,得出一个否定的结论,被束之高阁。

萧洛霍夫晚年心情抑郁,维约申斯克的一位报纸编辑达夫利亚特申的回忆录《不当官的哥萨克》描述了他的这种备受压抑的心境,文章中说:"有一次在酒宴中——在作家萧洛霍夫家里……我们大家,还有萧洛霍夫,都喝得醉醺醺的了,没有一丝谈话的由头,他似乎毫无来由地,轻声而又含糊不清地针对自己说了句'维约申斯克囚徒'……他的话让我大吃一惊,如同电流击中全身一样。从此以后我再也无法忘记萧洛霍夫说这句话时的姿态,我深深地理解,这句话表达了一个深刻的悲剧"。

我认为,这不是离经叛道者的悲剧,这是为人民的命运而呼号的良知者的悲剧。纵观萧洛霍夫一生,就其世界观和人生理想而言,始终是一个有觉悟的共产党人,把握这一点才能深入理解他的创作。

(本文系2004年9月在四川大学经办的中国俄罗斯文学研究会年会上的报告,经《文艺报》编者删节,加上小标题,刊登在2004年10月14日的《文艺报》上。)

三、敢于伸张正义的萧洛霍夫

今天,我们在这里纪念俄罗斯伟大的天才作家萧洛霍夫,不仅因为他为我们创作了辉煌的史诗《静静的顿河》,以及《被开垦的处女地》和《一个人的遭遇》这样一些不朽的作品,为全人类留下了宝贵的精神财富,而且还因为他是一个敢为人民伸张正义的作家。作为一个人,作为一个作家,他为人民的正义和尊严奋斗了一生。俄罗斯伟大诗人莱蒙托夫把诗人比作以犀利的语言直刺敌人胸膛的"短剑"和向人民发出召唤的"洪钟"。他写道:

> 你的诗句如神灵在空中飞翔,
> 而你那崇高思想的回音,
> 有如市民会议塔楼上的洪钟,
> 在欢庆和灾难之日轰鸣。

深厚的人道主义精神,敢于为被侮辱和被欺凌的弱势群体伸张正义和捍卫他们做人的尊严的战斗精神,是俄罗斯文学的光荣传统。萧洛霍夫正是秉承这样一种文学传统和信念,走上了他的文学创作道路。

萧洛霍夫为什么要写《静静的顿河》? 萧洛霍夫自己说是为了"表现革命中的哥萨克"。如何理解这句话? 透过字面的意思,我认为应该理解为:表现哥萨克在这场震撼世界的革命中的悲剧。大多数的哥萨克劳动群众是拥护十月革命,拥护建立苏维埃的,这一点在《静静的顿河》中无数次地被提到和描述。但是,苏维埃政权当局鉴于哥萨克在沙皇军队中的作用却不加分析地制定了一项"消灭哥萨克"政策。按照这项政策,不仅要取消哥萨克的称号,不准穿哥萨克的服装,不准唱哥萨克歌曲,而且要把哥萨克遣散到其他州去。如有违反,就要遭到严厉惩罚。据有关档案记载,推动制定这项政策最积极的是托洛茨基和斯维尔德洛夫,而托洛茨基则是在南方战线最积极地推行这项政策的人。国内战争之初,哥萨克对红军本没有什么深仇大恨,当红军逼近顿河上游时,哥萨克同红军达成"你不犯我,我不犯你"的口头协议,曾向红军开放战线,让红军去攻打白军,但是红军进入顿河地区后,却背信弃义地对哥萨克群众滥肆屠杀,从而激起了哥萨克的反抗。这就是发生在1919年5月顿河上游的维约申斯克暴动。暴动失败后,哥萨克群众遭到严厉的镇压,许多人为此而家破人亡,妻离子散。所以,维约申斯克暴动是哥萨克群众心中最沉重的伤痛,是顿河哥萨克在20世纪初俄罗斯社会革命中一场沉痛的悲剧。萧洛霍夫说要"表现革命中的哥萨克",就是要向世人展现顿河哥萨克的这场悲剧。显然,苏维埃政权当局制定的"消灭哥萨克"的错误政策,以托洛茨基为首的南方战线的某些干部积极推行这一政策,是发生这场悲剧的重要原因。《静静的顿河》若真实地表现这场悲剧,就必然触犯仍在苏维埃党政部门中执掌大权的某些官员的利益。萧洛霍夫真实地写了,甚至把有的人真名实姓地写进了小说,因此,为自己招惹了一生的麻烦。

萧洛霍夫在写作和发表《静静的顿河》的过程中受到来自两方面的压力和阻挠。一方面,文艺界的同行,有的出于嫉贤妒能,有的出于政治偏见,对小说的写作和发表施加了种种压力,有的甚至使出造谣诬陷的卑鄙伎俩。什么抄袭白军军官的手稿之类的谣言,都是一些"作家兄弟们"(萧洛霍夫语)散布出来的。另一方面来自掌握生杀大权的内务人民委员部某些领导和工作人员。他们之中有的人就是滥用职权,屠杀哥萨克群众的刽子手。在《静静的顿河》问世之前,关于维约申斯克暴动,只有红军总参谋部的档案中有些粗略和不确切的材料,一般的新闻报道,历史著作,全然没有记载,顿河地区之外的老百姓根本不知道曾发生过这样一个事件。《十月》杂志的负责人之一卢兹金拒绝连载《静静的顿河》时就对萧洛霍夫说过,我们不允许你讲根本没有发生过的暴动故事。所以,《静静的顿河》的发表是给那些滥杀无辜百姓者的嘴脸进行了曝光,这甚至会危及他们的政治前程,他们当然不会善罢甘休。

内务人民委员部的头目雅戈达就曾对萧洛霍夫说："米沙，你终究是个反革命！你的《静静的顿河》白军比我们更感到亲切"。于是，他们窃听萧洛霍夫的电话，检查萧洛霍夫的信件，监视萧洛霍夫的行动，处心积虑制造假案，要将萧洛霍夫打成反革命组织的头目，将他置于死地。萧洛霍夫就是在这样的环境中写作《静静的顿河》的。他的作品可以说是在重重岩石的夹缝中生长起来的巍然屹立的青松。

十月革命后，顿河地区发生内战的年代，萧洛霍夫还是一个十几岁的少年，他虽然不是革命的共青团员，但他是拥护十月革命和苏维埃政权的。然而在红军对哥萨克群众的屠杀和镇压中，他并不认为真理和正义在红军一边。在构思《静静的顿河》的过程中，他走访了许多暴动参加者，了解到大量第一手材料，最后决定以维约申斯克暴动作为小说的核心，抒发郁积于广大哥萨克群众心头的悲剧阴霾，为无辜被害的哥萨克群众伸张正义。《静静的顿河》可以说是为顿河哥萨克群众的申冤之作，但是萧洛霍夫写《静静的顿河》并非要以哥萨克的悲剧来否定十月革命，反对苏维埃政权。他认为，给哥萨克带来痛苦和灾难的并不是革命本身，而是顿河地区苏维埃所推行的"消灭哥萨克"的错误政策，是某些素质很差的布尔什维克干部的为非作歹。可以说萧洛霍夫是站在革命的立场上以革命的最高理想来批判"消灭哥萨克"的错误政策的，是从总结历史经验教训的高度来构思《静静的顿河》的。这一点萧洛霍夫在1931年写给高尔基的信中说得非常清楚："我应该反映消灭哥萨克和限制中农政策的错误方面，因为不写这些，就不能揭示暴动的原因……依我看来，关于对待中农的态度问题将会长期地摆在我们面前，也摆在要走我们革命道路的那些国家的共产党人的面前"。葛利高里和哥萨克劳动人民的悲剧就是作为革命者应汲取的历史教训。这里既表现出萧洛霍夫的良知，他高度的觉悟和胆识，也表现出他敢于为人民伸张正义的勇气。几十年后，1986年苏联出版的《苏联共产党历史》中苏联共产党公开承认了"消灭哥萨克"这一政策的严重错误："……如果不是在处理哥萨克问题上犯了严重错误……也不会造成这样的后果"，"顿河地区的地方党组织，苏维埃政权和军队机构，首先是顿河革命委员会的成员，没有抓紧落实中央委员会的指示。他们顽固地坚持'消灭哥萨克'的旧路线，从而给共和国带来危害"。近半个世纪之后苏共党史中的这段话，充分地证明了萧洛霍夫立场的正确和他的远见卓识。小说写成后，小说的发表和出版又受到拉普及某些曾在顿河地区推行"消灭哥萨克"政策的政府要员或明或暗的层层阻挠，萧洛霍夫为小说的发表和出版进行了顽强的不屈不挠的斗争，直至问题反映到国家最高领导人斯大林那里，由斯大林出面干预，《静静的顿河》才得以发表和出版。这件事本身就足以说明，《静静的顿河》已不单纯是一部供人欣赏的文艺小说，而且是一部直接涉及到十月革命、苏维埃政权的历史和政策等重大问题的作品。几十年来,许多研究萧洛霍夫及其作品的评论家一味责备《静静的顿河》和主人公葛利高里·麦列霍夫"摇摆不定","背叛人民",而没有想到,革命也会犯错误。恰恰是苏维埃政权当局的错误政策把葛利高里推到了革命的对立面。萧洛霍夫之所以把葛利高里作为小说的中心人物,就是要通过主人公的历史命运来揭示苏维埃政权错误政策的悲剧性,以起到警世诲人的效果。至于那些诬陷萧洛霍夫的《静静的顿河》是抄袭白军军官之作的人则只是看到小说的表面情节,而没有理解其深刻内涵,因为他们实际上也并不需要去求得真知,而只是追求诬陷的效果罢了。像《静静的顿河》这样的作品,不仅站在反对十月革命的立场上的人写不出来,即使革命阵营的作家,如果没有高度的觉悟和良知,没有对哥萨克劳苦大众的深刻了解和同情,没有敢为人民伸张正义的决心和勇气,也是不可能写出来的。试问,萧洛霍夫如果不是出于对革命、对苏维埃政权的信念,出于伸张正义的决心,他如何能够荣辱不计、生死置之度外地为小说的发表而进行不屈不挠的斗争,直到面对斯大林,直接向国家的最高领导为自己的作品申辩;为了《静静的顿河》,萧洛霍夫几乎被某些有权势的人置于死地,他何以有这样的勇气!抄袭别人作品的人不外乎利用投机取巧的手段,不付出创造性的劳动而达到名利双收。试问,哪一个名利之徒为获得名利而愿意以生命为代价?

  萧洛霍夫不仅用自己的作品传达人民的心声,而且在现实生活中也非常关注人民的疾苦和命运。从现在发表的斯大林档案中萧洛霍夫写给斯大林的15封信来看,绝大部分是萧洛霍夫向中央领导反映当地情况,反映农民的疾苦,请求中央给予援助的。成立集体农庄之后,顿河地区由于天灾人祸,农业歉收,而上级领导规定的征粮数却丝毫不减,农民完不成缴粮任务,上级机关便采取种种非法手段(所谓"过火行为")对农民进行搜刮掠夺。缴不上粮食的农民(包括妇女)受到严刑拷打,甚至全家被逐出家门,在零下20度的严寒中昼夜流浪街头,到处都能听到老人的呻吟和孩子的哭叫。目睹这种情况,萧洛霍夫愤然而起,给斯大林写了一封很长的信,详细反映了这个地区的实际情况,并揭露了当地苏维埃干部的种种非法行为。他要求中央领导"向维约申斯克地区派出真正的共产党员,他们要有足够的勇气揭露一切对致命损害本地区集体农庄经济负有罪责的人,不管他是谁;他们要真正地进行调查,不仅要揭露出对集体农庄庄员采取刑讯拷打和侮辱等卑劣手段的人,而且还要揭露那些鼓吹这样干的人"。他的信没有歌功颂德,甚至没有一般的客套,而是直接陈述事实和要求。尤其值得注意的是在20世纪30年代的肃反运动中,萧洛霍夫不顾个人安危,上书斯大林,揭露当地内务人民委员部的干部刑讯逼供,制造冤案等等非法行径,营救了一些好干部,这在当时是非常罕见的事。萧洛霍夫不是第一个给斯大林写信控告内务人民委员部滥用职权的人,但他是第一个公开宣称应当废除内务人民委员部滥用职权的侦查体制的苏联作家。他在给斯大林的信中说:"将被捕的人毫无监督地交到侦讯员手里,这样的侦讯办法有极大的缺陷,这种方法过去导致,将来不可避免地导致很多错误"。他直言不讳地对斯大林说:"应该废除对被捕者实施刑讯的可耻体制"。

萧洛霍夫是作为一个共产党员向自己的中央领导反映情况,请求帮助的,他相信布尔什维克党,相信苏维埃政权会为遭受冤屈的群众伸张正义,为此,他不顾个人安危,不计个人得失,表现了一个正直的共产党人的浩然正气。作为一个作家,萧洛霍夫始终生活在主人公中间,同他们血肉相连,心心相印,以反映人民的心声为己任,给后世留下了不朽的作品;作为一个普通人,他时刻关注人民的命运,关心群众的疾苦,敢于为人民的利益挺身而出,不畏强暴,伸张正义,捍卫人的尊严,他正是高尔基所说的"大写的人"。

萧洛霍夫的作品自20世纪30年代便介绍到中国。我国伟大的文学家鲁迅先生是最早译介萧洛霍夫作品的译者之一,他在为《静静的顿河》中文本写的后记中,对这部刚刚发表了前两部的作品,给予了很高的评价,他说,《静静的顿河》"……风物既殊,人情复异,写法又明朗简洁,绝无旧文人描头画角,婉转抑扬的恶习,魏斯珂普所说的'充满着原始力的新文学'的大概,已灼然可以窥见"。他预言,"将来倘有全部译本,则启发这里的新作家之处,一定更为不少"。鲁迅先生的《后记》中引用了德国评论家魏斯珂普的话,魏氏认为,《静静的顿河》的问世标志着"一种充满原始力的新文学生长起来了,这种文学,它的浩大就如俄国的大原野,他的清新与不羁则如苏联的新青年"。正如鲁迅所预见的那样,萧洛霍夫的创作"启发"了上个世纪中国的几代作家。从周立波的《暴风骤雨》,刘绍棠的运河系列作品到陈忠实的《白鹿原》,我们都可以看到萧洛霍夫小说艺术的影子。刘绍棠曾以乡土作家自诩,他说,他"从萧洛霍夫的作品中悟出了一个道理",那就是"专写乡土和乡亲","致力于乡土文学创作"。他以萧洛霍夫为榜样,始终生活在运河岸边,生活在自己描写的主人公中间,以毕生的"心血和笔墨,描绘京东北运河农村的20世纪风貌……"作为一个作家,萧洛霍夫是中国新文学的良师益友;作为一个人,他那种不畏强权,为人民群众伸张正义的精神值得我们钦佩和学习。半个多世纪以来,我国的文学评论家、外国文学研究家不断地对萧洛霍夫的生平和创作进行研究,论文难以数计。仅20世纪80、90年代的20年中就召开过5次萧洛霍夫创作专题研讨会,可以说萧洛霍夫在我国是最受关注的外国作家之一。今天,我们还要对在我国推动萧洛霍夫创作研究的前辈研究家们表示缅怀和敬意。现在让我引用已故萧洛霍夫研究家孙美玲先生对萧洛霍夫的评价,作为本文的结束。她说:"萧洛霍夫是一个正直的人,是一个诚实的人,是一个有原则的人,是一个坚持真理不回头、敢说真话而无所畏惧的人,是一个愿意为人民做事、忠诚而坦荡地坚持共产主义信念的人,是一个质朴的、纯正的人"。

(本文系2005年5月在辽宁省外国文学学会在大连外国语学院举办的纪念萧洛霍夫诞辰100周年学术研讨会上的发言,刊登在《沈阳大学学报》2007年第1期。)

参考资料

一、中文版

1. 《萧洛霍夫文集》(1—8卷),北京,人民文学出版社,2000年。
2. 孙美玲:《萧洛霍夫的艺术世界》,北京,社会科学文献出版社,1994年。
3. 孙美玲编:《萧洛霍夫研究》,北京,外语教学与研究出版社,1982年。

二、俄文版

1. 沃隆佐夫:《萧洛霍夫传》,莫斯科,伊特里克出版社,2003年。
2. 古拉:《〈静静的顿河〉是怎样写成的》,莫斯科,苏联作家出版社,1989年。
3. 《苏联共产党历史》,莫斯科,政治图书出版社,1968年。
4. 科洛德内:《我是怎样找到〈静静的顿河〉的》,莫斯科,呼声出版社,2000年。
5. 库兹涅佐夫:《萧洛霍夫与反萧洛霍夫》,莫斯科,《我们的同时代人》杂志,2000年第5,6,7,11期;2001年第2,4,5期;2004年第4期。
6. 库兹涅佐夫:《〈静静的顿河〉的不解之谜》,莫斯科,《我们的同时代人》杂志,2002年第4期。
7. 库兹涅佐夫:《〈静静的顿河〉的真实》,莫斯科,《21世纪小说》杂志,2004年第1,2期;2005年第3期。
8. 科尔苏诺夫:《萧洛霍夫在1965年》,莫斯科,《我们的同时代人》杂志,2005年第5期。
9. 列日涅夫:《萧洛霍夫之路》,莫斯科,苏联作家出版社,1958年。
10. 《列维茨卡娅的两本笔记》,莫斯科,媒体之声出版社,2005年。
11. 利特维诺夫:《米哈伊尔·萧洛霍夫》,莫斯科,文学艺术出版社,1985年。
12. 莫洛扎文科:《奇尔河——哥萨克的河》,莫斯科,青年近卫军出版社,1988年。
13. 卢戈沃伊:《血汗交融》,莫斯科,《文学俄罗斯》特刊《萧洛霍夫的命运》,1990年5月23日。
14. 奥西波夫:《萧洛霍夫不为人知的经历》,莫斯科,瑰宝出版社,1995年。
15. 《奥弗恰连科选集》,莫斯科,文学艺术出版社,1986年。
16. 佩尔文采夫:《在萧洛霍夫家》,莫斯科,《我们的同时代人》杂志,2005年第6期。
17. 彼捷林:《米哈伊尔·萧洛霍夫》,莫斯科,苏联国防部军事出版社,1974年。

18. 普列瓦科：《在萧洛霍夫身边》，莫斯科，《我们的同时代人》杂志，2005 年第 5 期。
19. 波戈列洛夫：《回忆萧洛霍夫案件》，莫斯科，《文学俄罗斯》特刊《萧洛霍夫的命运》，1990 年 5 月 23 日。
20. 西沃沃洛夫：《萧洛霍夫生平片断》，顿河罗斯托夫，罗斯托夫书籍出版社，1995 年。
21. 费定等：《谈萧洛霍夫》，莫斯科，真理报出版社，1973 年。
22. 费济：《艺术家与权势》，莫斯科，《青年近卫军》杂志，1994 年，第 3,4,5—6 期。
23. 费济：《萧洛霍夫家史新资料》，载《各民族文学史》，莫斯科，遗产出版社，1995 年。
24. 《萧洛霍夫文集》(1—8 卷)，莫斯科，真理报出版社，1980 年。
25. 《萧洛霍夫书信集》，莫斯科，俄罗斯科学院世界文学研究所，2003 年。
26. 米·米·萧洛霍夫：《忆父亲》，莫斯科，《文学俄罗斯》特刊《萧洛霍夫的命运》，1990 年 5 月 23 日。
27. 《萧洛霍夫新论》(论文集)，莫斯科，俄罗斯科学院世界文学研究所，2003 年。
28. 什凯林：《一张逮捕证》，莫斯科，《文学俄罗斯》特刊《萧洛霍夫的命运》，1990 年 5 月 23 日。
29. 雅基缅科：《萧洛霍夫的创作》，莫斯科，苏联作家出版社，1964 年。

最新推出

当代国外文论教材精品系列

新世纪伊始,我们启动"集中引进一批国外新近面世且备受欢迎的文学理论教材力作"的译介项目,推出一套《当代国外文论教材精品系列》,对国外同行在"文学"、"文学理论"、"文学理论关键词"与"文学理论名家名说大学派"这几个基本环节上的反思与梳理、检阅与审视的最新成果,加以比较系统的介绍,以期拓展文论研究的深化,来推动我国的文学理论学科建设。

——周启超　主编

○ 文学学导论　　　　　　〔俄〕　瓦·叶·哈利泽夫　　42.00元
○ 现代西方文学观念简史　　〔英〕　彼得·威德森　　　28.00元
○ 文学作品的多重解读　　　〔美〕　迈克尔·莱恩　　　22.00元
○ 当代文学理论导读　　　　〔英〕　拉曼·塞尔登　　　35.00元

北京大学出版社

外语编辑部电话:010－62767347　　市场营销部电话:010－62750672
　　　　　　　　010－62755217　　邮购部电话:010－62752015
Email:zbing@pup.pku.edu.cn